‖经济大趋势系列‖

读懂

格局、周期与趋势

中国

赵硕刚 著

经济

清華大学出版社
北　京

内 容 简 介

近年来，中国经济正发生着显著而深刻的变化，中国经济发展已经站在了一个新的历史起点上。系统全面地解读中国经济，有助于我们更好地理解、认识并展望中国经济的过去、现在以及未来。本书共分为三个部分。第一篇从经济格局角度，通过对主要经济指标的解读，系统性地认识中国经济的基本面以及国民经济循环的基本状况，总结新冠肺炎疫情前后中国经济的突出变化和主要特征。第二篇从经济周期角度，基于常见的经济周期类型，介绍中国经济周期性波动的表现、成因以及影响，分析当前中国经济运行所处的周期位置，展望"十四五"时期中国经济的增长前景。第三篇从长期趋势角度，根据各国经济增长的历史经验，分析中国长期经济增长的变化以及经济结构的变迁规律，勾勒出 2035 年远景目标下的中国经济增长趋势。

图书在版编目（CIP）数据

读懂中国经济：格局、周期与趋势 / 赵硕刚著 . —北京：清华大学出版社，2021.12
（经济大趋势系列）
ISBN 978-7-302-59630-1

Ⅰ . ①读… Ⅱ . ①赵… Ⅲ . ①中国经济—研究 Ⅳ . ① F12

中国版本图书馆 CIP 数据核字 (2021) 第 239679 号

责任编辑：顾 强
装帧设计：方加青
责任校对：王荣静
责任印制：朱雨萌

出版发行：清华大学出版社
　　　　　网　　　址：http：//www.tup.com.cn，http：//www.wqbook.com
　　　　　地　　　址：北京清华大学学研大厦 A 座　　　　　邮　　编：100084
　　　　　社 总 机：010-62770175　　　　　邮　　购：010-62786544
　　　　　投稿与读者服务：010-62776969，c-service@tup.tsinghua.edu.cn
　　　　　质 量 反 馈：010-62772015，zhiliang@tup.tsinghua.edu.cn
印 装 者：三河市金元印装有限公司
经　　销：全国新华书店
开　　本：185mm×260mm　　印　　张：26　　字　　数：517 千字
版　　次：2022 年 1 月第 1 版　　印　　次：2022 年 1 月第 1 次印刷
定　　价：149.00 元

产品编号：093344-01

前言
新方位上的中国经济

近年来，中国经济正发生着深刻的变化，从经济由高速增长转为中高速增长的"新常态"，到构建以国内大循环为主体、国内国际双循环相互促进的"新格局"，再到《中华人民共和国国民经济和社会发展第十四个五年规划和 2035 年远景目标纲要》勾画出的"新蓝图"，无不显示出我国经济发展已经站在了一个新的历史起点上。置身于这一历史时刻，只有更为全面地分析并读懂中国经济，我们才能更好地理解中国经济的发展历程，更加精准地定位当下的中国经济，更加准确地判断中国经济未来的发展方向。

一、中国经济新变化带给我们的新思考

对中国经济最新变化的观察和思考，可以让我们加深对中国经济的认识，找到读懂中国经济过去、现在与未来的"钥匙"。

进入新发展阶段，中国经济增长因何而减速，如何实现从高速增长向高质量发展的转变？ 近年来，中国经济发展的一个突出特征，便是经济增长的减速换挡。过去我们对 10% 以上的经济增速习以为常，有的年份甚至可以达到 13% ～ 14%，但现在我们看到，两位数的高增长已经成为历史，2011—2019 年，我国 GDP 增长一直处于减速的状态，2019 年 GDP 增速降至 6%，而上一次出现低于 6% 的增速还是在 1990 年。经济减速的一个重要原因，是过去的经济高增长是通过劳动力、资本、土地这些生产要素的高投入实现的，是一种粗放型的发展模式，经济增长的质量并不高，还引发了低端产能过剩、资源大量消耗、环境污染严重等问题，因而难以持续。现在虽然我们的经济增长速度降了下来，但经济结构在优化，经济增长的质量在提高，发展的可持续性在增强。

十九大报告中指出，中国经济已由高速增长阶段转向高质量发展阶段。那么，是什么原因触发了中国经济从高速向中高速增长的换挡，这个换挡期会持续多长时间？《中华人民共和国国民经济和社会发展第十四个五年规划和 2035 年远景目标纲要》中提出了 2035 年我国人均国内生产总值达到中等发达国家水平的发展目标，经济增长的减速

会不会影响到这个目标的实现？从国际经验看，经济减速后并不会自然而然地就进入高质量发展的阶段，那么，中国未来将如何有效提升经济发展的"成色"？这一系列问题，需要我们从近年来中国经济的基本面变化以及经济增长的一般规律中去寻找答案。

遭遇百年不遇的疫情全球大流行，中国经济除了短期出现大幅波动之外，还会因新冠肺炎疫情发生哪些改变，疫情后的中国经济将如何表现？ 2020 年，我们经历了 1918 年西班牙流感疫情以来全球最为严重的一次公共卫生事件，新冠肺炎疫情的全球蔓延从供给和需求两端同时冲击了各国经济，造成全球产业链的断裂和国际供应链的阻断，世界经济因此陷入"二战"结束以来最大幅度的萎缩，根据国际货币基金组织的数据，全年世界经济萎缩 3.3%。作为最先遭受疫情冲击的国家，我国经济在 2020 年第一季度一度同比下滑 6.8%，是 1992 年开始公布季度 GDP 数据以来首次出现同比负增长。

但随着疫情得到有效防控，中国经济也逐步恢复，2020 年第四季度时，GDP 同比增速已经回升至 6.5%，全年 GDP 增速虽然仅为 2.3%，但仍是全球主要经济体中唯一实现正增长的国家。目前来看，新冠肺炎疫情除了造成我国经济增长短期内大幅波动外，还引发了消费、投资、收入等诸多方面的连锁反应，其中有些变化是暂时性的，比如经济增速的大幅下滑，有的则是长期性的，比如供应链产业链的调整、新技术新业态的应用，这就需要将周期波动和长期趋势结合起来，综合判断后疫情时代中国经济的走向。

构建新发展格局，中国经济的生产、分配、流通、消费环节上还存在哪些"堵点"和"断点"，如何有效打通国民经济循环？ 国民经济的运行如同人体一样，是一个循环系统。改革开放以来特别是加入世贸组织后，中国抓住经济全球化机遇，加入国际经济大循环体系，大力吸引外商直接投资，发展劳动密集型产业，形成了资源和市场"两头在外，大进大出"的发展模式，带动了我国经济实力的快速提升。我国迅速从全球生产网络的边缘角色一跃成为"世界工厂"，成长为全球第一贸易大国以及第二大外商直接投资目的地。但近年来，全球政治经济大环境出现明显改变，世界经济增长持续低迷，逆全球化趋势加剧，单边主义、保护主义抬头，传统国际循环弱化。在这种情况下，需要把发展的立足点放在国内，更多依靠国内市场实现经济发展。

与此同时，伴随我国居民收入水平提高，经济结构转向以服务业为主，内需潜力不断释放，国内大循环活力日益强劲，内外需客观上存在此消彼长的态势，我国经济逐渐向以国内大循环为主体转变，净出口占国内生产总值的比例由 2007 年的 9% 降至 2019 年的 1%。正是基于这样的背景，2020 年，国家提出了要加快构建以国内大循环为主体、国内国际双循环相互促进的新发展格局，并将其写入"十四五"规划和 2035 年远景目标纲要，成为指导我国未来五年乃至更长时期发展所遵循的原则和行动指南。怎样更好地把握新发展格局的构建，包括中国经济循环中存在哪些"堵点"和"断点"，怎样解决"卡脖子"技术问题，如何保障我国能源和粮食安全等问题，都需要更为深入地分析当前中国经济的内外循环状况，才能更加精准地找到打通国民经济循环的着力点。

中国经济的发展将如何影响我们的生活，如何看待就业、收入、物价、房价这些经济生活中的热点问题？我们常说，就业是最大的民生，中国经济的发展关乎我们的就业前景和收入水平。就业情况的好坏短期受宏观经济形势的影响较大，长期则与产业发展的方向密切相关。近年来，我国就业市场的压力比较大，每年需在城镇就业的劳动力约2500万人[①]。受疫情影响，许多行业停止招聘或者减少用工人数。根据前程无忧发布的《2021高校毕业生需求报告》，酒店旅游、贸易、批发零售等行业减少招聘岗位最多。但与此同时，疫情也加快了网上购物的普及以及新基建的发展，物流配送、建筑工程、集成电路是用工需求增加最多的三个行业。而且，随着5G时代来临以及国家加大了对科技创新支持力度，科技企业人才需求持续旺盛，技术人才薪酬明显上涨。根据国家统计局数据，信息传输、软件和信息技术服务业平均工资水平自2016年首次超过金融业后，已经连续4年位居第一名。那么，如何看待我国就业市场的变化，破解"就业难"与"招工难"并存的问题，不仅会影响到国家就业政策的制定，也直接关系到我们的"钱袋子"以及职业规划。

中国经济形势的变化还与我们日常的衣、食、住、行息息相关。比如，食的方面，猪肉是大多数中国人餐桌上不可缺少的肉食。2019年，受到非洲猪瘟等因素的影响，我国猪肉价格高企，正当我们感叹何时才能实现"猪肉自由"时，猪肉价格同比涨幅从2020年开始出现了明显的回落，2021年中时，每斤猪肉的价格更是跌回到"10元时代"。那么，是什么因素驱动着猪肉价格的周期变化，肉价未来的走势如何？同时，猪肉价格还是组成居民消费价格指数（CPI）的重要组成部分，猪肉价格的走势变化还会影响到对通货膨胀发展形势的判断。住的方面，房价是社会关注的热点问题之一，2020年底，我国部分城市房价出现了较为明显的上涨。那么，房价走势受到哪些因素的影响，与货币政策之间存在什么样的关系？在人口老龄化程度加剧，房地产调控坚持"房子是用来住的，不是用来炒的"的定位下，房地产市场未来走势又会如何？

二、解答问题需要做哪些准备工作

要回答前面提到的种种疑问，读懂中国经济，至少需要做好以下三方面的准备工作。

首先，要熟悉常用的经济指标。经济指标如同人的身高、体重这些生理指标一样，是我们认识宏观经济系统运行情况的主要依据。所以在分析过程中需要参考方方面面的经济指标，用数据说话。GDP、消费、投资、CPI这些指标虽然耳熟能详，但多数人可能并不了解它们的准确定义，对它们的统计范围、数据来源、发布时间以及同类指标间的差别也不甚了了，因而就容易误用。比如，固定资产投资与固定资本形成，虽然都是

[①]　人力资源和社会保障部党组. 如何看待我国就业形势 [J]. 求是，2020（1）.

衡量投资的指标，但一个是流量指标，一个是存量指标；一个是月度数据，一个是以对GDP 增长的贡献率和拉动形式按季度公布，绝对值按年公布的数据。所以分析短期投资走势主要使用固定资产投资数据，而要分析投资对经济增长的拉动作用时则要用到固定资本形成。同时，经济指标在使用时还要注意数据形式，是速度、占比还是绝对值，即便同是衡量增长速度，也有环比增速、同比增速等区别，使用不当就会做出错误的判断。比如，不同国家在公布季度经济增长情况时，我们国家通常使用的是 GDP 同比增速，但有的国家使用 GDP 环比增速，还有的国家采用环比折年增速，在做国际比较时必须换成同一口径的 GDP 增速指标。

其次，要认识中国经济增长的历程以及所处的发展阶段。经济运行可以分为趋势和周期两部分。把握中国经济所处的发展阶段以及周期位置，精准定位中国经济，是判断中国经济中长期发展趋势的前提，也是做好短期宏观经济形势分析的基础。比如 2019年一季度与 2009 年一季度我国的 GDP 增速都是 6.4%，但同一数字背后我国经济运行所处的阶段却大不相同。2009 年时我国经济仍处于一个高速增长阶段的尾期，经济增速出现大幅下滑是因为遭受到美国次贷危机的冲击，危机过后，我国 GDP 增速一度又回升至 10% 以上。而 2019 年时，我国已经处于经济由高增速转变为中高增速的新常态，此后 GDP 增速不仅没有反弹，还在 2019 年第三、第四季度进一步放缓到 6%。所以，如果不能认清中国经济所处的发展阶段，就难以对经济增长趋势做出准确的判断。

最后，还要对世界经济有所了解。中国经济已经深度融入世界经济，中国经济的发展自然也离不开世界，外部环境的变化是影响中国经济的一个重要因素。20 世纪 90 年代起，除了新冠肺炎疫情外，我国经济经历的两次大幅度的波动，都是由外部因素引发的，一次是 1998 年的亚洲金融危机，另一次是 2008 年的美国次贷危机。当前世界正在经历百年未有之大变局，形势更加复杂多变。在懂"国情"的同时，还要懂"世情"。而且，在研究我国经济中长期增长趋势时，国际比较研究尤为重要。"以史为鉴，可以知兴替"，通过观察比较其他国家的经济发展历程，可以对经济发展规律有更深入的理解和体会，能够更准确地对中国经济发展阶段和未来走势作出判断和预测。比如，我们常常提到的"中等收入陷阱"，就是世界银行通过分析 20 世纪后半期全球 100 多个进入中等收入阶段经济体的发展轨迹后提出来的，现在我国也正处于从中等收入水平向高收入国家迈进的关键时期，总结美欧以及东亚发达国家和地区的发展经验，可以为我们国家顺利跨越"中等收入陷阱"提供有益的借鉴。

三、本书的写作结构

宏观经济分析可以分为两个维度。一个是从静态的角度，也就是在某一个时点上观察宏观经济的组成和运行，分析国民经济各个部分的经济运行状况，体现为宏观经济的格局。另一个就是从动态的角度，以一段时间范围内的经济增长过程作为研究对象，而这又可以分为长期趋势和周期波动两部分。

本书框架见图 0-1。

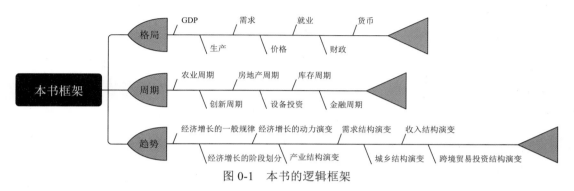

图 0-1　本书的逻辑框架

按照以上分析框架，全书共分为三篇：

第一篇讲经济格局，按照国民经济循环的机理，介绍中国宏观经济各组成部分常用的经济指标及其相互之间的联系。通过对主要经济指标的解读，系统地认识中国经济的基本面以及国民经济循环的基本状况，总结新冠肺炎疫情前后中国经济的突出变化和主要特征。

第二篇讲经济周期，基于几种常见的经济周期类型，介绍中国经济周期性波动的表现、原因以及影响。通过对经济周期的分析，判断当前我国经济运行所处的周期位置，进而预判"十四五"时期中国经济的增长前景。

第三篇讲长期趋势，借鉴各国经济增长的国际经验，分析中国长期经济增长的变化以及经济结构的变迁。通过对长期经济增长和结构演变一般规律的分析，勾勒出 2035年远景目标下的中国经济增长趋势。

下面，就让我们开启读懂中国经济之旅。

目录

◄ 第一篇 中国经济运行的格局 ►

第一章　研判中国宏观经济的框架和指标 ··2

　　一、宏观经济如何运转 ···2

　　二、常用的中国宏观经济指标 ···5

第二章　GDP——综合测度中国经济 ···8

　　一、GDP 如何统计 ··8

　　二、中国 GDP 的规模、增速与结构 ··10

　　三、容易混淆的 GDP 与 GNI ···15

第三章　三大产业——认清中国经济的供给侧 ··19

　　一、国民经济行业如何划分 ··19

　　二、稳定中国经济基本盘的第一产业 ···21

　　三、第二产业成就中国全球制造业大国地位 ···26

　　四、成长中的服务业 ··37

　　五、观察行业是否景气——采购经理指数（PMI） ··48

第四章　三大需求——读懂中国经济的需求侧 ··54

　　一、14 亿人口汇聚起的消费力量 ··54

　　二、投资——中国经济增长中的"关键先生" ···64

　　三、认识全球第一贸易大国的进出口 ···77

第五章　价格——观察中国经济的通胀水平 ······························ 91

一、衡量社会总体价格水平的 GDP 平减指数 ······················· 91

二、与日常生活息息相关的居民消费品价格 ························· 95

三、影响企业生产经营的工业生产者价格 ·························· 100

第六章　就业——关注中国经济的最大民生 ·························· 104

一、就业情况的整体衡量 ··· 104

二、经济增长创造的城镇新增就业机会 ···························· 107

三、反映劳动力闲置状况的指标——失业率 ························· 109

四、求人倍率与工资——衡量劳动力市场的供需情况 ·················· 111

五、城乡"二元"结构下的农民工就业 ······························ 112

第七章　财政收支——看清政府的财政政策 ·························· 114

一、"四本预算"揭示财政收支路径 ································· 114

二、从财政赤字变化观察财政风险 ································· 126

三、分税制下的地方政府债务问题 ································· 128

第八章　货币调控——理解央行的货币政策 ·························· 134

一、货币政策的目标与工具 ······································· 134

二、我国的货币政策转型 ··· 138

三、人民币汇率的决定 ··· 148

第一篇小结　后疫情时代中国经济的基本特征 ························ 153

一、中国经济的基本格局 ··· 153

二、后疫情时代中国经济的基本特征 ······························· 155

三、疫情"后遗症"带给中国经济的新挑战 ·························· 158

▶ 第二篇　中国经济波动的周期 ◀

第九章　经济周期分析框架和中国经济增长的周期波动 ················· 162

一、什么是经济周期 ··· 162

二、如何划分经济周期的阶段 ·· 163

三、几种常见的经济周期 ·· 168

四、中国经济运行中的周期波动 ·· 171

第十章 农业周期——农产品供给和价格的规律性波动 ·············· 175

一、气候变化与农作物生产 ·· 175

二、中国的猪周期波动 ·· 180

第十一章 创新周期——科技革命和产业变革的发生规律 ············ 186

一、科技和产业革命与创新周期 ·· 186

二、中国经济运行中的创新周期 ·· 195

三、创新周期下的能源转型 ·· 196

第十二章 房地产周期——房地产波动背后的驱动因素 ·············· 199

一、人口与房地产周期 ·· 199

二、人口因素影响下的中国房地产长周期 ···································· 203

三、房地产调控与房地产短周期波动 ·· 205

第十三章 设备投资周期——设备投资如何影响经济增长 ············ 214

一、设备更新与设备投资周期 ·· 214

二、中国的设备投资周期 ·· 217

第十四章 库存周期——存货变化与工业品价格短期波动 ············ 224

一、企业存货管理与库存周期 ·· 224

二、中国的库存周期 ·· 226

三、库存周期与工业品价格、资源类周期股走势 ···························· 231

第十五章 金融周期——流动性改变如何引发房价共振 ·············· 235

一、信贷、资产价格与金融周期 ·· 235

二、中国的金融周期 ·· 238

三、金融周期下的资产价格波动 ·· 247

第二篇小结　经济周期视角下的"十四五"时期中国经济走势················ 249

　　一、中国经济运行的周期规律················· 249

　　二、"十四五"时期中国经济的走势············· 252

　　三、防范化解影响我国经济平稳运行的内外部风险········· 255

▶ 第三篇　中国经济增长的趋势 ◀

第十六章　经济增长的规律和动力机制················· 258

　　一、经济增长的一般规律··················· 258

　　二、经济增长背后的动力机制················· 261

第十七章　经济增长的不同阶段··················· 266

　　一、经济增长阶段的划分··················· 266

　　二、中国经济增长的二元经济阶段··············· 270

第十八章　经济增长的动力分解··················· 282

　　一、经济增长因素分解···················· 282

　　二、改革开放以来中国经济增长的动力············· 285

第十九章　经济增长中的产业结构变迁··············· 296

　　一、经济增长过程中的产业结构演变············· 296

　　二、要素禀赋如何决定主导产业的发展············· 301

　　三、未来中国的产业发展之路················· 307

第二十章　经济增长中的需求结构演变··············· 316

　　一、经济增长过程中的需求结构变化············· 316

　　二、消费结构的长期变化规律················· 321

　　三、消费升级与产业结构的调整··············· 334

第二十一章　经济增长中的城乡结构变化·············· 337

　　一、城市化率的"S"形变化规律··············· 337

二、中国改革开放以来的城镇化进程 ……………………………… 339

三、城镇化与基础设施、住房投资前景 …………………………… 343

四、城镇化与未来的城市竞争 ……………………………………… 348

第二十二章 经济增长中的收入分配结构变化 …………………… 351

一、要素收入分配结构的变化规律 ………………………………… 351

二、改革开放以来中国的要素收入分配结构演变 ………………… 353

三、个人收入分配结构如何演变 …………………………………… 355

四、中国的个人收入分配变化与壮大中等收入群体 ……………… 357

第二十三章 经济增长中的跨境贸易投资变化 …………………… 362

一、对外贸易结构的变化规律 ……………………………………… 362

二、中国从贸易大国走向贸易强国 ………………………………… 367

三、跨境直接投资的变化规律 ……………………………………… 372

四、中国直接投资从"引进来"到"走出去" …………………… 374

第三篇小结 2035 年远景目标下的中国经济增长 ……………… 380

一、定位长期经济增长中的中国经济 ……………………………… 380

二、2035 年远景目标下的中国经济增长 ………………………… 383

三、如何保障翻番目标的实现 ……………………………………… 394

后记 …………………………………………………………………… 399

中国经济运行的格局

　　一个国家的经济格局，可以反映出在一定时间点上，这个国家宏观经济的总量、结构以及各组成部分之间的经济联系。近年来，伴随经济增长的放缓，中国经济的产业结构、需求结构、通胀、就业以及相应的财政货币政策都发生着显著的变化；新冠肺炎疫情的暴发，进一步增加了这一变化趋势的复杂性。本篇将在介绍国民经济循环系统的基础上，按照宏观经济分析的框架，分析反映中国经济总量、结构、通胀、就业、财政、货币等方面的常用经济指标，全方位梳理中国经济运行的最新情况，进而总结出后疫情时代中国经济格局的基本特征。

第一章

研判中国宏观经济的框架和指标

国民经济是一个循环系统。进行宏观经济形势的分析研判，首先需要了解国民经济循环系统的各个组成部门以及它们之间的相互联系，厘清经济系统运行的基本规律。这与医生给病人看病要具备人体结构功能和生理机理的专业知识，是一个道理。在此基础上，还需要熟悉主要的国民经济指标，它们就像人的身高、体重、血压、心率等生理指标一样，是"诊断"国民经济循环系统运行状况的重要依据。通过观察指标值的变化才能搞清楚国民经济运行的最新情况，对宏观经济形势做出更为精确的判断。

一、宏观经济如何运转

（一）认识国民经济循环

宏观经济学中，各个微观经济主体按照在经济运行中所扮演的角色被划分为不同的部门，比如，生产各类商品或服务的企业被划分为企业部门，作为最终消费者的个人被划分为居民部门，中央和地方各级政府被划分为政府部门，国外的企业和个人被划归国外部门等。各部门以及它们相互之间的物质和货币往来就组成了宏观经济运行的整个机体。

在国民经济循环系统中，各个部门扮演着不同的角色和功能。

居民部门是劳动、资本等生产要素的提供者以及商品与服务的消费者。他们通过提供劳动力和资本获取收入。收入中的一部分用于购买商品和服务来满足自身的生活需求；其余部分则储存起来，形成储蓄，并经银行等金融中介贷给企业用于投资。

企业部门是生产要素的需求者和最终产品的提供者。企业生产需要雇用劳动力，投入厂房、设备、原材料等生产资料。其中，劳动力来自就业市场的招聘，购买生产资料的资金以贷款的方式从金融市场中获得。同时，企业部门生产、提供各种商品和服务，用于满足社会生产和生活的需求，是社会财富唯一的直接创造者，销售所获得的收入一部分用于支付工人工资（也被称为"劳动报酬"），其余部分用于偿还贷款利息（相当于资本的报酬）。

政府部门是社会财富的参与分配者及公共产品和服务的提供者。政府部门虽然不直接创造财富，但是以税收的方式参与收入的分配，形成政府财政收入，同时又通过政府购买的方式向社会提供公共产品和服务。

国外部门是出口商品和服务的需求者和进口的供给者。在开放经济条件下，居民部门消费的产品和服务不仅局限于国内，还有一部分来自国外，从而形成商品和服务的进口，由于支付给国外企业的是外币，所以相应的支出构成外汇支出。同时，国内企业生产的商品和服务也不仅在国内市场销售，还有一部分出口销售至国外，从而形成商品和服务的出口，相应的收入形成外汇收入。

除了以上四个实体经济部门，在现代经济中，商品和服务的交易都以货币作为媒介，所以中央银行在宏观经济中扮演了货币供给者的角色。中央银行可以通过改变政策利率或者货币供给量调节金融市场中的借贷成本，从而影响企业的投资决策，干预宏观经济的运行。

各部门之间的联系和交易形成了不同的市场及其价格，比如居民和企业之间关于劳动的交易形成了就业市场和劳动的价格——工资水平，资金的交易形成了金融市场和资金的价格——利率。当供给量和需求量相等时，这个市场就达到了均衡状态，而当所有市场同时达到均衡时，整个经济也就达到了所谓的一般均衡状态。

图 1-1-1 反映了国民经济循环系统的各个组成部门以及相互之间的经济联系。商品经济条件下，交易是"一手交钱，一手交货"，所以涉及商品和服务市场的同一项交易同时存在着方向相反的商品流和资金流。如同中医的人体经络图，各部门就好比人体各个器官，而它们之间交易形成的商品流、货币流以及各类市场，就像人体的经脉和穴位，只有保持各部门功能正常，经络畅通，国民经济才能实现健康平稳运行。

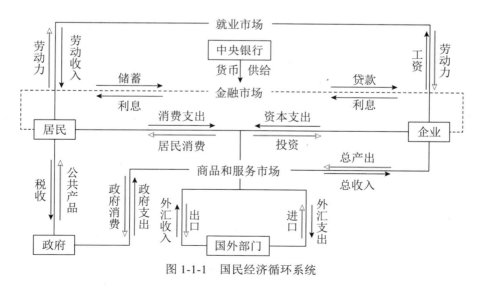

图 1-1-1   国民经济循环系统

注：图中各线条代表不同部门间的经济联系，白色和黑色箭头分别代表实物和货币的流动方向。

（二）中国的国民经济循环

国民经济循环通常分为生产、分配、交换、消费四个环节。国民经济核算中的资金流量表记录了住户、企业、政府等部门间的资金流向和流量，可以用于观察各个经济部门在生产、分配以及消费三个环节间的经济联系。根据国家统计局公布的资金流量表，2017 年我国新创造的商品和服务总价值，也就是 GDP，规模超过 82 万亿元。

如图 1-1-2 所示，从生产环节看，非金融企业部门是社会财富的主要创造者，2017年共生产了 50.7 万亿元的商品和服务，相当于 GDP 的 62%。住户部门包含了个体经营者，创造的价值占比为 22%。

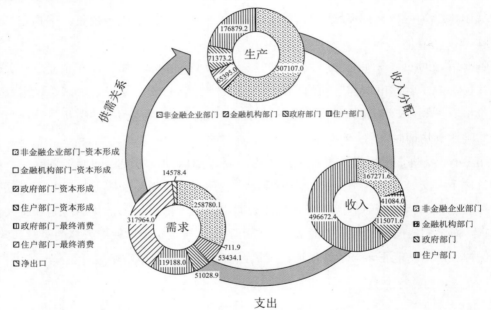

图 1-1-2　2017 年我国资金流量图（单位：亿元）

资料来源：国家统计局。

在初次分配环节，住户部门收入的占比最高，通过获取劳动者报酬、财产收入以及经常转移收入，占总收入比重 61%，非金融企业占比为 20%，政府部门通过征收生产税占比为 14%。经过政府的再分配调节后，形成了各部门的可支配收入。这就是我们实际可以用来消费或者储蓄起来的部分。

可支配收入中大部分用于消费，消费占可支配收入的比例达到 53%，其中居民消费和政府消费分别占到总消费的 73% 和 27%；可支配收入中剩下的 47% 形成储蓄。储蓄是投资的资金来源，总储蓄中的 95% 通过各部门的投资行为最终形成固定资本形成总额。

其中，非金融企业部门是投资的主力军，占资本形成总额的 71%；政府和住户部门固定资本形成占比均在 14% 左右。最终消费支出和资本形成总额也被称为国内需求，二者占 GDP 的比重达到了 98%，净出口仅占 2%。由此也可以看出，我国国民经济是以内需为主导，国内循环占主体。

二、常用的中国宏观经济指标

（一）经济指标的统计与发布

经济指标如同我们去体检时所要检测的身高、体重、心率、血压等一样，是观测国民经济循环系统运行情况的重要指标。各国一般都设有专门的政府部门负责经济指标的调查和统计，比如美国经济分析局（U.S. Bureau of Economic Analysis，简称 BEA）、欧盟统计局（Eurostat）等会定期统计并公布自己国家的国民生产总值等指标，金融数据则通常由本国的中央银行统计发布。我国 GDP、消费、投资等宏观经济运行方面的数据主要由国家统计局负责统计[1]，并定期通过新闻发布会、网站、正式出版物等方式向社会公布[2]。国家统计局会在年底前将下一年主要数据发布的日程表公布在其网站上。

统计数据按照发布的频率，主要有月度、季度以及年度指标。月度指标中，最早公布的是中国采购经理指数（PMI），当月数据在该月月底便可公布。其他月度数据则要等到下个月才发布。其中，价格指数一般在每个月 10 日前后公布，工业、消费、投资、房地产数据在每个月（2 月除外）中旬以召开国民经济运行情况新闻发布会的方式发布，比如 2020 年 4 月份的社会消费品零售总额数据是在 2020 年 5 月 15 日公布的，工业经济效益数据则在每个月月底才公布。

季度数据通常在季度结束后的第一个月中旬，也就是在 4 月、7 月、10 月、下一年的 1 月中旬，分别发布当年第一、二、三、四季度的季度经济指标数据；年度经济指标数据通常是在次年 1 月中旬发布。此外，在每年的 2 月底，国家统计局还会发布上一年的《中华人民共和国国民经济和社会发展统计公报》（以下简称《公报》）。

了解中国宏观经济运行情况最直接、全面和权威的渠道，是国家统计局公布月度、季度经济数据时发布的新闻稿以及年度公报。此外，中国人民银行、商务部等部门也会定期在其网站上发布所在专业领域的形势分析报告（见表 1-1-1），从而能够帮助我们更为深入地了解货币金融、国际贸易、跨境直接投资等方面的最新形势变化。

---

[1] 我国《统计法》第四章第二十七条规定："国务院设立国家统计局，依法组织领导、协调全国的统计工作。"

[2] 除国家统计局之外，我国其他政府部门还会根据自身的职能开展统计调查。比如，商务部和海关进行对外经济贸易统计，定期发布货物进出口、外商直接投资数据；交通运输和邮政部门进行运输邮电业统计，涉及指标如货运量、客运量数据；一行两会（中国人民银行、证监会、银保监会）等金融部门对金融活动进行统计，发布货币供给、社会融资总额、国际收支等数据；财政部、国家税务总局对财政收支、税收收入和地方政府债务情况的统计。作为综合统计部门，国家统计局也会在年度的公报、《中国统计摘要》、《中国统计年鉴》以及专业统计年鉴中发布上述由其他部门提供的指标数据。

表 1-1-1　部分政府部门报告发布情况

报 告 名 称	发 布 机 构	发 布 频 率	发 布 时 间
国民经济运行情况	国家统计局	月度、季度	月度、季度后第一个月中旬
国民经济和社会发展统计公报	国家统计局	年度	次年 2 月底
中国国际收支报告	国家外汇管理局	半年度、年度	9 月底、次年 3 月底
中国对外贸易形势报告	商务部	春季、秋季	5 月、11 月
中国外商投资报告	商务部	年度	次年
中国对外投资合作发展报告	商务部	年度	次年
中国货币政策执行报告	中国人民银行	季度	季后第二个月上中旬
中国财政政策执行情况报告	财政部	半年度、年度	2020 年 8 月首次发布半年报；2021 年 3 月发布上年度报告

（二）短期宏观经济分析的框架和常用指标

对比国家统计局的月度、季度国民经济运行情况报告以及年度公报，其中所引用的指标主要按照生产（GDP、农业、工业和建筑业、服务业）、支出 / 需求（消费、投资、进出口）、价格、就业、财政金融等进行分类，前四项基本对应于宏观调控的四大目标，即促进经济增长、保持国际收支平衡、稳定物价和增加就业。财政金融则是宏观调控的重要手段。以上分类构成了短期宏观经济形势分析的基本框架，并可以基于此梳理出监测国民经济运行常用的经济指标（见图 1-1-3）。

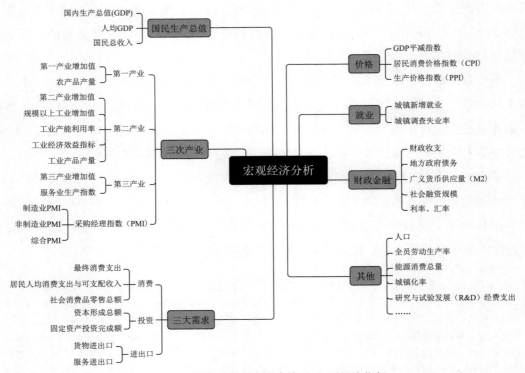

图 1-1-3　国民经济分析的框架和主要经济指标

具体来看，GDP（国内生产总值）是观察国民经济运行的综合性指标，它反映了一国（或地区）一定时间内新创造的社会财富规模。GDP 增速越高，代表着社会财富增长速度越快，整个社会的生产供给能力越强。GDP 从生产和需求的角度，分别可以进一步分解为三次产业增加值和消费、投资、净出口三大需求。如果将 GDP 除以总人口，可以计算出人均 GDP，通常用于反映一个国家的经济发展水平。由于 GDP 按季度和年度进行统计和公布，所以主要应用在季度和年度的形势分析报告中。而要分析更短期的经济运行情况，则需要更高频的月度数据。

反映三次产业运行情况的指标中，第一产业以种植业，也就是农业为主。由于农作物生长周期较长，季节性明显，反映农业生产的高频指标较少，通常是按季度公布粮食生产情况。现在最为丰富的指标是工业运行指标，月度指标主要基于国家统计局对规模以上工业企业的统计。服务业指标也相对较少，但随着我国产业结构逐渐转变为以服务业为主，对服务业更高频率指标的设置和监测也在不断完善。目前监测服务业运行情况的月度指标主要是 2017 年开始统计发布的服务业生产指数。

监测消费、投资、进出口等需求端运行情况的月度指标分别是社会消费品零售总额、全社会固定资产投资、货物进出口额。月度指标在实效性与全面性方面往往不能兼得，与 GDP 统计口径中的三大需求并不一致。比如，社会消费品零售只是 GDP 核算中最终消费支出的一部分，固定资产投资是流量概念，与 GDP 核算中的固定资本形成概念不同；进出口主要是货物贸易，不包含服务贸易。所以，短期指标的走势在一定程度上是以局部反映整体。

价格和就业通常是中央银行进行宏观调控时关注的重要指标，比如美联储就将促进充分就业和维持物价稳定作为货币政策的目标。月度价格指标包括了商品和除劳动力外的生产要素的市场价格，分别反映生活、生产领域的价格变化。其中，CPI 是居民消费品价格变化的反映，PPI（生产价格指数）和 PPICM（企业购进工业品价格指数）则衡量了工业生产价格的变化。新增就业和失业率是衡量劳动力市场状况的主要指标，由于我国经济的二元结构特点，当前主要统计了城镇的就业情况。

作为宏观调控的主要手段，财政收支和金融市场运行指标分别反映了财政政策和货币政策的执行情况。其中，财政收入和支出的变化体现了政府财政政策的取向。同样，央行货币政策的变化也可以通过货币供应量以及利率等指标反映。

最后，除了经济领域外，政府职能还涉及社会、文化、科技、教育、资源、环境等诸多方面，这些指标多数是年度数据，所以在月度、季度中较少公布，主要反映在年度的统计公报中。

第二章

GDP——综合测度中国经济

GDP 是我们最为耳熟能详的经济指标，经常会在新闻上听到看到。近年来，中国经济实现了历史性跨越，迈过了两个"万"字整数关口，都是以 GDP 作为衡量标准：一个是我国人均 GDP 在 2019 年首次超过 1 万美元；另一个是我国 GDP 规模在 2020 年首次突破 100 万亿元人民币。GDP 通常被视作衡量一个国家经济状况和发展水平的最为重要的综合性指标。美国经济学家萨缪尔森更将其描述为 20 世纪最伟大的发明之一[①]。在他所著的经典教材《经济学》中，GDP 被比喻成探测天气的人造卫星，能够提供给人们一幅关于经济运行状态的整体图像。认识 GDP，有助于我们从整体上把握中国经济。

一、GDP 如何统计

GDP 是国内生产总值（Gross Domestic Product）的英文缩写，是指一个国家或地区所有常住单位在一定时期（通常为一个季度或一年）内生产出的全部最终产品和服务的市场价值。根据国家统计局公布的《2020 年国民经济和社会发展统计公报》，当年我国生产了 6.69 亿吨粮食、13.2 亿吨钢材、2532.5 万辆汽车，完成了 463 亿吨的货物运输总量和 97 亿人次的旅客运输总量……这些新创造的商品和服务价值，都会按照一定的核算方法，计入 2020 年的国内生产总值统计中。

在新中国成立至改革开放初期，我国采用了苏联、东欧国家的物质产品平衡表体系（MPS）进行国民经济的统计核算，改革开放后才逐步采用了以 GDP 为核心指标的国民账户体系（SNA）。根据《中国国民经济核算体系（2016）》，我国的 GDP 核算有三种方法，即生产法、收入法和支出法（见图 1-2-1），三种方法分别对应国民经济循环中的生产、分配、支出三个环节，从不同的侧面反映国内生产总值及其构成。

[①] 20 世纪 30 年代，美国经济学家库兹涅茨（Kuznets）最早提出了 GDP 的概念。

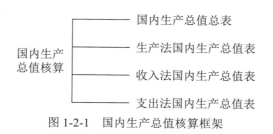

图 1-2-1   国内生产总值核算框架

资料来源：国家统计局，《中国国民经济核算体系（2016）》。

生产法是从价值创造的角度，核算一个国家或地区在一定时期内全部最终生产成果的市场价值。这就需要在加总所有生产部门创造的货物和服务价值后，再剔除生产过程中消耗掉的中间货物和服务价值，这部分也被称为增加值。用公式可以表达为

GDP= 总产出 - 中间投入

比如，在核算汽车行业增加值时，增加值并非是新生产汽车的总价值，而是需要剔除掉制造过程中消耗的钢材等原材料价值，因为这部分已经包含在钢铁等原材料行业增加值中，否则会造成重复计算。在核算出每个行业的增加值后，将国民经济各行业生产法增加值相加，就可以得到生产法国内生产总值。

收入法是从生产过程形成收入的角度，根据经济中居民、企业、政府各部门应得收入，加总计算最终产品和服务的市场价值。收入法 GDP 由劳动者报酬、生产税净额、固定资产折旧和营业盈余四个部分组成。用公式可以表达为

GDP= 劳动者报酬 + 生产税净额 + 固定资产折旧 + 营业盈余

其中，劳动者报酬是居民提供劳动所获得的收入，固定资产折旧和营业盈余是企业生产所得，生产税净额是扣除支付给企业的各类补贴后的政府所得。

再以汽车行业为例，企业销售汽车所得收入在剔除掉原材料成本后，一部分会用于给工人发放工资，形成劳动者报酬；一部分用于补偿机器设备在生产过程中的损耗，即固定资产折旧；还有一部分缴纳政府税收。剩下的便是企业的利润，也就是营业盈余。

支出法是从最终产品和服务使用去向的角度计算国内生产总值。最终使用包括最终消费支出、资本形成总额及货物和服务净出口，也被称为拉动经济增长的"三驾马车"，用公式可以表达为

GDP= 最终消费支出 + 资本形成总额 + 货物和服务净出口

这里核算的是最终产品和服务，比如汽车就是最终产品，在核算时，当年生产的汽车中，销售给国内消费者的部分要计入最终消费支出；出口到国外的部分要纳入货物出口的统计；而当年没有销售出去的部分，会变为企业的存货，计入资本形成总额。

以上三种方法虽然都是计算同一个经济体在同一时期的最终产品和服务价值，但由

于受资料来源、口径范围、计算方法等因素的影响，各种方法的计算结果往往存在差异。国家统计局采用生产法和收入法相结合的方式计算 GDP。

其中，农业、工业等部门的增加值以生产法计算，服务部门增加值主要按收入法计算，所以我国公布的生产法 GDP 和收入法 GDP 是相同的，而支出法 GDP 核算结果与前者通常不同。比如 2019 年，我国生产法和收入法核算的 GDP 为 986 515.2 亿元，支出法核算出的 GDP 则为 994 927.39 亿元 [①]。

由于前者的基础统计资料更为丰富，所以引用 GDP 数据时一般都是以生产法和收入法混合计算的数值为主，季度 GDP 同样是以生产法计算。支出法 GDP 仅公布年度数据，但国家统计局在每个季度会公布三大需求对经济增长的贡献率和拉动数据。

专栏　　　　　　　　　　　**贡献率和拉动**

贡献率衡量了部分对整体增长的贡献大小，用百分数的形式表示，各部分贡献率之和等于 100%。

拉动用于反映部分的增长量对整体增长的拉动程度，用百分点表示，各部分对总体增长的拉动之和等于总体的增长速度。

以最终消费支出为例，其对 GDP 增长贡献率和拉动的计算公式是：

贡献率（%）＝最终消费支出的增加量 /GDP 的增加量 ×100%

拉动（百分点）＝贡献率 ×GDP 增速

二、中国 GDP 的规模、增速与结构

使用 GDP 衡量一个国家经济增长情况时，通常使用 GDP 规模和 GDP 增速两个指标，GDP 规模反映了经济总量的大小，主要采用生产法核算出的 GDP，有现价和不变价两个口径。所谓现价，就是按照当前价格计算出的 GDP 规模。国家统计局公布的 2020 国内生产总值为 101.6 亿元，这就是现价统计的 GDP。

由于 GDP 以货币方式衡量，而货币本身的币值也在不断变化，尤其是在信用货币

[①]　GDP 数据并非发布后就不再变化，初次公布的 GDP 数据被称为初步核算数，随着收集到的统计资料和信息不断增加，还要对 GDP 进行最终核实。年度 GDP 最终核实数在隔年的 1 月份发布，并相应地对季度 GDP 进行修订。2021 年初，国家统计局公布的 2019 年 GDP 最终核实数为 986 515 亿元（人民币），比初步核算数减少了 4350 亿元（人民币），GDP 增速也比初步核算数下调 0.1 个百分点至 6%。

另外，当我国修改 GDP 核算方式或者开展经济普查后，通常也会对 GDP 进行修正。比如 2016 年 7 月，国家统计局实施了研发支出核算方法改革，将过去作为中间消耗处理的研发支出改成作为固定资本形成处理，并据此修订了 GDP 历史数据。2019 年 11 月，根据第四次全国经济普查结果，国家统计局将 2018 年国内生产总值修订为 919 281 亿元，比初步核算数增加了 18 972 亿元。

的情况下，货币通常会因为通货膨胀而造成实际购买力下降，如果不剔除掉其中的货币贬值因素，即便是实际产出没有增加，一个国家的 GDP 也可能出现持续增长的情况。所以，计算 GDP 的增长速度需要使用剔除了通货膨胀[①]的不变价 GDP，也被称为实际 GDP。不变价 GDP 每 5 年更换一次基期，当前我国公布的不变价 GDP 是以 2015 年不变价计算的，也就是以 2015 年时人民币的实际购买力衡量的 GDP 规模。2020 年我国不变价 GDP 是 91.1 万亿元，要低于名义 GDP，这说明五年来，我国总体物价水平是上涨的，存在通货膨胀，反之则表明出现了通货紧缩。

GDP 增速反映了经济增长速度的快慢。其中，季度 GDP 增速有同比增速和环比增速之分。同比增速是指当季 GDP 比上一年同一季度增长了多少。比如由于新冠肺炎疫情的冲击，2020 年一季度我国 GDP 同比增速跌至 -6.8%，这意味着该季度的 GDP 比 2019 年一季度下降了 6.8%。环比增速是指当季 GDP 比上一季度增长了多少，比如 2020 年二季度，随着新冠肺炎疫情得到有效遏制，我国 GDP 环比增速达到 11.6%，这意味着当季的 GDP 比一季度增长了 11.6%。我国从 1992 年一季度开始公布季度同比增速。由于计算环比增速需要对数据进行调整以消除季节影响，国家统计局自 2011 年一季度起才正式对外发布各季度的 GDP 环比增长速度。

此外，我们还经常在新闻上看到"环比折年率"或者"环比折年增速"的概念，一些国家使用该指标衡量季度经济增长速度，计算公式是：环比折年增速 =（1+ 环比增速）^{4}-1。数值上近似于将环比增速乘以 4，其经济含义是假定未来经济能够以该环比增速增长下去，那么年化（四个季度）的增长率会是多少。这样处理的好处是放大了季度经济的波动，可以更好观察经济变化趋势。目前我国季度 GDP 增速主要使用同比数据，美国、日本多使用环比折年增速，欧洲国家则常用环比数据。在进行不同经济体间季度 GDP 增速比较时，需要转换为统一的口径。

如图 1-2-2 所示，从新中国成立至改革开放初期的较长时间内，我国经济总量规模很小，GDP 增速波动很大。改革开放之后，我国 GDP 增速虽然也有比较大的起伏，但波动的幅度和频率明显减小，而且很多年份保持了 10% 以上的高增速。2008 年国际金融危机之后，我国经济增速逐渐放缓，2019 年降至 6%，与 2007 年 14.2% 的增速高点相比，下降了 8.2 个百分点。2020 年由于新冠肺炎疫情的冲击，进一步下降至 2.3%。

随着改革开放以来经济的快速增长，我国 GDP 规模迅速扩大，2020 年 GDP 首次突破 100 万亿元，达到 101.6 万亿元，约为 14.7 万亿美元，相当于美国 GDP 规模的七成，居世界第二，占世界经济的比重达到 17%（见图 1-2-3）。

[①] 通货膨胀程度使用 GDP 平减指数衡量。GDP 平减指数（GDP Deflator）反映了全部商品和服务的价格相比基年上涨了多少。计算公式为：GDP 平减指数 =（名义 GDP/ 实际 GDP）×100。

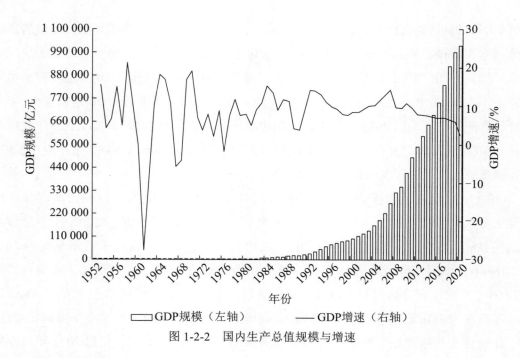

图 1-2-2　国内生产总值规模与增速

资料来源：国家统计局。

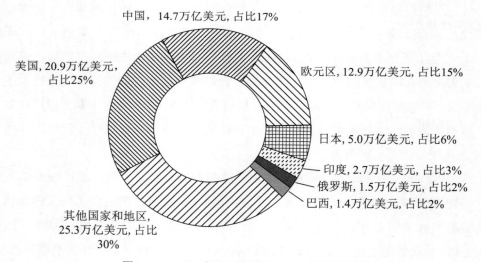

图 1-2-3　2020 年主要经济体 GDP 规模与占比

资料来源：IMF。

　　使用 GDP 及分项数据，还可以观察我国的经济结构状况。根据三次产业增加值占生产法 GDP 的比重（见图 1-2-4），我国产业结构以第三产业为主，2019 年第一、第二、第三产业占比分别为 7.1%、38.6% 和 54.3%。2020 年，受新冠肺炎疫情的影响，尽管第二产业实际增速要快于第三产业，但由于第三产业价格涨幅显著高于第二产业，以名义价格计算的第二、第三产业占比一降一升，三大产业占 GDP 的比重分别为 7.7%、37.8% 和 54.5%。

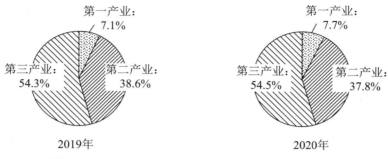

图 1-2-4 2019—2020 年三次产业占国内生产总值的比重

资料来源：国家统计局。

从需求侧看（见图 1-2-5），我国经济的需求结构以消费为主，最终消费支出占支出法 GDP 的比重（消费率）在疫情前达到 55.4%，资本形成总额占比（投资率）是 43.1%，净出口占比为 1.5%。由于 2020 年新冠肺炎疫情对消费造成较大冲击，名义消费出现负增长，消费率因此降至 54.3%；名义投资增速与名义 GDP 增速基本保持一致，所以投资率维持在 43.1%，净出口占比则上升至 2.6%。

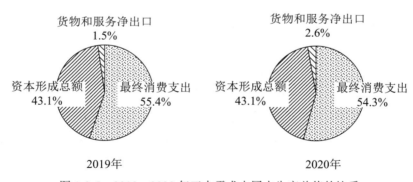

图 1-2-5 2019—2020 年三大需求占国内生产总值的比重

资料来源：国家统计局。

进一步地，我们还可以使用专栏中提到的计算贡献率和拉动的方法，从供给侧和需求侧观察各产业和需求对经济增长的贡献情况。需要注意的是，计算经济结构一般使用现价，而贡献率和拉动则是按照不变价 GDP 及分项数据计算的。

从供给侧看（见图 1-2-6），2020 年之前，第三产业对我国经济增长的贡献率呈上升的趋势，2019 年达到 63.5%。2020 年，新冠肺炎疫情对批发零售、住宿餐饮、交通运输等服务业行业造成了较大的冲击，尽管服务业在信息传输、软件和信息技术行业的带动下，保持住了第一大增长动力的地位，但对经济增长的贡献率降至 47.3%，拉动 GDP 增长 1.09 个百分点。第二产业对 GDP 增长的贡献率则上升至 43.3%，拉动 GDP 增长 1 个百分点，基本与第三产业平分秋色。

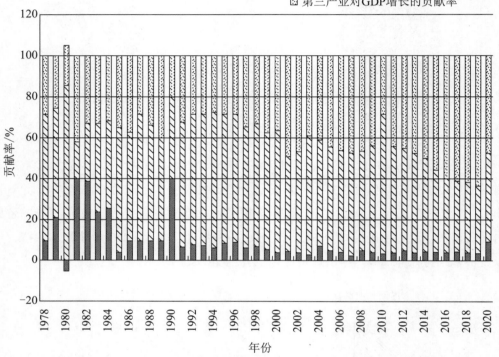

图 1-2-6 1978—2020 年三次产业对 GDP 增长的贡献率

资料来源：国家统计局。

新冠肺炎疫情从需求侧也对我国经济增长的动力构成产生了显著的影响（见图 1-2-7）。近年来，消费一直是拉动我国经济增长的主要动力。2019 年，最终消费支出对经济增长的贡献率接近六成，达到 57.8%。2020 年，因为新冠肺炎疫情的影响，最终消费支出相比 2019 年有所下降，而我国 GDP 同期增长了 2.3%，导致最终消费支出的贡献率自改革开放以来首次出现负值，为 -22%，因而下拉 GDP 增长 0.51 个百分点。同时，投资起到了重要的稳增长作用，全年对 GDP 增长的贡献率达到 94.1%，拉动 GDP 增长 2.16 个百分点。而且，由于我国产业链、供应链较快恢复，出口实现逆势增长，净出口对经济增长的贡献率达到 28%，为 1997 年以来的新高，拉动 GDP 增长 0.64 个百分点。

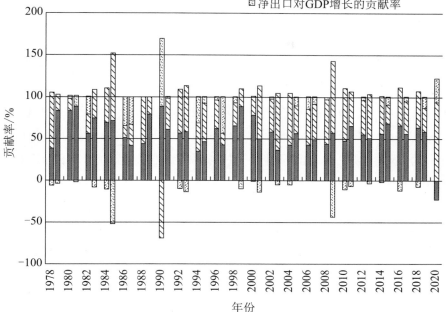

图 1-2-7　1978—2020 年三大需求对 GDP 增长的贡献率

资料来源：国家统计局。

三、容易混淆的 GDP 与 GNI

与 GDP 经常混淆的一个指标是 GNI，也就是国民总收入（Gross National Income），之前也被称为国民生产总值（Gross National Product，简称 GNP）。GNI 是指一个国家或地区的国民在一定时期内通过提供资本、劳动等生产要素所获得的投资收益、劳动报酬等要素收入，反映了经济活动收入初次分配的最终结果，在资金流量表中，它等于住户、企业、政府初次分配收入之和。

与 GDP 被统计主体范围以"国土"原则为划分标准不同，GNI 强调的是"国民"原则。这里的国民并非完全国籍上的概念，而通常以是否居住满一年为标准，比如一个在我国工作不足一年的美国人所获得的收入计入我国的 GDP，但不计入我国的 GNI。

GNI 的计算公式可以表示为：

GNI=GDP+ 对外要素收入净额（来自国外的要素收入－支付国外的要素收入）

式中，来自国外的要素收入是本国居民向国外提供资本和劳务所获得的收入，主要包含了本国资本对外直接投资、证券投资等获得的投资收益以及本国居民在国外工作（一年以下）获得的雇员报酬；支付国外的要素收入是本国使用国外资本和劳务的支出，主要包含国外资本对本国的投资而从本国获得的投资收益以及本国支付给外籍员工（一年以下）的雇员报酬。

关于二者的统计反映在国家外汇管理局公布的国际收支表初次收入账户中。初次收入贷方代表来自国外要素的收入，借方代表支付国外的要素支出。初次收入差额反映了对外要素收入净额的大小，我国初次收入差额变化见图1-2-8。

通常，在分析一个国家的生产情况时使用GDP，分析收入情况时使用GNI；分析经济增长时采用GDP，分析贫富差异时更关注GNI。比如，在国际经济形势分析和比较时，国际货币基金组织主要关注GDP指标，而以减贫为主要目标的世界银行除GDP外，更为关注GNI指标。

2020年，我国国民总收入为100.9万亿元，对外要素收入净额相当于GDP的0.7%，所以GNI和GDP差别并不大。而对外投资规模较大的国家，比如日本，2018年其GNI比GDP高出近2000亿美元，相当于日本GDP的3.7%。

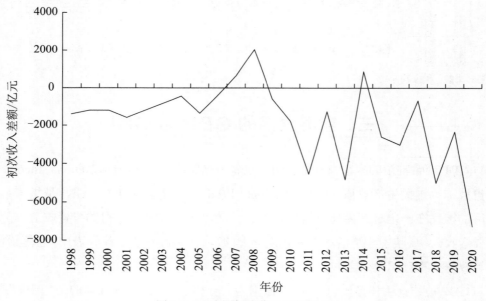

图1-2-8　我国初次收入差额变化

资料来源：国家外汇管理局。

需要关注的是，GDP高于GNI，意味着我国支付给国外的要素报酬要超过来自国外的要素收入，即国际收支表中的初次收入账户存在逆差。根据国家外汇管理局的数据，截至2020年末，我国持有的对外金融资产规模是87 039亿美元，对外负债是65 536亿美元，所以是一个净债权国，对外净资产超过2万亿美元。按理说，我国持有如此大规模的海外资产，应该能够获得正的资产收益净流入才是。

然而现实是，由于我国海外资产投资的收益率远低于外资在我国投资的收益率，作为国际净债权人，我国却长期在向外净支付投资收益（见图1-2-9）。20世纪90年代以来，我国初次收入账户的差额多数年份为负值，特别是2020年逆差规模进一步创出改革开放以来的新高。一方面，世界经济因新冠肺炎疫情陷入严重衰退，发达国家实施零利率乃至负利率政策，我国海外资产收益率降至2.73%；另一方面，在全球经济一片阴霾中，我国成为唯一实现正增长的主要经济体，外商投资企业利润状况整体向好，人民币资产收益率相对稳定，外资在我国获得的收益率达到5.46%。因此，投资收益账户的逆差扩大至1071亿美元，相当于7340亿元人民币。

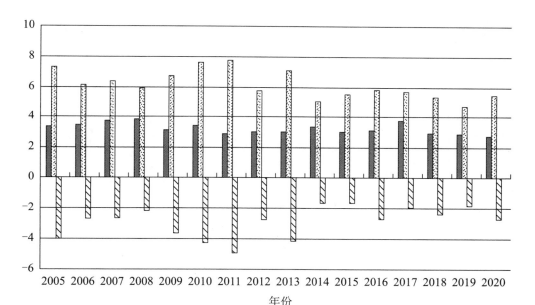

■对外资产收益率（%）　☒资产负债收益率差异（百分点）　☒对外负债收益率（%）

图 1-2-9　我国对外资产、负债收益率及二者差异

资料来源：国家外汇管理局。

除了内外部经济基本面有别之外，造成收益率差异的另一个重要原因在于我国对外资产和负债投资结构的错配。我国对外资产中低收益率的储备资产居于首位，即便2009年后其占我国对外资产的比重逐步下降，但2020年仍达到39%。众所周知，我国是美国国债的主要海外持有国之一，以十年期美国国债为例，2010年以来其收益率最高水平也就在3%左右，2020年底仅为0.9%。而在我国的对外负债中，外商来华直接投资一直占据首位，占比最高时接近68%，2020年也达到了49%。根据商务部研究院发布的《跨国公司投资中国40年报告》，美欧企业在华投资收益率通常要超过其全球平均水平。

比如 2018 年美国企业在华投资收益率达到 11.2%，超过 8.9% 的全球平均水平。即便在
2020 年，我国外商及港澳台工业企业利润总额增速仍达到了 7%，远高于国有及股份制
工业企业的利润增速。因此，从改善我国海外投资收益率以及增加国民总收入的角度，
国家应该鼓励有条件的企业"走出去"以及成熟的机构和个人投资者进行多元化的海外
投资，提高我国对外投资中的直接投资与证券投资占比。

第三章

三大产业——认清中国经济的供给侧

生产是人们创造社会财富的活动，形成了市场中各类商品和服务的供给。将具有同类属性的生产活动集合在一起便构成了产业。产业是社会分工的产物，并随着社会分工的发展而发展。人类最早从事的是种植、狩猎等农业生产活动。18世纪工业革命后，人类进入工业化时代，工业成为经济的主导产业，而自20世纪六七十年代至今，工业化国家逐步形成了以服务业为主的产业结构。产业的发展及产业结构变化情况是观察分析国民经济循环生产环节的重要内容。

一、国民经济行业如何划分

我们最常见的产业分类是三次产业的划分方法，即按照人类社会生产活动的历史发展顺序以及劳动加工对象，将国民经济划分为第一产业、第二产业和第三产业。其中，**第一产业**是直接以自然物为生产对象的产业，主要包括种植业、林业、畜牧业、水产养殖业等；**第二产业**是基于自然界和第一产业提供的基本材料进行再加工制造的产业；**第三产业**是为生产和消费提供各种服务的产业，主要包括交通运输业、通信、商业、餐饮业、金融业、教育、公共服务等非物质生产部门。

在每一类产业下，还可以进一步细分到行业。行业（industry）在国民经济统计中是指从事相同性质的经济活动的所有单位的集合。目前国际上涉及经济活动的分类标准主要有联合国颁布的全部经济活动的国际标准产业分类（ISIC），由美国、加拿大和墨西哥联合建立的北美产业分类体系（NAICS），欧盟统计局建立的欧盟产业分类体系（NACE），以及日本建立的日本标准工业分类体系（JSIC）。我国基于联合国ISIC分类原则，建立了国民经济行业分类标准，并于1984年首次发布，之后随着新行业新业态的发展分别在1994年、2002年、2011年和2017年进行了四次修订。按照最新的《国民经济行业分类》（GB/T 4754—2017），我国国民经济的行业分类共有20个门类、97个大类、473个中类、1380个小类。

根据国家统计局2018年修订的《三次产业划分规定》（见表1-3-1），我国第一产业主要包括农、林、牧、渔业；第二产业包括采矿业，制造业，电力、燃气及水的生产和供应业,建筑业,前三个行业又合称为工业;第一、第二产业以外的其他各行业归入第三产业。同时,我国还专门将农、林、牧、渔业和工业中具有服务业性质的行业(包括农、林、牧、渔专业及辅助性活动,开采专业及辅助性活动,金属制品、机械和设备修理业)也划归第三产业。第三产业实际上囊括了经济活动中的所有提供服务的部门,因而又被称为服务业。

表 1-3-1 国民经济行业分类

三大产业	国民经济行业分类(GB/T 4754—2017)		
	门类	大类	名 称
第一产业	A		农、林、牧、渔业
第二产业	B		采矿业
	C		制造业
	D		电力、热力、燃气及水的生产和供应业
	E		建筑业
第三产业(服务业)	A	05	农、林、牧、渔专业及辅助性活动
	B	11	开采专业及辅助性活动
	C	43	金属制品、机械和设备修理业
	F		批发和零售业
	G		交通运输、仓储和邮政业
	H		住宿和餐饮业
	I		信息传输、软件和信息技术服务业
	J		金融业
	K		房地产业
	L		租赁和商务服务业
	M		科学研究和技术服务业
	N		水利、环境和公共设施管理业
	O		居民服务、修理和其他服务业
	P		教育
	Q		卫生和社会工作
	R		文化、体育和娱乐业
	S		公共管理、社会保障和社会组织
	T		国际组织

资料来源:国家统计局。

由于各行业增加值是 GDP 核算的基础,所以行业增加值数据与 GDP 按季度和年度同步公布。其中,各产业和行业增加值的绝对额按现价公布,增长速度则是按不变价计算。根据表 1-3-2,分产业看,第三产业是我国产业结构的主体,占 GDP 的比重超过 54%。但 2020 年,因为新冠肺炎疫情的影响,第三产业实际增速在三次产业中最低。分行业看,虽然制造业占比近年来有所下降，但仍是我国主要行业门类中占比最高的行业。占比次高的是批发和零售业。新冠肺炎疫情对住宿和餐饮业、租赁和商务服务业、批发和零售业的冲击最为显著，三个行业在 2020 年均出现负增长。信息传输、软件和信息技术服务业虽然占比不高，但增速远远超过其他行业，尤其是 2020 年仍保持了近 17% 的高增速，大有后来者居上的势头。房地产业、金融业在 2020 年增速均较 2019 年有所加快，占 GDP 的比重也不同程度提高。所以，从产业、行业运行数据可以看出供给侧我国经济增长动力变化的基本情况。

表 1-3-2　2019—2020 年 GDP 核算数据

	2019 年			2020 年		
	绝对额/ 亿元	占比 /%	增长 /%	绝对额/ 亿元	占比 /%	增长 /%
GDP	986 515.2	100	6.0	1 015 986.2	100	2.3
第一产业	70 473.6	7.1	3.1	77 754.1	7.7	3.0
第二产业	380 670.6	38.6	4.9	384 255.3	37.8	2.6
第三产业	535 371.0	54.3	7.2	553 976.8	54.5	2.1
农、林、牧、渔业	73 576.9	7.5	3.2	81 103.9	8.0	3.1
工业	311 858.7	31.6	4.8	313 071.1	30.8	2.4
制造业	264 136.7	26.8	4.6	265 943.6	26.2	2.3
建筑业	70 648.1	7.2	5.2	72 995.7	7.2	3.5
交通运输、仓储和邮政业	42 466.3	4.3	6.5	41 561.7	4.1	0.5
批发和零售业	95 650.9	9.7	5.6	95 686.1	9.4	−1.3
住宿和餐饮业	17 903.1	1.8	5.5	15 970.7	1.6	−13.1
金融业	76 250.6	7.7	6.6	84 070.1	8.3	7.0
房地产业	70 444.8	7.1	2.6	74 552.5	7.3	2.9
信息传输、软件和信息技术服务业	33 391.8	3.4	21.7	37 950.7	3.7	16.9
租赁和商务服务业	32 638	3.3	8.7	31 616.2	3.1	−5.3
其他服务业	161 686	16.4	6.9	167 407.4	16.5	1.0

资料来源：国家统计局。

二、稳定中国经济基本盘的第一产业

俗话说"民以食为天"，第一产业产出的各类农产品为人的生存提供了基本保障，也是制造业等生产活动原材料的重要来源，所以也被称为国民经济的基础产业。按照国家统计局的划分标准（见表 1-3-3），第一产业主要包括门类 A 农、林、牧、渔业中的前四个大类，即农业（种植业）、林业、畜牧业、渔业。

表 1-3-3　农、林、牧、渔业行业分类

代　码		类 别 名 称
门类	大类	
A		农、林、牧、渔业
	1	农业
	2	林业
	3	畜牧业
	4	渔业
	5	农、林、牧、渔专业及辅助性活动

资料来源：国家统计局。

从中华人民共和国成立到改革开放初期，我国第一产业增加值规模不断扩大，但增速的波动幅度也比较大。如图 1-3-1 所示，20 世纪 80 年代前期，由于家庭联产承包责任制的实施，极大促进了农业生产力的发展，推动了第一产业产出的迅速增长。进入 80 年代中期后，随着我国工业化、城市化进程的推进，第一产业的增长进入一个平稳减速的阶段，2019 年降至 3% 左右。

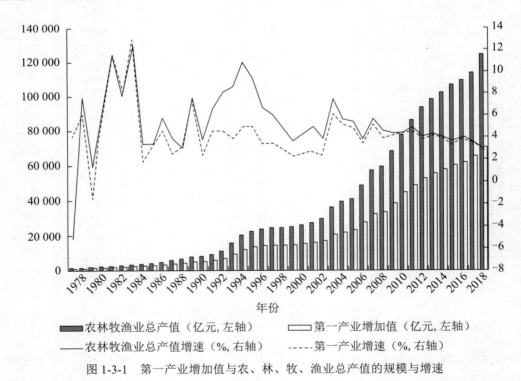

图 1-3-1　第一产业增加值与农、林、牧、渔业总产值的规模与增速

资料来源：国家统计局。

以总产值衡量各行业的产出（见图 1-3-2），种植业是农林牧渔业的主体，但比重

在不断下降，从改革开放前的高于 80% 降至 2019 年的 56%；畜牧业、渔业的占比则有明显的提升。这反映出改革开放以来，我国居民食品消费从吃饱向吃好转变，对肉、蛋、奶及水产类产品需求的增加带动了这些产业的发展。其中，畜牧业在农林牧渔业中仅次于种植业，2019 年的占比为 28%，接近三成。

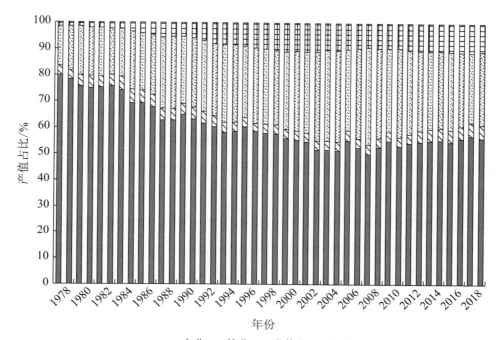

图 1-3-2　农、林、牧、渔业各行业产值占比情况

资料来源：国家统计局。

除了以货币表示的价值量指标外，国家统计局还公布粮食、棉花、油料、水产品、猪肉、牛肉、羊肉等农产品产量在内的实物量指标[1]。我国是全球农业生产大国，2020 年，小麦、玉米产量占全球总产量的比重分别达到 17.3% 和 23.2%，猪肉产量尽管较往年有大幅下降，但占比也仍然高达 37.6%[2]。

---

[1]　粮食产量按收获季节包括夏粮（主要是小麦）、早稻和秋粮，按作物品种包括谷物、薯类和豆类。其中，夏粮即夏收粮食，是指上年秋、冬季和本年春季播种，夏季收获的粮食作物，如冬小麦、夏收春小麦、大麦、元麦、蚕豆、豌豆、夏收马铃薯等。秋粮即秋收粮食，是指本年春、夏季播种，秋季收获的粮食作物，如：中稻、晚稻、玉米、高粱、谷子、甘薯、大豆等。谷物包括稻谷、小麦、玉米，以及谷子、高粱、大麦、燕麦、荞麦等其他谷物；豆类包括大豆、绿豆、红小豆等；薯类中包括马铃薯、甘薯。油料产量是指油料作物的生产量，包括花生、油菜籽、芝麻、向日葵籽、胡麻籽（亚麻籽）和其他油料。猪、牛、羊肉产量指当年出栏并已屠宰、除去头、蹄、下水后带骨肉（即胴体重）的重量。

[2]　产量占比是根据美国农业部的统计数据计算得出。

根据表 1-3-4，2020 年，我国粮食总产量为 66 949 万吨，相当于 13 390 亿斤，连续第 6 年保持在 1.3 万亿斤以上。稻谷、小麦和玉米三大作物产量占我国粮食总产量的 90% 左右。其中，大米、小麦是我国的基本口粮品种，全国 60% 的人以大米为主食，40% 的人以面食为主。玉米是重要的饲料粮和工业用粮[1]，目前饲料消费占我国玉米国内消费量的比例超过 50%，工业消费占比更是上升至近 40%。

表 1-3-4　2019—2020 年全国粮食总产量情况

	2019 年			2020 年		
	播种面积 / 千公顷	总产量 / 万吨	产量占比 /%	播种面积 / 千公顷	总产量 / 万吨	产量占比 /%
全年粮食	116 064	66 384	100	116 768	66 949	100
一、分季节						
1. 夏粮	26 354	14 160	21.3	26 172	14 286	21.3
2. 早稻	4450	2627	4.0	4751	2729	4.1
3. 秋粮	85 259	49 597	74.7	85 845	49 934	74.6
二、分品种						
1. 谷物	97 847	61 368	92.4	97 964	61 674	92.1
其中：稻谷	29 694	20 961	31.6	30 076	21 186	31.6
小麦	23 727	13 359	20.1	23 380	13 425	20.1
玉米	41 284	26 077	39.3	41 264	26 067	38.9
2. 豆类	11 075	2132	3.2	11 593	2288	3.4
3. 薯类	7142	2883	4.3	7210	2987	4.5

资料来源：国家统计局。

我国在 2014 年的新粮食安全战略中提出，要"确保谷物基本自给、口粮绝对安全"。"十四五"规划更是首次将粮食综合生产能力作为安全保障类约束性指标，提出确保粮食产量继续稳定在 6.5 亿吨以上。目前，我国谷物基本能够实现"自己的碗装自己的粮"。如图 1-3-3 所示，长期以来，三大口粮作物净进口量占国内消费量的比重（对外依存度）都比较低，近几年小麦、玉米都不超过 10%，稻谷出口还略高于进口。对外依存度比较高的是大豆，自 20 世纪 90 年代以来就不断上升，2013 年后一直保持在 80% 以上，最高时接近 90%。

对我国居民生活影响较大的另一类农产品是肉类，特别是猪肉。作为我国居民肉类消费的主要品种，每一次猪肉价格的大幅涨跌都会成为国民关注的热点。国家统计局按季度公布肉类产量的累计值和同比增速。

---

[1]　韩长赋 . 全面实施新形势下国家粮食安全战略 [J]. 求是，2014（19）：27-30.

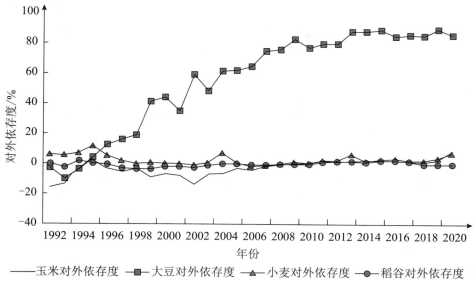

图 1-3-3　我国主要粮食作物对外依存度情况

资料来源：国家统计局。

如图 1-3-4 所示，在改革开放初期，猪肉产量占我国肉类产量的 94% 以上。随着肉类消费的多样化发展，猪肉产量在不断增加的情况下，其占肉类产量的比重逐步下降，但即便如此，猪肉占肉类总产量的比重依旧保持在 50% 以上。

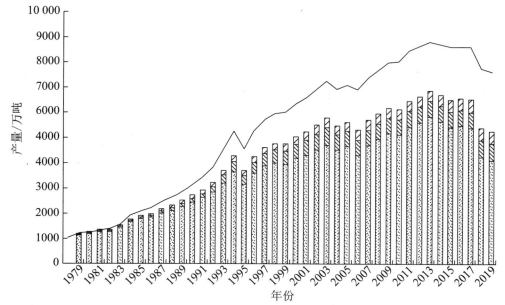

图 1-3-4　我国猪牛羊肉产量情况

资料来源：国家统计局。

2019—2020 年，受非洲猪瘟疫情等因素的影响，我国猪肉产量连续下降，2020 年相比 2018 年下降近 1300 万吨，已经超过了猪肉的全球贸易规模[①]，这意味着依靠进口无法完全弥补国内产量下降造成的供需缺口，因而单靠扩大进口难以有效起到平抑国内猪肉价格上涨的作用。

从保障农产品供给安全的角度看，未来我国除了要继续稳定口粮的产量外，还需要进一步提高大豆、猪肉等农产品的国内生产供给能力。

三、第二产业成就中国全球制造业大国地位

第二产业的成长是一个国家经济从传统农业社会逐步迈向现代化的重要标志。如图 1-3-5，第二产业中制造业占比最高，按增加值计算约占七成。采矿业以及电力、燃气及水的生产和供应业合计约占一成。所以工业占比超过了 80%。进入 21 世纪以来，我国建筑业增加值占比呈上升的趋势，2018 年时接近 20%。

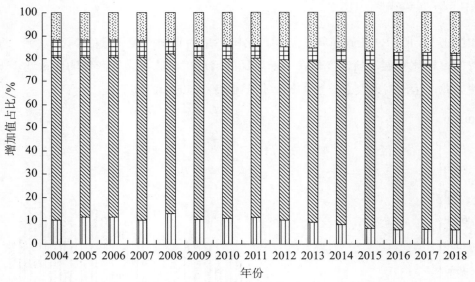

图 1-3-5　第二产业各行业增加值占比情况

资料来源：国家统计局。

（一）工业

工业，主要是指从事自然资源的开采，对采掘品和农产品进行加工和再加工的物质

---

① 2020 年，猪肉的全球进口量为 1093.7 万吨。

生产部门，在国民经济行业分类中包含了采矿业，制造业以及电力、热力、燃气及水生产和供应业 3 个门类、41 个大类的行业。

工业作为一个独立的物质生产部门从农业中分离出来，是在 18 世纪英国发生工业革命、机器大工业逐步替代工场手工业之后。工业是现代社会主要的物质财富生产部门，被看作是一个国家综合国力的基础。即便是已经进入后工业化时代的发达国家，自国际金融危机以来也在大力推进再工业化，发展以制造业为代表的实体经济。

经过 70 多年的发展，我国已经建立了完整的工业体系，成为全世界唯一拥有联合国产业分类当中全部工业门类的国家，在世界 500 多种主要工业产品当中，有 220 多种工业产品中国的产量占居全球第一[①]。以钢铁业为例，根据世界钢铁协会数据，2019 年，我国粗钢产量达到 9.96 亿吨，占全球粗钢产量的 53.3%。

工业的三个门类中，**采矿业**是指以自然存在的矿物资源为开采对象的工业部门，比如煤炭、石油、天然气等能源资源，金、银、铜、铁等金属资源，以及砂石黏土、盐、石灰石等其他矿物资源（见表 1-3-5）。其中，第 8 大类的黑色金属主要是指铁、铬和锰，这三种金属都是冶炼钢铁的主要原料。除此以外的金属被称为有色金属。采矿业一般在资源富集型国家占比较高，比如沙特阿拉伯以原油和天然气为主的采矿业占 GDP 比重在 40% 左右。

表 1-3-5　采矿业行业分类

代　码		类别名称
门　类	大　类	
B		采矿业
	6	煤炭开采和洗选业
	7	石油和天然气开采业
	8	黑色金属矿采选业
	9	有色金属矿采选业
	10	非金属矿采选业
	11	开采专业及辅助性活动
	12	其他采矿业

资料来源：国家统计局。

我国部分矿产品产量居于世界前列，比如，根据 BP（英国石油公司）《世界能源统计年鉴 2019》的数据，2019 年我国煤炭产量为 38.5 亿吨，占世界产量的 47.3%；原油产量为 1.9 亿吨，居全球第六位。虽然如此，目前采矿占我国 GDP 的比重在 2.5% 左右（2017 年为 2.56%），在国际上属于较低的水平。

制造业，顾名思义，就是利用原材料进行加工制造，生产出各类物质产品的行业，

[①]　工信部. 我国工业实现了历史性跨越 [N]. 中国证券报，2019-09-21.

包含了序号为 13—43 共 31 大类行业（见表 1-3-6）。按照产品的用途划分，制造业行业中一类是生产最终消费品的行业，比如食品、烟草、服装、家具、汽车以及手机、计算机制造等。另一类是生产资本品的行业，也就是用于生产其他产品的产品。这又包含了两种行业，一种是对矿产资源进行再加工，为其他制造业提供原材料，比如化工、钢铁（黑色金属冶炼和压延加工业）等；还有一种是为其他制造业提供机械设备，比如通用设备制造业、专用设备制造业 ① 等。

表 1-3-6　制造业行业分类

代　码		类 别 名 称
门　类	大　类	
C		制造业
	13	农副食品加工业
	14	食品制造业
	15	酒、饮料和精制茶制造业
	16	烟草制品业
	17	纺织业
	18	纺织服装、服饰业
	19	皮革、毛皮、羽毛及其制品和制鞋业
	20	木材加工和木、竹、藤、棕、草制品业
	21	家具制造业
	22	造纸和纸制品业
	23	印刷和记录媒介复制业
	24	文教、工美、体育和娱乐用品制造业
	25	石油、煤炭及其他燃料加工业
	26	化学原料和化学制品制造业
	27	医药制造业
	28	化学纤维制造业
	29	橡胶和塑料制品业
	30	非金属矿物制品业
	31	黑色金属冶炼和压延加工业
	32	有色金属冶炼和压延加工业
	33	金属制品业
	34	通用设备制造业
	35	专用设备制造业
	36	汽车制造业
	37	铁路、船舶、航空航天和其他运输设备制造业
	38	电气机械和器材制造业

① 专用设备是指专门为一个行业服务应用的设备，如汽车制造流水线、医疗仪器制造设备等。通用设备指可以应用于两个及以上行业的设备，如在很多行业都会应用发电机、锅炉、电梯等。

代　码		类别名称
门　类	大　类	
C	39	计算机、通信和其他电子设备制造业
	40	仪器仪表制造业
	41	其他制造业
	42	废弃资源综合利用业
	43	金属制品、机械和设备修理业

资料来源：国家统计局。

　　制造业直接体现了一个国家的物质财富创造能力，制造业的强大与否是一个国家综合国力的重要体现。世界上的发达国家大都是制造业强国。比如，美国虽然制造业占GDP的比重仅为11%，但制造业增加值规模仍然排全球第二位，德国、日本也都是公认的制造业强国。

　　世界银行数据显示，按现价美元测算，2010年我国制造业增加值首次超过美国，居全球第一。2019年，我国制造业增加值达26.9万亿元，占全球比重为28.1%，连续十年保持世界第一制造大国地位。2020年考虑到我国是主要经济体中唯一实现增长的国家，制造业第一大国的位置仍属于我国。但我国制造业存在"大而不强"的问题，距离制造业强国还有较长的一段路要走。

　　电力、热力、燃气及水生产和供应业主要是公用事业部门，是指供电、供暖、供气和供水的生产部门（见表1-3-7），比如发电厂、热力、燃气和自来水公司等。

表1-3-7　电力、热力、燃气及水生产和供应业行业分类

代　码		类别名称
门　类	大　类	
D		电力、热力、燃气及水生产和供应业
	44	电力、热力生产和供应业
	45	燃气生产和供应业
	46	水的生产和供应业

资料来源：国家统计局。

　　工业中，采矿业与制造业分别处于产业链上下游位置，无论是上游供给还是下游需求出现波动，都会对整个产业链产生联动影响。比如，上游采矿业因为突发事件出现减产，资源类产品价格上涨时，会进一步将供给紧张和涨价压力依次传导至中、下游的资本品和最终消费品制造企业，引起最终消费品的供给短缺和价格上涨。反之，下游需求旺盛会带动资源类产品价格提高，进而刺激上游行业企业扩大生产，行业增加值自然也会水涨船高。电力、热力、燃气及水生产和供应业虽然也是采矿业的下游行业，但行业企业

多数属于公用事业单位，通常由政府或者国有企业运营，供给和价格更多由政府管控，因而行业增加值在经济波动中的变化相对较小。

我国工业统计数据相对农业和服务业更为丰富。不同于农业生产需要依照时节进行，工业生产基本由企业根据生产经营情况自主确定，生产周期也相对更短，因而数据频度更高。

1. 规模以上工业增加值

国家统计局除了按季度公布工业和建筑业增加值和增速，还通过工业统计调查，按月度公布规模以上工业[①]增加值和同比增速数据。改革开放以来，随着工业化的推进，工业对我国经济增长的贡献率长期保持为 40% ～ 50%。近年来，由于我国产业结构的调整与转换，工业对经济增长的贡献降至 30% 左右。但工业相比服务业波动更为明显，工业运行情况仍是跟踪我国国民经济运行以及判断经济走势的重要风向标。

将规模以上工业增加值增速的移动平均值作为增长趋势的反映，从图 1-3-6 中可以看到，工业增加值增速变化趋势与 GDP 增速基本一致，所以月度指标对于预判季度宏观经济增长趋势具有重要的指示作用，经济景气分析中常将其作为经济增长的一致指标。

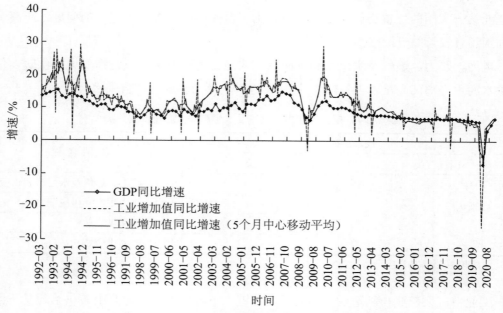

图 1-3-6　规模以上工业增加值增速与 GDP 增速

资料来源：国家统计局。

---

① 规模以上工业企业是指年主营业务收入达到一定规模要求的企业。2010 年之前，纳入规模以上工业统计范围的是年主营业务收入 500 万元及以上的工业企业，2011 年起这一门槛提高到 2000 万元。

2. 产能利用率

产能利用率指工业企业实际产出与生产能力[①]的比率，衡量企业生产的饱满程度，是产品的市场供给和需求情况的反映。通常情况下，当企业产品需求旺盛时，产能利用率会上升，反之则下降。国家统计局按季度进行工业产能利用率调查，在每季度结束后第一个月中下旬公布数据。

根据图1-3-7，2013—2015年间，由于钢铁、水泥等行业生产能力超过了市场的需求，我国工业企业产能利用率呈下降的趋势。这一现象随着国家化解过剩产能政策的实施在2016年后逐步好转，产能利用率回升至76%以上。2020年，新冠肺炎疫情造成了我国工业企业产能利用率的巨大波动。受疫情影响，一季度时工业企业产能利用率一度降至67.3%，但随着二季度后企业复工复产，产能利用率四季度时已经回升至78%，甚至高于2019年四季度时的水平。

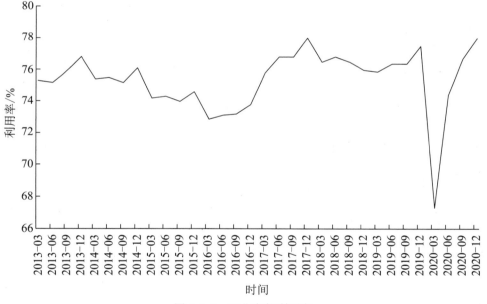

图 1-3-7　工业产能利用率

资料来源：国家统计局。

国际上通常认为产能利用率的合理水平为79%～90%，超过90%被认为是产能不足，低于79%则说明存在产能过剩的现象。如果以此标准衡量，截至2020年第四季度，我国工业企业产能利用率整体已接近合理水平。

---

① 企业的实际产出是指企业报告期内的工业总产值；企业的生产能力是指报告期内，在劳动力、原材料、燃料、运输等保证供给的情况下，生产设备保持正常运行，企业可实现并能长期维持的产品产出。

3. 工业经济效益指标

除产能利用率指标外，国家统计局还根据企业上报的资产负债表、利润表中对应的会计科目，每月公布资产、负债、利润、营业收入、营业成本、存货等工业企业经济效益和财务指标，从而能够从多个维度，更加全面地反映工业企业的运行状况。其中，由于国家统计局每年定期对规模以上工业企业调查范围进行调整，仅规模以上工业企业利润总额、营业收入、营业成本三项指标有同比增速数据。

根据表 1-3-8，2020 年，尽管遭遇了新冠肺炎疫情的冲击，全年全国规模以上工业企业营业收入、利润总额仍实现了正增长，分别比上年增长 0.8% 和 4.1%。三个行业中，采矿业利润降幅最为明显，达到31.5%，这与疫情导致资源类产品价格大幅下跌密切相关。制造业利润总额增长 7.6%，远高于营业收入 1.1% 的增幅，表明制造业企业盈利能力得到改善。

表 1-3-8　2020 年规模以上工业企业主要财务指标

分　　组	营　业　收　入		营　业　成　本		利　润　总　额	
	2020 年 / 亿元	同比增长 /%	2020 年 / 亿元	同比增长 /%	2020 年 / 亿元	同比增长 /%
总计	1 061 433.6	0.8	890 435.0	0.6	64 516.1	4.1
其中：采矿业	38 812.3	−8.2	28 752.9	−4.5	3553.2	−31.5
制造业	941 794.0	1.1	790 789.5	0.8	55 795.1	7.6
电力、热力、燃气及水生产和供应业	80 827.2	1.1	70 892.7	0.7	5167.8	4.9

资料来源：国家统计局。

利润是企业未来扩大再生产的重要资金来源，利润增长的放缓会对企业投资产生负面影响。2011 年以来，伴随着我国工业企业利润增速的放缓，企业固定资产投资增速也逐年下滑。以制造业为例（见图 1-3-8），企业利润的变化一定程度上领先于制造业固定资产投资的变化。随着制造业企业利润累计同比增速在 2020 年 9 月转正并在此后进一步回升，企业固定资产投资增速也有望延续反弹的势头。

除了直接使用上述指标分析行业运行情况外，还可以使用企业财务分析的方法，通过各指标间的相互运算，得出一系列用于反映工业企业运行效益情况的新指标。比如，将总负债除以总资产，可以计算出行业资产负债率，用于反映行业企业负债水平的总体情况，衡量企业经营风险的大小；使用产成品存货和营业成本计算产成品存货周转天数，用于反映行业产成品销售的快慢，并可以与产成品指标结合，衡量行业库存周期的变化；将行业增加值除以该行业的平均用工人数可以计算全员劳动生产率，用于反映单个从业人员在一定时期内创造的行业增加值，衡量行业的劳动生产效率。

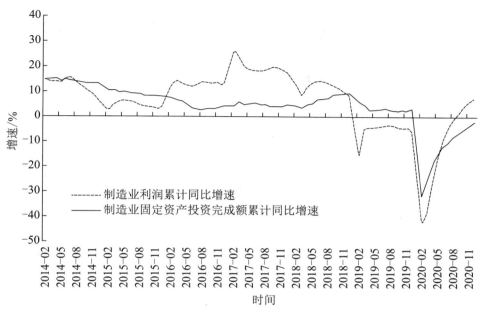

图 1-3-8　制造业企业利润与固定资产投资增速变化情况

资料来源：国家统计局。

工业企业主要经济效益指标及计算方法见表 1-3-9。

表 1-3-9　工业企业主要经济效益指标及计算方法

指　标	计　算　方　法	单位
营业收入利润率	利润总额 ÷ 营业收入 ×100%	—
每百元营业收入中的成本	营业成本 ÷ 营业收入 ×100	元
每百元营业收入中的费用	（销售费用 + 管理费用 + 研发费用 + 财务费用）÷ 营业收入 ×100	元
每百元资产实现的营业收入	营业收入 ÷ 平均资产 ÷ 累计月数 ×12×100	元
人均营业收入	营业收入 ÷ 平均用工人数 ÷ 累计月数 ×12	万元 / 人
资产负债率	负债合计 ÷ 资产总计 ×100%	—
产成品存货周转天数	360× 平均产成品存货 ÷ 营业成本 × 累计月数 ÷12	天
应收票据及应收账款平均回收期	360× 平均应收票据及应收账款 ÷ 营业收入 × 累计月数 ÷12	天

资料来源：国家统计局。

根据表 1-3-10，2020 年，我国工业企业经营效益进一步改善，营业收入利润率为 6.08%，比上年提高 0.2 个百分点。资产负债率为 56.1%，比上年末下降 0.3 个百分点。但产成品存货周转天数和应收账款平均回收期分别比上年末增加 1.2 天和 5.8 天，反映出疫情对企业存货和资金管理产生明显的压力。

表 1-3-10　2020 年规模以上工业企业经济效益指标

分　组	营业收入利润率	每百元营业收入中的成本	每百元营业收入中的费用	每百元资产实现的营业收入	人均营业收入	资产负债率	产成品存货周转天数	应收账款平均回收期
	2020 年	2020 年（元）	2020 年（元）	2020 年末（元）	2020 年末（万元/人）	2020 年末	2020 年末（天）	2020 年末（天）
总计	6.08%	83.89	9.17	87.8	145.0	56.1%	17.9	51.2
采矿业	9.15%	74.08	13.04	39.4	89.5	60.1%	13.3	42.1
制造业	5.92%	83.97	9.21	103.8	143.8	55.0%	19.6	52.5
电力、热力、燃气及水生产和供应业	6.39%	87.71	6.87	39.9	241.9	58.8%	0.9	40.7

资料来源：国家统计局。

4. 实物量指标

除了以货币形式表示的工业运行指标外，国家统计局还会公布发电量、生铁、原煤、钢材、水泥、集成电路、汽车等工业产出的实物量指标，这样在判断工业运行情况时，可以避免货币币值变化的干扰。所以，发电量、水泥、钢铁等实物量指标既能够直接反映相关产业的运行情况，同时由于上下游产业间的联系，还可以成为观察下游行业景气的窗口。

以发电或用电量指标为例，在各行业中，工业用电量占比最大，被视为实体经济的"晴雨表"，可以较为准确地反映我国工业生产的活跃度以及工厂的开工率，发电量同比增速与工业增加值同比增速高度同步。而工业增加值同比增速是经济增速的一致指标，所以发电量同比增速也是经济增速的一致指标；同样，投资需求会带来水泥产量的变化，所以水泥产量也可以作为判断房地产投资走向的重要参考。具体见图 1-3-9。

（二）建筑业

建筑业是指从事房屋等建筑物建造、设备安装以及建筑物维修等活动的生产部门。建筑业在我国经济中占有重要的地位，20 世纪 60 年代以来，建筑业增加值占我国 GDP 的比重呈现不断上升的趋势，目前在 7% 左右。按照建筑业统计调查制度，统计主要是季度和年度数据，除了行业增加值外，衡量指标主要是建筑业总产值，按类型又可分为建筑工程产值、安装工程产值以及其他产值。

其中，建筑工程产值是指列入建筑工程预算内的各种工程价值，比如房屋的建造、矿井的开凿、修路架桥等，是建筑业企业的业务主体，占建筑业总产值的近九成（见图 1-3-10）。安装工程产值是指设备安装工程价值，但不包括被安装设备本身的价值，约占建筑业总产值的 8%。其他产值是指总产值中除前两者以外的产值，占建筑业总产值不足 4%。

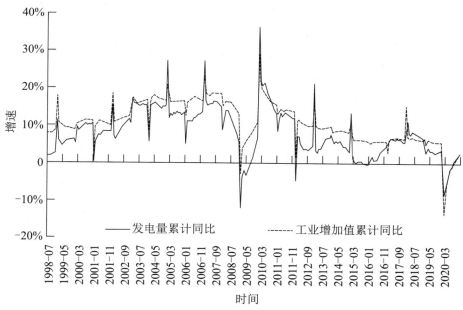

发电量与工业增加值同比增速

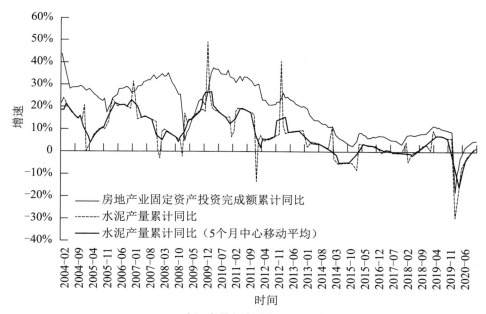

水泥产量与房地产投资同比增速

图 1-3-9　发电量与工业增加值、水泥产量与房地产投资的同比增速

资料来源：国家统计局。

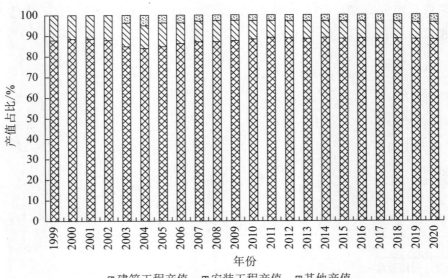

图 1-3-10　建筑业产值构成

资料来源：国家统计局。

建筑业的产出成果主要形成各类生产性和非生产性固定资产，比如，我们居住的房屋，企业生产用的厂房以及各类道路桥梁、港口水库等。如图 1-3-11 所示，建筑业的发展与包括房地产、基础设施建设投资在内的固定资产投资规模有着十分密切的关系。

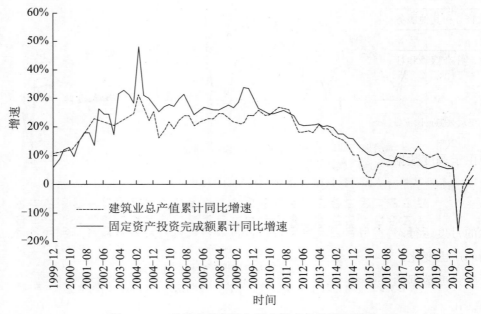

图 1-3-11　建筑业总产值与固定资产投资同比增速

资料来源：国家统计局。

四、成长中的服务业

服务业与其他产业部门的根本区别在于，服务业生产的是服务产品，而服务产品具有非实物性、不可储存性及生产与消费同时性等特征。在《国民经济行业分类》（GB/T 4754—2017）中，服务业分为 F 类到 T 类共计 15 个门类，是分类最多的产业。第三产业已经成为我国经济占比最高、拉动最大、吸收就业最多的行业。如表 1-3-11 所示，批发和零售业、金融业、房地产业是第三产业中增加值规模居于前三位的行业。

表 1-3-11　2018 年第三产业各行业增加值及占比

行 业 名 称	增加值 / 亿元	占比 /%
第三产业	489 700.8	100.0
交通运输、仓储及邮政业	40 337.2	8.2
信息传输、计算机服务和软件业	28 733.5	5.9
批发和零售业	88 903.7	18.2
住宿和餐饮业	16 520.6	3.4
金融业	70 610.3	14.4
房地产业	64 623.0	13.2
租赁和商务服务业	29 468.5	6.0
科学研究、技术服务和地质勘查业	20 175.3	4.1
水利、环境和公共设施管理业	5096.1	1.0
居民服务和其他服务业	14 793.3	3.0
教育	34 001.4	6.9
卫生、社会保障和社会福利业	20 652.6	4.2
文化、体育和娱乐业	7301.3	1.5
公共管理和社会组织	43 923.1	9.0

资料来源：国家统计局。

由于季度数据难以满足短期经济形势分析的需要，尤其是在我国经济结构已经转变为以服务业为主的情况下，观察服务业高频数据变化成为判断我国宏观经济走势的一个重要的依据。2017 年国家统计局开始发布服务业生产指数，用于及时地反映服务业经济活动的月度运行态势。服务业生产指数是指剔除价格因素后，反映服务业报告期相对于基期的产出变化。不同于增加值指标，服务业生产指数没有扣除中间消耗。

受月度数据的可获得性和及时性的影响，目前服务业生产指数主要覆盖从批发零售业到文化、体育和娱乐业等 13 个行业门类，暂不包括公共管理、社会保障和社会组织、国际组织 2 个行业门类，以及农、林、牧、渔业中的农、林、牧、渔服务业，采矿业中的开采辅助活动，以及制造业中的金属制品、机械和设备修理业①。如图 1-3-12 所示，2017 年以来，我国服务业产出呈现增速放缓的走势，与 GDP 核算口径下第三产业同比增速的趋势基本一致。2020 年上半年，由于新冠肺炎疫情的冲击，服务业产出大幅下滑，但下半年后逐步恢复至正常的增速水平。

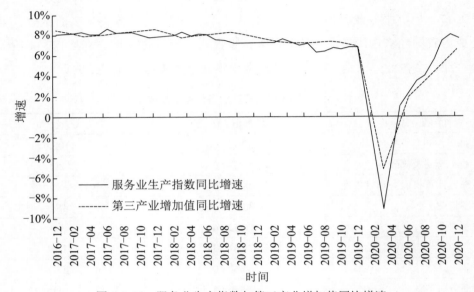

图 1-3-12　服务业生产指数与第三产业增加值同比增速

资料来源：国家统计局。

由于服务业中行业门类较多，我们仅看一下增加值规模较高的几个行业。

（一）交通运输、仓储及邮政业

交通运输、仓储及邮政业是国民经济发展的基础性、保障性产业，是国民经济循环畅通的基础环节和重要依托。交通运输、仓储及邮政业包含铁路、道路、水上、航空、管道运输业以及多式联运和运输代理业、装卸搬运和仓储业、邮政业。

交通运输、仓储及邮政业增加值增速波动较大，如图 1-3-13 所示，1992—2008 年间平均保持在 10% 左右。2008 年后增速降至 10% 以下。改革开放以来，交通运输、仓储及邮政业增加值占第三产业的比重总体呈下降的趋势，从 1978 年的 20.1% 降至 2019 年的 7.9%。2020 年由于新冠肺炎疫情的影响，交通运输，尤其是客运受到极大冲击，交通运输、仓储及邮政业增加值全年仅增长 0.5%，占 GDP 比重进一步降至 7.5%。

---

① 国家统计局. 国家统计局服务业统计司负责人就服务业生产指数有关问题答记者问 [EB/OL]. http://www.stats.gov.cn/tjsj/sjjd/201703/20170314_1472616.html，2017-03-14.

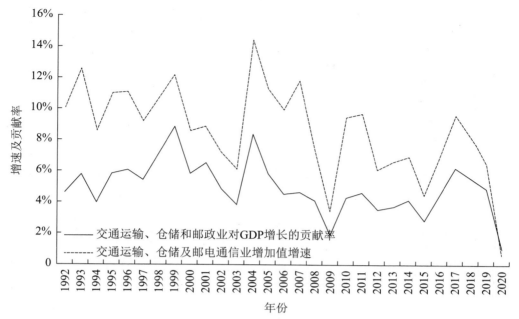

图 1-3-13　交通运输、仓储及邮政业增速及对 GDP 增长的贡献率

资料来源：国家统计局。

除增加值以外，月度发布的实物量指标也可以用于观察交通运输、仓储及邮政业运行情况。比如，运输量反映了交通运输部门在一定时期内运送货物和旅客的数量，衡量指标又可进一步分为运量和周转量。其中，运量指运输部门实际运送的货物吨数或人数，单位为万吨或万人。周转量是运输企业所运货物吨数与其平均运送距离的乘积，或者是运送旅客数量与其平均运输距离的乘积，单位为"万吨·公里或万人·公里"。交通运输部每月中下旬公布全国铁路、公路、水运、民航的客运量、货运量以及相应的周转量指标，此外还有快递业务量、中心城市客运量、港口货物、集装箱吞吐量等指标。

如图 1-3-14 所示，从运量指标看，我国客运、货运都是以公路运输为主。如果以周转量为衡量指标，我国客运以铁路为主，货运则是以水路为主，反映出我国公路运输主要为短途运输，长途运输以铁路、水运为主。同时，不同运输方式运量和周转量的比例变化也反映出，随着我国交通基础设施的完善和人民生活水平的提高，人们出行选择航空、铁路的比例在不断提高。

交通运输解决经济活动中资源地理空间分布不均衡的问题，所以运输量也是宏观经济活动的反映（见图 1-3-15）。我国铁路货运货物以煤炭、铁矿石、钢铁有色等大宗商品为主，其中煤炭运输占铁路运输比重占五成以上。因此，铁路货物运量与煤炭、电力、钢铁等行业景气度高度相关。而公路运输更为灵活、便捷，货运商品范围相对更为广泛，其与工业增加值的同比增速相关性更高。

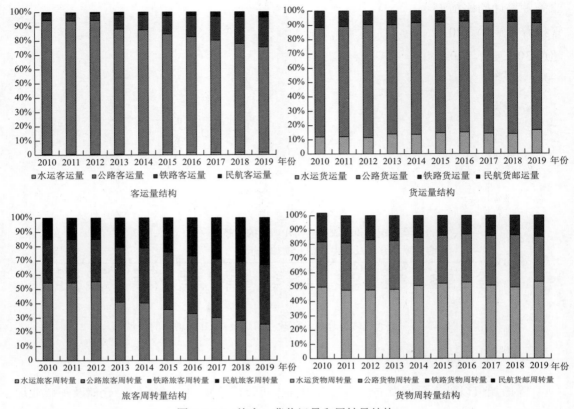

图 1-3-14　旅客、货物运量和周转量结构

资料来源：国家统计局。

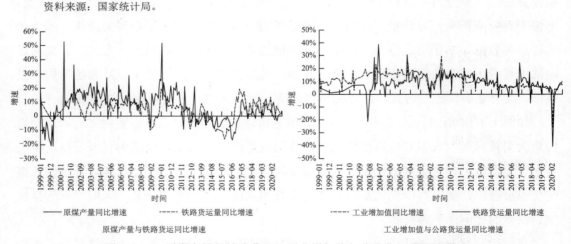

图 1-3-15　原煤产量与铁路货运、工业增加值与公路货运量同比增速

资料来源：国家统计局。

快递业务量反映了网络销售、直播电商等新动能、新业态的发展情况（见图 1-3-16）。随着电子商务和网上购物的快速发展，快递行业实现了高速增长。2008—2019 年，快递

业务量累计同比增速基本保持在 20% 以上。国家邮政局发布的《2019 年度快递市场监管报告》显示，2019 年我国快递业务量超过 600 亿件，收入超过 7000 亿元，从业人员超过 300 万名。2020 年新冠肺炎疫情的暴发加速了网络购物的普及，带动了快递业的进一步发展，全年快递业务量达到 830 亿件，增速进一步提升至 30.8%。

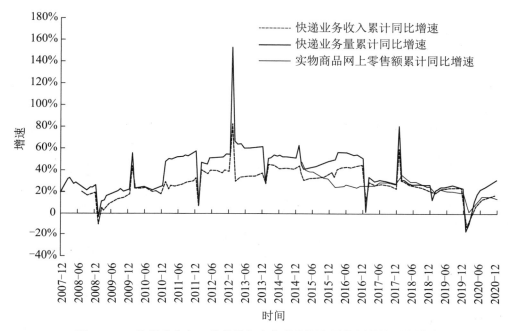

图 1-3-16　快递业收入、业务量与实物商品网上零售额累计同比增速

资料来源：国家统计局、国家邮政局。

（二）批发和零售业

批发和零售业由批发和零售两部分组成，前者主要面向企事业单位（含个体经营者）进行商品的批量销售，后者主要面向个人销售商品。批发和零售业是国民经济循环中流通环节的重要组成部分，连接着生产与消费，是我国第三产业增加值占比最高的行业，也是重要的就业吸纳部门。2019 年限额以上批发和零售业就业人数超过 1200 万人。根据商务部的数据，2018 年全国零售业从业人数超过 6100 万人。

近年来，由于居民收入增长放缓，劳动力成本、商业房屋租赁成本上升以及网络购物、共享经济等新兴消费模式的发展，传统批发和零售行业受到较大的冲击，行业增加值增长明显减速，如图 1-3-17 所示，2020 年受新冠肺炎疫情的影响，出现 1.3% 的下降，对GDP 增长的贡献率降至 -5.7%。

由于批发商品中包含了销售给零售企业和个体经营者的部分，这部分商品最终也会通过零售的途径出售给最终消费者，所以零售销售一定程度上反映了批发和零售行业整体的经营状况。衡量批发和零售业发展情况的月度指标主要是社会消费品零售总额中的商品零售部分。社会消费品零售总额既是消费需求的反映，也是批发和零售业以及住宿和餐饮业经营情况的体现。

图 1-3-17　批发和零售业增速及对 GDP 增长的贡献率

资料来源：国家统计局。

社会消费品零售总额中，餐饮收入部分约占 11%，商品零售部分约占 89%。2020 年由于疫情的原因，餐饮收入大幅萎缩，商品零售额占比上升至 90% 以上。如图 1-3-18 所示，2010 年以来，我国商品零售额增速整体呈放缓的态势，从 2010 年的 20% 左右降至 2019 年的 10% 以下。2020 年上半年，商品零售因疫情受到较大冲击，下半年虽然恢复正增长，但增速依然低于疫情前的水平。

（三）金融业

金融是实体经济的血脉，金融业是为实体经济提供资金融通服务的行业，包含了货币金融服务、资本市场服务、保险以及其他金融业等大类。如图 1-3-19 所示，在我国金融机构总资产中，银行业资产占比超过 90%，证券业和保险业分别占 2.8% 和 6.5%，这也反映出我国的金融市场以间接融资为主。2020 年新增人民币贷款在社会融资规模增量中的比重达到 57.5%，而企业债券融资和非金融企业境内股票融资占比分别仅为 12.8% 和 2.6%。

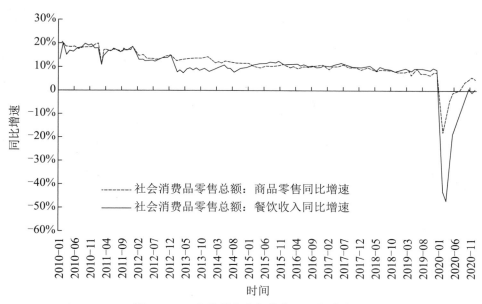

图 1-3-18　商品零售和餐饮收入同比增速

资料来源：国家统计局。

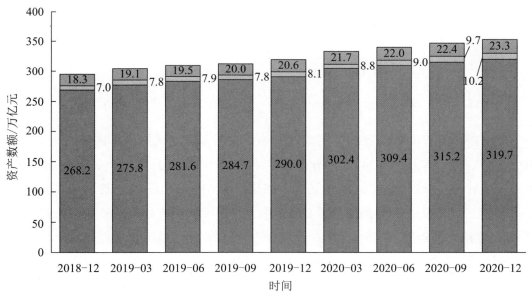

图 1-3-19　金融机构资产

资料来源：中国人民银行。

　　我国金融业增加值增长波动较大。在季度金融业增加值核算中，基础的统计资料主要是人民币存贷款余额、证券交易额、保费收入增速，所以金融业增加值受三者影响较为明显[①]。以证券业为例，股市高涨、交易活跃会带来证券业营业收入和利润的大幅攀升，进而推动行业增加值增长。如图 1-3-20 所示，在 2006—2007 年以及 2015 年两次股市牛市期间，金融业增加值均出现了高速增长。再比如 2016—2018 年，受国家"去杠杆"、加强金融监管政策的影响，银行体系存贷款增速放缓，表外融资萎缩，金融业增加值增速显著放缓。

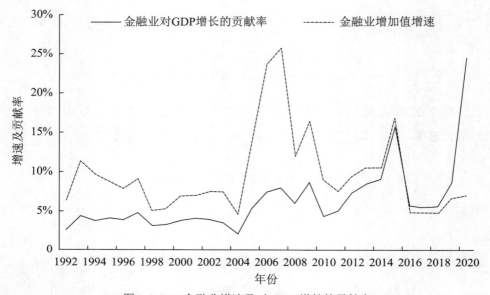

图 1-3-20　金融业增速及对 GDP 增长的贡献率

资料来源：国家统计局。

2020 年，尽管受到新冠肺炎疫情的影响，我国金融业增加值增速仍达到 7%，对 GDP 增长的贡献率上升到 24.5%。分行业看，全年上证综指上涨 13.9%，深证成指上涨 38.8%，沪、深股市日均成交 8511 亿元，同比增长 63%，由此带动证券公司净利润达到 1575 亿元，增长 28%。同期我国金融机构人民币存款和贷款余额分别增长 10.2% 和 12.8%，增速比上年提高 1.5 个和 0.3 个百分点，但 2020 年银行业净利润出现连续三个季度负增长，全年净利润较上年下降了 2.7%。保险业累计实现保费收入 4.5 万亿元，同比增长 6.1%。由于 2020 年金融业增速远高于除信息传输、计算机服务和软件业外的其他行业，金融业占 GDP 的比重上升至 8.3%，创出历史新高。

① 盛朝晖，王敏，尹兴中，郑燕丽 . 金融业增加值核算问题研究 [J]. 华北金融 ,2012（10）:39-42.

（四）房地产业

房地产业包含了房地产的开发、经营以及物业管理、中介服务、租赁经营等活动。根据《城市房地产开发经营管理条例》（2020 年修订本）中的规定，房地产的开发经营是指房地产开发企业在城市规划区内国有土地上进行基础设施建设、房屋建设，并转让房地产开发项目或者销售、出租商品房的行为。

因此，房地产开发企业首先要取得国有土地使用权，也就是要购置土地，然后进行基础设施和建筑物建设，这一环节通常由建筑企业来完成，之后再进行项目转让或者房屋的销售、出租。所以，建筑业和房地产业有着一种相互依存的关系。也正因为如此，有许多房地产公司既进行房地产开发，又有房屋建筑业务。

单就房地产业来看，如图 1-3-21 所示，20 世纪 90 年代以来，房地产业增加值保持了较快的增长速度，占第三产业的比重也在不断增加，2020 年，房地产业增加值增长了 2.9%，占服务业的比重达到了 13.5%，创历史新高，比 1978 年提高了 4.7 个百分点，对 GDP 增长的贡献率达到了 9.4%。

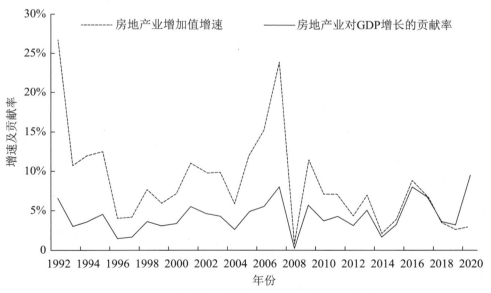

图 1-3-21　房地产业增速及对 GDP 增长的贡献率

资料来源：国家统计局。

通常认为，房地产业的产业链长，拉动作用强，实际上是包含了房地产开发过程中的建筑施工环节，而这部分一般统计在建筑业中。根据国家统计局的统计标准，建筑业的统计主要包括房地产开发、经营过程中涉及实际物质生产，也就是施工建设的环节，而除此以外的房地产经营、管理等服务性的环节则属于房地产业统计范围。

　　在房地产开发的主要环节中，建设施工会拉动钢铁、水泥、玻璃、工程机械以及设计、物流等行业，在装修装饰环节，会带动陶瓷、家具、家电、园林工程等行业，在销售和管理环节，还会带动金融、经纪、物业等行业的发展。

　　直接消耗系数，反映了一个部门在生产经营过程中单位总产出消耗的各部门的产品或服务价值。直接消耗系数越大，说明对这个部门的依赖性越强。使用 2018 年非竞争型投入产出表可以计算出建筑业和房地产业对其他部门的直接消耗系数，如图 1-3-22 所示，建筑业对各行业的直接消耗系数之和要高于房地产业，表明同样单位价值的产出中，建筑业消耗的其他行业产品价值占比更高，因而对这些行业的拉动作用更强。其产出所消耗的其他部门产出集中在非金属矿物制品（如玻璃、陶瓷、石材、水泥）、金属冶炼和压延加工品（如钢铁）、金属制品、化学产品、电气机械和器材、木材加工品和家具等制造业行业，以及批发和零售、交通运输、仓储和邮政、综合技术服务等服务行业。房地产业对其他部门的消耗则主要集中在金融、租赁和商务服务等服务业部门。所以，2020 年，房地产业的增长对金融业的快速发展也起到了一定拉动作用。从工业行业的营业收入变化看（见图 1-3-23），建材、家具、家电、钢铁、工程机械等行业主营业务收入的变化与房价周期波动的同步性较高。

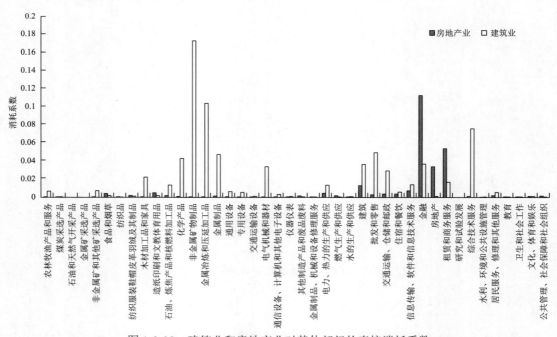

图 1-3-22　建筑业和房地产业对其他部门的直接消耗系数

资料来源：国家统计局。

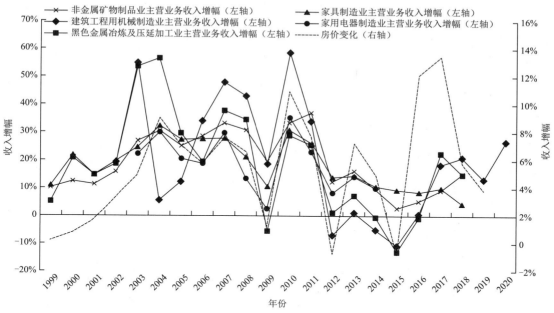

图 1-3-23　房地产上下游行业主营业务收入与房价变化

资料来源：国家统计局。

国家统计局每月下旬会公布全国房地产开发投资和销售情况，其中包含了土地购置、房屋新开工面积、施工面积、竣工面积、商品房销售面积等指标的累计值和同比增速，可以反映房地产开发流程中不同阶段的情况。房产地开发指标见表 1-3-12。

表 1-3-12　房地产开发指标

指　标	单　位	含　义
土地购置面积	万平方米	房地产开发企业报告期内获得土地使用权的土地面积
房屋新开工面积	万平方米	房地产开发企业报告期内新开工建设的房屋面积
房屋施工面积	万平方米	房地产开发企业报告期内施工的全部房屋建筑面积，包括期内新开工面积、竣工面积
房屋竣工面积	万平方米	房地产开发企业报告期内按照设计要求已全部完工，可正式移交使用的房屋建筑面积总和
商品房销售面积	万平方米	房地产开发企业报告期内出售新建商品房屋的合同总面积总和
商品房待售面积	万平方米	房地产开发企业报告期末已竣工可销售或出租的商品房屋建筑面积中，尚未销售或出租的部分

资料来源：国家统计局。

如图 1-3-24，销售面积变化要领先于土地购置和房屋新开工面积，这说明房地产需求会影响房地产企业的开发决策。当房屋销售较好时，企业往往会加快拿地和开工建设，反之则会减少土地购置。同时，根据《中华人民共和国城市房地产管理法》规定，以出让方式取得土地使用权进行房地产开发的，必须按照土地使用权出让合同约定的动工开发期限开发土地，满两年未动工开发的，可以无偿收回土地使用权。所以企业土地购置和新开工面积变化基本同步。由于我国采取房屋预售制度，竣工面积一定程度上是预售的实现，而施工面积则反映了后续几年供给，待销售面积反映了房地产库存情况。

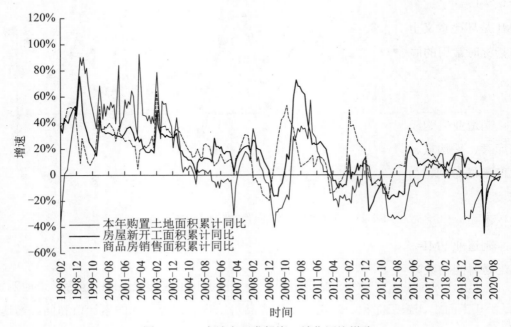

图 1-3-24　房地产开发投资、销售同比增速

资料来源：国家统计局。

五、观察行业是否景气——采购经理指数（PMI）

以上行业监测指标都是基于经济实际运行情况的统计数据，还有一类基于问卷调查，反映市场主体预期变化的经济指标，在监测宏观经济和产业运行中同样扮演着重要的角色，而且往往起到预警作用。使用比较多的是采购经理指数，也就是经常听到的 PMI 指数，英文全称为 Purchasing Managers' Index。

该指数是通过对企业采购经理的月度调查汇总而来，涵盖了企业采购、生产、流通、用工等各个环节，通常划分为制造业和非制造业两大领域，并在此基础上编制反映整体经济运行情况的综合指标。

以制造业 PMI 的编制为例，被调查者只需对每个问题在（比上月）增加、基本持平或减少三种答案中选择一种。每项指数采用扩散指数方法计算，计算公式为

制造业 PMI 分类指数 ＝ "增加"选项的百分比 ＋ "基本持平"选项的百分比 ×0.5

比如，假设认为经济扩张的采购经理人所占比例为 a%，收缩的比例为 b%，当月制造业 PMI 可以表示为 $a+0.5×（100-a-b）=50+0.5×（a-b）$，如果认为经济扩张和收缩的采购经理人所占比例相当，即 $a=b$ 时，PMI=50。所以 PMI 以 50 作为经济活动扩张或收缩的分界点，当 PMI 高于 50 时，表示被调查采购经理人中认为经济扩张的比例要高于认为收缩的比例，反映经济总体扩张；反之则表示经济总体收缩。由此也可以看出，PMI 是环比意义上的指标，反映的是当月相对于上个月的变化情况，这和国家统计局公布指标时常用的同比数据有所不同。

（一）制造业 PMI

制造业采购经理人调查指标体系包括生产、新订单、新出口订单、在手订单、产成品库存、采购量、进口、主要原材料购进价格、出厂价格、原材料库存、从业人员、供应商配送时间、生产经营活动预期这 13 个分类指数（见表 1-3-13）。需要注意的是，制造业 PMI 并非由全部分类指数汇总而成，而是主要由 5 个分类指数加权计算得到，权数依据其对经济的先行影响程度设定。计算公式为

制造业 PMI= 新订单指数 ×30%+ 生产指数 ×25%+ 从业人员指数 ×20%+（100- 供应商配送时间指数）×15%+ 主要原材料库存 ×10%

表 1-3-13　制造业 PMI 指数的分类指数及含义

序号	分 类 指 数	含 义
1	生产量	企业报告期内生产的符合产品质量要求的主要产品的实物数量
2	订货量	企业报告期内接到的订货数量，不考虑是否完成
3	出口订货量	企业报告期内主要产品订货数量中用于出口的部分
4	剩余订货量	企业报告期末尚未兑现的订货数量，即企业现存的订货数量
5	产成品库存	企业报告期末尚存在企业产成品仓库中而暂未售出的产品的实物数量
6	采购量	企业报告期内购进的主要原材料（包括零部件）的实物数量
7	进口	企业报告期内进口的主要原材料（包括零部件）的实物数量
8	购进价格	企业报告期内购进的主要原材料（包括零部件）价格的加权平均水平
9	出厂价格	企业报告期内生产的符合产品质量要求的主要产品出厂价格的加权平均水平
10	主要原材料库存	企业报告期末已经购进并登记入库但尚未使用的主要原材料的实物数量
11	生产经营人员	企业报告期末生产经营人员的数量
12	供应商配送时间	企业报告期内收到的主要供应商的交货时间
13	生产经营活动预期	对企业未来 3 个月内生产经营活动整体水平的预测

资料来源：国家统计局，采购经理人调查统计报表制度（2020）。

我国存在两个版本的 PMI 指数：一个是国家统计局与中国物流与采购联合会联合发

布的中国采购经理指数，也被称为官方 PMI 指数；另一个是由市场调查机构 IHS Markit 编制，但由其他企业或机构冠名，目前是财新传媒冠名，所以通常被称为财新 PMI。两个指标调查、编制方法虽然大体相同，但中国采购经理指数样本超过 3000 家，以大中型企业为主，财新 PMI 样本企业仅 430 家，更多涵盖的是中小型以及出口导向型企业。二者反映的侧重点不一样，走势并不完全一致（如图 1-3-25 所示）。

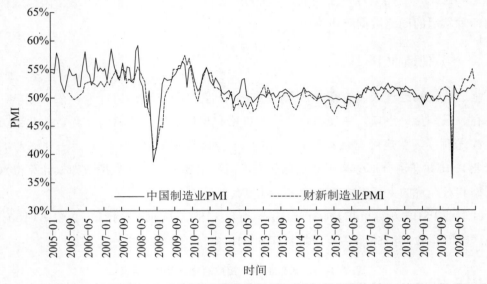

图 1-3-25　官方与财新制造业 PMI 指数走势

资料来源：国家统计局。

　　由于 PMI 所采用的调查方法快速、简便，通常在每月初发布，时间上早于其他官方数据，所以已成为监测经济运行的重要先行指标。各分项指数对于预判出口、价格、就业等领域形势的变化也有较强的先行或一致性。如图 1-3-26 所示，PMI 出厂价格指数与工业生产者出厂价格指数（PPI）环比增速，PMI 主要原材料购进价格指数与工业生产者购进价格指数（PPIRM）环比增速都具有高度的一致性。由此，可以对统计局公布的工业生产者价格指数进行预测。

（二）非制造业 PMI

　　除制造业 PMI 指数外，国家统计局还调查编制非制造业采购经理指数，包括商务活动、新订单、新出口订单、在手订单、存货、投入品价格、销售价格、从业人员、供应商配送时间、业务活动预期这 10 个分类指数。与制造业 PMI 不同的是，非制造业没有总的合成指数，借鉴国际经验，我国用商务活动指数反映非制造业经济发展的总体变化情况。

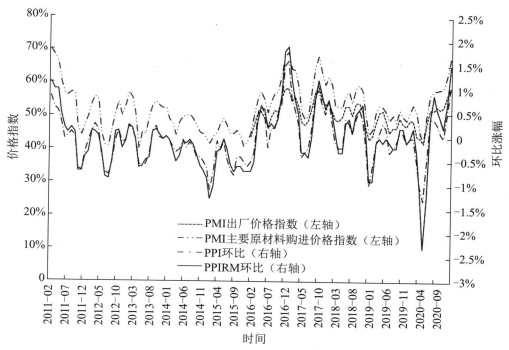

图 1-3-26　制造业 PMI 出厂价格、主要原材料购进价格指数与 PPI、PPIRM 环比涨幅

资料来源：国家统计局。

非制造业 PMI 指数按行业又分为建筑业 PMI 指数和服务业 PMI 指数。如图 1-3-27 所示，2012 年以来，除 2020 年上半年疫情期间外，建筑业一直维持着较高的景气，PMI 指数基本都在 55 以上。但其中也有周期性的波动，即 2014—2015 年扩张的速度有所放缓，此后至 2018 年出现回升，而 2019 年又有所减缓，这与建筑业总产值的变化情况基本一致。同一时期内，虽然服务业 PMI 低于建筑业，但也基本保持着扩张的态势，均值在 53 左右，这也显示我国增长动力进一步向服务业转换。即便是 2020 年，服务业在疫情得到有效控制后也实现了较快的反弹，PMI 指数在 11 月最高达到 55.7，创 2012 年 6 月以来的新高。

（三）综合 PMI

在制造业和非制造业 PMI 基础上，将制造业 PMI 中的生产指数与非制造业 PMI 商务活动指数加权求和，可以得到反映整体经济运行情况的综合 PMI 产出指数，用公式表示为

综合 PMI 产出指数 = 制造业占 GDP 比重 × 制造业 PMI 生产指数 + 非制造业占 GDP 比重 × 非制造业 PMI 商务活动指数

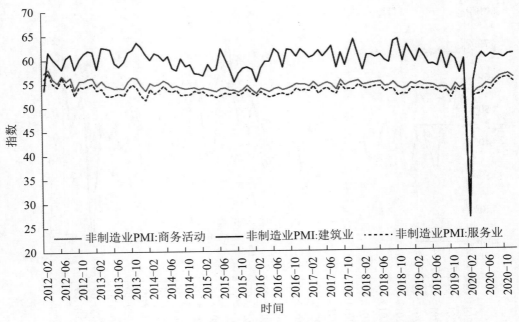

图 1-3-27　非制造业 PMI 商务活动及建筑业、服务业指数

资料来源：国家统计局。

　　如图 1-3-28 所示，自 2017 年发布综合 PMI 产出指数以来，除 2020 年上半年外，综合 PMI 产出指数的变化相对较小，显示出这段时间我国经济总体保持了平稳运行。其中，非制造业 PMI 指数要高于制造业 PMI 指数，表明建筑业和服务业的扩张势头相较制造业更为强劲。同时，非制造业 PMI 指数的波动也小于制造业，在 2018 年和 2019 年一季度，制造业 PMI 均一度跌至荣枯分界线附近，而同期非制造业 PMI 仍保持了 54 以上的较快扩张步伐。由于服务业在 GDP 中的占比远高于建筑业，非制造业的持续较快扩张也表明服务业已成为近年来我国经济增长的"稳定器"。

　　同时，综合 PMI 产出指数与 GDP 环比增速具有较高的相关性，2017—2020 年，二者间的相关系数达到了 0.79。根据时差相关分析，综合 PMI 产出指数与 GDP 环比增速是同步指标。由于 PMI 指数公布时间比 GDP 增速更早，在已知当季各月综合 PMI 产出指数的情况下，我们可以利用二者历史数据间的相关关系，提前预估 GDP 增速。以常用的 GDP 同比增速为例，2021 年 3 月 31 日，国家统计局公布了当月的综合 PMI 产出指数，由此我们可以计算出 1—3 月的均值，并估算出一季度 GDP 的环比增速。四个季度的环比增幅累计起来等于同比增幅，进而可以根据 2020 年后三个季度 GDP 的环比增速，估算出 2021 年一季度 GDP 的同比增速是 18.9%，与 4 月 16 日国家统计局公布的实际值 18.3% 相差并不是很大。

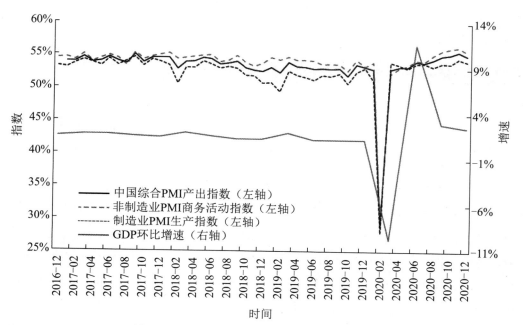

图 1-3-28　综合 PMI 产出指数与 GDP 环比增速

资料来源：国家统计局。

第四章

三大需求——读懂中国经济的需求侧

▼

我们进行生产活动，是为了满足自身生存和发展的各种需求。需求与供给是一枚硬币的两面。我国不仅是"世界工厂"，也已经成为"世界市场"。宏观经济的需求侧由消费、投资、净出口三部分组成，它们也形象地被称为拉动经济增长的"三驾马车"。其中，消费是生产活动的最终环节，因而也被称为最终需求。投资既构成当期需求，又是社会生产延续和扩大的基础，可以形成未来的供给能力。净出口是出口与进口的差额，反映了国外对国内产品及服务的净需求状况。在改革开放后的较长一段时间内，外需是拉动我国经济增长的一个重要引擎，而随着近年来我国发展阶段的变化，内需对我国经济增长的支撑作用正变得日益重要。

一、14 亿人口汇聚起的消费力量

消费是人们通过购买各种商品和服务满足自身需求的行为，比如购买衣服、到餐馆吃饭、到外地旅游、住宿都属于消费的范畴。消费是国民经济循环的起点也是终点，是生产的最终目的也是生产的动力。近年来，消费已经成为驱动我国国民经济循环的主要动力，在经济增长中发挥着基础性作用。14 亿人口形成的超大规模市场需求，正释放着巨大的消费潜力与活力。反映消费状况的指标主要有最终消费支出、居民人均消费支出、社会消费品零售总额等。

（一）最终消费支出

在 GDP 核算中，最终消费支出是三大需求之一。最终消费支出是指一个国家和地区常住单位购买商品和服务的支出。按照消费的主体又可以分为居民消费支出和政府消费支出，平时我们个人消费的支出主要计入居民消费支出，政府消费支出主要是指政府部门为社会提供公共服务的消费支出以及免费或以较低的价格向居民提供的货物和服务的净支出。2019 年，最终消费支出在我国的 GDP 中已经占到 55%，表明我国经济中的商品和服务，绝大部分用于满足国内的最终消费需求。

其中，居民消费支出又可以分为城镇居民和农村居民消费支出两部分。在 2019 年我国的最终消费中，居民消费占比达 70%，政府消费占三成。居民消费支出中城镇居民消费占近八成，农村居民占比略高于两成。

　　由于消费观念和行为习惯一旦形成很难轻易改变，所以消费在三大需求中的波动相对较小，消费对经济增长能够起到"稳定器"和"压舱石"的作用。消费在经济中的占比越高，经济增长的稳定性也越高。从图 1-4-1 可以看到，改革开放以来，我国最终消费支出保持了较快的增长速度，最终消费支出的规模在 2019 年超过 55 万亿元人民币，已经成为仅次于美国的全球第二大消费市场。

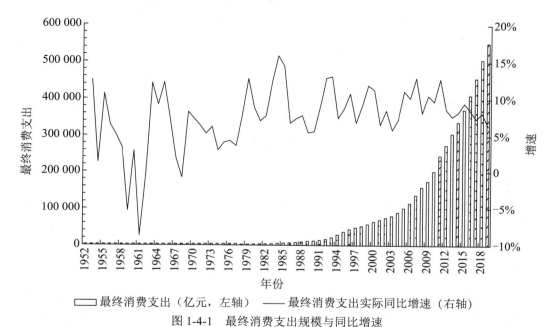

图 1-4-1　最终消费支出规模与同比增速

资料来源：国家统计局。

　　如图 1-4-2 所示，改革开放后，最终消费支出对我国经济增长的贡献曾出现较大幅度的波动。21 世纪以来，最终消费支出对经济的拉动作用不断增强，2014 年超过固定资产投资，成为拉动我国经济增长的第一动力。尽管 2020 年由于新冠肺炎疫情的影响，最终消费支出下拉 GDP 增速 0.51 个百分点，但这具有极大的特殊性。从长期看，随着我国居民收入水平的提高，未来最终消费支出对我国经济增长的贡献还有望进一步增强。

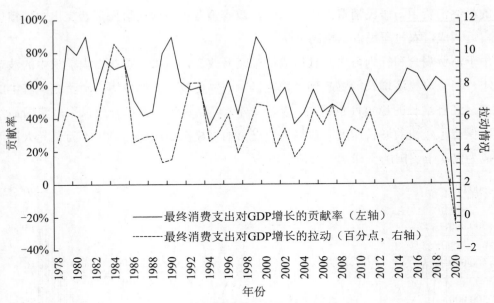

图 1-4-2　最终消费支出对经济增长的拉动

资料来源：国家统计局。

（二）居民人均消费支出与可支配收入

1. 居民人均消费支出

GDP 核算中的居民消费支出数据主要来自国家统计局组织实施的住户收支与生活状况调查。在这项调查中，国家统计局借鉴了联合国制定的《按目的划分的个人消费分类》（COICOP）标准，以支出目的作为划分原则，将居民消费支出分为八大类（见表 1-4-1），分别是**食品烟酒，衣着，居住，生活用品及服务，交通和通信，教育、文化和娱乐，医疗保健，其他用品及服务**，基本覆盖了居民家庭日常生活消费需要的支出，从而能够更全面反映居民消费支出的结构特征。

表 1-4-1　居民消费支出分类表

代码	名　称	说　明
01	**食品烟酒**	
0101	食品	购买可供人类食用的食品支出
0102	饮料（不含酒精）	购买不含酒精的饮料支出
0103	烟酒	购买烟草、含酒精饮料的支出
0104	饮食服务	在餐馆等支付的饮食服务（膳食、小吃、饮料、茶和酒）的支出
02	**衣着**	
0201	衣类	购买服装、服装材料、衣着配件以及服装等加工服务费支出
0202	鞋类	购买鞋、鞋类配件及加工服务支出

续表

代码	名　　称	说　　明
03	**居住**	
0301	租赁房房租	租赁包括房间、房内固定装置、家具、供暖、管道和照明设备等的使用费支出，也包括租赁宾馆、旅店、招待所等的房间作为主要居所而支付的费用
0302	住房保养、维修及管理	用于住房装潢、维修和保养等的支出，物业管理费
0303	水、电、燃料及其他	与居住有关的水、电、燃料费用以及取暖费
0304	自有住房折算租金	指拥有自有住房的住户为自身消费提供的住房服务的估算价值
04	**生活用品及服务**	
0401	家具及室内装饰品	购买家具、制造和维修家具的材料、室内装饰用品的支出
0402	家用器具	购买家用电器、家用电动工具和设备的支出
0403	家用纺织品	购买床上用品、窗帘门帘以及其他家用纺织品的支出
0404	家庭日用杂品	指购买家庭用清洁、烹饪、用餐、用茶用品、家用非电动手工工具等的支出
0405	个人护理用品	购买化妆品等个人护理用品的支出
0406	家庭服务	购买家政服务以及家庭设备修理的支出
05	**交通和通信**	
0501	交通	购买各种非经营用交通工具、所使用的燃料以及保养、维修等的支出、乘坐交通工具的费用支出
0502	通信	购买通信工具、电信服务、递送服务的支出
06	**教育、文化和娱乐**	
0601	教育	购买教育服务以及与教育有关的教材和教育用品的支出
0602	文化和娱乐	购买用于文化、休闲、娱乐等目的用品和服务支出、外出团体旅游支出
07	**医疗保健**	
0701	医疗器具及药品	从药店等购买用于人体疾病防治、诊断的药品支出，购买滋补保健品、医疗卫生器具、保健器具的支出
0702	医疗服务	由医生和医务辅助人员为患者提供的医疗服务支出，不包括由医疗保险和医疗救助计划报销的医药费和医疗费
08	**其他用品和服务**	
0801	其他用品	购买首饰、手表、箱、包、婴儿用品、吸烟用具等前面未包含的用品支出
0802	其他服务	旅馆住宿、美容、美发和洗浴、社会保护、保险、金融以及其他前面未包含的服务支出

资料来源：国家统计局，居民消费支出分类（2013）。

　　住户收支与生活状况调查结果由国家统计局在每个季度后第一个月中旬发布。其中居民消费支出和可支配收入数据均是人均值，当进行 GDP 核算计算年度居民消费支出总规模时，还需要将其乘以居民年平均人数。

　　按住户常住地划分，居民人均消费支出又分为城镇居民和农村居民人均消费支出。城镇居民消费水平要明显高于农村。2020 年，我国城镇居民人均消费支出为 27 007 元，是农村居民的 2 倍。所以加快农村居民的市民化，将有利于我国整体消费水平的提高。

　　从消费结构看，我国居民人均消费支出中占比最高的是食品烟酒消费支出，其次是居住消费支出，交通通信、教育文化娱乐支出占比也相对较高。所以如果按照消费支出的比重排序，我们常说的"衣食住行"，或许调整为"食、住、行、衣"更为切合实际。

　　2020 年，受新冠肺炎疫情的影响，人们更多宅在家中，减少了外出购物、聚餐以及娱乐活动，我国居民人均消费支出从 2019 年的 21 559 元降至 21 210 元，降幅为 1.6%，扣除价格因素，实际下降 4%。其中，衣着，交通和通信，教育、文化和娱乐方面的消费支出下降更为明显，交通和通信支出中下降的主要是交通支出，由于在线办公、网上购物等增加了通信方面的需求，我国居民人均通信服务支出增长了 6.2%。

　　此外，由于居家时间增多，居民在食品烟酒、居住类的消费支出也有较大幅度增加，全年我国居民人均蔬菜类支出增长了 12.1%、肉类支出增长了 36.5%，水电燃料支出增长了 4.1%。

　　八大类消费中，食品消费支出占比也被称为恩格尔系数。顾名思义，恩格尔系数（Engel's Coefficient）是由德国统计学家恩格尔创造的，指的是食品支出占个人消费支出总额的比重，用于反映一个国家居民生活水平的高低。恩格尔发现，一个家庭或个人收入越低，用于购买生存性食物的支出在这个家庭或个人收入中的比重就越高，反之则越低。对一个国家亦是如此。国家统计局公布的恩格尔系数是食品消费支出占总消费支出的比例。

　　改革开放以来，由于农村居民收入低于城镇，所以农村家庭恩格尔系数[①]要略高于城镇家庭，但二者均呈持续下降的趋势，2019 年我国城乡居民恩格尔系数降至 28.2%。2020 年因疫情的原因，居民恩格尔系数回升至 30%（见图 1-4-3），但根据恩格尔规律，随着收入水平的提高，人们将增加更多非食品方面的消费，食品支出占比下降的趋势仍将延续下去。

---

① 此前我国的居民住户调查统计是按照城镇和乡村分别进行的，指标、标准、方法都不尽相同，造成城乡居民收入水平和结构等调查数据不完全可比，无法提供全体居民收支数据。2013 年我国实施城乡住户调查一体化改革，统一了城乡居民收入指标。所以图 1-4-4 中 2013 年及之前的数据来自原来的城乡住户调查，之后的数据来自一体化城乡住户调查。

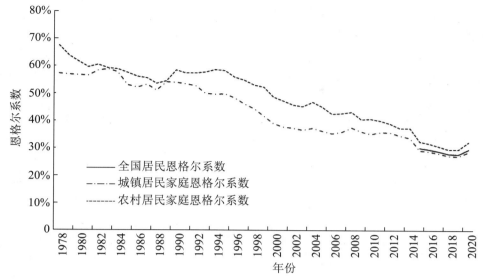

图 1-4-3   我国居民家庭恩格尔系数变化情况

资料来源：国家统计局。

2. 居民人均可支配收入

根据消费理论，收入被认为是影响消费的最重要因素，从收入增长的变化可以判断消费的潜力和走势。由于居民人均消费和可支配收入数据均出自住户收支与生活状况调查，由国家统计局同时发布，所以在这里与人均消费支出指标一并介绍。

前面提到的国民总收入（GNI）衡量的是所有经济部门的总收入，而住户收支与生活状况调查中统计的是居民部门的可支配收入，所以从口径上要小于 GNI。居民可支配收入是指居民在一定时期内获得的、可用于最终消费支出和储蓄的总和，也就是可以用来自由支配的收入。假如我们的收入主要是工资收入，那么工资中扣除掉"五险一金"、个人所得税等必须缴纳的部分后，剩下的便是可支配收入。

居民可支配收入数据与消费支出数据一样，由国家统计局在每个季度后第一个月中旬公布，同样是人均值数据。其中，按住户常住地划分，居民人均可支配收入分为城镇居民和农村居民人均可支配收入。自 20 世纪 80 年代中后期的较长一段时间内，我国城乡居民收入呈现逐步拉大的趋势，这也造成了二者消费水平的差距不断扩大，城乡居民收入比[①] 最高时超过了 3.33（2009 年）。这一情况在 2010 年开始有所改观，2019 年城乡人均收入差距降至 2.64，2020 年进一步降至 2.56。

在城乡住户调查问卷中，国家统计局按照收入的来源，将可支配收入分为四项（见表 1-4-2），分别为**工资性收入、经营净收入、财产净收入和转移净收入**。

---

① 采用城镇居民人均可支配收入与农村人均纯收入之比。

表 1-4-2　可支配收入分类

分　类	定　义
工资性收入	就业人员得到的全部劳动报酬和各种福利，不仅是从事的主要职业，也包括各种兼职和零星劳动得到的劳动报酬和福利，比如，上班族、打工族，以及自由职业者所获得的报酬都属于工资性收入
经营净收入	居民从事生产经营活动所获得的净收入，是全部经营收入中扣除经营费用、生产性固定资产折旧和生产税之后得到的净收入，比如，农民开农家乐、城镇个体户的经营收入所得就属于这一类
财产净收入	居民运用、出让所拥有的动产（如银行存款、有价证券）和不动产（如房屋、车辆、收藏品等），获得的回报并扣除相关的费用之后得到的净收入，比如，我们在银行存款所获得的利息、出租房屋得到的房租、购买基金扣除管理费后所得的收入等
转移性收入	国家、单位、社会团体对居民家庭的各种经常性转移支付和家庭之间的经常性收入转移。比如，国家发给个人的养老金或退休金、失业救济金，单位发放的住房公积金，子女给父母的赡养金等

资料来源：国家统计局，住户收支与生活状况调查方案（2018）。

　　2020 年，在年初暴发新冠肺炎疫情的情况下，全年我国居民人均可支配收入仍实现了 4.7% 的增长，达到 32 189 元。扣除价格因素后实际增长 2.1%。从可支配收入的组成看，我国居民可支配收入的来源以工资性收入为主，占可支配收入的比重在 56% 左右；其次是转移净收入，2020 年，我国居民人均转移净收入增长 8.7%，高于全国居民人均收入 4 个百分点，占比进一步提高至 19%，反映出疫情下国家加大了保基本民生的力度，增加了对居民的转移支付。根据国家统计局数据，2020 年，全国居民人均社会救济和补助收入增长了 18.7%，人均政策性生活补贴收入增速达到 12.7%。

　　疫情对居民经营净收入造成一定影响，但由于 2020 年农业生产形势较好，农村居民人均经营净收入较快增长带动经营净收入由降转增。全年城镇居民人均经营净收入仍下降了 2.7%。居民经营净收入在可支配收入中的比重下降至 16%。财产净收入在我国居民可支配收入的占比较低，维持在 9% 附近。

　　从图 1-4-4 可以看出，我国居民收入与消费走势具有较高的一致性，因而稳收入对于稳消费、扩内需具有重要的作用。2020 年，新冠肺炎疫情对我国城镇居民收支的冲击要显著大于农村居民，对城乡居民消费支出的冲击要显著大于对收入的冲击。由于疫情下我国居民收入仍保持了基本与经济增长的同步增长，将为消费后续稳步回升提供良好的支撑。

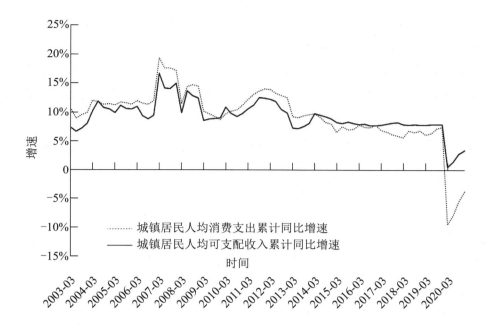

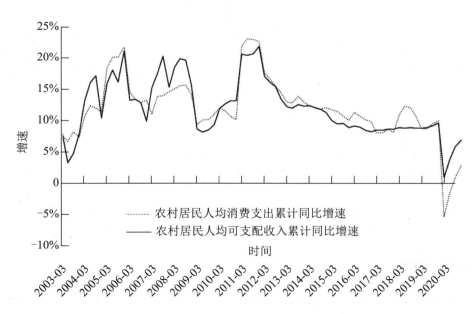

图 1-4-4　我国城乡居民人均消费支出与可支配收入增速

资料来源：国家统计局。

（三）社会消费品零售总额

　　虽然最终消费支出以及居民人均消费支出分别从总量和结构反映了我国居民消费支出情况，但二者都是季度指标，难以满足更高频度跟踪监测消费走势的需求，为此国家统计局还按月统计发布社会消费品零售总额及其增速。目前该指标是短期观测国内零售市场变动以及国内消费需求情况的重要指标。

社会消费品零售总额是指企业通过交易直接销售给个人、社会集团[①] 非生产、非经营用的实物商品金额，以及提供餐饮服务所取得的收入金额。所以按照消费的形态，可以进一步分为商品零售和餐饮收入两部分。

社会消费品零售总额与最终消费支出同比增速的变化趋势较为一致（见图 1-4-5），这也表明根据社会消费品零售总额观察我国消费需求的变化情况具有较高的可靠性，但社会消费品零售总额与最终消费支出的统计口径并不一致。

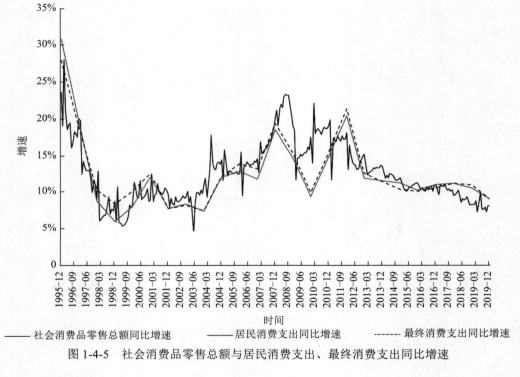

图 1-4-5　社会消费品零售总额与居民消费支出、最终消费支出同比增速

资料来源：国家统计局。

二者都包含有居民购买的消费品和餐饮服务，但最终消费支出还包括除餐饮服务外的其他服务类消费。同时，社会消费品零售总额中包含了企事业单位等非居民、非政府部门通过零售渠道购买的消费品，居民购买的建造房屋用的建筑材料，而这些并不涵盖在最终消费支出的统计中。此外，从数据来源看，最终消费支出来自住户收支与生活状况调查，而社会消费品零售总额来自国家统计局对批发零售业、住宿餐饮业

---

① 个人包括城乡居民和入境人员，社会集团包括机关、社会团体、企事业单位、学校、部队等。

的统计调查，其中，对限额以上的批发零售业、住宿餐饮业企业[①]（单位）实施全面统计调查，对限额以下企业（单位）及个体户实施抽样调查，二者汇总形成了社会消费品零售总额。所以社会消费品零售总额与最终消费支出有相关性，但在统计口径、数据来源上均有所不同。

同时，近年来，随着电子商务以及网上购物的发展，我国居民消费渠道逐步从线下转向线上。国家统计局从 2015 年 2 月开始发布网上零售额数据。网上零售额指通过公共网络交易平台（包括自建网站和第三方平台），比如淘宝、京东等电商平台实现的商品和服务零售额之和。商品和服务包括实物商品和非实物商品（如虚拟商品、服务类商品等）。社会消费品零售总额统计中虽然包含了实物商品的网上零售额，但不包括非实物商品网上零售额。我们可以用网上零售额减去实物商品的网上零售额，从而大体估算出网上服务零售额。

如图 1-4-6 所示，我国网上零售额在 2018 年之前保持了 30% ～ 40% 的高增速，此后增速明显放缓，2019 年进入了一个相对平稳的中高速增长期，增速保持在 15% 上下。伴随着人们消费习惯的改变，网上消费的比重也不断上升，实物商品网上零售额占社会消费品零售总额的比重从统计之初的 8.3%，上升到 2019 年底的 20.7%。

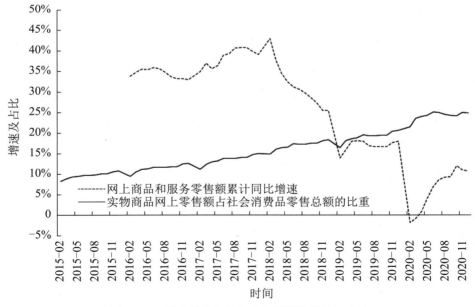

图 1-4-6   网上商品和服务零售额同比增速及占比

资料来源：国家统计局。

[①]   限额以上单位是指年主营业务收入 2000 万元及以上的批发业企业，年主营业务收入 500 万元及以上的零售业企业，以及年主营业务收入 200 万元及以上的住宿和餐饮业企业。

2020 年，新冠肺炎疫情对线上和实体店销售都造成了严重的冲击，实物商品网上零售额在 2、3 月份也一度负增长，但疫情防控进入常态化后，网上购物的非接触消费方式优势逐渐显现，四季度时累计同比增速已恢复至 10% 以上，而同期社会消费品零售总额累计同比增速仍未转正，实物商品网上零售额占社会消费品零售总额的比重全年也进一步提高至 24.9%。因此，疫情在给我国居民的生活和消费带来了巨大冲击的同时，也加速了人们消费模式和消费习惯的转变。

二、投资——中国经济增长中的"关键先生"

与我们日常生活中提到的买股票、黄金、房产等理财方面的投资不同，在经济统计里，投资指的是以生产为目的，购买资本货物的行为，比如企业购买设备、新建厂房、购置土地以及购买专利、商标这些无形资产等。相比消费，投资受宏观调控政策影响更为明显，扩大投资往往成为政府逆周期调节的重要手段。特别是在经济面临极大下行压力的时候，投资往往起到力挽狂澜的关键作用。衡量投资的指标主要包括资本形成总额、固定资产投资。

（一）资本形成总额

资本形成总额是 GDP 核算中的一部分，指的是一定时期内新形成的固定资产和增加的库存货物的市场价值，前者称为固定资本形成总额，后者称为存货变动。

固定资本形成总额，是指一定时期内新增加的固定资产，再减去同期消耗的固定资产后得到的资产市场价值总额。所谓固定资产，是指企业生产出来的，使用年限在一年以上、单位价值在规定标准以上的资产，既包括住宅、厂房、机器设备，以及林木、奶牛等培育性生物资源在内的有形资产，也包括研发支出、矿藏勘探、计算机软件、娱乐和文学艺术品等无形资产。

存货，是指企业为维持正常生产所购进的原材料、燃料等生产物资，以及处于生产过程中半成品，或者生产出来但尚未销售出去的产成品。存货变动就是以市场价值衡量的企业存货在一定时期内的变动情况。

国家统计局核算固定资本形成总额的基础资料主要是固定资产投资统计年报等，对存货的核算则主要基于对规模以上工业企业、建筑业企业、限额以上批发和零售、住宿和餐饮法人企业等财务状况年报调查中的财务数据。国家统计局按季度公布固定资本形成总额对 GDP 的贡献率和拉动数据，并按年公布固定资本形成总额的全年数据。

改革开放以来，固定资本形成总额在我国资本形成总额中比重总体呈上升的趋势。2019年，我国资本形成总额中固定资本形成总额占98.5%，存货变动占1.5%，存货代表了价值尚未被实现的需求，存货占比的下降，表明我国企业存货管理水平在不断提高，从而有利于减少企业的资金占用。同时也反映出企业产品更加适销对路，产品积压的情况明显改善。

相比消费，投资受各种短期因素影响明显，所以资本形成总额实际增速的变化幅度更大。观察图1-4-7可以看到，在20世纪90年代之前，投资增速呈现大起大落的态势。进入90年代后，投资在保持较高增速的同时，波动性有所下降。2008年以来，投资增速逐步放缓，从2009年最高时的19%，降至2019年的4.5%，增速波动幅度也显著降低。

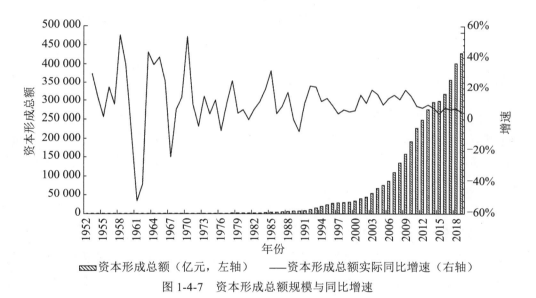

图1-4-7　资本形成总额规模与同比增速

资料来源：国家统计局。

从对经济增长的贡献看（见图1-4-8），2000年之前，投资与GDP增速基本同向变动，投资的大起大落是引发我国经济增速波动的一个重要原因。2000年之后，投资与经济增长的"共振"程度下降，尤其是2009年，经济增长速度受国际金融危机的冲击出现大幅下滑，我国为应对危机推出"4万亿"经济刺激计划，带动固定资产投资骤增，成为拉动经济增长的主要力量，对GDP增长的贡献率一度超过90%，起到了稳增长的积极作用。2020年，在新冠肺炎疫情的影响下，我国消费需求大幅走弱，投资再次成为对冲经济下行压力的绝对主力，对GDP增长的贡献率达到94.1%。

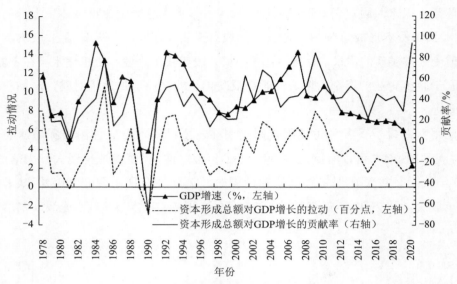

图 1-4-8　资本形成总额对经济增长的拉动

资料来源：国家统计局。

（二）固定资产投资

反映投资情况的月度指标主要是国家统计局公布的固定资产投资。固定资产投资，又称固定资产投资完成额，是指以货币形式表现的，在一定时期内全社会建造和购置固定资产的工作量以及与此有关费用的总称。

固定资产投资按统计范围，可以分为固定资产投资（不含农户）和农户投资，两部分加起来形成全社会固定资产投资。其中，固定资产投资（不含农户），包括城镇建设项目投资、农村非农户建设项目投资和国防、人防建设项目投资，主要统计了城镇以及农村企事业组织进行的计划总投资 500 万元及 500 万元以上的建设项目投资和所有房地产开发投资。农户固定资产投资统计采用抽样调查的方法，通过农村经济调查和农村住户调查取得相关统计资料。

目前，国家统计局每月中旬公布上月固定资产投资（不含农户）数据，按年公布全社会固定资产投资的情况。固定资产投资（不含农户）占全社会固定资产投资的98%以上，所以可以基本反映全社会固定资产投资的走向和特点。

固定资产投资统计数据是核算固定资本形成总额的主要基础资料来源，但并不能将二者等同。一方面，固定资产投资包括了土地购置费，旧设备、旧建筑物购置费以及其他费用中不能形成固定资产的部分。根据 GDP 的定义，这些并不能算作新创造的价值，所以在计算固定资本形成总额时要扣除掉。另一方面，固定资产投资仅统计了城镇以及农村企事业组织 500 万元及 500 万元以上的固定资产投资，500 万元以下的投资以及矿藏勘探、计算机软件等知识产权产品的支出，商品房销售增值部分都不包含在固定资产投资内，而固定资本形成总额则包括这些内容。从图1-4-9可以看到，二者走势总体一致，但在部分年份也存在明显的差异。

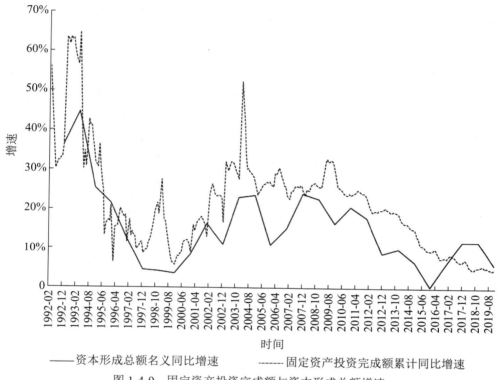

图 1-4-9　固定资产投资完成额与资本形成总额增速

资料来源：国家统计局。

　　除了固定资产投资额的总量指标外，还可以按不同标准进行细分，比如按构成分，可以分为建筑安装工程、设备工器具购置以及其他费用三部分；按产业分，可以分为第一、二、三产业固定资产投资，还可以按照国民经济行业分类标准进一步细分到主要行业的固定资产投资；按登记注册类型，可以分为国有、集体、股份制、私营和个体、港澳台商、外商企业固定资产投资等。其中，关注较多的是以下几个领域的固定资产投资数据。

1. 民间固定资产投资

　　民间固定资产投资属于固定资产投资中的一部分，是根据投资主体股权归属划分出来的一类投资，是指具有集体、私营、个人性质的内资企事业单位以及由其控股（包括绝对控股和相对控股）的企业建造或购置固定资产的投资。换而言之，民间固定资产投资是指除去国有及国有控股、外商及港澳台及其控股单位之外的固定资产投资。

　　民间固定资产投资主体划分见表1-4-3。

表 1-4-3　民间固定资产投资主体划分

纯民间固定资产投资主体	混合经济投资主体
集体企业	国有与集体联营企业
股份合作企业	其他有限责任公司
集体联营企业	股份有限公司
其他联营企业	合资经营企业（港或澳、台资）
私营企业	合作经营企业（港或澳、台资）
其他企业	港、澳、台商投资股份有限企业
个体户	其他港、澳、台商投资企业
个人合伙	中外合资经营企业
中外合作经营企业	
外商投资股份有限公司	
其他外商投资企业	

注：混合经济投资主体是否属于民间固定资产投资主体根据控股情况确定。

资料来源：国家统计局，关于民间固定资产投资定义和统计范围的规定。

目前，民间投资占固定资产投资的比重在 50% ～ 60%，是拉动固定资产投资的重要力量。同时，民间投资还是反映企业家信心和投资意愿的重要指标。尤其是民间投资中制造业、房地产业的固定资产投资占比较高（2017 年民间投资中投向制造业的比重为 44%），因而也是判断制造业和房地产业走向的风向标。

如图 1-4-10 所示，2012 年以来，我国民间投资增长不断减速，尤其是 2015 年后民间投资增速显著放缓，并开始低于固定资产投资的增长速度，由此也使得民间投资占比下降，2016 年上半年，民间固定资产投资累计同比增速只有 2.1%。2018 年民间投资增速虽有所回升，但 2019—2020 年又再度低于固定资产投资整体增长水平。截至 2020 年 12 月，民间投资占比下降至 55.7%。

民间投资增速放缓有长期性因素的影响，比如产业结构的转型、传统行业投资回报率下降导致对这些行业的投资意愿降低。同时也与短期的政策性因素相关。民间投资在制造业和房地产领域占比高（见图 1-4-11），2015 年后，在"去产能"政策影响下，传统工业行业投资加速下行，房地产调控又使得房地产业民间投资下降。此外，这一阶段民营企业融资难、融资贵现象较为突出，也抑制了民间投资的增长。在 2020 年疫情期间，尽管房地产业投资有所改善，但制造业、批发零售业、住宿餐饮等民间投资占比较高的行业受疫情影响较大，由此导致民间投资增长低于整体固定资产投资的速度。

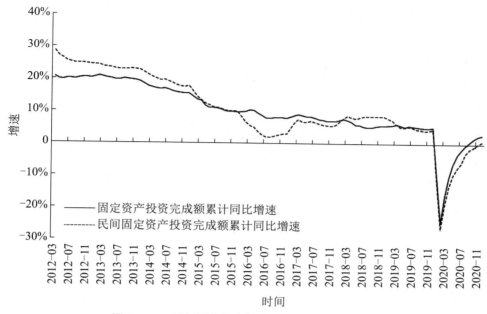

图 1-4-10　民间固定资产投资与固定资产投资增速

资料来源：国家统计局。

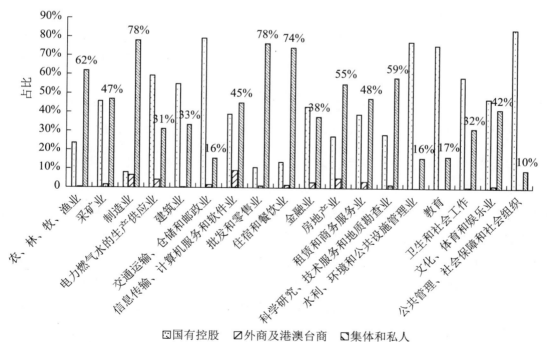

☒国有控股　　☑外商及港澳台商　　◼集体和私人

图 1-4-11　2017 年分行业集体和私人控股固定资产投资占固定资产投资比重

注：由于统计局公布的民间投资分行业数据只细分到9个行业门类，图中以集体和私人控股投资近似代替民间投资。

资料来源：国家统计局。

2. 房地产开发投资

房地产开发投资，指房地产开发企业在报告期内完成的，全部用于房屋建设工程、土地开发工程的投资额以及公益性建筑和土地购置费等的投资。按照房地产的建设流程，房地产开发分为土地购置和开发（买地）、项目施工建设（建设）以及销售三个主要环节，前两项在统计上归为房地产开发投资完成额。如图 1-4-12 所示，房地产开发投资占固定资产投资完成额的比重为 20% 左右，但变化较大，2003 年达到 23%，之后最低降至 17%，2017 年后又大幅回升，2020 年进一步提高至 27%。

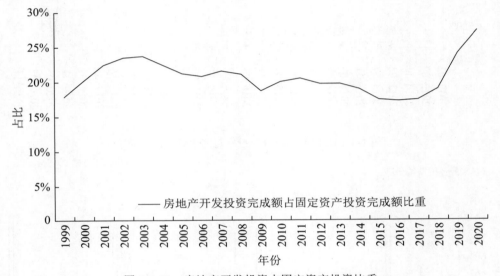

图 1-4-12　房地产开发投资占固定资产投资比重

资料来源：国家统计局。

房地产开发投资由建筑工程、安装工程、设备工器具购置和其他费用组成。其中，建筑工程和安装工程分别是指房屋的建造和各种设备安装所支出的费用（不包括被安装设备本身的价值）；设备工器具购置费用是指房屋建设过程中所需要购置的各种设备、工具的价值；其他费用是指除前两项以外产生的费用。

从各构成部分占比变化来看（见图 1-4-13），房地产开发投资中建筑工程基本都在 60% 以上，近两年明显下降，主要受其他费用占比提升的影响。而其他费用中主要是土地购置费。从图 1-4-14 中可以看到，其他费用和土地购置费增速高度同步，2018 年土地购置费用累计同比增速一度超过 70%。土地购置费占其他费用的比重自 2013 年后不断上升，2019 年已接近 90%。所以土地购置费的增加是推动 2017 年后房地产开发投资较快增长的一个重要原因。

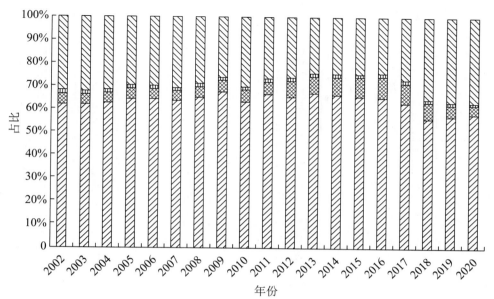

图 1-4-13　房地产开发投资构成

资料来源：国家统计局。

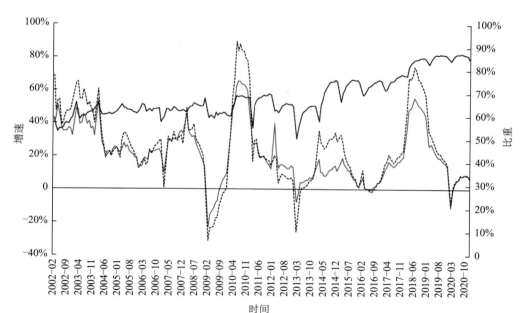

——其他费用累计同比增速（左轴）----土地购置费累计同比增速（左轴）——土地购置费占其他费用比重（右轴）

图 1-4-14　其他费用与土地购置费用

资料来源：国家统计局。

房地产开发投资按工程用途可以分为住宅投资、办公楼投资、商业营业用房投资和其他投资四个部分（见图 1-4-15），其中住宅投资占比最高，2020 年达到 74%。

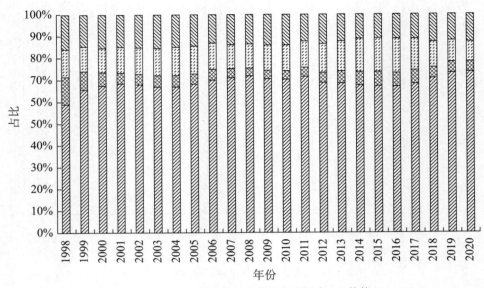

图 1-4-15　房地产开发投资构成（按工程用途）

资料来源：国家统计局。

　　前面提到，商品房销售面积变化要领先于土地购置面积的变化，而土地购置面积又是房地产开发投资的组成部分。三个变量中，商品房销售面积反映了房地产市场的需求，而房地产开发投资可以视为未来的潜在供给。由于房地产开发需要一定周期，在某一时点上可以看作供给是不变的，那么当房地产市场需求增加时，房价将会上涨，而上涨的房价又会刺激房地产商加大购地的力度，扩大房地产开发投资，这个过程反之亦然。从图 1-4-16 中可以看到，商品房销售面积同比增速的变化要领先于房价，而房价变化又一定程度上领先于房地产开发投资增速。所以，可以根据商品房销售面积、房价的变化判断房地产开发投资的走向。

　　3. 基础设施投资

　　基础设施，是指为社会生产和生活提供基础性、大众性服务的工程和设施，比如道路、桥梁、水库、供电、供水、通信设施等。按我国国民经济行业分类，基础设施投资主要包括电力、热力、燃气及水生产和供应业、交通运输、仓储和邮政业（不包括仓储业），信息传输、软件和信息技术服务业（不包括软件和信息技术服务业）以及水利、环境和公共设施管理业（不包括土地管理业）四个大类行业的投资（见表 1-4-4）。与民间投资主要反映了市场自发性的投资不同，基础设施投资主要以政府投资为主，从图 1-4-11 中也可以看出，这几个行业中投资主体以国有控股企业为主，其增速的快慢一定程度上反映了政府财政政策力度的大小。

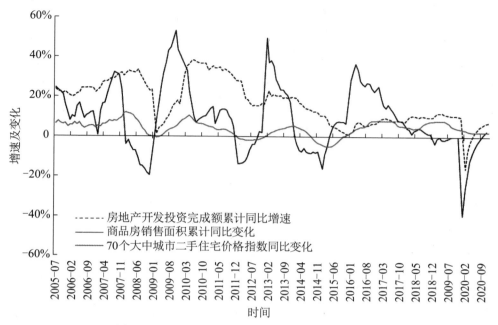

图 1-4-16　房地产开发投资与商品房销售量价关系

资料来源：国家统计局。

表 1-4-4　基础设施固定资产投资包含的行业

行 业 代 码	行 业 名 称
44	电力、热力生产和供应业
45	燃气生产和供应业
46	水的生产和供应业
53	铁路运输业
54	道路运输业
55	水上运输业
56	航空运输业
57	管道运输业
58	多式联运和运输代理业
591	装卸搬运业
60	邮政业
63	电信、广播电视和卫星传输服务
64	互联网和相关服务
76	水利管理业
77	生态保护和环境治理业
78	公共设施管理业

资料来源：国家统计局。

　　为了避免工业和基础设施两大领域之间的数据重复，国家统计局通常发布的基础设施投资口径为基础设施投资（不含电力、热力、燃气及水生产和供应业）。如图 1-4-17，2003 年以来，我国基础设施投资占固定资产投资的比重呈现先降后升的变化趋势。2012年后，基础设施投资占我国固定资产投资（不含农户）的比重逐步上升，2017 年超过27%。不含电力、热力、燃气及水生产和供应业口径的基础设施投资占比为 22%。

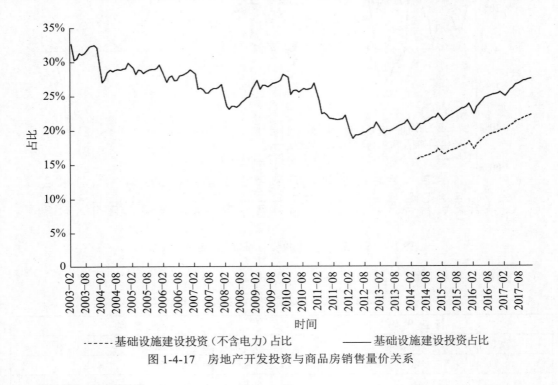

------ 基础设施建设投资（不含电力）占比　　　—— 基础设施建设投资占比

图 1-4-17　房地产开发投资与商品房销售量价关系

资料来源：国家统计局。

　　与反映市场投资意愿的民间投资增速相比，基础设施投资增速呈现明显的逆周期特征，即在民间投资出现下行的时候，基础设施往往加速增长，这反映了政府部门为了对冲投资下行压力，加大基础设施的投资力度。从图 1-4-18 中可以观察到，2008—2009年国际金融危机期间，基础设施投资在政府"4 万亿"刺激政策推动下，累计同比增速由最低时的 3.6%（2008 年 2 月），最高升至 50% 以上（2009 年 6 月）。同期民间投资增速则由 40% 降至 30% 左右。

　　2018 年上半年后，基础设施投资增速明显放缓，这主要是 2017 年底开始，国家从防范化解重大风险的角度出发，规范清理 PPP（政府和社会资本合作）项目、规范地方举债融资行为，严控地方债务增量。同时，在金融去杠杆和紧信用宏观环境下，以信托贷款和委托贷款等为代表的非标融资受到限制，而基建是信托投资占比最大的行业，基础设施建设因此受到影响减速。2020 年，面对新冠肺炎疫情的冲击，基建投资再次成为稳增长发力的重点，基础设施建设投资累计同比增速从 2 月最低时的 −27% 快速反弹，7 月份先于固定资产投资完成额转正，到 12 月回升至 3.4%，高于固定资产投资完成额累计增速 0.5 个百分点。

图 1-4-18　基础设施投资与民间固定资产投资关系

资料来源：国家统计局。

4. 外商直接投资

固定资产投资按照资金来源，可以分为内资和利用外资。利用外资指收到的境外（外国及港澳台地区）资金（含设备、材料、技术在内），包括对外借款（外国政府贷款，国际金融组织贷款，出口信贷，外国银行商业贷款，对外发行债券和股票），外商直接投资（也称为 FDI，即 Foreign Direct Investment，指外国企业和经济组织或个人用现汇、实物、技术等在中国直接投资的行为），外商其他投资（包括利用外商投资收益在国内进行固定资产再投资活动的资金）。

改革开放初期至 20 世纪 90 年代，外资是我国固定资产投资的一个重要资金来源。而且，20 世纪 1992—2020 年，我国利用外资已连续 28 年位居发展中国家首位，2019年居世界第二位，2020 年进一步成为全球最大的外资流入国。目前，我国固定资产投资中利用外资所占的比重已经很小。2019 年，我国实际使用外资金额 1412.3 亿美元，同期全社会固定资产投资为 81 303.8 亿美元（按全年平均汇率折算），实际使用外资金额占全社会固定资产投资比重为1.7%。尽管如此，吸收外资依然是我国获取国外先进技术、设备和管理经验的重要途径。

　　而且，外商投资企业在我国经济中仍占有重要的地位，特别是在对贸易中，外商投资企业是我国经济参与国际经济大循环的重要载体。近20年来，外商投资企业进出口总值占全国比重始终保持在40%以上。此外，利用外资数据也是外商对我国经济和市场前景信心的反映。如图1-4-19，近年来虽然外资增长有所放缓，但增速保持了相对平稳，特别是2020年全国实际使用外资逆势增长4.5%，达到1443.7亿美元，成为全球最大外资流入国。

图1-4-19　实际使用外资增速及占全社会固定资产投资比重

资料来源：国家统计局。

　　从行业分布看（见图1-4-20），外商直接投资集中在制造业、房地产业、租赁和商务服务业，投向信息传输、计算机服务和软件业、批发和零售业、金融业也相对较多，但整体上看，占各行业固定投资的比重都不高，外商及港澳台商投资所在行业占比都不超过10%。

　　从资金来源地看，根据商务部《中国外资统计公报2020》（见图1-4-21），2019年对华投资金额前15位国家（地区）在华新设企业占当年我国新设外商投资企业总数的79.9%，实际投资合计1336.3亿美元，占当年我国实际使用外资总额的94.6%，投资主要来源地区是亚洲、欧盟、北美及部分自由港地区。

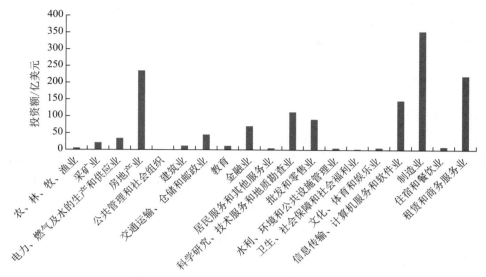

图 1-4-20　2019 年外商直接投资行业分布

资料来源：国家统计局。

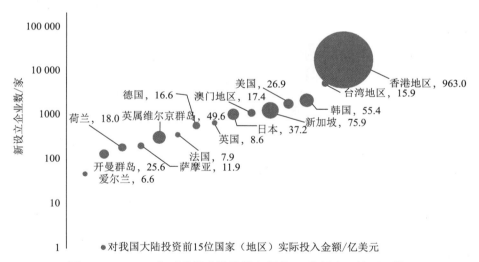

图 1-4-21　2019 年对我国大陆投资金额前 15 位国家（地区）情况

资料来源：商务部，《中国外资统计公报2020》。

三、认识全球第一贸易大国的进出口

　　进出口或者对外贸易，是指国家之间货物和服务贸易往来，包括进口和出口两个方面。对外贸易是连接国内经济和国外经济的纽带，我国在 2009 年便已经是全球货物贸易第一大出口国和第二大进口国。2020 年，我国成为全球唯一实现货物贸易正增长的主要经济体，货物贸易第一大国地位得到了进一步巩固。常用的衡量进出口规模的统计指

标是进口额与出口额，分别是以货币衡量的一定时期内一国全部进口或出口商品和服务
的总金额。进出口是研究一国对外贸易往来、经济增长和国际收支平衡状况的重要依据。

（一）进出口总额与净出口

在支出法 GDP 的核算中，进出口数据来自国际收支平衡表中的货物和服务贸易进
出口总额。该表是国民经济核算的组成部分，反映的是一定时期内我国与世界其他国家
或地区间的经济交易。根据《国际收支统计申报办法》，国际收支平衡表由国家外汇管
理负责编制并发布。以前外管局按季度发布国际收支平衡表，但 2015 年起开始按月度
公布国际收支平衡表中的国际货物和服务贸易统计数据，所以不同于消费、投资，GDP
核算中的进出口有月度指标。其中货物进出口数据来自海关的统计，服务进出口主要来
自国际交易报告系统、旅行收付渠道数据以及其他部门的相关统计等。

将进口和出口相加总可以得到进出口总额，用以反映一国对外贸易的总体规模和发
展水平。2020 年，我国贸易规模达到 35 万亿元。将进出口总额除以 GDP，可以计算得
到外贸依存度，用于反映一个国家经济对贸易的依赖程度。从图 1-4-22 可以看到，国际
金融危机以来，我国的外贸依存度由最高时的近 70% 下降到 2020 年的 35%，从中也可
以看出我国经济增长越来越依靠内需来拉动。

图 1-4-22　我国外贸依存度变化

资料来源：国家统计局。

将出口额减去进口额，可以得到净出口额，如果差额为正，称为出超或顺差；反之，则称为入超或逆差。净出口用于反映一国对外贸易的平衡状况，同时也是支出法 GDP 核算中的三大需求之一，体现了国外需求对国内经济的拉动情况。

如图 1-4-23 所示，我国货物和服务贸易自 1994 年起一直保持顺差，而且顺差规模在 21 世纪初迅速扩大，2008 年最高时达到 2.4 万亿元，占 GDP 的比重也不断升高，2007 年最高时达到 7.6%。2019 年，我国货物和服务贸易净出口仍保持了较高的水平，为 1.48 万亿元，占 GDP 的比重为 1.5%。

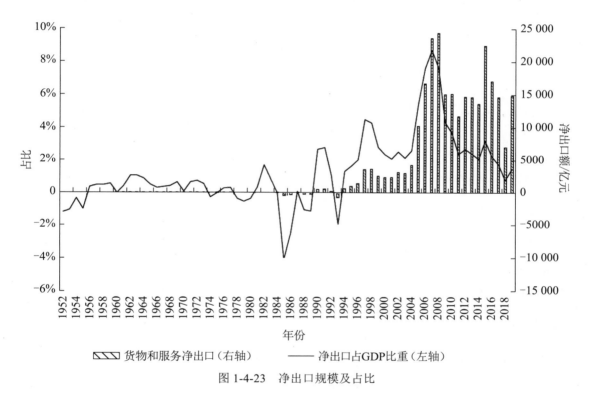

图 1-4-23　净出口规模及占比

资料来源：国家统计局。

从净出口对经济增长的贡献情况看（见图 1-4-24），改革开放前三十年，我国货物和服务净出口对经济增长的贡献较大，最高时对 GDP 增速的贡献率超过 80%，表明外需是拉动我国经济增长的一个重要动力。2008 年国际金融危机以后，净出口的贡献基本围绕在零附近波动，反映出我国经济已转变为基本依靠内需拉动。2020 年，尽管受到新冠肺炎疫情的影响，我国在全球率先实现了外贸领域的复工复产，出口逆势增长，净出口对 GDP 增长的贡献率达到 28%，为 20 世纪 90 年代末以来的最高水平。

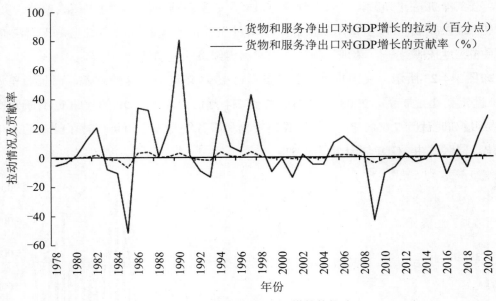

图 1-4-24　净出口对 GDP 增长的拉动

资料来源：国家统计局。

（二）货物贸易

进出口按照商品属性可以分为货物贸易和服务贸易。其中，货物贸易进出口额由海关进行统计和发布。海关总署每年 1 月会公布当年的《中国海关统计数据公布时间表》，以 2020 年为例[①]，月度进出口初步统计以"快讯"的形式在海关门户网站公布，在每月的 7 日公布（1、4、7、10 月为 13 日）；每月 23 日海关总署还以"月报"的形式公布进一步修正差错后形成的正式数据。7 月底发布的《海关统计年鉴》公布上一年度数据，公布后对上年度数据不再更正。

不同于国际收支平衡表中货物进出口均以离岸价格计算，海关总署公布的进出口货物价格中，进口额按照进口货物按到岸价格（也称为 CIF 价格，是 Cost Insurance and Freight 首字母的缩写）统计，即货物价格与运抵我国境内的运费、保险费之和，不包括进口关税和环节税。出口货物按离岸价格（也称 FOB 价格，是 Free On Board 的首字母缩写）统计，即按照货物价格以及离开我国关境前的运费、保险费之和，不包括出口关税税额。

比如，我国对美国出口的一批价值 100 万美元的货物，运到美国的运费和保险费是 1 万美元，那么对我国来说，出口的离岸价格就是 100 万美元，对美国而言这是该国的

---

① 海关总署 . 关于 2020 年中国海关统计数据公布时间的公告（公告〔2019〕211 号）[EB/OL]. http：//shenyang.customs.gov.cn/customs/302249/302274/tjzd/2848869/index.html，2020-01-21.

进口，按到岸价格计算就是 101 万美元。由于贸易结算涉及不同国家的货币，加总统计时需要将其换算成同一种货币，我国进出口分别以人民币和美元作为标价货币，其他货币按照相应地按照当期汇率进行换算。

如图 1-4-25 所示，改革开放之前，我国货物进出口规模很小。改革开放以来，尤其是 1992 年之后，我国对外贸易实现了迅速的增长，进出口规模都在不断扩大。根据世界贸易组织的统计，2013 年我国首次成为世界第一货物贸易大国，并在此后一直保持这一地位。同时，由于出口增长快于进口，由此导致我国货物贸易顺差不断扩大，2015 年时顺差最高达到 5939 亿美元。2020 年，我国货物贸易增长 1.9%，进出口总值超过 32 万亿元。由于出口增长 4%，进口下降 0.7%，所以贸易顺差有所扩大，达到 3.7 万亿元，相当于 5337 亿美元。

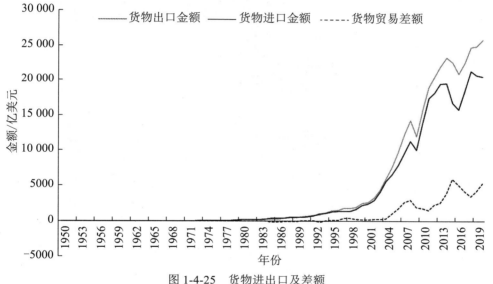

图 1-4-25　货物进出口及差额

资料来源：海关总署。

除了进出口总量数据外，海关还按照货物进出口目的地（来源地）、商品结构、贸易方式等口径，发布更为详细的进出口结构数据，让我们了解商品来自何方、去到哪里，进口和出口了些什么商品，以及贸易是通过何种方式进行的。

1. 国别（地区）结构

对外贸易的国别结构按照进口和出口分别统计，其中进口按照货物的原产国统计。所谓原产国，就是生产货物的国家，如果一件商品在多个国家进行加工制造，那么以最后一个对货物进行经济上可以视为实质性加工的国家作为该货物的原产国，比如我们平时在衣服标签或者商品外包装上看到的"Made in CHINA"，那么通常就是指这件商品的原产国是中国。出口按照货物的最终目的国统计。最终目的国指出口货物最终消费、使用或进一步加工制造的国家。

　　由于 2020 年数据有一定特殊性，仍以 2019 年为例，如图 1-4-26 所示，在我国主要的贸易伙伴中，欧盟、东盟、美国、日本是我国的前四大贸易伙伴（2020 年东盟超过欧盟成为我国第一大贸易伙伴），2019 年，我国对欧盟、东盟、美国、日本进出口额合计占同期中国进出口总额的 48.1。同时，我国的主要贸易伙伴中位于亚洲，尤其是东亚、东南亚的国家和地区居多，2019 年我国与亚洲国家和地区的贸易额占我国进出口总额的51.7%，这与我国已经发展成为亚洲地区产业链分工和贸易的中心国家密切相关。

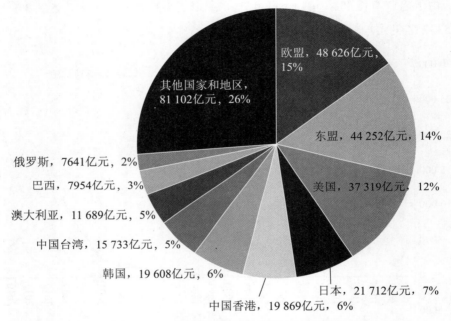

图 1-4-26　货物进出口额的国别和地区结构

资料来源：海关总署。

　　如图 1-4-27 所示，以价值链衡量，目前全球形成了亚洲、北美、欧洲三大生产网络，中国、美国、德国分别居于网络的中心。同时，三大生产网络间也存在密切的经贸联系。中国是连接三大网络的重要节点国家。

　　如表 1-4-5 所示，在主要的贸易伙伴中，美国是我国货物贸易顺差的最大来源国，约占全部货物贸易顺差的 2/3。出口和进口的国别结构反映出中国大陆在全球产业分工和贸易格局中的地位，即进口澳大利亚、巴西、俄罗斯等资源型出口国家的大宗商品以及日本、韩国、中国台湾等国家和地区的中间产品，进行加工制造后，将最终产品出口到美国、欧盟。对东盟来说，我国既是东盟原材料、零部件等中间品的进口来源国，同时也是东盟国家商品主要出口市场，目前总体对东盟仍保持顺差。

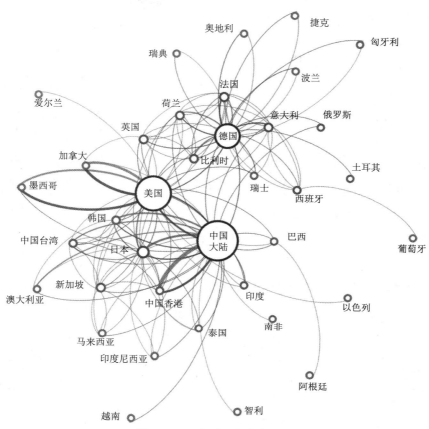

图 1-4-27　全球三大生产网络

资料来源：世界银行，2017年全球价值链发展报告。

表 1-4-5　2019 年中国大陆对主要贸易伙伴的进出口额和占比

	出口 / 亿元	占比 /%	进口 / 亿元	占比 /%	净出口 / 亿元
总值	172 342	100	143 162	100	29 180
欧盟	29 564	17	19 063	13	10 501
东盟	24 797	14	19 456	14	5341
美国	28 865	17	8454	6	20 411
日本	9875	6	11 837	8	−1963
中国香港	19 243	11	626	0	18 617
韩国	7648	4	11 960	8	−4312
中国台湾	3799	2	11 934	8	−8135
澳大利亚	3328	2	8362	6	−5034
巴西	2453	1	5501	4	−3048
俄罗斯	3434	2	4208	3	−774
其他国家	39 338	23	41 763	29	−2425

资料来源：海关总署。

2. 商品结构分类

（1）HS 分类

在海关统计中，主要按照两种标准对货物进行了分类。一个是以海关合作理事会制定的《商品名称和编码协调制度》（*The Harmonized Commodity Description and Coding System*，HS）为基础编制的《中华人民共和国海关统计商品目录》进行归类，该目录采用八位数商品编码，其中前六位数是协调制度编码，理事会各成员都是相同的，后两位数是我国根据自身需要增设的。2019 年全目录计有 22 类、98 章、8557 个八位数商品编号。

如表 1-4-6 所示，首先，我国出口集中在第十六类，也就是"机器、机械器具、电气设备及其零件；录音机及放声机、电视图像、声音的录制和重放设备及其零件、附件"。2020 年，该类别下的出口占我国出口总额的比重达到了 44%，以最终产品为主，常见的制造业产品，比如家电、机械、电脑、手机等都包含在这一类里，由此也可以看出为什么我国被称为全球制造业大国和世界工厂。

表 1-4-6　2020 年我国 HS 分类货物进出口规模、占比及增速

类　章	金额 / 亿元		占比 /%		变化 /%	
	出口	进口	出口	进口	出口	进口
总值	179 326.4	142 230.6	100	100	4.0	-0.7
第一类　活动物；动物产品	998.9	3558.5	0.6	2.5	-13.6	22.9
第二类　植物产品	1907.6	4969.4	1.1	3.5	1.8	17.3
第三类　动、植物油、脂及其分解产品；精制的食用油脂；动、植物蜡	100.2	778.5	0.1	0.5	22.2	13.5
第四类　食品；饮料、酒及醋；烟草、烟草及烟草代用品的制品	2153.3	1933.3	1.2	1.4	-1.9	4.3
第五类　矿产品	2581.1	31 472.1	1.4	22.1	-28.1	-12.2
第六类　化学工业及其相关工业的产品	9526.8	10 426.6	5.3	7.3	6.2	-2.3
第七类　塑料及其制品；橡胶及其制品	8232.4	6028.8	4.6	4.2	12.4	0.6
第八类　生皮、皮革、毛皮及其制品；鞍具及挽具；旅行用品、手提包及类似品；动物肠线（蚕胶丝除外）制品	1840.0	558.4	1.0	0.4	-24.4	-6.5
第九类　木及木制品；木炭；软木及软木制品；稻草、秸秆、针茅或其他编结材料制品；篮筐及柳条编结品	1054.8	1402.6	0.6	1.0	1.5	-7.5
第十类　木浆及其他纤维状纤维素浆；纸及纸板的废碎品；纸、纸板及其制品	1697.9	1828.2	0.9	1.3	-5.2	-0.5
第十一类　纺织原料及纺织制品	19 490.8	2030.6	10.9	1.4	8.6	-8.3
第十二类　鞋、帽、伞、杖、鞭及其零件；已加工的羽毛及其制品；人造花；人发制品	3673.8	449.4	2.0	0.3	-16.3	6.8
第十三类　石料、石膏、水泥、石棉、云母及类似材料的制品；陶瓷产品；玻璃及其制品	3879.1	763.0	2.2	0.5	3.2	4.1

续表

类 章	金额 / 亿元		占比 /%		占比 /%	
	出口	进口	出口	进口	出口	进口
第十四类 天然或养殖珍珠、宝石或半宝石、贵金属、包贵金属及其制品；仿首饰；硬币	1268.4	2192.5	0.7	1.5	−10.8	−47.3
第十五类 贱金属及其制品	12 206.9	8168.5	6.8	5.7	−3.0	22.9
第十六类 机器、机械器具、电气设备及其零件；录音机及放声机、电视图像、声音的录制和重放设备及其零件、附件	79 570.7	51 207.2	44.4	36.0	6.1	7.9
第十七类 车辆、航空器、船舶及有关运输设备	7626.3	5980.2	4.3	4.2	−1.1	−10.8
第十八类 光学、照相、电影、计量、检验、医疗或外科用仪器及设备、精密仪器及设备；钟表；乐器；上述物品的零件、附件	5937.7	7189.7	3.3	5.1	8.2	0.9
第十九类 武器、弹药及其零件、附件	12.8	0.7	0	0	30.3	4.9
第二十类 杂项制品	13 794.7	491.3	7.7	0.3	11.4	−15.3
第二十一类 艺术品、收藏品及古物	47.6	46.0	0	0	−7.7	−21.3
第二十二类 特殊交易品及未分类商品	1724.5	754.9	1.0	0.5	44.7	−26.8

资料来源：海关总署。

其次，是第十一类，即"纺织原料及纺织制品"，占比为11%，反映出我国劳动密集型产品仍然在国际市场中具有一定的竞争力。而且，新冠肺炎疫情刺激了口罩、防护服等防疫物资以及电视、笔记本电脑家用设备的需求，2020年两类商品出口也实现了较快的增长，增速分别达到6.1%和8.6%。

我国进口主要集中在第十六类和第五类。不同于出口，第十六类产品进口的主要是中间产品，比如，2020年我国集成电路的进口达到了24 207亿元人民币，占我国同期进口总额的17%。这些中间产品在我国进行组装加工后再以最终产品的形式出口到国外，从而形成了第十六类产品"大进大出"的特点。

第五类矿产品包括了石油、铁矿石等，也是工业生产的重要投入品和原材料。2020年我国原油、农产品、金属矿及矿砂进口分别达到12 218亿元、11 832亿元和12 469亿元，三者进口额占进口总额的比重达到26%。由于大宗商品价格波动较大，也导致了我国进口额变化与国际大宗商品价格走势高度相关（见图1-4-28）。

（2）SITC分类

对贸易商品分类的另一个标准是按照联合国《国际贸易标准分类》第四次修订本的分类编码进行统计。不同于HS编码先按照商品的不同基本原料、再按商品的不同加工程度分别归类，SITC编码先按商品的不同加工程度、再按商品的不同用途分门别类。

SITC 分为 9 类，下设 89 章。

如表 1-4-7 所示，我国出口以工业制品为主，2020 年工业制品出口额占我国出口总额的近 96%。其中又以第 7 类机械及运输设备为主，占比达到 48.5%，前面 HS 分类编码中已经提到过，主要是电子信息产品和机械、电气设备出口，所以按章分类集中在第 76 和 77 章。

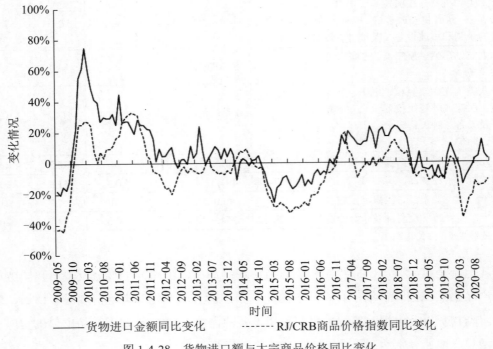

图 1-4-28　货物进口额与大宗商品价格同比变化

资料来源：万得资讯。

表 1-4-7　2020 年我国 SITC 分类货物进出口规模及占比

商品构成（按 SITC 分类）	金额 / 亿元		占比 /%		变化 /%	
	出口	进口	出口	进口	出口	进口
总值	179 326	142 231	100	100	4.0	-0.7
一、初级产品	8004	46 891	4.5	33.0	-13.3	-6.8
0 类 食品及活动物	4401	6801	2.5	4.8	-1.9	22.1
1 类 饮料及烟类	172	429	0.1	0.3	-28.2	-18.6
2 类 非食用原料（燃料除外）	1102	20 383	0.6	14.3	-7.1	3.8
3 类 矿物燃料、润滑油及有关原料	2232	18 541	1.2	13.0	-31.2	-22.5
4 类 动植物油、脂及蜡	98	737	0.1	0.5	22.8	13.7
二、工业制品	171 322	95 340	95.5	67.0	5.0	2.6
5 类 化学成品及有关产品	11 722	14 771	6.5	10.4	5.2	-2.0
6 类 按原料分类的制成品	30 105	11 637	16.8	8.2	7.4	20.6

续表

商品构成（按 SITC 分类）	金额 / 亿元		占比 /%		变化 /%	
	出口	进口	出口	进口	出口	进口
7 类 机械及运输设备	87 038	57 290	48.5	40.3	5.6	5.6
8 类 杂项制品	40 486	10 095	22.6	7.1	0.6	1.5
9 类 未分类的商品	1971	1547	1.1	1.1	56.3	−61.8

资料来源：海关总署。

其次是第 8 类杂项制品和第 6 类按原料分类的制成品。第 8 类中出口的大项是第 84 章（服装及衣着附件）；第 6 类中主要是第 65 章（纺纱、织物、制成品及有关产品）以及第 66～69 章（非金属矿物制品、钢铁、有色金属、金属制品）产品出口额较高。2020 年，纺纱、织物、制成品及有关产品在口罩、防护服等出口的带动下增长了 30%。

与出口结构不同，我国进口中初级产品占比较高，2020 年占我国进口总额的 33%，进口规模较大的主要是第 2 类非食用原料（燃料除外）以及第 3 类矿物燃料、润滑油及有关原料，前者进口集中在第 28 章（金属矿砂及金属废料），铁矿石的进口就归在这一章中。后者则集中在第 33 章（石油、石油产品及有关原料）。工业制品进口中，第 7 类机械及运输设备进口占比最高，主要是第 77 章（电力机械、器具及其电气零件）项下的进口较多，占进口总额的 23.2%。总体来看，虽然 HS 和 SITC 分类方法各有侧重，但反映出的我国对外贸易基本情况是一致的。

3. 贸易方式结构

在对外贸易活动中，每一笔交易都要通过一定的贸易方式来进行。贸易方式就是进出口中买卖双方所采用的各种交易的具体做法。海关统计的贸易方式共有 19 种，但从 2018 年起，补偿贸易、寄售代销和易货贸易项下货物不再具体列名，并入"其他"项下，所以目前实际共 17 种贸易方式（见表 1-4-8）。

表 1-4-8　我国货物贸易的主要贸易方式

一般贸易	中国境内有进出口经营权的企业单边进口或单边出口的贸易，按一般贸易交易方式进出口的货物即为一般贸易货物
国家间、国际组织无偿援助和赠送的物资	中国根据两国政府间的协议或临时决定，对外提供无偿援助、捐赠品或中国政府、组织基于友好关系向对方国家政府、组织赠送的物资，以及中国政府、组织接受国际组织、外国政府或组织无偿援助、捐赠或赠送的物资
其他捐赠物资	捐赠人（外国政府和国际组织除外）以扶贫、慈善、救灾为目的捐赠的直接用于扶贫、救灾、兴办公益福利事业的物资
来料加工装配贸易	由外商提供全部或部分原材料、辅料、零部件、元器件、配套件和包装物料，必要时提供设备，由中方按对方的要求进行加工装配，成品交对方销售，中方收取工缴费，对方提供的作价设备价款，中方用工缴费偿还的交易形式
进料加工贸易	中方用外汇购买进口的原料、材料、辅料、元器件、零部件、配套件和包装物料，加工成品或半成品后再外销出口的交易形式

边境小额贸易	中国沿陆地边界线经国家批准对外开放的边境县（旗）、边境城市辖区内经批准有边境小额贸易经营权的企业，通过国家指定的陆地边境口岸，与毗邻国家边境地区的企业或其他贸易机构之间进行的贸易活动
加工贸易进口设备	加工贸易项下对方提供的机械设备，包括以工缴费（或差价）偿还的作价或不作价设备
对外承包工程出口货物	经商务部批准有对外承包工程经营权的公司为承包国外建设工程项目和开展劳务合作等对外合作项目而出口的设备、物资
租赁贸易	承办租赁业务的企业与外商签订国际租赁贸易合同，租赁期为一年及以上的租赁进出口货物
外商投资企业作为投资进口的设备、物品	外商投资企业以投资总额内的资金（包括中方投资）所进口的机器设备、零部件和其他物料［其他物料指建厂（场）以及安装、加固机器所需材料］，以及根据国家规定进口本企业自用合理数量的交通工具、生产用车辆和办公用品（设备）
出料加工贸易	将中国关境内原辅料、零部件、元器件或半成品交由境外厂商按中方要求进行加工或装配，成品复运进口，中方支付工缴费的交易形式
免税外汇商品	由经批准的收发货人进口、销售专供入境的中国出国人员，华侨、外籍华人、港澳台同胞等探亲人员，出境探亲的中国公民和驻华外交人员的免税外汇商品
免税品	设在国际机场、港口、车站和过境口岸的免税品商店进口，按有关规定销售给办完出境手续的旅客的免税商品，供外国籍船员和我国远洋船员购买送货上船出售的免税商品，供外交人员购买的免税品，以及在我国际航机，国际班轮上向国际旅客出售的免税商品
保税监管场所进出境货物	从境外直接存入海关保税监管场所（包括保税仓库、保税物流中心）的货物和从保税监管场所（上述场所及出口监管仓库）运出境的货物，不包括海关特殊监管区域进出境的仓储、转口等物流货物
海关特殊监管区域物流货物	从境外直接存入海关特殊监管区域（包括保税区、保税物流园区、出口加工区、综合保税区、保税港区等）和从海关特殊监管区域运往境外的仓储、分拨、配送、转口货物
海关特殊监管区域进口设备	从境外直接运入海关特殊监管区域（保税区、保税物流园区除外）用于区内业务所需的设备、物资，以及区内企业和行政管理机构从境外进口自用合理数量的办公用品等
其他	适用于上述列名贸易方式之外的进出口货物，包括市场采购货物和边民互市货物等

资料来源：海关总署，《海关统计月报编制说明（2020年）》。

按照贸易方式分类，我国进出口高度集中于两类贸易，即一般贸易和来料加工贸易。2020 年我国一般贸易规模占进出口总额的比重接近六成，进料加工贸易占比为 20.7%。贸易方式结构反映了我国参与全球产业分工的方式和在国际贸易格局中的地位。

在改革开放初期，我国发挥劳动力比较优势，大力发展"三来一补"贸易（"来料加工""来件装配""来样加工"和"补偿贸易"的简称），推动了我国贸易的迅速增长。20 世纪 90 年代后期，加工贸易的比重曾超过 50%，一般贸易占比降至 40% 以下。但加工贸易增加值较低，只是赚取制造环节的辛苦钱。随着我国企业国际竞争力的提高，尽管目前加工贸易的占比仍相对较高，但已经较 10 年前明显降低，一般贸易占比则相应显著提升。

（三）服务贸易

长期以来，我国服务贸易统计以国际收支核算经常账户项下的服务项统计为主。按照国际收支的统计口径，2019 年我国服务贸易规模仅相当于贸易总规模的 15%，2020年降至 12%。按照外管局公布的《国际收支平衡表编制原则与指标说明》，服务贸易包括加工服务、维护和维修服务等 12 个子项（见表 1-4-9）。贷方记录提供的服务，也就是服务出口，借方记录接受的服务，即服务进口。

表 1-4-9　我国服务贸易主要分类

服 务 贸 易	定　　义
加工服务	货物的所有权没有在所有者和加工方之间发生转移，加工方仅提供加工、装配、包装等服务，并从货物所有者处收取加工服务费用
维护和维修服务	居民或非居民向对方所拥有的货物和设备（如船舶、飞机及其他运输工具）提供的维修和保养工作
运输	将人和物体从一地点运送至另一地点的过程以及相关辅助和附属服务，以及邮政和邮递服务
旅行	旅行者在其作为非居民的经济体旅行、留学、就医期间消费的物品和购买的服务
建设	建筑形式的固定资产的建立、翻修、维修或扩建，工程性质的土地改良、道路、桥梁和水坝等工程建筑，相关的安装、组装、油漆、管道施工、拆迁和工程管理等，以及场地准备、测量和爆破等专项服务
保险和养老金服务	人寿保险和年金、非人寿保险、再保险、标准化担保服务等各种保险服务，以及同保险交易有关的代理商的佣金
金融服务	金融中介和辅助服务，但不包括保险和养老金服务项目所涉及的服务
知识产权使用费	居民和非居民之间经许可使用无形的、非生产 / 非金融资产和专有权以及经特许安排使用已问世的原作或原型的行为
电信、计算机和信息服务	居民和非居民之间的通信服务以及与计算机数据和新闻有关的服务交易，但不包括以电话、计算机和互联网为媒介交付的商业服务
其他商业服务	居民和非居民之间其他类型的服务，包括研发服务，专业和管理咨询服务，技术、贸易相关等服务
个人、文化和娱乐服务	居民和非居民之间与个人、文化和娱乐有关的服务交易，包括视听和相关服务（电影、收音机、电视节目和音乐录制品），其他个人、文化娱乐服务（健康、教育等）
别处未提及的政府服务	在其他货物和服务类别中未包括的政府和国际组织提供和购买的各项货物和服务

注：2015 年开始，按照国际货币基金组织（IMF）《国际收支与国际投资头寸手册》（第六版）的要求，服务项下的"转手买卖"记录在货物贸易项下，货物贸易项下的"来料加工"和"出料加工"被记录在服务项目下。

资料来源：国家外汇管理局，国际收支平衡表编制原则与指标说明。

根据《国际收支统计申报办法》，国家外汇管理局负责国际收支统计数据的采集、加工和发布。数据主要来自国际交易报告系统、旅行收付渠道数据等，国家外汇管理局从 2010 年起按季度公布单季度国际收支平衡表，2014 年起按月度发布国际服务贸易统计数据，2015 年起调整为按月度发布国际收支平衡表中的国际货物和服务贸易统计数据。

如图 1-4-29 所示，我国服务贸易在 1995 年之前保持略有顺差的状态，1998—2004 年小幅逆差，总体看服务贸易进出口基本平衡。2009 年起，我国服务贸易开始出现持续逆差，逆差规模迅速扩大，2019 年达到 2611 亿美元，相当于 18 007 亿元人民币，2020 年收窄至 16 189 亿元人民币。

从各分项看，逆差主要来源于旅行项下的进口大于出口，逆差占到服务贸易逆差的 80%。这主要是由于我国居民出境留学、旅游大增导致的。根据世界旅游组织的数据，我国出境旅游人数自 2013 年首次跃居世界第一位后一直稳居全球最大的出境游市场。2020 年，由于疫情的原因，海外旅行、留学受限，旅行项下的逆差大幅减少，也带动了我国服务贸易逆差收窄。

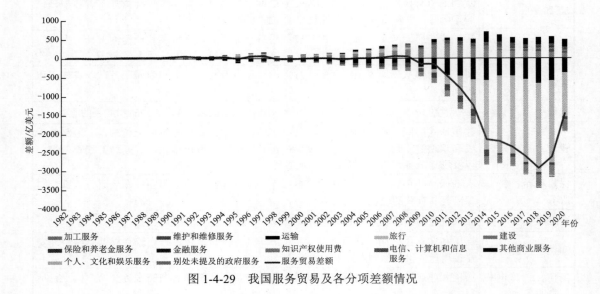

图 1-4-29 我国服务贸易及各分项差额情况

资料来源：国家外汇管理局。

从服务出口看，其他商业服务、运输、旅行、电信、计算机和信息服务居于服务贸易出口的前四位。从进口看，除旅行外，运输，其他商业服务，知识产权使用费，电信、计算机和信息服务进口额也较高，尤其是知识产权使用费逆差 2018 年来维持在近 300 亿美元，反映出我国知识密集型服务出口国际竞争力不强，创新能力仍尚待提高。美国、日本是国际知识产权贸易主要顺差国。2018 年全球知识产权跨境许可收入总规模为 4348 亿美元，美国知识产权出口额占全球总量高达 30%，如美国高通一家公司 2018 年的知识产权跨境许可收入就达到 52 亿美元，与我国当年知识产权使用费出口总额相当。

第五章

价格——观察中国经济的通胀水平

　　物价是商品和服务的价格，而所谓价格，就是我们购买商品和服务时所支付的货币数量。物价事关国计民生，保持物价总水平的基本稳定是我国宏观调控的重要目标。常用的衡量价格变化的价格指数主要有国民生产总值平减指数（GDP deflator）、消费者价格指数（CPI）、生产者价格指数（PPI）等。其中，GDP 平减指数衡量了宏观经济价格总水平的变化，但数据频率较低，为季度指标；CPI 与 PPI 各自反映消费品和工业品的价格变化，覆盖面不及 GDP 平减指数，但发布频率为月度，二者是观测我国宏观经济短期价格走势的主要指标，反映了通货膨胀／紧缩的程度。

一、衡量社会总体价格水平的 GDP 平减指数

　　GDP 平减指数，也称 GDP 缩减指数，是指现价 GDP 与不变价 GDP 之比，用公式可以表示为：现价 GDP/ 不变价 GDP×100%。由于 GDP 缩减指数涉及全部商品和服务的价格变化，所以是对价格水平最宏观的测量。比如，根据 2018 年和 2019 年我国现价 GDP 和不变价 GDP，可以分别计算出两年的 GDP 平减指数为 109.4 和 110.8，由此可以进一步计算出 2019 年我国 GDP 平减指数的变化率为 1.29%，意味着当年全部新增产出的价格总水平相比 2018 年上涨了 1.29%。

　　从图 1-5-1 中可以看到，20 世纪 90 年代以来，我国价格水平波动幅度逐步收窄。1994 年二季度，我国 GDP 平减指数同比涨幅达到 21.3%，而 21 世纪两次物价涨幅高点均未超过 10%，2017 年后物价涨幅的高点进一步降至 4% 左右。2020 年，我国通胀水平逐步下降，GDP 平减指数同比涨幅从一季度的 3.8% 降至四季度的不足 0.1%。

　　价格的变化反映了商品和服务供求关系的变化。宏观经济理论认为，在长期，经济将处于潜在增长水平，一切可用的资源都已经被充分利用，想找工作的人也都已经就业，失业率等于自然失业率，不存在过度的需求，也没有供给不足现象，这时物价是相对稳

定的。但是在短期内，由于各种原因，供给和需求并不总是能够维持在潜在增长水平上，当需求会大于供给，就会出现经济过热，所以会出现通胀的压力；反之，当供过于求时，物价有通缩压力。所以在短期，通胀与经济增长之间存在正向的相关关系。

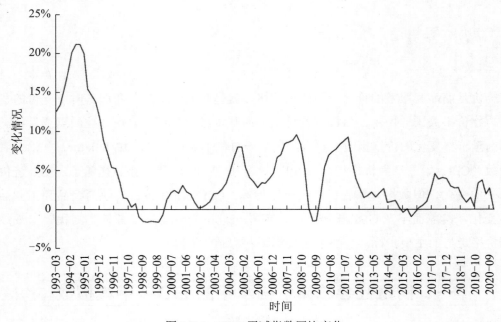

图 1-5-1   GDP 平减指数同比变化

资料来源：国家统计局。

如图 1-5-2 所示，我国 GDP 增速与 GDP 平减指数涨幅的总体变化趋势是基本一致的，21 世纪以来都呈现出先升后降的走势，但需求变化传导至价格存在一定的时滞，GDP 平减指数同比涨幅变化拐点的出现要晚于 GDP 增速，在经济景气分析中，通胀通常是经济增长的滞后指标。比如，在 2007 年二季度，我国 GDP 增速达到了 15%，GDP 平减指数同比涨幅达到 7%，并由于惯性因素在 2008 年二季度最高升至 9.6%，这表明我国经济当时出现了过热的现象。而 2008 年美国次贷危机爆发，并迅速波及我国经济，2009 年三季度我国 GDP 增速跌至 6.4%，同期价格水平也快速回落，2009 年三、四季度甚至跌入负值区间。2020 年，虽然新冠肺炎疫情对供给和需求同时造成冲击，但从通胀水平的走势看，需求端受到的影响更大。

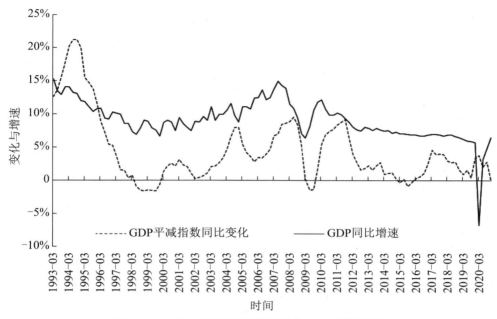

图 1-5-2　GDP 平减指数同比变化与 GDP 同比增速

资料来源：国家统计局。

专栏

菲利普斯曲线与奥肯定律

　　菲利普斯曲线（Phillips Curve），反映了失业与通货膨胀之间的关系。菲利普斯曲线是凯恩斯主义经济理论的重要组成部分。由于货币主义学派认为通胀是货币现象，也就是说通胀对实体经济没有影响，而菲利普斯曲线为凯恩斯主义的需求干预政策提供了支撑。菲利普斯曲线首先是由新西兰经济学家威廉·菲利普斯于1958年提出，最早表示的失业率与货币工资率之间的替换关系，后来经由 1960 年萨缪尔森和索洛发展，成为用来表示失业率与通货膨胀率之间交替关系的曲线。用公式可以表示为

$$\pi = -a \cdot (u - u^*)$$

式中，π 代表通胀率；u 代表实际的失业率；u^* 代表自然失业率，也就是经济处于充分就业状态时的失业率；a 代表二者的相关系数，负号表示二者之间是反向的关系。可以看到，当实际失业率 u 等于 u^* 自然失业率时，价格水平保持稳定，通胀为零，因此自然失业率也被称为非加速通货膨胀失业率（Non-accelerating Inflation Rate of Unemployment，简称 NAIRU）。而当实际失业率上升并超过自然失业率时，表明经济降至潜在增长水平之下，存在闲置产能或者需求不足，价格水平因此下降，π 小于零，表现为通货紧缩；反之，则出现通货膨胀。

1962 年，美国经济学家阿瑟·奥肯（Arthur M.Okun）通过研究美国经济增长与失业率数据，发现二者之间存在反向关系，即当实际 GDP 增长较潜在 GDP 增长率下降 2% 时，失业率上升大约 1%；反之失业率则下降大约 1%。这条经验法则也被称为"奥肯定律"（Okun's law）。该定律用公式可以表示为

$$(y-y^*) \ / \ y^* = -b \cdot (u-u^*)$$

其中，y 代表 GDP；y^* 代表潜在增长水平下的 GDP；b 代表二者的相关系数，负号表示二者之间是反向的关系。

两个公式的左边都有 $(u-u^*)$ 这一项，我们就可以通过消掉这一项将菲利普斯曲线和奥肯定律结合起来，得到经济增长与通胀之间的相关式，即

$$(y-y^*) \ / \ y^* = b/a \cdot \pi$$

可以看到，经济增长与通胀率之间存在正向的关系。当经济超过潜在增长水平，出现过热后，通胀率将会上升；反之，则会出现通货紧缩。所以观察通胀率的变化，理论上可以对经济所处的周期阶段进行判断。

当需求不足时，中央银行一般都会实行扩张性的货币政策，增加流动性投放。宽松的货币政策一方面会刺激消费、投资需求，带动经济增速回升，价格也会因需求的恢复而出现反弹。同时，在现代经济中，由于我们使用的是信用货币，货币供给脱离实际经济需求的显著增加或者减少也会造成价格水平的变化。根据著名的费雪方程式 $MV = PT$ [①]，其中 M 代表货币数量，V 代表货币流通速度，P 代表物价水平，T 代表各类商品的交易总量，那么在 V 和 T 既定的情况下，货币供给的增加将带来物价水平同等幅度的上涨。所以综合两方面的因素，货币供给与物价之间也存在着正向的相关关系。尤其是在长期，按照货币学派的观点，经济处于充分就业状态时，通货膨胀就是一种货币现象。

考虑到从货币供给变动传导到物价需要一定的时间，货币供应量 M2 的变化应领先于物价水平的变化。从实际情况看，如图 1-5-3，我国 M2 与 GDP 平减指数同比增速之间存在一定的领先滞后关系，期间的时滞在一年左右。比如，在 2003 年 8 月和 2009 年 11 月，我国 M2 增速分别最高达到 21.6% 和 29.7%，相应的 GDP 平减指数同比增速高点出现在 2004 年四季度和 2011 年三季度。2020 年，为了应对新冠肺炎疫情的冲击，中国人民银行进一步放松了货币政策，M2 增速小幅提升，2 月份后基本维持在 10% 以上，由此 2021 年通胀水平也将在经济恢复以及宽松流动性环境支撑下有所回升。

---

① 该方程式由耶鲁大学经济学教授费雪在 1911 年《货币购买力》一书中提出，描述了物价水平同货币数量之间的关系。

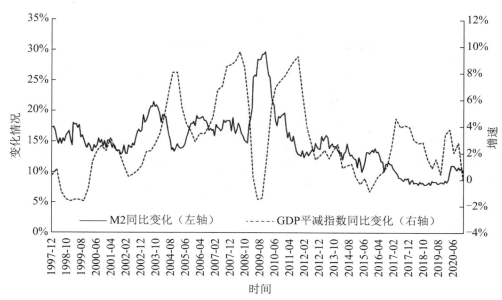

图 1-5-3　GDP 平减指数同比变化与 M2 同比增速

资料来源：国家统计局、中国人民银行。

二、与日常生活息息相关的居民消费品价格

居民消费价格指数（Consumer Price Index，CPI），又称消费者价格指数，反映了居民家庭以日常生活消费为目的，购买的商品和服务价格水平的变动情况。比如我们平时吃的食物、穿的衣服，它们价格的变化都计入 CPI 中。CPI 是度量通货膨胀的一个重要指标，CPI 的高低可以在一定水平上说明通货膨胀或紧缩的程度。CPI 数据由国家统计局采用抽样调查方法统计，并在每月上旬公布，季度、年度则延至月后 20 日左右。CPI 通常以 CPI 指数的同比和环比变化表示，分别代表本期价格相比上一年同期和上一期价格水平变化了多少。比如 9 月 CPI 同比涨幅 5%，环比涨幅是 1%，说明与去年 9 月相比上涨了 5%，比当年 4 月份上涨 1%。

在有关 CPI 的新闻报道中，我们有时会看到"翘尾因素"和"新涨价因素"两个概念（见图 1-5-4）。CPI 的同比涨幅衡量的是过去 12 个月价格的变化，按照跨年与否可以拆分为两部分。以 2019 年 9 月份 CPI 的同比涨幅为例，其中一部分是 2018 年 10 月到 12 月的价格变化；另一部分是 2019 年 1 月到 9 月的价格变化。前者被称为"翘尾因素"，衡量的是上年价格上涨对本年价格指数同比涨幅的滞后影响部分。后者是"新涨价因素"，反映了当年的价格变动。二者可以通过环比涨幅计算得出，如 2018 年 10 月到 2018 年 12 月的 CPI 环比涨幅分别为 0.2%、-0.3% 和 0，可以计算出"翘尾因素"是（1+0.2%）×（1-0.3%）×（1+0）-1=-0.1%。

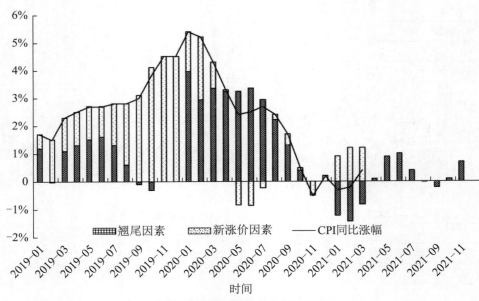

图 1-5-4　CPI"翘尾"与"新涨价"

资料来源：国家统计局。

2019 年 1 月到 9 月 CPI 环比分别为 0.5%、1.0%、−0.4%、0.1%、0、−0.1%、0.4%、0.7% 和 0.9%，可计算得新涨价部分为（1+0.5%）×（1+1.0%）×（1−0.4%）×（1+0.1%）×（1+0）×（1−0.1%）×（1+0.4%）×（1+0.7%）×（1+0.9%）−1=3.13%。"翘尾因素"−0.1% 加上新涨价 3.13% 的和是 3.03%，与 9 月 CPI 的同比涨幅 3.0% 是一致的，"新涨价因素"的影响程度达到了 75%。通常情况下，上一年价格上涨（下降）的时间越早，幅度越小，对下一年 CPI 指数的翘尾影响越小；而上一年价格上涨（下降）的时间越晚，幅度越大，对下一年指数翘尾的影响也越大。因此在 CPI 的分析预测中，"翘尾因素"不可忽视。

比如，在 2020 年上半年，尽管新冠肺炎疫情的暴发令经济迅速降温，4 月份后 CPI 指数出现连续 3 个月环比下降，但由于 2019 年下半年 CPI 环比涨幅较大，导致 2020 年 1—7 月"翘尾因素"偏高，所以 CPI 同比涨幅到 7 月份仍达到 2.7%。在判断 2021 年 CPI 走势时，由于 2020 年下半年价格环比涨幅有限，所以从"翘尾因素"的影响看，2021 年上半年我国消费者价格涨幅压力不大，即便是 5、6 月份，"翘尾因素"也分别仅为 0.9% 和 1%。

目前，国家统计局的居民消费价格统计调查涵盖了全国城乡居民生活消费的 8 大类、262 个基本分类的商品与服务价格，8 个大类主要包括食品烟酒、衣着、居住、生活用品及服务、交通和通信、教育文化和娱乐、医疗保健、其他用品和服务（见表 1-5-1）。

表 1-5-1　居民消费价格统计调查涵盖的主要商品和服务类别

一、食品烟酒	四、生活用品及服务
粮　食	家用器具
食用油	家庭服务
鲜　菜	五、交通和通信
畜肉类	交通工具
其中：猪　肉	交通工具用燃料
牛　肉	交通工具使用和维修
羊　肉	通信工具
水产品	通信服务
蛋　类	邮递服务
奶　类	六、教育文化和娱乐
鲜　果	教育服务
烟　草	旅　游
酒　类	七、医疗保健
二、衣着	中　药
服　装	西　药
衣着加工服务费	医疗服务
鞋　类	八、其他用品和服务
三、居住	
租赁房房租	
水电燃料	

资料来源：国家统计局，流通和消费价格统计报表制度（2020）。

　　主要的商品和服务分类中，由于食品中的猪肉、蔬菜等价格，交通和通信中的交通工具用燃料，也就是汽柴油价格更容易受到供给冲击或外部因素的影响，表现出较高的波动性。2016—2017 年，受天气异常变化影响，农产品市场频繁出现"蒜你狠""豆你玩""姜你军""葱击波""糖高宗"等涨价现象，导致食品价格涨幅较高。如图 1-5-5 所示，2018 年，国际原油价格高升带动了交通工具用燃料同比上涨。而到了2019 年，生猪供给因非洲猪瘟等影响大幅下降，推动猪肉价格同比涨幅从 1.2% 大幅飙升至 15.2%。

　　其他类别商品价格变化相对稳定。鉴于此，国际上通常将剔除食品、能源价格之后的 CPI 称为核心 CPI，通常认为，核心 CPI 能更真实地反映宏观经济运行情况。比如，美联储货币政策决策就更关注核心通胀率的走势。国家统计局也公布不包括食品和能源的 CPI 变化。与 CPI 相比，如图 1-5-6 所示，剔除食品和能源后的 CPI 变化与 GDP 的走势表现出更高的相关性。

图 1-5-5 CPI 分项价格与油价、猪肉批发价格涨幅关系

资料来源：国家统计局、万得资讯。

不同商品价格变化对 CPI 的影响，依赖于计算 CPI 时的"篮子"商品选择以及相应的权重大小。国家统计局计算 CPI 指数时，会首先在特定的时间节点上，选定有代表性的"一篮子"商品和服务作为统计对象，这个时间节点被称为"基期"，我国通常是"逢0"和"逢5"的年份进行价格统计的基期调整，2021年，国家统计局开始统计发布以2020年为基期的 CPI。在下一个基期调整前，"篮子"中商品和服务不变。同时，在计

算 CPI 指数时需要分别赋予各类商品和服务一个权重，也就是这类商品和服务的消费支出占"一篮子"商品和服务总支出的比重。以猪肉价格为例，在计算 2019 年 9 月的同比涨幅时，猪肉价格的权重就是 2018 年 9 月猪肉的消费支出占整个消费支出中的比重；环比的话就是用 2019 年 8 月猪肉消费支出占整个消费支出的比重作为权重。

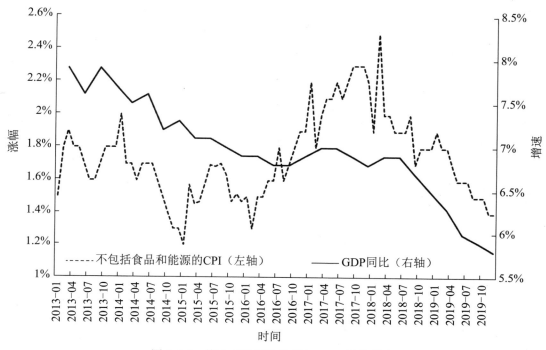

图 1-5-6　核心 CPI 同比涨幅与 GDP 同比增速

资料来源：国家统计局。

　　虽然国家统计局在公布 CPI 数据时不直接公布各类商品的权重，但对价格变化较大的重点食品分项会公布对 CPI 拉动的百分点数，据此，可以根据"权重 = 拉动 CPI 变化数 / 分项变化数"，估算该分项的权重。

　　还是以猪肉价格为例，按照国家统计局公布的数据，2020 年 9 月，猪肉价格同比上涨 25.5%，影响 CPI 上涨约 1 个百分点；猪肉价格环比下降 1.6%，影响 CPI 下降约 0.08 个百分点。据此，我们可以算出猪肉在 2019 年 9 月时的权重为 3.92%，同理算出 2020 年 8 月份权重为 5%。

　　由于当月的 CPI 涨幅需要等到下月中旬才公布，而农业部等部门会发布日、周或者旬度的重点农产品价格，国际原油价格也有每日的交易数据。知道权重后，我们就可以使用更高频度的数据来预测农产品、油价等波动较高的分项价格变化对 CPI 的影响，大致预判 CPI 的走向。

三、影响企业生产经营的工业生产者价格

工业生产者价格指数是从工业企业的角度衡量生产领域价格的变动情况，又可以分为工业生产者出厂价格指数（Producer Price Index for Industrial Products，PPI）和工业生产者购进价格指数（purchasing Price Index of Raw Material，Fuel and Power，PPIRM）。其中，PPI 反映的是工业企业产品第一次出售时的出厂价格变化，PPIRM 反映的是工业企业中间投入产品的购进价格变化。同 CPI 一样，国家统计局按月公布工业生产者价格指数的同比和环比变化，同比涨幅也可以进一步分为"翘尾"和"新涨价"两部分。

编制工业生产者价格指数的数据来自国家统计局的工业生产者价格调查，调查采取重点调查与典型调查相结合的调查方法，其中，对于年主营业务收入 2000 万元以上的企业采用重点调查方法，年主营业务收入 2000 万元以下的企业采用典型调查方法。

与 CPI 的编制类似，PPI 计算时首先需要确定"一篮子"代表产品，然后确定相应地权重。PPI 的基期与 CPI 同步调整。PPI 按照出厂产品的用途分为生产资料 PPI 和生活资料 PPI 两类，前者包括采掘、原材料、加工三项；后者包括食品、衣着、一般日用品、耐用消费品四项。国家统计局在公布生产资料和生活资料价格同比变化的同时，还公布其对 PPI 变化的贡献，从而可以像计算 CPI 食品分项的权重一样，测算出生产资料和生活资料在 PPI 指数中的权重。综合同比和环比数据，生产资料约占整个 PPI 样本的七成，生活资料占三成。此外，PPI 包括了分行业的工业生产者主要行业出厂价格指数，行业分类标准依据的是《国民经济行业分类》（GB/T 4754—2017）。

PPIRM 则按照企业购进原料的种类分为：燃料、动力类，黑色金属材料类，有色金属材料及电线类，化工原料类，木材及纸浆类，建筑材料及非金属类，其他工业原材料及半成品类，农副产品类，纺织原料类九类（见表 1-5-2）。

表 1-5-2   工业生产者价格统计调查涵盖的主要产品类别

工业生产者出厂价格（PPI）	工业生产者购进价格（PPIRM）
生产资料	燃料、动力类
采掘	黑色金属材料类
原材料	有色金属材料及电线类
加工	化工原料类
生活资料	木材及纸浆类
食品	建筑材料及非金属类
衣着	其他工业原材料及半成品类
一般日用品	农副产品类
耐用消费品	纺织原料类

资料来源：国家统计局，工业生产者价格统计报表制度（2021）。

　　由于我国原油、铁矿石等工业企业生产原料对外依存度较高，国际大宗商品价格变化对国内工业企业 PPI 的传导影响也十分明显。从图 1-5-7 可以看到，我国工业企业 PPI、PPIRM 虽然波动幅度相对较小，但基本与 CRB 商品指数同向波动。2011 年后，由于世界经济增长乏力，国际大宗商品价格总体表现较为低迷，加之国内传统行业产能过剩问题较为突出，我国 PPI、PPIRM 在 2012—2016 年持续同比负增长。2020 年上半年，新冠肺炎疫情的暴发令国际大宗商品价格大幅下跌，PPI、PPIRM 同比降幅 5 月份也一度降至 -3.7% 和 -5% 的阶段新低。进入下半年后，在国际大宗商品价格反弹的推动，我国 PPI、PPIRM 同比降幅也明显收窄，2021 年进一步转正。

　　CPI、PPI、PPIRM 分别衡量的是产业上下游间的价格，理论上价格指数存在由产业上游向产业下游的传导关系，即 PPIRM → PPI → CPI。我们可以通过上下游价格价差变化分析，对价格走势、上下游供需关系、企业盈利等进行分析和预测。

　　如图 1-5-8 所示，自 20 世纪 90 年代中期以来的绝大多数年份里，PPIRM、PPI 与 CPI 的变化基本同步，表明客观上存在价格在产业上下游之间的传导。同时，在价格上涨时，PPIRM 同比涨幅要高于 PPI，PPI 又高于 CPI；反之，PPIRM 跌幅最大，其后依次是 PPI 和 CPI。这反映出原材料价格具有更高的波动性，而企业生产以及市场销售环节存在减震作用，价格的波动随着上下游的传导逐渐减弱。

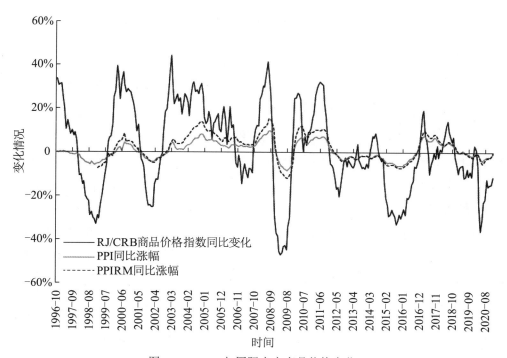

图 1-5-7　PPI 与国际大宗商品价格变化

资料来源：国家统计局，万得资讯。

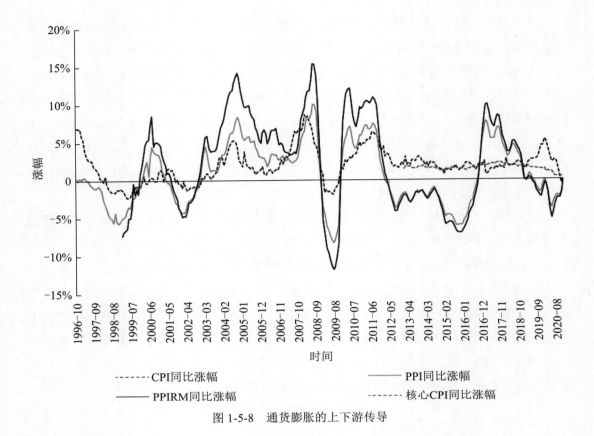

图 1-5-8　通货膨胀的上下游传导

资料来源：国家统计局。

2014 年之后，PPIRM 与 PPI 走势仍基本一致，但二者与 CPI 之间的同步性被打破，这主要是由于国际大宗商品价格出现大幅波动，带动 PPIRM 与 PPI 中的生产资料价格变化较大，而终端需求疲弱，消费品价格 CPI 上涨乏力，从而导致走势分化。2018—2019 年 CPI 出现的上涨主要是受猪肉价格上涨的拉动，如果以核心通胀衡量，居民消费价格实际上是走低的。

PPI 和 PPIRM 分别反映了工业企业产出和投入的价格变化，通过计算二者变化之差，可以用于监测工业企业利润的变化趋势。从图 1-5-9 中可以看到，工业企业利润的增长确与 PPI 和 PPIRM 的价差有关，PPI 和 PPIRM 的价差通常领先于工业企业利润变化半年到一年左右。由于 2020 年 PPI 和 PPIRM 价差扩大，工业企业利润将在 2021 年得到一定程度的改善。

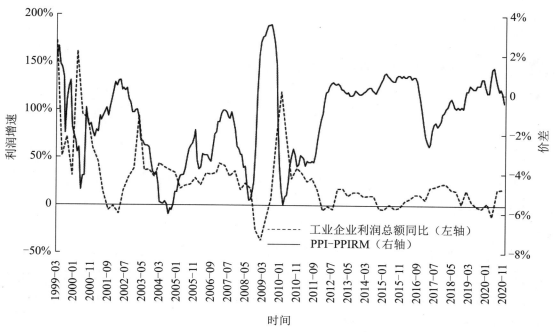

图 1-5-9　PPI-PPIRM 价差与工业企业利润增速

资料来源：国家统计局。

此外，除了金融市场上各种大宗商品价格的日度数据外，商务部等还发布生产资料市场价格指数等周度数据，可以借鉴预测 CPI 的方法，使用这些高频数据来预测生产资料等分项价格变化对 PPI、PPIRM 走势的影响。

第六章

就业——关注中国经济的最大民生

▼

　　劳动力市场的就业数据是判断宏观经济运行的重要依据，就业不仅涉及经济发展，更关系到社会民生，促进就业增加是政府宏观调控的四大目标之一。近年来国家提的"六稳""六保"[①]工作，就业问题都是放在首要位置。劳动力市场的供需状况通常可以从就业和失业两个维度反映。在每年的政府工作报告中，通常会设定城镇新增就业和失业率的年度预期目标。比如2021年的政府工作报告中，将就业目标设定为城镇新增就业1100万人以上，城镇调查失业率5.5%左右。目前，国家统计局每月公布全国城镇新增就业人数、全国城镇调查失业率数据。在年度统计公报中还公布全国就业人员数据。

一、就业情况的整体衡量

　　就业人员反映了我国人口就业的基本情况。在解释就业人员之前，首先要了解经济活动人口的概念。经济活动人口是指年龄在16岁及以上，有劳动能力和就业需求的人口，他们构成了经济活动劳动力供给的来源，也被称为劳动力。按照就业的状态，经济活动人口可以分为就业人员和失业人员。

　　其中，就业人员指的是16周岁及以上、有工作的人。在具体的统计标准上，我国与世界多数国家一样，采用了国际劳工组织的就业人员统计范围。按照国家统计局的解释，就业人员包含了三类人：一类是有工作且处于工作状态的人，即在调查周（调查之前的一周，被称为调查周）内为取得劳动报酬或经营收入，从事了一小时及以上劳动的人；第二类是有工作但由于学习、休假等原因在调查周内暂时处于未工作状态的人；第三类是由于临时停工放假、单位不景气放假等原因在调查周内暂时处于未工作状态，但不满三个月的人[②]。

　　就业人员统计主要是年度数据，根据图1-6-1，2019年我国经济活动人口数量是8.11亿人，占我国14亿总人口的57.9%。其中就业人员数量为7.75亿人，占经济活动人口

---

① "六稳"是指稳就业、稳金融、稳外贸、稳外资、稳投资、稳预期；"六保"是指保居民就业、保基本民生、保市场主体、保粮食能源安全、保产业链供应链稳定、保基层运转。
② 国家统计局. 就业和工资 [EB/OL]. http://www.stats.gov.cn/tjsj/zbjs/201912/t20191202_1713057.html，2019-12-02.

的 95.5%。除了总数外，国家统计局还从城乡、产业角度分别统计了就业人员在城镇、乡村以及第一、第二、第三产业的分布情况。2019 年，我国就业人员在城乡之间的占比分别为 57.1% 和 42.9%；在三次产业间的占比分别为 25.1%、27.5% 和 47.4%。

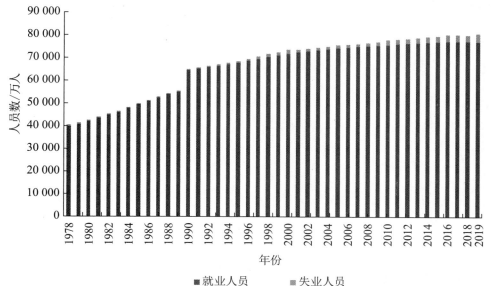

图 1-6-1　我国经济活动人口及组成

资料来源：国家统计局。

经济增长一般与就业增长存在正向的相关关系，与失业率反向相关。通常使用就业弹性系数，也就是就业增长率与经济增长率之间的比率来反映经济增长对就业的拉动情况。

如图 1-6-2 所示，从全国总体情况来看，改革开放后我国就业弹性变化呈现四个阶段：第一个阶段是 1978—1990 年的高就业弹性阶段，平均为 0.3，也就是 GDP 增速每提高 1 个百分点，就业人员增长 0.32%；第二个阶段为 1991—2001 年，平均为 0.11；第三个阶段为 2002—2016 年，平均不到 0.05；第四个阶段是 2016 年后，尤其是 2018—2019 年，由于劳动年龄人口下降以及劳动参与率降低，我国就业人口连续下降，就业弹性系数降至负值，从另一个角度看，这也表明我国整体的劳动生产率在提高，单位劳动创造的价值在增加，可以用更少的劳动力投入，创造出更多的社会财富。

分行业看，就业弹性系数的降低主要体现为第一、第二产业就业弹性系数的下降（见图 1-6-3），表明这两个行业的劳动生产率得到了提升。其中，第一产业得益于农业生产的现代化，提升了农业生产效率。农村剩余劳动力的转移也使得农村大量的隐性失业人口下降，降低了农村就业人员的规模。第二产业就业弹性系数的降低伴随着产业结构从劳动密集型产业向资本和技术密集型产业的转变。同时，信息技术和智能制造在工业领域的广泛应用使得我国企业可以以机器换人的方式提高生产效率、降低用工成本，减少第二产业的就业人员数量。第三产业对于劳动力的吸纳能力则在增强，就业弹性系数上升，比如近年来快递、外卖等行业的兴起催生了大量的用工需求，吸引了大批年轻打工者从工厂车间走出来进入服务业领域，实现了就业由第二产业向第三产业的转变。

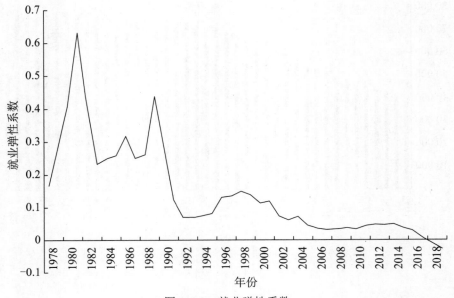

图 1-6-2　就业弹性系数

资料来源：国家统计局。

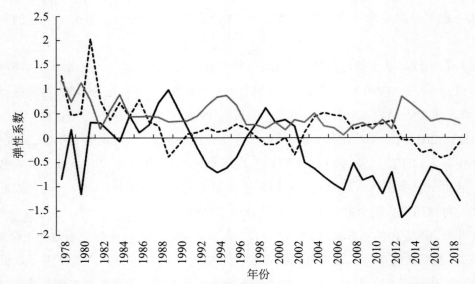

图 1-6-3　分行业就业弹性系数

资料来源：国家统计局。

二、经济增长创造的城镇新增就业机会

城镇新增就业是指城镇各类用人单位新增加的就业和灵活就业人员，减去自然减员人数。其中，灵活就业人员主要是指那些以非全日制、临时性和弹性工作等灵活形式就业的人员；自然减员人数是指因离退休和伤亡等自然原因退出就业的人数。2009 年以来，我国每年城镇新增就业都保持在 1000 万人以上，2013 年后连续七年保持在 1300 万人以上，2020 年也达到近 1200 万人。

城镇新增就业指标是我国每年政府工作报告中设定的就业政策预期目标之一。预期目标值主要是基于对于每年城镇就业需求的估计制定的。根据此前人力资源和社会保障部[①]的介绍，城镇就业需求包含了城镇新增劳动力（主要是高校毕业生，中专、技校和初中高中毕业以后不再继续升学的学生，这部分新增劳动力每年约 1500 万人）、需要转移就业的农村富余劳动力、军队退役人员的安置（2018 年约 8.2 万人[②]），以及城镇下岗职工的再就业等。

根据以上几方面的新增就业需求计算，每年需要在城镇就业的大约有 2500 万人，除考虑自然减员腾出的岗位，要保持城镇失业水平不上升，每年城镇新增就业规模不能低于 1000 万人[③]。所以，我国政府工作报告中的新增就业预期目标，从 2009 年的 900 万人提高到 2014 年的 1000 万人，2017 年后又提高到 1100 万人。2020 年由于新冠肺炎疫情对经济造成较大的下行压力，我国将新增就业预期目标降至 900 万人。从实际情况看，我国实际城镇新增就业都超过了预期目标值（见图 1-6-4）。

需要注意的是，全年的城镇新增就业数与根据城镇就业人员计算出来的新增城镇就业数（当年城镇就业人员－上年城镇就业人员）并不相同。这是因为，城镇新增就业衡量的是一段时期内新增就业的规模，存在重复计算的问题。比如，有人在统计期内失业后再就业，虽然就业总量没有变化，但会计入新增就业。城镇就业人员反映的是年底时的实际就业数据，反映的是一个时点上的就业状态，以此计算出的新增城镇就业反映了一年内净增的就业规模。

此外，城镇新增就业具有显著的季节性，如图 1-6-5 所示，新增就业主要在上半年，

---

① 尹蔚民 . 今年城镇新成长劳动力 1500 万人左右　就业形势更严峻 [EB/OL]. http：//www.xinhuanet.com/politics/2015lh/2015-03/10/c_1114586122.htm，2015-03-10.

人社部 . 今年城镇新增劳动力 1500 万人左右 今年高校毕业生达 909 万人 [EB/OL]. https：//m.gmw.cn/2021-02/26/content_1302135022.htm，2021-02-26.

② 关于做好 2018 年军队转业干部安置工作的通知 [EB/OL]. http：//www.mva.gov.cn/gongkai/zfxxzdgkml/tzgg/201903/t20190321_23303.html，2018-07-16.

③ 李克强 . 在就业工作座谈会上的讲话 [EB/OL]. http：//www.gov.cn/guowuyuan/2016-07/16/content_5091912.htm，2016-07-16.

尤其是 3—4 月，这正是高校应届毕业生集中签约的时间段。通常情况下，上半年城镇新增就业人数约占全年累计值的 55% 左右。但 2020 年受新冠肺炎疫情的影响，上半年就业仅占全年的 47.6%，比如 2 月城镇新增就业仅 39 万人，为往年同期的一半。下半年随着经济的恢复以及国家加大就业扶持力度，就业市场的情况得到显著改善，比如 10 月、12 月新增就业人数明显超过往年同期水平。

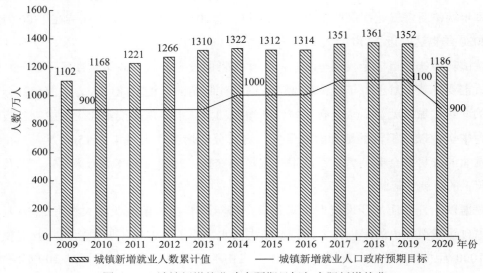

图 1-6-4　城镇新增就业政府预期目标与实际新增就业

资料来源：国家统计局。

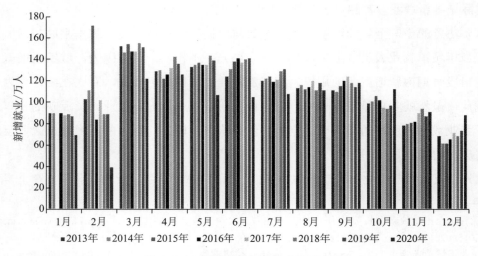

图 1-6-5　我国城镇新增就业月度分布

资料来源：国家统计局。

注：2015年1月缺少原始数据，故为空白。

三、反映劳动力闲置状况的指标——失业率

失业与就业是同一枚硬币的正反两面。失业率从失业人口的角度反映了劳动力市场就业充分情况，是失业人口占经济活动人口的比例。我国失业率数据主要有城镇登记失业率和城镇调查失业率两类。1978年，我国建立了失业登记制度，要求城镇无业者都必须到政府劳动部门登记，称为"待业登记"，1994年更名为"失业登记"。城镇登记失业率就是报告期内在劳动保障部门登记的失业人数占期末从业人员与实有登记失业人数之和的比重，由国家统计局按季度发布。由于许多失业人口并未在人力资源保障部登记，该指标波动率较小，在一定程度上低估了真实的失业水平。

为此，国家统计局从2005年开始探索建立劳动力调查制度，2009年建立了31个大城市月调查，2018年4月起每月公布全国城镇调查失业率数据。城镇调查失业率是指调查失业人员占调查从业人数与调查失业人数之和的比重。其中，调查失业人员是指调查中，年龄在16周岁以上，有工作能力而未工作、近3个月内寻找过工作且有合适的工作能在两周内开始工作的人员。由于基于劳动力调查方法推算出的失业人员相对更为全面，城镇调查失业率要高于同期的城镇登记失业率，而且波动也相对更大。

以上两项指标衡量的均是城镇就业市场的失业情况，不包含农村失业人口。由于经济活动人口由城乡失业人口和就业人口构成，根据年度的就业人员和经济活动人口数据，可以用1-就业人员/经济活动人口计算出全国整体的失业率。

从图1-6-6中可以看到，根据年度经济活动人口和就业人员计算出的失业率数据序列最长，城镇登记失业率次之，城镇调查失业率最短。从失业率和城镇登记失业率数据看，近年来我国劳动力市场就业压力总体上有所加大。2019年按照经济活动人口计算出的失业率上升至4.48%，当年12月城镇调查失业率为5.2%，高于2018年初时5%的水平。2020年，在新冠肺炎疫情的影响下，2月城镇调查失业率最高升至6.2%，此后明显回落，与城镇新增就业反映的就业改善趋势相一致。而城镇登记失业率的变化则较为滞后，全年呈上升的趋势，四季度达到4.24%。

第五章专栏中提到，根据奥肯定律，经济增长与失业率之间存在反向关系。改革开放以来我国GDP增速与对应年份的失业率间也存在着一定的反向关系（见图1-6-7），这表明经济增长提速将有助于改善就业市场，降低失业率，反之则会引发失业率上升。2011年后随着我国GDP增速的逐步放缓，失业率也呈上升的态势。

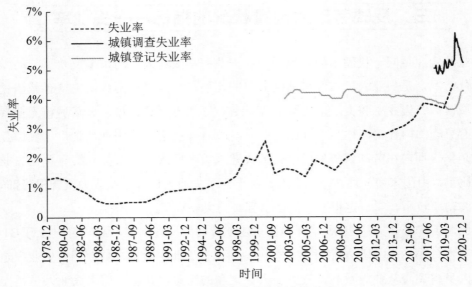

图 1-6-6　三类失业率指标变化情况

资料来源：国家统计局。

注：曲线缺失部分源于无当年的原始数据。

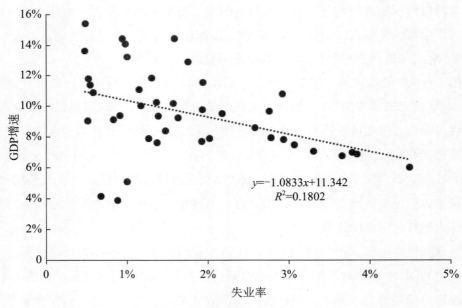

图 1-6-7　GDP 增速与失业率

资料来源：国家统计局。

四、求人倍率与工资——衡量劳动力市场的供需情况

劳动力市场供需状况还可以通过求人倍率和工资情况反映。自 2001 年一季度起，人社部通过统计全国 100 个城市的公共就业服务机构的就业数据，按季度公布岗位需求人数、求职人数以及求人倍率指标。

求人倍率是劳动力市场用工需求人数与求职人数的比值，也就是每个招聘职位所对应的求职人数，用于反映劳动力市场供求的相对状况，大于 1 反映劳动力供不应求，小于 1 反映供过于求。如图 1-6-8 所示，从 2001 年以来，我国求人倍率总体上呈上升的趋势，特别是 2011 年后，求人倍率超过 1，劳动力市场供给日渐紧俏。但这主要是劳动力需求和供给双下降，而且供给下降幅度更大导致的。

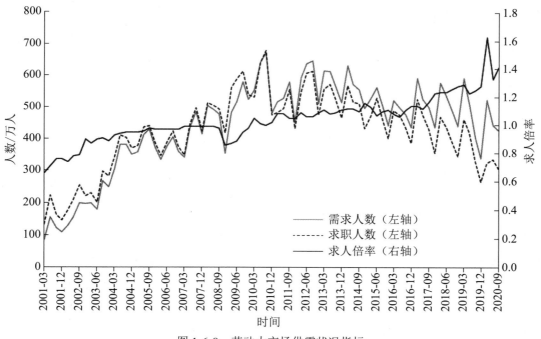

图 1-6-8　劳动力市场供需状况指标

资料来源：国家统计局。

工资是观察劳动力市场供需状况的另一大指标。国家统计局 2014 年之前按季度公布城镇单位就业人员工资总额、平均工资数据，但 2015 年后将发布频度降为年度。其中，城镇单位就业人员是指在党政机关、社会团体及企事业单位中工作，取得劳动报酬的人员。工资总额是用人单位在报告期内直接支付给本单位全部就业人员的劳动报酬总额，将其除以全部单位就业人员便是平均每人所得的工资额。如图 1-6-9 所示，无论从名义

还是实际工资同比增速看，从 2007 年后，城镇单位就业人员工资增速整体呈放缓的态势。

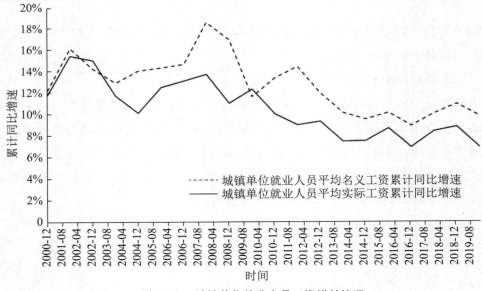

图 1-6-9　城镇单位就业人员工资增长情况

资料来源：国家统计局。

五、城乡"二元"结构下的农民工就业

由于我国劳动力市场存在城乡"二元"分隔，农村转移劳动力就业市场是我国就业市场的一个重要组成部分。国家统计局于 2008 年底建立了农民工统计监测调查制度，用以反映全国农民工规模、流向、分布等情况，按季度进行调查并发布相关数据，在每年 4 月底还会以《农民工监测调查报告》的形式发布上一年度的年度数据。

调查中的农民工，是指户籍仍在农村，在本地从事非农产业或外出从业 6 个月及以上的劳动者。根据《2019 年农民工监测调查报告》，2019 年我国农民工总量达到 29 077 万人。其中，外出农民工 17 425 万人，占比约为 60%。农村外出务工劳动力是指在户籍所在乡镇地域外务工 6 个月以上的农村劳动力。农民工数量仅有年度数据，农村外出务工劳动力数据 2008 年开始时为年度数据，自 2012 年开始公布季度数据，所以根据后者可以更及时地跟踪农民工就业的变化情况。

从图 1-6-10 中可以看出，农村外出务工劳动力总体呈增加的趋势，但增速自 2010 年后已经明显放缓。2020 年，新冠肺炎疫情对农民工外出就业产生了较大影响，一季度外出务工人数同比下降超过 30%，二季度后虽然得到明显改善，但仍低于 2019 年的水平。

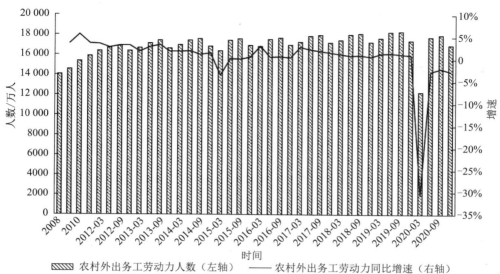

图 1-6-10　农村外出务工劳动力人数及增速

资料来源：国家统计局。

　　从收入情况看，如图 1-6-11，农村外出务工劳动力月均收入同比增速逐步放缓，2016 年下半年后相对稳定，维持在 6% ～ 7% 之间，低于同期城镇就业人员平均增速水平。特别是 2020 年由于疫情的原因，农村外出务工收入在一、二季度出现下滑，但三、四季度恢复了正增长。

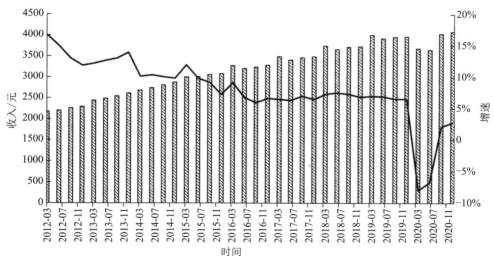

图 1-6-11　农村外出务工劳动力月均收入及增速情况

资料来源：国家统计局。

第七章

财政收支——看清政府的财政政策

财政也被称为政府的"理财之政"，是政府为达到优化资源配置、公平分配、促进经济稳定发展等目的，参与国民收入分配，满足社会公共需要的收支活动，包括财政收入和财政支出两个部分。政府的财政收支一般都是通过财政预算实现的，而财政预算是经法定程序审批的、政府在一个财政年度内的基本财政收支计划。通过观察政府预算以及预算的执行，不仅可以了解政府的财政收支状况，而且可以从总量变化和结构调整上解读出政府的政策意图。

一、"四本预算"揭示财政收支路径

目前我国各级政府预算由**一般公共预算、政府性基金预算、国有资本经营预算、社会保险资金预算**构成，因而被称为政府的"四本预算"或"四本账"。每本预算都包括**收入预算**和**支出预算**两部分，采用收付实现制记账，和GDP一样都是流量数据，反映"钱从哪里来，花到哪里去"。每年一季度全国各地召开人民代表大会时，重点审议的除了政府工作报告外，就是政府的"四本预算"，也称全口径预算。

在国家层面，每年3月初召开的全国人民代表大会上，财政部会将上年的中央和地方预算执行情况与当年的中央和地方预算草案提请全国人大审议，相关财政收支数据也会列示其中。比如2021年"两会"期间，财政部在3月5日将2020年中央和地方预算执行情况与2021年中央和地方预算草案提请十三届全国人大四次会议审查，经过审查修改后于11日通过，相关报告内容也会发布在财政部网站上[①]。此外，政府工作报告中也会公布当年的财政赤字、支出等预算指标。

（一）一般公共预算

一般公共预算是指对以税收为主体的财政收入，安排用于保障和改善民生、推动经济社会发展、维护国家安全、维持国家机构正常运转等方面的收支预算。

---

① 财政部. 关于2020年中央和地方预算执行情况与2021年中央和地方预算草案的报告[EB/OL]. http://www.mof.gov.cn/zhengwuxinxi/caizhengxinwen/202103/t20210314_3670203.htm，2021-03-14.

1. 一般公共预算收入

一般公共预算收入是国家财政参与社会产品分配所取得的收入，可以分为税收收入和非税收入。目前，财政部按月公布全国一般公共预算收入的相关数据，包括主要税种的税收收入以及非税收入，同时，还公布中央一般公共预算收入和地方一般公共预算本级收入数据。

税收收入占一般公共预算收入的 80% 以上，是我国财政收入最重要的收入形式和最主要的收入来源。目前我国采用复合税制，共 5 大税类 18 个税种[①]（见表 1-7-1）。从各税种的收入结构看，我国仍是以流转税为主体，以 2019 年为例，全年国内增值税、消费税分别为 6.2 万亿元和 1.3 万亿元，占总税收收入比重为 39% 和 8%，企业所得税和个人所得税分别为 3.7 万亿元和 1 万亿元，占税收收入的 24% 和 7%。以上四大税种收入占我国税收收入的 78%，占一般公共预算收入的 64%。其他税类占比较低（见图 1-7-1）。

表 1-7-1　我国主要税种类别

税　类	征　税　对　象	税　　种
流转税	商品交换和提供劳务的流转额	增值税、消费税、关税
所得税	纳税人的所得额	企业所得税、个人所得税
财产税	各种财产（动产和不动产）	房产税、契税、车船使用税、车辆购置税
资源税	开发和利用国家资源而取得级差收入的单位和个人	资源税、土地增值税、城镇土地使用税、耕地占用税
行为税	某些特定的经济行为	印花税、城市维护建设税、船舶吨税、烟叶税、环境保护税

资料来源：财政部。

如图 1-7-2 所示，改革开放以来，我国财政收入规模持续增长，但在 1994 年之前，由于不断"让利放权"，一般公共预算收入占 GDP 的比重是下降的。1994 年分税制改革后，我国建立起以流转税为主体的税收体系，财政收入实现了快速的增长，占 GDP 的比重也不断提高。2010 年后，伴随我国经济增长换挡减速，一般公共预算收入增速开始放缓，尤其是 2016 年我国开始推进"营改增"改革，并实施大规模"减税降费"，财政收入增长明显减速，占 GDP 的比重也有所下降。2019 年我国一般公共预算收入达到 19 万亿元，占 GDP 的比重为 19.2%。2020 年，受新冠肺炎疫情以及国家加大减税降费力度的影响，我国一般公共预算收入下降至 18.3 万亿元，降幅为 3.9%，占 GDP 比重进一步降至 18%。

[①]　2016 年 5 月起我国全面推行"营改增"，营业税改为增值税；2018 年 1 月我国开始实行环保税，所以税种总数不变。

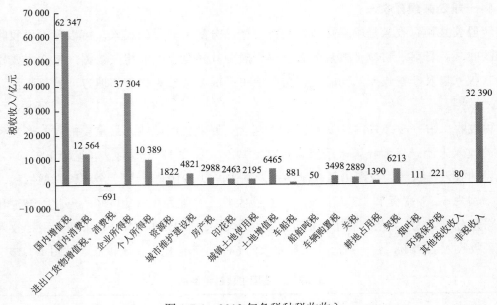

图 1-7-1　2019 年各税种税收收入

资料来源：财政部。

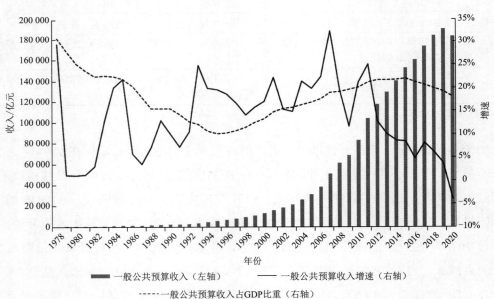

图 1-7-2　一般公共预算收入规模、增速及占 GDP 比重

资料来源：财政部、国家统计局。

　　经济是税收源泉和基础，如图 1-7-3 所示，经济增速和一般公共预算收入增速之间存在较强的同步性。由于税收是依据名义价格征收的，所以与 GDP 名义增速的一致性更高。在 1994 年税制改革后，一般公共预算收入增速整体要高于 GDP 名义和实际增

速，由此导致一般公共预算收入占 GDP 的比重不断上升。2015 年后，受"营改增"以及减税降费影响，一般公共预算收入增速明显放缓，不仅低于 GDP 名义增速，而且降至 GDP 实际增速以下。2020 年由新冠肺炎疫情引发的经济增速大幅放缓是造成我国一般公共预算收入负增长的重要原因。

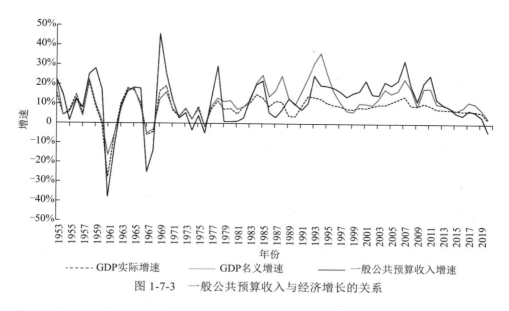

图 1-7-3　一般公共预算收入与经济增长的关系

资料来源：财政部、国家统计局。

　　除了宏观经济形势、税制税率的变化外，价格波动对税收也有着重要的影响。以增值税为例，增值税属于流转税，是对商品或劳务在流通过程中的增值部分进行征税。在实际征收过程中，需要按照商品（劳务）的销售额乘以相应的增值税税率计算出销项税额，再减去商品（劳务）的购进价格乘以相应的增值税税率计算进项税额，用公式表示为

增值税 = 销项税 − 进项税 = 销项税基 × 销项税率 − 进项税基 × 进项税率

　　所以在税率一定的情况下，企业出售或者购入商品和劳务价格的变化将引起增值税收入的较大波动。比如，在 2018 年初时国家拟定了 1.1 万亿元的减税降费计划，当年前三季度 GDP 平均增长了 6.8%，而同期财政收入累计同比增速却实现了两位数的增长，国内增值税累计同比增速高达 12%，高于同期财政收入增速，而这主要归因于 PPI 上涨导致的增值税税基扩大。

　　从 2017 年开始，我国工业生产者出厂价格（PPI）和购进价格（PPIRM）同比涨幅由负转正，这带来了明显的财政增收效果。以钢铁生产企业为例，企业生产销售粗钢（销项），购进铁矿石、焦炭、电力、燃料等原材料（进项）。假定 2017 年粗钢销售价格为 1000 元 / 吨、原材料购进价格为 900 元 / 吨，那么企业销售一吨粗钢需要缴纳的增值税为（1000-900）×16%=16 元。如果 2018 年粗钢价格上涨了 5%，原料成本上涨了 4%，

一吨粗钢需要缴纳的增值税为 [（1000×1.05-900×1.04）×16%]=18.24 元。可以看到，粗钢销售价格上涨了 5%，而增值税却增长了 14%。所以在销项价格涨幅大于进项成本涨幅的情况下，增值税涨幅要大于工业生产者价格（PPI）的上涨幅度，从图 1-7-4 中可以看到，PPI 变化与增值税变化具有较高的一致性。

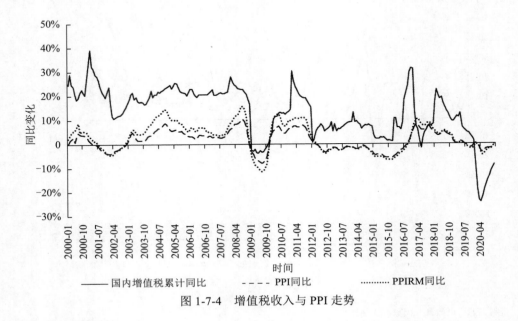

图 1-7-4　增值税收入与 PPI 走势

资料来源：万得资讯。

2020 年下半年，国际大宗商品价格出现了明显的反弹，这一势头将随着全球经济的复苏延续至 2021 年。前面提到，国际大宗商品价格对国内 PPI 有着较为显著的传导效应，因而也将对 2021 年我国增值税收入增速回升起到推动作用。

2. 一般公共预算支出

一般公共预算支出按功能可以分为 25 类，财政部按月公布全国一般公共预算支出的累计总额以及中央和地方的财政支出数据，同时公布的还有教育、科技、文旅等 10 类财政支出数据，而完整的财政支出分类数据则是在年度的全国一般公共预算支出决算表中公布。

以 2019 年为例，全年一般公共预算支出规模为 23.9 万亿元，占 GDP 的比重为 24.1%。其中，教育支出规模最高，接近 3.5 万亿元，占总支出的比重为 15%；其次是社会保障和就业支出、城乡社区支出、农林水支出以及一般公共服务支出，以上四项支出均超过 2 万亿元，占总支出的比重为 41%。此外，卫生健康支出、公共安全支出、国防支出、交通运输支出均超过 1 万亿元，占总支出的比重为 23%。其余项目的规模和占比较小（见图 1-7-5）。

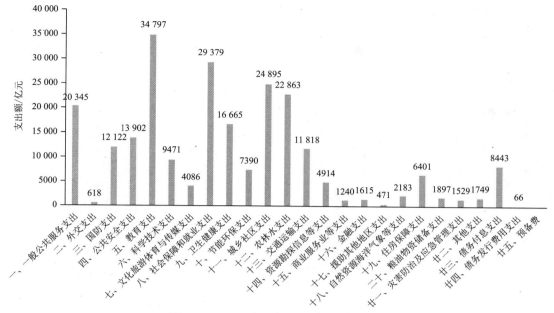

图 1-7-5　2019 年一般公共预算支出结构

资料来源：财政部。

我国财政支出以财政收入为基础，预算安排上保持了"量入为出"的原则，所以财政支出与财政收入总体上保持了相似的增长趋势，如图 1-7-6 所示，近年来，一般公共预算支出增速虽然也在逐步放缓，但由于财政稳增长的力度加大以及社会民生保障支出增加，一般公共预算支出保持了较高强度，增速要高于一般公共预算收入，而且二者的差距在扩大。

比如，2020 年在一般公共预算收入出现下降的同时，国家加大了财政政策逆周期调节力度，一般公共预算支出达到了 24.6 万亿元，比上年增加了 2.8%。资金主要投向疫情防控、脱贫攻坚、基层"三保"（保基本民生、保工资、保运转）等领域，其中，与疫情防控直接相关的公共卫生支出增长 74.9%，社会保障和就业、住房保障、农林水支出分别增长 10.9%、10.5%、4.4%[①]。

一般公共预算支出过去通常呈"前低后高"的走势，根据我国预算法的规定，预算年度采用历年制，即从公历 1 月 1 日起到 12 月 31 日止。但审批预算的全国人民代表大会在每年 3 月初召开，年初的预算执行计划经过审批之后，往往要下半年才能到位，导致支出执行进度滞后，每到年末财政就会出现"突击花钱"的现象（见图 1-7-7）。为改善预算执行进度问题，同时由于近年来经济下行压力加大，我国加快了财政支出进度，

---

① 财政部调研小组 . 2020 年中国财政政策执行情况报告 [EB/OL]. http：//www.mof.gov.cn/zhengwuxinxi/caizhengxinwen/202103/t20210305_3666406.htm，2021-03-06.

年初财政预算支出明显加快，进而呈现出"前高后低"的走势。

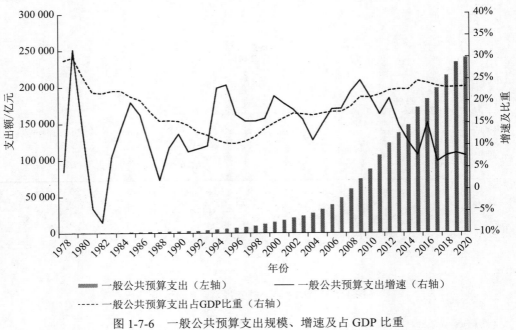

图 1-7-6　一般公共预算支出规模、增速及占 GDP 比重

资料来源：财政部、国家统计局。

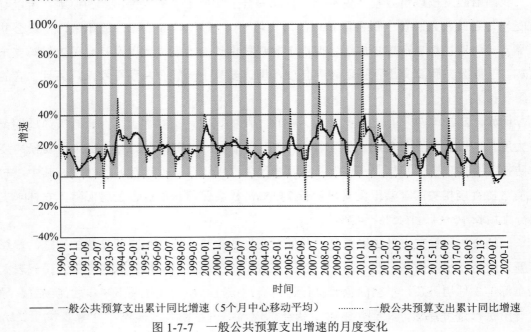

图 1-7-7　一般公共预算支出增速的月度变化

注：阴影代表该年度7—12月数据。

资料来源：财政部。

（二）政府性基金预算

政府性基金是政府"四本账"中规模仅次于一般公共预算的一本账。政府性基金预算是指依照法律、行政法规的规定在一定期限内向特定对象征收、收取或者以其他方式筹集的资金，专项用于特定公共事业发展的收支预算。政府性基金预算根据基金项目收入情况和实际支出需要，按基金项目编制，以收定支、专款专用。

1. 政府性基金收入

全国政府性基金收入包括非税收入和债务收入，财政部按月公布全国政府性基金收入数据。全国政府性基金收入决算表由中央政府性基金收入决算表和地方政府性基金收入决算表汇总而成。进行核算的收入包括按来源分类的 24 项收入和单独列示的地方政府专项债务收入。全国政府性基金收入决算数为 24 项收入之和，但不包括地方专项债务收入（见表 1-7-2）。2019 年，我国全国政府性基金收入为 84 517.72 亿元，相当于一般公共预算收入的 44%。2020 年，由于地方国有土地使用权出让金收入增加较多，全国政府性基金预算收入增长 10.6%，达到 93 488.74 亿元，与一般公共预算收入的比值也上升至 51%。

表 1-7-2　政府性基金主要收支项目

收 入 项 目	支 出 项 目
一、农网还贷资金收入	一、农网还贷资金支出
二、铁路建设基金收入	二、铁路建设基金支出
三、民航发展基金收入	三、民航发展基金支出
四、海南省高等级公路车辆通行附加费收入	四、海南省高等级公路车辆通行附加费安排的支出
五、港口建设费收入	五、港口建设费安排的支出
六、旅游发展基金收入	六、旅游发展基金支出
七、国家电影事业发展专项资金收入	七、国家电影事业发展专项资金安排的支出
八、国有土地使用权出让金收入	八、国有土地使用权出让金收入安排的支出
九、国有土地收益基金收入	九、国有土地收益基金安排的支出
十、农业土地开发资金收入	十、农业土地开发资金安排的支出
十一、中央水库移民扶持基金收入	十一、中央水库移民扶持基金支出
十二、中央特别国债经营基金财务收入	十二、中央特别国债经营基金财务支出
十三、彩票公益金收入	十三、彩票公益金安排的支出
十四、城市基础设施配套费收入	十四、城市基础设施配套费安排的支出
十五、地方水库移民扶持基金收入	十五、地方水库移民扶持基金支出
十六、国家重大水利工程建设基金收入	十六、国家重大水利工程建设基金安排的支出
十七、车辆通行费收入	十七、车辆通行费安排的支出
十八、核电站乏燃料处理处置基金收入	十八、核电站乏燃料处理处置基金支出
十九、可再生能源电价附加收入	十九、可再生能源电价附加收入安排的支出

续表

收 入 项 目	支 出 项 目
二十、船舶油污损害赔偿基金收入	二十、船舶油污损害赔偿基金支出
二十一、废弃电器电子产品处理基金收入	二十一、废弃电器电子产品处理基金支出
二十二、彩票发行和销售机构业务费收入	二十二、彩票发行和销售机构业务费安排的支出
二十三、污水处理费收入	二十三、污水处理费安排的支出
二十四、其他政府性基金收入	二十四、其他政府性基金支出
	二十五、地方政府专项债券安排的支出
	二十六、地方政府专项债券付息支出
	二十七、地方政府专项债券发行费用支出
全国政府性基金收入	全国政府性基金支出
地方政府专项债务收入	政府性基金预算调出资金
上年结转收入	收入大于支出

注："收入大于支出"的资金包括调入一般公共预算资金和结转下年支出两部分。

资料来源：财政部。

国有土地出让金收入是我国政府性基金收入的主要来源，占政府性基金收入的比重近年来维持在 85% 左右。2020 年，国有土地使用权出让收入增长 15.9%，达到 84 142 亿元，占政府性基金收入的比重提高至 90%。

国有土地使用权出让收入是政府以出让等方式配置国有土地使用权取得的全部土地价款，其中包括以招标、拍卖、挂牌和协议方式出让国有土地使用权所确定的总成交价款；转让或者变现处置抵押划拨国有土地使用权补缴的土地价款；转让房改房、经济适用住房补缴的土地价款；改变出让国有土地使用权的用途、容积率等条件补缴的土地价款等。

前面提到的土地购置费就包含在国有土地使用权出让收入中。虽然二者都是按照"收付实现制"统计的，但国有土地出让金收入是按照上缴地方国库的时间计入，而土地购置费来源于房地产企业的财务报表，按照实际的财务支出金额计算的。从图 1-7-8 中可以看出，由于国有土地出让金收入统计的范围更广，所以它的规模要高于土地购置费，二者的增长速度存在一定的同步性。

地方政府专项债券是指省、自治区、直辖市政府（含经省级政府批准自办债券发行的计划单列市政府）为有一定收益的公益性项目发行的、约定一定期限内以公益性项目对应的政府性基金或专项收入还本付息的政府债券。由此形成的政府收入便是地方政府专项债券收入。

根据国务院 2014 年 9 月印发的《关于加强地方政府性债务管理的意见》（国发〔2014〕43 号）以及财政部《地方政府专项债务预算管理办法》的规定，专项债务收支被纳入政府性基金预算管理。专项债务收入应当在政府性基金预算收入合计线下反映。

2015 年，我国首次发行地方政府专项债券 1000 亿元，到 2020 年，地方政府专项债券预算增加至 37 500 亿元。此外，2020 年我国发行了 1 万亿元的抗疫特别国债，由此形成的收入也单独列在政府性基金预算中。

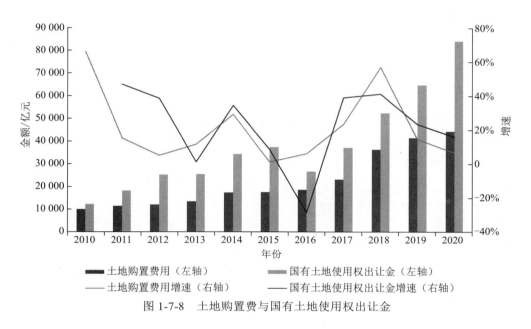

图 1-7-8　土地购置费与国有土地使用权出让金

资料来源：财政部、国家统计局。

2. 政府性基金支出

我国政府性基金支出由中央政府性基金支出和地方政府性基金支出两部分构成。政府性基金支出进行核算的支出共有 27 项，全国政府性基金支出决算数为 27 项支出之和。其中，前 24 项与政府性基金收入一一对应，最后三项为地方政府专项债务收入安排的支出。此外还包括政府性基金预算调出资金。

根据新预算法和《国务院关于深化预算管理制度改革的决定》，财政部发文规定，加大政府性基金预算与一般公共预算的统筹力度，将政府性基金项目中结转较多的资金，调入一般公共预算。2020 年，我国政府性基金支出为 117 999 亿元，调入一般公共预算资金3002.5 亿元，结转下年继续使用 240.12 亿元。在所有支出项目中，国有土地使用权出让金收入安排的支出最高，2020 年达到 76 503 亿元，占总支出的比重达到 64.8%。

（三）国有资本经营预算

国有资本经营预算是指对国有资本收益做出支出安排的收支预算。如同私人出资成立企业，有权获取企业经营收入以及安排支出一样，国家以国有资产出资人的身份，也理应取得相应的国有资本经营收入、安排国有资本经营支出。纳入国有资本经营预算的企业范围包括国有独资企业、国有控股、参股企业。2007 年 9 月，国务院发布《关于试行国有资本经营预算的意见》，标志着我国开始正式建立国有资本经营预算制度。十八届三中全会提出，到 2020 年，国有资本收益的上缴公共财政比例提高到 30%。

1. 国有资本经营预算收入

国有资本经营预算是对国有资本收益做出支出安排的收支预算，国有资本经营预算在财政收入中占比一般较小。按照收支平衡的原则编制、不列赤字，并安排资金调入一般公共预算。国有资本经营预算收入包括全国国有资本经营预算收入和上年结转收入。

国有资本经营预算收入是指经营和使用国有财产取得的收入，从表 1-7-3 中可以看到，2019 年，利润收入占到我国国有资本经营预算收入的 65% 以上，其次是股利、股息收入以及产权转让收入，占比均在 10% 以上。

表 1-7-3　2019 年全国国有资本经营收支决算情况

收 入 项 目	决算数 / 亿元	支 出 项 目	决算数 / 亿元
一、利润收入	2614.81	一、国有资本经营预算补充社保基金支出	0.43
二、股利、股息收入	543.61	二、解决历史遗留问题及改革成本支出	740.01
三、产权转让收入	495.5	三、国有企业资本金注入	1110.41
四、清算收入	54.53	四、国有企业政策性补贴	142
五、其他国有资本经营预算收入	263.37	五、金融国有资本经营预算支出	39.75
		六、其他国有资本经营预算支出	262.81
全国国有资本经营收入	3971.82	全国国有资本经营支出	2295.41
		国有资本经营预算调出资金	1458.53
上年结转收入	6.7	结转下年支出	224.58

资料来源：财政部。

2020 年，国家加大了国有企业利润的上缴力度，全国国有资本经营预算收入 4777.82 亿元，增长 20.3%。其中，中央和地方国有资本经营预算收入分别增长了 9.1% 和 28.1%。

2. 国有资本经营预算支出

我国国有资本经营预算支出主要由两部分构成：全国国有资本经营预算支出和向一般公共预算调出资金。在全国国有资本经营支出决算表中主要体现为按功能分类的六项支出。2019 年，全国国有资本经营支出主要用于国有企业资本金注入（1110 亿元）、解决历史遗留问题及改革成本支出（740 亿元）。2020 年，国有资本经营预算支出也保持了较快增长，增幅为 10.8%，达到 2544 亿元。

（四）社会保险基金预算

社会保险基金预算是根据国家社会保险和预算管理法律法规建立、反映各项社会保险基金收支的年度计划。社会保险是由政府举办的主要由企业和职工缴费筹资的社会保障计划，根据 2010 年《国务院关于试行社会保险基金预算的意见》（国发〔2010〕2 号）的规定，社会保险基金收入是专款专用的财政收入形式，其收入要专项用于政府社会保险计划的开支，不得挤占或挪作他用。社会保险基金不能用于平衡公共财政预算，但公共财政预算可补助社会保险基金。

社会保险基金预算数据主要是财政部公布的全国社会保险基金收入、支出以及结余决算表。人力资源和社会保障部与国家卫生健康委每年也会发布全国社会保险基金决算报告，详细公开各项基金收支数据。社会保险基金预算按险种分别编制，可分为基本养老保险基金收支、失业保险基金收支、基本医疗保险基金收支、工伤保险基金收支和生育保险基金收支，也就是我国平时所说的"五险一金"中的"五险"（见表 1-7-4）。

表 1-7-4　2019 年全国社会保险基金收支决算情况

项　　目	收入/亿元	支出/亿元	收支结余/亿元	年末滚存结余/亿元
一、企业职工基本养老保险基金收入	38 174.79	34 719.77	3455.02	51 482.67
二、城乡居民基本养老保险基金收入	4149.44	3148.31	1001.13	8283.6
三、机关事业单位基本养老保险基金收入	14 456.25	14 026.89	429.36	2965.47
四、职工基本医疗保险基金收入	15 638.36	12 489.78	3148.58	22 315.96
五、居民基本医疗保险基金收入	8679.84	8271.05	408.79	5212.87
六、工伤保险基金收入	804.68	800.66	4.02	1774.58
七、失业保险基金收入	1248.77	1284.32	−35.55	4510.16
全国社会保险基金收入合计	83 152.13	74 740.78	8411.35	96 545.31

资料来源：财政部。

全国社会保险基金备受关注的一个焦点是养老金未来可能出现的缺口问题。随着我国经济社会发展和人口老龄化加剧，基本养老保险基金支付压力不断加大。另外，为了应对经济下行压力、减轻企业负担、激发市场主体活力，我国实施了大规模减税降费，降低城镇职工基本养老保险单位缴费比例。根据《中国养老金精算报告 2019—2050》，2028 年城镇企业职工基本养老保险基金当期结余可能出现负数，到 2035 年累计结余可能耗尽。

实际上早在 2000 年 8 月，国家为应对人口老龄化高峰时期的养老保险等社会保障支出，成立了全国社保基金，由全国社会保障基金理事会（简称社保基金会）负责管理运营。需要注意的是，全国社保基金资源来源与社会保险缴费无关，全部来自中央财政出资，按照《全国社会保障基金条例》规定，国家设立全国社会保障基金。全国社会保障基金由中央财政预算拨款、国有资本划转、基金投资收益和以国务院批准的其他方式筹集的资金构成。这样的制度安排使得如果投资出现损失，也不会威胁到国家社会保险基金中资金的安全，而如果能够产生持续的收益，则可以有效充实国家养老金保险的资金池。

基金启动的初始资金为 200 亿美元，以后基本上每年中央划拨 200 亿美元，其后全国彩票公益金中除中央留用一部分，地方用一部分，除用于必要的公益事业，其余均拨入全国社保基金[①]。到 2017 年，国家出台了《划转部分国有资本充实社保基金实施方案》，提出将划转范围企业国有股权的 10% 划归全国社会保障基金。相应地国有资本股权分红将专项用于弥补企业职工基本养老保险基金缺口，不再纳入国有资本经营预算管理。截至 2019 年，已累计划转 1.1 万亿元，基本完成向社保基金划转国有股权任务。截至 2019 年末，全国社会保障基金资产总额达到 2.6 万亿元，累计投资收益额 1.25 万亿元，相当于资产总额的一半，年均投资收益率达到了 8.14%。[②]

二、从财政赤字变化观察财政风险

当财政收大于支时称为财政盈余，反之则称为赤字。赤字率是指财政赤字占 GDP 的比重，是衡量财政风险的一个重要指标。我国公布的赤字率指的是一般公共预算赤字，但财政赤字并不是一般公共预算收入与一般公共预算支出简单相减得出的结果，还考虑了使用预算稳定调节基金、从政府性基金预算和国有资本经营预算调入资金、动用结转结余资金[③] 等因素，财政部公布的财政赤字计算公式为

财政赤字 = 支出总量（全国一般公共预算支出 + 补充预算稳定调节基金）- 收入总量（全国一般公共预算收入 + 全国财政调入资金及使用结转结余）

2020 年，我国全国一般公共预算收入为 182 894.92 亿元，支出 245 588.03 亿元，二者的差额为 48 468.29 亿元。同时，当年全国财政使用结转结余及调入资金 26 133.32 亿元，补充中央预算稳定调节基金 1040.21 亿元，所以最终的财政赤字为 37 600 亿元，要小于直接计算收支得到的差额，以此计算出的赤字率为 3.7%。

① 楼继伟. 17 地万亿养老金交由全国社保基金打理 [EB/OL]. http://finance.sina.com.cn/roll/2019-11-20/doc-iihnzhfz0592858.shtml，2019-11-20.
② 全国社会保障基金理事会. 社保基金年度报告（2019 年度）[EB/OL]. http://www.ssf.gov.cn/cwsj/ndbg/202009/t20200910_7798.html，2020-09-11.
③ 全国财政调入资金及使用结转结余，是中央和地方财政按照建立跨年度预算平衡机制、推进财政资金统筹使用以及盘活财政存量资金等要求，从预算稳定调节基金、政府性基金预算、国有资本经营预算调入的资金，以及地方财政使用的以前年度结转结余资金（按照现行规定，地方财政结转结余资金当年不列预算支出，在以后年度实际使用时再列预算支出）。

国际上通常将 3% 作为财政赤字率健康与否的警戒线，如图 1-7-9 所示，长期以来，我国赤字率也都维持在 3% 以下，2020 年超过 3% 是特殊情况下的特殊安排，并不意味着这将成为未来财政赤字率的常态。事实上，2021 年财政预算安排中，赤字率已经在向 3% 的水平回归。根据政府工作报告，当年赤字规模相比 2020 年减少 1900 亿元至 3.57 万亿元，赤字率按照 3.2% 左右安排。

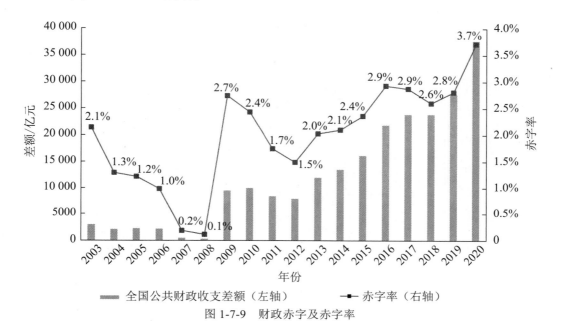

图 1-7-9　财政赤字及赤字率

资料来源：财政部。

鉴于我国财政收支实际上是按照"四本账"进行预算，从全口径预算的角度，需要将"四本账"合并为一个账本。对此，根据国际货币基金组织（IMF）数据公布特殊标准（SDDS）的要求，财政部还发布年度广义政府运行（General Government Operations）数据。

据财政部的解释，广义政府收入是指一般公共预算收入、政府性基金收入、国有资本经营收入、社会保险基金收入的合并数据，并剔除了重复计算部分[1]。

以广义政府收支衡量，如图 1-7-10 所示，近年来我国政府财政支出增长的同时，政府收入增长放缓，财政赤字规模不断扩大。2019 年达到 42 340 亿元，高于一般公共预算口径的财政赤字规模。如果以广义赤字率（广义政府收支差额 /GDP）衡量，2013 年

———————————
[1]　广义政府收入不包括国有土地使用权出让收入，是因为根据 IMF《政府财政统计手册》的定义，政府收入是指增加政府权益或净值的交易，国有土地出让行为是一种非生产性资产的交易，结果只是政府土地资产的减少和货币资金的增加，并不带来政府净资产的变化，不增加政府的权益，因而不计作政府收入。相应地，广义政府支出也按上述口径统计。

以来我国财政赤字率上升速度较快，从 2013 年的 0.4% 上升到 2019 年的 4.3%，也要高于根据一般公共预算收支计算的赤字率。虽然当前全球主要经济体多数赤字率都超过了 3%，但从防风险的角度看，未来随着疫后经济逐步恢复常态，仍需要控制财政赤字规模，避免赤字率的趋势上升。

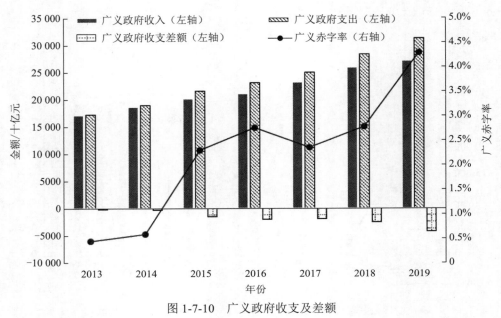

图 1-7-10　广义政府收支及差额

资料来源：财政部。

三、分税制下的地方政府债务问题

地方政府债务是政府财政关注的一个重点领域。在 1994 年分税制改革后，中央财政收入逐步增加，而事权逐步向地方政府下放，由此导致中央和地方财权和事权的不匹配日益突出（见图 1-7-11、图 1-7-12）。2019 年，地方一般公共预算收入约占总财政收入的 53.3%。但地方政府财政支出占财政支出总额的 85.2%，地方财政压力不言而喻。

为此，国务院 2016 年 8 月公布了《国务院关于推进中央与地方财政事权和支出责任划分改革的指导意见》（国发〔2016〕49 号），其中规定，中央的财政事权如委托地方行使，要通过中央专项转移支付安排相应经费。属于地方的财政事权原则上由地方通过自有财力安排，对于地方政府履行财政事权、落实支出责任存在的收支缺口，一方面，可以通过上级政府给予的一般性转移支付进行弥补；另一方面，地方政府的部分资本性支出可以通过发行政府性债券等方式进行融资。2020 年，我国中央对地方一般性转移支付 69 557.23 亿元，专项转移支付 7765.92 亿元。

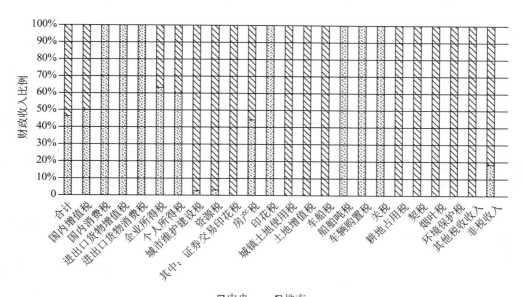

图 1-7-11 中央和地方财政收入比例

资料来源：财政部。

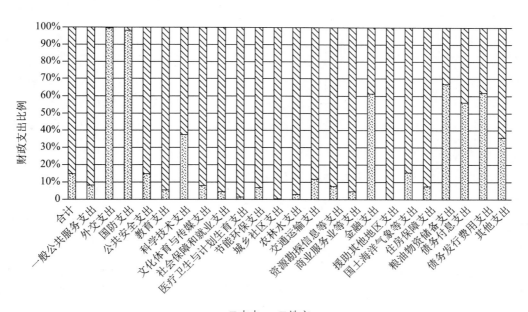

图 1-7-12 中央和地方财政支出比例

资料来源：财政部。

| 专栏 | 中央和地方税收及事权的划分 |

1994 年分税制改革后，我国建立起由中央税、地方税和央、地共享税构成的税收体制框架，此后随着财税制度改革深入进行了多次调整。目前，中央和地方税收收入划分如表 1-7-5 所示。

表 1-7-5　中央和地方税收收入划分

	税　　种
中央政府固定收入	消费税（含进口环节海关代征的部分）、车辆购置税、关税、海关代征的进口环节增值税等
地方政府固定收入	城镇土地使用税，房产税，车船使用税，耕地占用税，契税，遗产和赠予税，烟叶税，土地增值税等
中央与地方共享收入	（1）增值税（不含进口环节由海关代征的部分）：中央政府分享 50%，地方政府分享 50%； （2）企业所得税：中国铁路总公司、各银行总行及海洋石油企业缴纳的部分归中央政府，其余部分中央与地方政府按 60%∶40% 的比例分享； （3）个人所得税：储蓄存款利息所得的个人所得税归中央政府，其余部分中央与地方政府按 60%∶40% 的比例分享； （4）资源税：海洋石油企业缴纳的部分归中央政府，其余部分归地方政府； （5）城市维护建设税：中国铁路总公司、各银行总行、各保险总公司集中缴纳的部分归中央政府，其余部分归地方政府； （6）印花税：证券交易印花税归中央收入，其余部分归地方

资料来源：财政部。

从财政支出看，中央主要承担国家安全、外交和中央国家机关运转所需经费，调整国民经济结构、协调地区发展、实施宏观调控所需支出，中央直接管理的社会事业发展支出；地方主要承担本地区政权机关运转所需支出，以及本地区经济、社会事业发展支出。中央和地方事权划分见表 1-7-6。

表 1-7-6　中央和地方事权划分

	支 出 项 目
中央财政支出	国防费，武警经费，外交和援外支出，中央级行政管理费，中央统管的基本建设投资，中央直属企业的技术改造和新产品试制费，地质勘探费，由中央财政安排的支农支出，由中央负担的公检法支出和文化、教育、卫生、科学等各项事业费支出
地方财政支出	地方行政管理费、公检法支出、部分武警经费、民兵事业费、地方统筹的基本建设投资，地方企业的技术改造和新产品试制经费，支农支出，城市维护和建设经费，地方文化、教育、卫生等各项事业费，价格补贴支出以及其他支出

资料来源：财政部。

　　政府债券可分为**中央政府债券**和**地方政府债券**。前者是指中央政府为弥补财政赤字或筹措建设资金而发行的债券。而地方政府债券，是地方政府为筹措财政收入而发行的债券。如图 1-7-13 所示，我国政府债券以地方政府债券为主，2020 年占比达到 55.1%。

图 1-7-13　政府债务规模及结构

资料来源：财政部。

　　地方政府债券通常按照资金的用途和偿还资金的来源分为**一般债券**和**专项债券**。根据 2014 年 10 月发布的《国务院关于加强地方政府性债务管理的意见》（国发〔2014〕43 号），没有收益的公益性事业发展确需政府举借一般债务的，由地方政府发行一般债券融资，以一般公共预算收入偿还；有一定收益的公益性事业发展确需要政府举借专项债务的，由地方政府通过发行专项债券融资，以对应的政府性基金或专项收入偿还。由此形成的一般债务收支纳入一般公共预算管理，专项债务收支纳入政府性基金预算管理。

　　如图 1-7-14 所示，我国地方债发行以专项债券为主。2020 年，为应对新冠肺炎疫情的冲击，我国较大规模增加了地方政府债券额度，特别是专项债的额度。根据财政部数据，全国发行地方政府债券 64 438.1 亿元，较上年增加了 2.08 万亿元。其中，一般债券 23 033.7 亿元，占比为 35.7%，较上年增加了 5290 亿元；专项债券 41 404.5 亿元，较上年增加了 15 523 亿元，占比达到 64.3%。

　　根据债券融资的用途，地方政府债券又分为**新增债券**、**置换债券**和**再融资债券**。其中，新增债券是指地方政府债务的增量部分。置换债券和再融资债又称借新还旧债券，针对的是地方政府债务的存量部分，因而不会增加地方政府债务余额。

　　置换债券是用于偿还 2014 年以前的非债券形式地方政府存量债务。为了规范地方政府债务管理，并降低地方政府利息负担，优化期限结构，2015 年财政部启动地方政府存量债务的置换工作，提出用 3 年时间将地方政府通过银行贷款、融资平台等非债券方式举措的 14.34 万亿元存量债务进行置换。因此 2018 年后置换债的发行规模已经非常小。

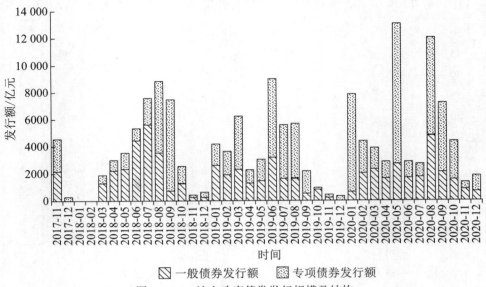

图 1-7-14　地方政府债券发行规模及结构

资料来源：财政部。

再融资债则主要用于偿还到期的债券形式地方政府债务。根据财政部数据，2020 年全国发行的地方政府债券中，新增债券发行规模为 45 524.85 亿元，占比是 70.6%；再融资债券为 18 913.27 亿元，占比是 29.4%。

从已发行的专项债来看，募集资金多用于市政建设、交通运输、保障性住房建设安居工程等基础设施建设领域。除了进入政府性基金，以直接投资的方式投入项目建设外，2019 年 6 月，国家出台的《关于做好地方政府专项债券发行及项目配套融资工作的通知》提出，对国家重点支持的铁路、国家高速公路和支持推进国家重大战略的地方高速公路、供电、供气项目，允许将部分专项债券作为一定比例的项目资本金。9 月，国务院常务会议又将专项债券作为项目资本金的领域由四个进一步扩大至"铁路、轨道交通、城市停车场等交通基础设施，城乡电网、天然气管网和储气设施等能源项目，农林水利，城镇污水垃圾处理等生态环保项目，职业教育和托幼、医疗、养老等民生服务，冷链物流设施，水电气热等市政和产业园区基础设施"等的重大基础设施项目。因此，专项债可以在一定程度上起到杠杆资金的作用，进一步扩大基础设施建设投资。

从每年国家下达的新增债券发行额度的情况，可以判断财政政策力度以及基建固定资产投资情况。2020 年国家增加专项债券额度，有力地支撑了地方政府扩大有效投资，对于稳增长、保民生发挥了积极的作用。但同时也要看到，近年来随着经济下行压力加大，我国新增债券的发行额度增长速度较快。如图 1-7-15 所示，截至 2020 年末，我国地方政府债券余额为达到 256614.7 亿元，较上年增加了 4.35 万亿元。

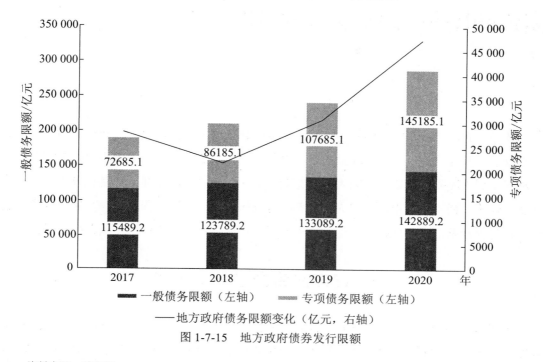

图 1-7-15　地方政府债券发行限额

资料来源：财政部。

债务规模是一个绝对数额，通常用债务率或者负债率来反映政府偿债能力或者债务水平。根据财政部数据，截至 2020 年末，全国政府债务余额达到 46.6 万亿元，全国政府债务的负债率（债务余额 /GDP）为 45.8%，较上年提高 7.3 个百分点，虽然低于国际上普遍认同的 60% 警戒线，风险总体可控，但也需要控制债务率上升的速度。尤其是地方政府债务率近年来上升较快，以债务率（债务余额 / 综合财力[①]）衡量，2019 年，我国地方政府债务率已经达到 82.9%，根据测算，2020 年地方政府债务率进一步逼近 100% 的警戒标准，未来还有可能进一步上升。由于地方政府仍面临财政吃紧的问题，要化解地方政府债务问题，控制地方政府债务过快扩张，短期看，中央需要进一步加大对地方的转移支付力度。长远看，需要推进财税体制改革，构建中央、地方事权和财权更加匹配的财税体制。

---

① 根据财政部关于印发《新增地方政府债务限额分配管理暂行办法》的通知（财预〔2017〕35 号），某地区政府财力 = 一般公共预算收入 + 政府性基金预算收入 + 中央补助收入 - 上解支出。

第八章

货币调控——理解央行的货币政策

　　货币，也就是我们常说的钱，在经济活动中起到度量价格、交易媒介以及储藏财富等多重功能，是经济运行中不可或缺的"润滑剂"。货币通常由各国的中央银行控制发行。根据《中国人民银行法》，中国人民银行是我国的中央银行，并在国务院领导下制定和执行货币政策。相关统计指标均由人民银行按月发布。同时，当一国货币与其他国家货币进行兑换时就涉及汇率的问题，我国人民币汇率政策的制定和实施也由中国人民银行负责。

一、货币政策的目标与工具

　　中央银行对货币供给量或利率的调控形成了货币政策。通常，中央银行将实现物价稳定、充分就业等经济社会发展目标作为货币政策的最终政策目标。20世纪80年代以来，各国货币政策目标表现出从多目标向单一目标收敛的特征，即首要目标是维持物价稳定。比如根据《马斯特里赫特条约》，欧洲中央银行体系的主要目标是保持物价稳定。在不与此目标相抵触的情况下，各国中央银行可以在促进就业、经济增长等方面提供支持。《日本银行法》规定，日本银行货币政策的最终目标是保持价格水平稳定，并以此为国家经济活动的提供稳定和持续增长的基础。根据《中国人民银行法》，我国的货币政策目标是保持货币币值的稳定，并以此促进经济增长，这意味着对内保持物价稳定，对外保持人民币汇率在合理均衡水平上基本稳定[1]。最终政策目标的实现需要通过一定的中介目标来完成，而达成中介目标又依赖于央行对货币政策工具的使用（见图1-8-1）。

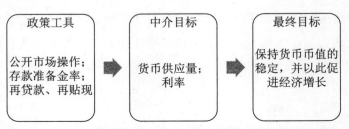

图 1-8-1　货币政策工具、中介目标及最终目标之间的关系

---

① 孙国峰. 健全现代货币政策框架 [EB/OL]. http://www.financeun.com/newsDetail/38332.shtml，2021-01-15.

　　"工欲善其事，必先利其器"，要实现货币政策目标，就需要相应的货币政策工具。在中国人民银行的网站上，列举了八种货币政策工具（见图1-8-2）。其中，公开市场操作、存款准备金率和再贴现率政策通常被称为央行金融宏观调控的"三大法宝"。

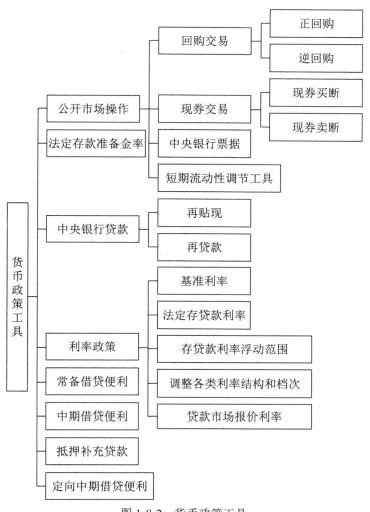

图1-8-2　货币政策工具

资料来源：根据中国人民银行网站信息绘制。

　　公开市场业务是中央银行通过买卖有价证券调节货币供应量的活动。央行卖出证券相当于回收货币，反之则是投放货币。与其他货币政策工具相比，公开市场业务可以由中央银行主动控制交易的规模和方向，而且对货币供给的调节具有即时性，所以是中国人民银行货币政策日常操作的主要工具之一。目前中国人民银行每个工作日上午9点20分（无操作在9点公布，有操作在9点20分公布）之前在网站以《公开市场业务交易公告》的方式公布当日公开市场业务操作情况。

按照交易品种划分，公开市场业务债券交易主要包括**回购交易、现券交易**和**发行中央银行票据**。其中**回购交易**分为正回购和逆回购两种，正回购为中国人民银行卖出有价证券，并约定在未来特定日期买回有价证券的交易行为，正回购为央行从市场收回流动性的操作，正回购到期则为央行向市场投放流动性的操作；逆回购为中国人民银行向一级交易商购买有价证券，并约定在未来特定日期将有价证券卖给一级交易商的交易行为，逆回购为央行向市场上投放流动性的操作，逆回购到期则为央行从市场收回流动性的操作。**现券交易**分为现券买断和现券卖断两种，前者为央行直接从二级市场买入债券，一次性地投放基础货币；后者为央行直接卖出持有债券，一次性地回笼基础货币。**中央银行票据**即中国人民银行发行的短期债券，央行通过发行央行票据可以回笼基础货币，央行票据到期则体现为投放基础货币。2002 年起，我国"双顺差"规模不断扩大，外汇占款增加使得国内基础货币供给大量被动投放，央行票据主要被用于对冲外汇占款。2013 年后，随着对冲外汇占款的需求降低，央行已很少发行中央银行票据。

2013 年 1 月，中国人民银行还创设了"短期流动性调节工具"（Short-term Liquidity Operations，SLO），作为公开市场常规操作的补充，调节短期货币供应，但随着 2016 年 2 月公开市场操作的日常化，以 7 天为主的 SLO 与 7 天期逆回购重复，而且 SLO 操作对象较逆回购范围窄，导致 SLO 的运用频率降低，目前已经基本暂停使用 SLO。

存款准备金是指金融机构为保证客户提取存款和资金清算需要而准备的在中央银行的存款，中央银行要求的存款准备金占其存款总额的比例就是法定存款准备金率。中央银行通过调整法定存款准备金率，可以影响金融机构的信贷扩张能力，从而间接调控货币供应量。打比方说，如果法定存款准备金率为 10%，就意味着金融机构每吸收 100 万元存款，要向央行缴存 10 万元的存款准备金，用于发放贷款的资金为 90 万元；倘若将法定存款准备金率提高到 10.5%，那么金融机构的可贷资金将减少到 89.5 万元。由于法定存款准备金率的微小调整也会引起社会货币供应总量的较大变动，所以央行在调整法定存款准备金率时往往比较谨慎。

中央银行贷款，实际上包含了**再贷款**和**再贴现**两种政策工具。**再贷款**是中央银行对金融机构的贷款。自 1984 年中国人民银行专门行使中央银行职能以来，再贷款一直是我国中央银行的重要货币政策工具。但随着我国金融宏观调控方式由直接调控转向间接调控，再贷款所占基础货币的比重逐步下降，目前新增再贷款主要用于引导扩大县域和"三农"信贷投放。**再贴现**是中央银行对金融机构持有的未到期已贴现商业汇票予以贴现的行为。在我国，中央银行通过调整再贴现总量及利率，明确再贴现票据选择，达到吞吐基础货币和实施金融宏观调控的目的。

利率政策。根据中国人民银行网站上的介绍，目前采用的利率工具主要有：①调整中央银行基准利率，包括：再贷款利率，是指中国人民银行向金融机构发放再贷款所采用的利率；再贴现利率，是指金融机构将所持有的已贴现票据向中国人民银行办理再贴现所采用的利率；法定存款准备金率，是指中国人民银行对金融机构交存的法定存款准备金支付的利率；超额存款准备金率，是指中央银行对金融机构缴存的准备金中超过法定存款准备金水平的部分支付的利率。②调整金融机构法定存贷款利率。③制定金融机构存贷款利率的浮动范围。④制定相关政策对各类利率结构和档次进行调整等。

近年来，中国人民银行为推进利率市场化进程，推出了一些新的公开市场操作工具，比如，常备借贷便利、中期借贷便利、抵押补充贷款等（见表 1-8-1）。

表 1-8-1 新型公开市场操作工具

工具名称	简称	俗　称	创设时间	期　　限	对　　象	投向
短期流动性调节工具	SLO	"酸辣藕"	2013 年初	7 天以内	所有商业银行	
常备借贷便利	SLF	"酸辣粉"	2013 年初	1～3 个月	政策性银行和全国性商业银行	
中期借贷便利	MLF	"麻辣粉"	2014 年 9 月	3 个月、6 个月、1 年	符合宏观审慎监管要求的商业银行和政策性银行	
抵押补充贷款	PSL	"披萨蓝"	2014 年 4 月	3～5 年	政策性银行	棚户区改造
定向中期借贷便利	TMLF	"特麻辣粉"	2018 年 12 月	1、2、3 年	大型商业银行、股份制商业银行和大型城市商业银行	小微企业、民营企业

常备借贷便利（Standing Lending Facility，SLF）。中国人民银行于 2013 年初创设了常备借贷便利，主要功能是满足金融机构的大额流动性需求。央行在每月初公布上月常备借贷便利开展情况。对象主要为政策性银行和全国性商业银行。SLF 的操作期限并不长，以 1 个月以内的短期为主。期限为隔夜、7 天和 1 个月。常备借贷便利以抵押方式发放，合格抵押品包括高信用评级的债券类资产及优质信贷资产等。

中期借贷便利（Medium-term Lending Facility，MLF）。中期借贷便利是中国人民银行 2014 年 9 月创设的，用于提供中期基础货币的货币政策工具，对象为符合宏观审慎管理要求的商业银行、政策性银行，可通过招标方式开展。中期借贷便利采取质押方式发放，金融机构提供国债、央行票据、政策性金融债、高等级信用债等优质债券作为合格质押品。中期借贷便利利率发挥中期政策利率的作用。央行每月初在官方网站上公布上月中期借贷便利开展情况。

抵押补充贷款（Pledged Supplemental Lending，PSL）。抵押补充贷款是 2014 年 4 月人民银行为支持国家"棚户区改造"而设立的信贷支持工具，主要用于为开发性金融支持棚改提供长期稳定、成本适当的资金来源。贷款对象为国家开发银行、中国进出口银行、中国农业发展银行，抵押补充贷款的主要功能是支持国民经济重点领域、薄弱环节和社会事业发展而对金融机构提供的期限较长的大额融资。抵押补充贷款采取质押方式发放，合格抵押品包括高等级债券资产和优质信贷资产。央行每月初在官方网站上公布上月抵押补充贷款开展情况。

定向中期借贷便利（Targeted Medium-term Lending Facility，TMLF）。为加大对小微企业、民营企业的金融支持力度，2018 年 12 月中国人民银行创设定向中期借贷便利工具，该操作期限为一年，到期可根据金融机构需求续做两次，这样实际使用期限可达到三年。定期中期借贷便利利率比中期借贷便利（MLF）利率优惠 15 个基点，操作对象为符合相关条件并提出申请的大型商业银行、股份制商业银行和大型城市商业银行。中国人民银行在 2019 年 1 月和 4 月进行过两次定向中期借贷便利操作。

此外，中国人民银行根据形势变化和政策需要，还创设了其他一些政策工具，比如 2020 年 6 月，为增强对稳企业、保就业的金融支持力度，创设"普惠小微企业贷款延期支持工具"和"普惠小微企业信用贷款支持计划"两项直达实体经济的货币政策工具。

二、我国的货币政策转型

货币政策按中介目标可以划分为数量型和价格型两种。当前我国货币政策仍是以 M2、社会融资规模为中介目标的数量型货币政策，但从国际经验看，随着金融市场日益复杂化，央行越来越难以有效控制货币总量，货币政策将转向以利率为中介目标的价格型货币政策。20 世纪 80 年代后，美、欧、日等的货币政策中介目标纷纷从 M1、M2 转向联邦基金利率、隔夜拆借利率等。近年来，人民银行也在推进货币政策框架向价格型调控转型。下面对我国两种类型的货币政策中介目标以及货币政策转型方向进行介绍。

（一）货币供应量

货币供应量是指一国经济中可用于各种交易的货币总存量。货币不仅包括我们平时用的现金、银行存款，购买的余额宝等宝宝类货币基金，还包括各种商业票据，是承担流通和支付手段的金融工具总和。按照流动性的高低，货币供应量被划分为不同的层次，根据《中国人民银行货币供应量统计和公布暂行办法》，我国的货币供给包含四个层次：

M0：流通中现金。

M1：M0+ 单位活期存款。

M2：M1+ 储蓄存款 + 定期存款 + 其他存款，包括了可能成为现实购买力的货币形式。

以上三个层次的货币供给划分中，流动性依次递减，M0 是居民和企业手中的现金，随时能拿来消费支出，所以流动性最高。单位活期存款虽然流动性低于现金，但也是能够随时变现的，所以也有较高的流动性，也被称为狭义货币。由于 M2 中的定期存款受期限限制，不能随时变现，所以流动性最低，但它涵盖的范围广，包括了可能成为现实购买力的货币形式，所以又称为广义货币。M2 与 M1 的差额通常称作准货币。

此外，在我国货币供给的统计层次里还有 M3，主要是 M2 再加上金融债券、商业票据、大额可转让定期存单等。但我国目前只测算和公布 M0、M1 和 M2 的货币供应量，M3只测算不公布。

我国自 1994 年 10 月起，由中国人民银行正式编制并按季公布"货币供应量统计表"。1996 年起按月公布月度的货币供应量，通常在每月中旬公布上一个月 M0、M1、M2 的绝对值以及同比增速。

从我国货币供应量的结构看，如图 1-8-3 所示，M0 的占比在逐步降低，这其中一个重要的原因便是信用卡等支付工具的普及，特别是微信、支付宝被广泛使用，人们在交易中越来越少地用到现金，未来如果数字货币普及，那么 M0 的占比将变得微乎其微，甚至可能被完全取代。同时，准货币的比重在逐步提高。

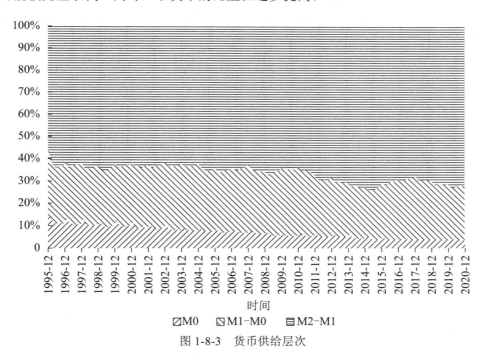

图 1-8-3　货币供给层次

资料来源：中国人民银行。

通常所说的货币供应量主要是指广义货币 M2。1996 年，我国正式将货币供应量作为货币政策的中介目标，即央行通过控制 M2 的变化，从而实现经济平稳增长和物价的稳定。1998 年后，中国人民银行每年年初都会确定当年的 M1、M2 和信贷规模调控目标，2007 年后改为只公布广义货币供应量 M2 的增长目标。同时，每年的政府工作报告中也会公布当年 M2 的预期增速，但自 2018 年起，政府工作报告中不再提及 M2 增速目标。

　　在货币政策的具体执行过程中，比如 2018—2019 年，M2 增速与名义经济增速基本保持了同步增长。2020 年底的中央经济工作会议提出，要保持 M2 和社会融资规模增速同名义经济增速基本匹配。需要注意的是，"基本匹配"而不是"完全匹配"或者"完全相等"，意味着我国货币供给兼顾原则性和灵活性，一方面，货币供给与名义经济增速基本匹配可以使货币供给与经济发展的货币需求总体保持一致，避免货币超发，从而有利于实现人民银行"保持货币币值的稳定"的目标。另一方面，当名义经济增长出现明显下滑或者过热时，可以发挥货币政策的逆周期调节作用，使货币供给增速暂时性高或低于名义经济增速，而不必拘泥于既定的数值目标。比如 2020 年，为应对新冠肺炎疫情，M2 增速明显高于上年及 GDP 名义增速，随着二季度后经济逐步恢复常态，M2 增速逐步回落。

　　货币供给与名义经济增速的基本匹配也符合货币与经济增长之间的基本规律。传统经济学理论认为，长期内货币是中性的，不会影响到实际产出的变化，货币供给的变化长期看只会改变社会整体的价格水平。而在短期，货币被认为是非中性的。假如中央银行实施宽松的货币政策，增加货币供给增或者降低基准利率，就会刺激企业增加投资，居民扩大消费，从而起到刺激经济增长的作用；反之则会导致经济减速。

　　由于货币政策的传导存在时滞，M2 变化一定程度上要领先于实际 GDP 增速。比如，在图 1-8-4 中，2008 年随着美国次贷危机蔓延加深，对我国经济的冲击逐步显现，年中央行调整货币政策方向，年内五次下调存贷款基准利率，四次下调存款准备金率，M2 增速迅速提高，2009 年 11 月最高达到 29.7%。在强有力的刺激政策支持下，我国 GDP 增速在 2009 年二季度反弹，2010 年最高回升至 12.2%。

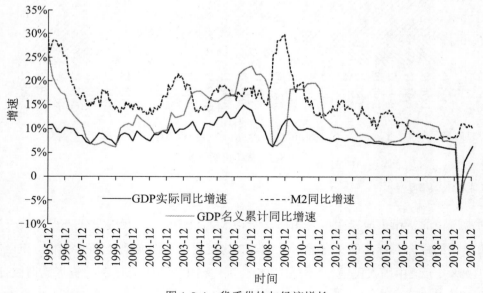

图 1-8-4　货币供给与经济增长

资料来源：中国人民银行、国家统计局。

同时,在经济常态运行情况下,货币供给要与经济增长相适应,否则会造成通货膨胀或者紧缩的压力。在第五章提到,我国 M2 增速要领先于 GDP 平减指数变化一年左右。2008—2009 年货币政策放松期间,M2 高速增长,这也造成了其后物价水平的较快上升。2011 年三季度,GDP 平减指数衡量的整体通胀水平同比上涨了 9.25%。当年 7 月 CPI 同比涨幅最高达到了 6.45%。所以货币供应量的过快增长与通货膨胀之间存在因果关系。货币供给需要与名义经济增速保持基本匹配。

专栏   **央行的货币如何投放出去?**

货币发行是中央银行的负债业务,而投放货币形成的债券以及外汇资产则构成了存款性公司的资产。所以货币供给数据反映在央行编制的"存款性公司概览"表中。所谓存款性公司,主要是央行和各类银行,以及财务公司等。

以 2020 年 1 月的数据表(见表 1-8-2)为例,M0 是指表中流通中的货币,M1 为 M0+ 单位活期存款,也就是货币。M2 为货币加上准货币。根据会计准则中的"资产=负债"原则:

M2=国外净资产+国内信贷-不纳入广义货币的存款-债券-实收资本-其他(净)

式中,国外净资产主要是购买外汇而投放的货币,也就是我们平时说的外汇占款,这部分为 26.6 万亿元;国内信贷是通过银行贷款等投放的货币 221.1 万亿元。其中又以对非金融部门债权为主,为 166.9 万亿元。这主要包含了对非金融企业、居民部门的信贷。

表 1-8-2   存款性公司概览   亿元人民币

项目(Item)	2020 年 1 月
国外净资产 (Net Foreign Assets)	265 874.44
国内信贷(Domestic Credits)	2211 410.81
对政府债权(净)[Claims on Government(net)]	291 977.04
对非金融部门债权(Claims on Non-financial Sectors)	1669 424.18
对其他金融部门债权(Claims on Other Financial Sectors)	250 009.60
货币和准货币(Money & Quasi Money)	2023 066.48
货币(Money)	545 531.79
流通中货币(Currency in Circulation)	93 249.16
单位活期存款(Coporate Demand Deposits)	452 282.62
准货币(Quasi Money)	1477 534.69
单位定期存款(Coporate Time Deposits)	383 920.71
个人存款(Personal Deposits)	861 177.06

续表

项目 Item	2020 年 1 月
其他存款（Other Deposits）	232 436.92
不纳入广义货币的存款 （Deposits Excluded from Broad Money ）	49 193.42
债券（Bonds）	278 861.13
实收资本（Paid-in Capital）	64 849.04
其他（净）[Other Items （net）]	61 315.18

资料来源：中国人民银行网站。

目前我国投放货币的主要渠道是国内信贷。我国 2001 年加入世贸组织后，由于贸易顺差迅速扩大，通过外汇占款渠道投放的货币一度占比上升，但随着近年来我国贸易趋于均衡，央行逐步退出对汇率的常态化干预，外汇占款投放的货币主要是前期已经投放出去的存量，增量已经很少甚至较最高点还有所下降。

（二）社会融资规模

近年来，随着我国金融市场和金融产品不断发展，社会融资结构发生显著变化，企业通过发行股票、债券等方式直接融资的规模增长迅速，以证券、保险等为代表的非银行金融机构对实体经济的影响显著加强，商业银行表外业务大量增加，新增贷款已难以全面反映实体经济的融资总量。在这样的背景下，社会融资规模指标应运而生。

与货币供应量 M2 不同，社会融资规模是从金融机构的资产端，度量了一定时期末实体经济从金融体系获得的全部资金总额，涵盖的资产范围更广，是我国独创的指标。社会融资规模自 2011 年由中国人民银行首次公布以来，已经与 M2 共同成为央行货币政策调控的中间目标。社会融资规模的增量和存量数据按月公布，由中国人民银行每月中旬公布上月数据。数据来源于"一行两会"（中国人民银行、银保监会、证监会）、中央国债登记结算有限责任公司和银行间市场交易商协会等部门。

社会融资规指标自发布以来，也在不断调整完善[①]，按照最新的统计口径，社会融资规模由 10 项子指标汇总而成，可以划分为四部分：

表内业务，是指金融机构资产负债表中，可以由资产和负债栏目揭示的业务，主要是实体经济从银行系统中获得的资金，包括人民币贷款和外币贷款。

表外业务，是指金融机构从事的不列入资产负债表，但能影响当期损益的经营活动，

---

① 2018 年 7 月，中国人民银行将"存款类金融机构资产支持证券"和"贷款核销"纳入社融统计，在"其他融资"项下单独列示。9 月，将 "地方政府专项债券"纳入社会融资规模统计。2019 年 9 月，中国人民银行将"交易所企业资产支持证券"纳入"企业债券"指标。12 月起，将"国债"和"地方政府一般债券"纳入社会融资规模统计，与原有"地方政府专项债券"合并为"政府债券"指标。

包括委托贷款、信托贷款和未贴现的银行承兑汇票；表外业务部分反映了实体经济从影子银行体系中获取的资金。

直接融资，是指实体经济以股票、债券等金融工具直接从金融市场获得的融资，包括非金融企业境内股票筹资、企业债券融资、政府债券。

其他业务，是指金融系统通过其他方式向实体经济提供的资金支持，社融开始统计时主要包括保险公司赔偿、投资性房地产、其他融资，但它们的规模很小，现在中国人民银行仅公布存款类金融机构资产支持证券、贷款核销两项数据。

其中，资产支持证券（Asset-Backed Securities，ABS）是指由银行、企业等，将贷款、应收账款等作为基础资产，委托给一个特殊目的载体（SPV），由其发行的，以该财产所产生的现金支付其收益的收益证券。以商业银行贷款为基础资产发行的资产支持证券归为存款类金融机构资产支持证券，以企业应收账款、融资租赁租金、小额贷款公司债权、市政基础设施收费、商业物业租金等为基础资产发行的为交易所企业资产支持证券，被归入企业债券。

加入贷款核销，主要是由于人民币贷款在统计时扣除了不良贷款，但这部分资金实际上已经贷出去了，所以计算社融总规模需要做加回处理。

我国社会融资首先以间接融资为主，以 2019 年为例，当年银行提供的人民币贷款占我国社会融资规模的比例为 66%；其次是直接融资，其中债券融资占比 13%，股票融资占比 1%，政府债券融资占比达到 18%。因近年来国家加强了对表外融资的监管，委托贷款、信托贷款和未贴现票据融资均不同程度下降。

从前面 M2 的计算过程中可以看出，社会融资规模相当于金融机构的资产，与 M2 是一枚硬币的两面，理论上走势应基本一致。但实际上两者由于统计范围上的差异，短期走势也可能背离。如图 1-8-5 所示，社融增速和 M2 增速基本同步，但 2016 年后，由于通过信托贷款、未贴现的银行承兑汇票、存款类金融机构资产支持证券等途径的融资规模迅速增长，导致二者出现一定背离。2018 年我国加强了对表外融资的监管，这部分融资同比增速出现持续收缩，社融增速与 M2 再次趋于一致。

（三）基准利率

近年来，我国货币政策调控框架逐步向价格型转变，总体路径是建立并完善以公开市场操作利率为短期政策利率和以中期借贷便利利率为中期政策利率的央行政策利率体系，进而引导市场利率围绕央行政策利率中枢运行[①]。目前，我国基于实际交易的基准利率体系建设已取得重要进展，货币市场、债券市场、信贷市场等基本上都已培育了各

---

① 易纲. 建设现代中央银行制度 [N]. 人民日报，2020-12-24。

自的指标性利率[①]。如存款类金融机构间的债券回购利率（DR）、国债收益率、贷款市场报价利率（LPR）等已成为观测我国流动性和货币政策松紧情况的重要参考。

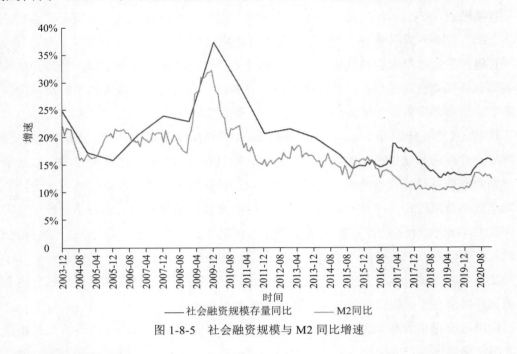

图 1-8-5 社会融资规模与 M2 同比增速

资料来源：中国人民银行。

1. 短期政策利率

短期利率（Short-Term Interest Rate）是指融资期限在一年以内的各种金融资产的利率，也指货币市场上的利率。我国的货币市场主要包括银行间同业拆借市场、债券回购市场和票据市场等。其中，同业拆借和债券回购是商业银行在货币市场上融通短期资金的主渠道。所以央行通过影响货币市场资金利率，就可以调节金融体系的货币供给。

短期政策利率的作用在于引导短期利率走向。国际上对于短期利率的调控存在公开市场操作和"利率走廊"两种模式，实施公开市场操作模式的国家有中国、美国、日本等国家。欧元区国家、加拿大、澳大利亚、新西兰等则是实行"利率走廊"调控模式。

当前，我国的公开市场业务以逆回购操作为主，期限和数量根据财政、现金等多种临时性因素以及市场需求情况灵活调整。近年来，央行逆回购的期限多为 7 天，也会少量开展 14 天、28 天以及 63 天期限的逆回购，在市场资金量需求量比较大的时间节点，如逆回购集中到期，以及春节前后、季末、缴税缴准、国债和地方债集中发行时，会增加逆回购操作规模，从而维持市场流动性平稳。在 2020 年 1 月末 2 月初，正值春节前后，加

---

① 中国人民银行 .《参与国际基准利率改革和健全中国基准利率体系》白皮书 [EB/OL]. http://www.pbc.gov. cn/goutongjiaoliu/113456/113469/4079810/index.html，2020-08-31.

之疫情逐渐蔓延，人民银行加大了逆回购操作力度，节前一周央行实现资金净投放 3630 亿元。节后在 2 月 3 日进行了 1.2 万亿元的逆回购，除了对冲到期的逆回购外，净投放流动性 1500 亿元，同期银行体系流动性也整体上比上年增加了 9000 亿元。

尽管逆回购操作的数量可以一定程度上反映央行货币政策执行的力度，但观察货币政策的取向关键还是要看逆回购利率的高低。中国人民银行在《2020 年第四季度中国货币政策执行报告》中强调，"判断短期利率走势首先要看政策利率是否发生变化，主要是央行公开市场 7 天期逆回购操作利率是否变化。"2020 年春节后，伴随着逆回购数量的大幅增加，逆回购利率也出现了下降，相比 2019 年末，2020 年逆回购操作中标利率下降了 30 个基点，反映出央行在疫情期间加大了货币政策逆周期调节的力度。

判断短期政策利率调整是否有效传导，则需要观察短期市场利率的变化，该利率也正是央行所要调控的利率，因而被称为市场基准利率。国际金融市场中运用最广的基准利率是伦敦银行间同业拆借利率（LIBOR）。2007 年 1 月，中国人民银行借鉴 LIBOR 的经验，推出了 SHIBOR，并一度将其作为基准利率培育。但与 LIBOR 类似，SHIBOR 不是成交利率，而是报价利率。而且随着银行间债券回购交易量的持续扩大，拆借交易在货币市场交易中的市场份额持续下降，造成 SHIBOR 运用范围较为有限，代表性不足。此外，国际金融危机后 LIBOR 陷入操纵丑闻，并将在 2021 年被取消，这也令与其类似的 SHIBOR 难以成为基准利率。

所以，基准利率应该是基于真实、活跃交易的利率。2014 年 12 月，中国人民银行开始指导交易中心编制存款类金融机构间的债券回购利率（Depository-Institutions Repo Rate，DR），即存款类金融机构间以利率债为抵押，向其他银行借款的利率。其中，存款类金融机构主要是指商业银行，债券主要是国债、地方政府债券、政策性金融债和央行票据。对交易者和质押品范围的限定可以降低交易对手信用风险和抵押品质量对利率定价的扰动，从而更好地反映银行体系流动性松紧状况。2020 年生成 DR 的交易在银行间回购市场中的占比已经接近一半。DR 已经成为我国反映银行体系流动性松紧变化的"晴雨表"[①]。在《参与国际基准利率改革和健全中国基准利率体系》白皮书中，人民银行提出未来将以培育 DR 为重点、健全中国基准利率和市场化利率体系。

DR 涵盖隔夜（DR001）到 1 年（DR1Y）等 11 个品种。其中，借款期限为 7 天的 DR，即 DR007，是判断货币政策松紧程度的重要指标。中国人民银行副行长刘国强在 2019 年 4 月举行的国务院政策例行吹风会上曾表示，判断货币政策松紧程度可以直接看流动性。而观察流动性"可以用一个最简单的指标，就是看银行间的回购利率像 DR007

---

① 中国人民银行.《参与国际基准利率改革和健全中国基准利率体系》白皮书 [EB/OL]. http：//www.pbc.gov. cn/goutongjiaoliu/113456/113469/4079810/index.html，2020-08-31。

等"。[①] 中国人民银行在《2020 年第四季度货币政策执行报告》中也指出，在观察市场利率时重点看市场主要利率指标（DR007）的加权平均利率水平，以及 DR007 在一段时期的平均值。

除公开市场操作外，我国也尝试通过建立"利率走廊"的方式进行调控短期利率[②]。所谓"利率走廊"，是指中央银行通过货币政策工具设置一个利率的上限和下限，相当于走廊的"顶"和"底"，从而使短期市场利率只能在这个区间范围内变化，从而实现对利率水平的控制。

"利率走廊"的上限通常是银行向中央银行借款的利率。如果市场利率超过这一水平，银行就可以向央行而不是其他银行借款，从而使得银行间利率下降至上限利率以下[③]。"利率走廊"的下限一般为银行在央行存款的利率。如果市场利率低于这一水平，那么银行将更愿意将钱存进央行而不是借钱给其他银行，所以市场利率将会上涨至下限水平以上。

我国构建的"利率走廊"上限为"常备借贷便利（SLF）"，下限为"超额存款准备金率"，走廊中的短期利率是央行所要调控的利率，也就是 DR007 利率。

如图 1-8-6 所示，自发布以来，DR007 一直在"利率走廊"里窄幅波动，但远高于超额存款准备金率，这使得"利率走廊"下限对市场利率波动的约束作用有限。2015 年底至 2018 年上半年，DR007 持续运行在 7 天逆回购利率之上，市场上一度也将其作为隐性的"利率走廊"下限。但之后 DR007 利率向下突破 7 天逆回购利率，超额存款准备金率作为"利率走廊"下限回归人们的视野。2020 年初，为应对新冠肺炎疫情的冲击，货币政策边际放松，"利率走廊"的上限和下限均有所调降，DR007 也明显下降。下半年随着经济的恢复，DR007 反映出的市场流动性逐步向正常水平回归，但中枢值仍略低于 2019 年的水平。

---

① 澎湃新闻．央行谈怎么判断松紧适度：最简单的指标是银行间的回购利率 [EB/OL]．https：//www.thepaper. cn/newsDetail_forward_3338583，2019-04-25。

② 2014 年 5 月，时任央行行长的周小川表示，在我国货币政策框架从数量型向价格型转变过程中，未来短期利率的调控方式将采取利率走廊模式。

③ 人民银行在 2015 年一季度货币政策执行报告中提出"探索常备借贷使得利率发挥货币市场利率走廊上限的功能"。2017 年 12 月，人民银行在创设 CRA 时明确了将法定存准率利率作为货币市场利率的下限。

图 1-8-6　我国的利率走廊

资料来源：万得资讯。

2. 中期政策利率

按照货币政策的传导机制，中央银行通过控制短期资金利率，首先影响到金融机构间的流动性进行调节，然后再通过金融市场的传导，影响到金融机构对居民、企业等实体经济部门的存贷款利率，进而实现对经济和通胀的逆周期调节，是一个从金融到实体，从短期到中长期的传导过程。然而从实际情况看，虽然央行现有的货币政策工具能够有效降低货币市场利率，但对于实体经济融资成本的影响却较为有限，存在货币政策传导机制不畅的问题。2018 年，我国货币政策偏向宽松，对此货币市场利率反应较为灵敏，较早出现下降态势。DR007 从 2018 年上半年的 2.95% 左右下降至 2018 年下半年的 2.8% 上下。但贷款加权平均利率的下降相对迟缓，实体企业融资成本仍居高不下，央行货币政策通过货币市场利率传导到贷款利率的效率大打折扣。这其中一个重要原因是我国的利率双轨问题。即虽然我国实现了短期利率的市场化，但仍保留着存贷款基准利率，二者形成了利率双轨。银行发放贷款时大多仍参照贷款基准利率定价，特别是个别银行通过协同行为以贷款基准利率的一定倍数（如 0.9 倍）设定隐性下限，对市场利率向实体经济传导形成了阻碍，成为市场利率下行但实体经济感受不明显的重要原因。

为此，中国人民银行近年来逐步推进"两轨合一轨"，推动贷款利率的市场化定价。早在 2013 年 10 月，中国人民银行就推出了基于 10 家报价行的贷款市场报价利率（Loan Prime Rate，LPR），作为贷款定价的市场化参考指标。但是在此后的近六年时间里，由于报价行仍主要参考贷款基准利率报价，LPR 始终保持和贷款基准利率一致的变化幅度。为进一步推动 LPR 成为市场化贷款利率的基准利率，2019 年 8 月 17 日，央行正式提出基于 18 家报价行最优质客户贷款利率，按 MLF 加减点形成的 LPR 新报价机制（即 LPR= MLF 利率 + 加点幅度）。该利率是商业银行对其最优质客户执行的贷款利率，因此理论上来说，LPR 应是客户贷款利率的下限。同时，由于 MLF 利率由市场化招标形成，反映了银行平均的边际资金成本，从而有效提升了 LPR 报价的市场化程度。新 LPR 有 1 年期和 5 年期以上两个品种，由全国银行间同业拆借中心在每月 20 日上午九点半发布。

截至 2019 年末，新发放贷款中运用 LPR 的占比已达到 90%。在推动增量业务运用 LPR 的基础上，央行还进一步推进存量贷款基准利率转换，2019 年 12 月 28 日，人民银行发布了存量浮动利率贷款定价基准转换的公告。转换于 2020 年 3 月启动，并已于当年 8 月末完成。LPR 改革实施后，货币政策利率向贷款利率传导路径总体变得更为通畅，贷款利率隐性下限被打破，贷款利率跟随市场利率明显下行。如图 1-8-7，截至 2020 年 12 月，1 年期 LPR 合计调整 5 次，5 年期以上 LPR 调整 4 次，1 年期 LPR 与 MLF 利率之间的加点幅度稳定在 90BP。

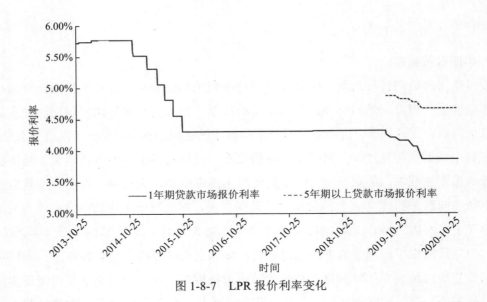

图 1-8-7　LPR 报价利率变化

资料来源：万得资讯。

三、人民币汇率的决定

汇率是货币之间兑换的比率，如果把国外货币看作是一种商品，那么汇率相当于商品的标价。汇率通常有两种表示方法，一种叫直接标价法，即一定单位外币兑换多少单位本币，也可以理解为单位外币的本币价格，美元兑人民币汇率就是直接标价法，2019 年下半年，人民币兑美元的汇率在 7 左右，这意味着 1 美元能够兑换 7 元人民币。如果汇率上升，代表 1 美元能兑换更多人民币，即人民币贬值了，反之则是升值。日元、瑞士法郎、加元等世界多数货币采用的都是直接标价法。还有一种是间接标价法，即一单位本币能兑换多少外币，比如英镑、欧元、澳元兑美元汇率都是间接标价法，英镑兑美元汇率是 1.3，意味着 1 英镑能够兑换 1.3 美元。此时汇率上升则代表本币升值，正好与直接标价法相反。

专栏　　　　　　　　　　　**我国外汇交易市场的结构**

　　当前我国外汇交易市场的结构可以用图 1-8-8 总结。在零售市场，个人和企业客户通过结售汇业务与外汇指定银行进行外汇买卖。同时，外汇指定银行又作为外汇交易中心的会员，根据自身外汇资产管理和央行综合头寸管理的要求，参与银行间外汇市场的交易，平衡外汇资金头寸。其中，做市商正发挥着越来越大的作用。央行作为银行间市场的参与者之一，一方面行使国际储备管理的职能，代理本国的官方外汇储备，成为一般的外汇市场供求者。另一方面中央银行通过参与外汇市场操作，稳定汇率，调节货币供应量，实现货币政策目标。

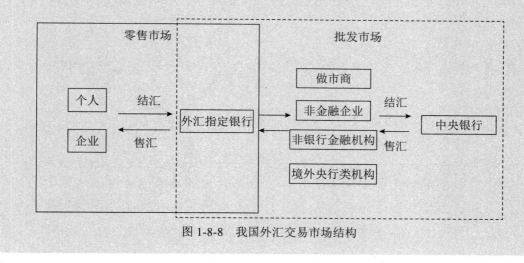

图 1-8-8　我国外汇交易市场结构

（一）汇率制度与人民币汇率形成机制

　　汇率的变化与一国实施的汇率制度密切相关。一般按照汇率变动的幅度，汇率制度可分为固定汇率制度（Fixed Exchange Rate System）和浮动汇率制度（Floating Exchange Rate System）。其中，浮动汇率制度通常是指本币汇率完全由外汇市场的供求决定，货币当局不施加任何干预的汇率制度。固定汇率制度则是货币当局通过一定的外汇干预手段，维持本币汇率固定不变的汇率制度。但在各国的实践中，浮动汇率制度与固定汇率制度之间的划分并非如此的泾渭分明，许多国家货币汇率并非固定不变，但在外汇市场上货币当局也进行不同程度的干预，实际上采取了介于二者之间的汇率制度，形成了所谓的"中间汇率制度"。

前面提到，我国是由中国人民银行负责制定和实施汇率政策。1994年我国废除汇率双轨制，确立了以市场供求为基础的、单一的、有管理的浮动汇率制，但此后很长一段时间，我国实际上采取了钉住美元的汇率制度。由于20世纪90年代后我国贸易一直保持顺差，而且顺差规模不断扩大，人民银行主要通过持续买入外汇使美元兑人民币汇率保持在8:1的水平，但这也造成外汇占款逐年扩大，货币被动投放，2000年后外汇占款一度成为我国基础货币投放的主要来源。为此，2005年7月，我国启动新一轮的人民币汇率形成机制改革，开始实行以市场供求为基础、参考"一篮子"货币进行调节、有管理的浮动汇率制度。人民币汇率的波动性开始显著增强，如图1-8-9所示，在2014年之前，美元兑人民币汇率总体呈单边升值的趋势。2014年初，美元兑人民币汇率最低跌至接近6:1，2014年后，人民币汇率双向波动的特征更为明显。

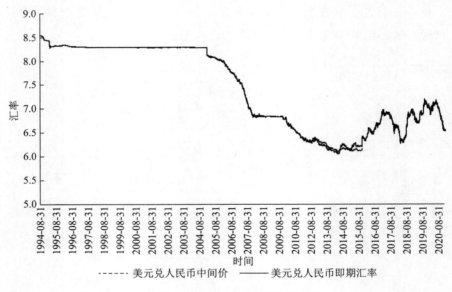

图1-8-9　美元兑人民币汇率

资料来源：万得资讯。

在我国现行的汇率制度下，人民币汇率存在中间价和即期汇率之分。人民币汇率中间价相当于人民币汇率的指导价。中国人民银行授权中国外汇交易中心于每个工作日上午9时15分对外公布当日人民币兑美元、欧元、日元和港币汇率中间价，作为当日银行间即期外汇市场以及银行柜台交易汇率的中间价。即期汇率是外汇市场交易形成的实际汇率，但只能在规定的浮动区间内，围绕中间价上下波动。目前美元兑人民币汇率的浮动幅度为±2%。所以央行通过中间价的确定，就可以起到引导汇率走势的作用。

专栏　　　　　　　　　　　　**人民币汇率中间价的确定**

以美元兑人民币汇率为例，目前，美元兑人民币汇率中间价报价由"收盘价＋'一篮子'货币汇率变化＋逆周期因子"组成。其中，"收盘汇率"是指上日下午四点半银行间外汇市场的人民币对美元收盘汇率，主要反映外汇市场供求状况。"'一篮子'货币汇率变化"是指为保持人民币对"一篮子"货币汇率基本稳定所要求的人民币对美元双边汇率的调整幅度，主要是为了保持当日人民币汇率指数与上一日人民币汇率指数相对稳定。"'一篮子'货币"汇率计算时段为下午四点开始计算到第二天早上七点半。做市商在报价时既会考虑 CFETS 货币篮子，也会参考 BIS 和 SDR 货币篮子。

添加逆周期因子是为了缓解市场的顺周期行为。根据中国人民银行发布的《2017年第二季度中国货币政策执行报告》，在计算逆周期因子时，可先从上一日收盘价较中间价的波幅中剔除"一篮子"货币变动的影响，由此得到主要反映市场供求的汇率变化，再通过逆周期系数调整得到"逆周期因子"。由于逆周期因子并不公布，所以并不能直接观察到央行对汇率的干预程度，但 2020 年 10 月 27 日，外汇市场自律机制秘书处发布消息称，将逐步淡出"逆周期因子"的使用，这表明人民币汇率将主要由收盘价和"一篮子"货币汇率变化决定，汇率形成机制的市场化程度因此得到进一步提高。

（二）汇率变化的影响因素

由于货币是购买力的代表，理论上同样一件商品，即便是在不同的国家，如果以同一种货币计价，其价格应是相等的。以我们熟知的巨无霸指数（Big Mac Index）为例，根据美国《经济学人》杂志的数据，在 2020 年 7 月，美国一个麦当劳巨无霸汉堡的价格是 5.71 美元，而中国同样的汉堡价格为 17.7 元人民币，在不考虑其他考虑因素的假设下，5.71 美元的购买力应该等同于 17.7 元人民币，即美元兑人民币的汇率应该是 3.1∶1。

但现实却远没有理论那么完美，从多数国家的经验看，购买力平价在短期内至少并不成立。按照国际收支理论，汇率反映了外汇的供需情况，外汇的供给来自出口和资本流入所获得的外汇收入，外汇的需求则来自需要使用外汇支付的进口以及对外投资支出。当一个国家国际收支为顺差时，外汇收入大于外汇支出，也就是外汇的供给大于对于外汇的需求，那么该国货币就会对外升值；如果是逆差，本币就会贬值，所以国际收支的变化会影响汇率的波动。

我国国际收支平衡表中的交易可以分为三个部分：经常账户、资本账户和金融账户以及净误差与遗漏。经常账户、资本账户以及非储备性质金融账户的余额之和反映了市场主体经济活动形成的国际收支情况，将三者之和以国际总差额表示。

以 2014 年为分水岭，在此之前，我国出口大于进口，而且外商直接投资持续大量流入，国际收支呈现"双顺差"且顺差规模不断扩大的局面，外汇供大于求，因而人民币汇率自 2005 年汇改后便进入单边升值的通道。美国次贷危机和欧洲主权债务危机期间，外需下降和资本流出使我国"双顺差"逐年扩大的势头减速，但人民币仍面临升值的压力。为应对国际金融危机对我国经济的负面影响，央行通过外汇干预使人民币汇率重新钉住美元，直至 2010 年 6 月之后才重新使人民币回到稳步升值的通道。2014 年二季度起，随着我国资本外流加大，资本和金融项目开始出现连续逆差，同时经常项目继续保持顺差，但规模相对较小，从而使国际收支出现外汇净流出，人民币转而不断贬值。2015 年下半年开始，央行逐步收紧对资本外流的控制，国际收支趋于平衡，人民币也呈现双向波动的态势。2020 年，在出口增长的带动下，我国经常账户顺差大幅增加，支撑人民币汇率升值。

除了外汇供求，在金融市场日益开放的情况下，短期以投机为目的的跨境资本流动更加频繁，利率日益成为影响短期汇率波动的重要因素。当国外利率上升，或者本国利率下降时，资本会流出本国寻求更高的收益，从而导致本币汇率贬值，外币升值；反之，则会使本币升值，外币贬值。

国内外利率的变化通常用利差来反映。以人民币为例，根据图 1-8-10，2008 年国际金融危机后，美联储大幅降息，导致中美之间利差扩大，国际资本不断流入我国，带动人民币升值。而 2014 年美联储开始加息，中美息差缩小，国际资本转而流出我国，进而带动美元兑人民币汇率贬值。2020 年，美联储为应对新冠肺炎疫情造成的经济衰退，实施大规模量化宽松政策，中美利差再度扩大，促使人民币对美元不断升值。

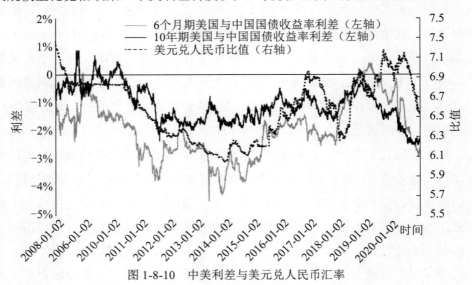

图 1-8-10　中美利差与美元兑人民币汇率

资料来源：万得资讯。

第一篇小结
后疫情时代中国经济的基本特征

按照短期宏观经济分析的框架，本篇介绍和分析了我国主要经济指标，使我们对近年来的中国经济基本格局有了一个较为全面的认识，这也是读懂中国经济的基础。而且，通过对比主要指标在新冠肺炎疫情前后的变化，我们也更加清晰地看到疫情对中国宏观经济各个方面的影响。

在本小结中，我们首先基于前面章节对细分领域的分析，概括总结当前发展阶段中国经济运行的主要特点，然后结合当下的疫情和经济发展形势，分析中国经济中的"变"与"不变"，进而对后疫情时代中国经济的基本特征做出一个初步的刻画。

一、中国经济的基本格局

中国经济发展近年来已经进入了一个新的历史阶段，主要经济指标也呈现出一些新的变化，总结当前的中国经济基本运行状况，有助于我们更好地抓住中国经济的主要特点，更为准确地判断后疫情时代中国经济的基本特征。

GDP 总量和人均 GDP "双过万"。GDP 总量和人均 GDP 水平锚定了一个国家在全球中的经济地位和发展水平。2020 年，我国国内生产总值历史上首次突破 100 万亿元，达到 101.6 万亿元，这个规模稳居世界第二位，是排名第三位日本 GDP 的近 3 倍，相当于第一名美国的 70%，占世界经济的比重达到 17%。人均国内生产总值超过 1 万美元。根据 IMF 的数据，2020 年中国的人均 GDP 为 10 484 美元，与世界人均 GDP——10 734.9 美元 [1] 的水平基本相当，在全球 195 个经济体中排名第 64 位，超越了俄罗斯、墨西哥、土耳其、巴西、南非等主要新兴经济体，距离世界银行高收入国家的门槛值已是咫尺之遥 [2]。

第三产业和最终消费 "双驱动"。供给侧和需求侧是短期经济分析中最为看重的两个方面，能够体现出宏观经济的结构特征和动力变化。改革开放后的较长一段时间

---

[1] 世界 GDP 采用 IMF 数据，人口采用联合国数据。

[2] 世界银行 2019 年的高收入国家门槛值是人均国民总收入达到 12 535 美元，当年我国的人均 GNI 是 10 410 美元，与人均 GDP 差距不大。

内，我国经济增长在供给侧主要依靠第二产业，尤其是工业拉动；需求侧依靠投资和出口。近年来，我国经济结构和增长动力出现明显转换，第三产业成为供给侧的主要驱动力，最终消费支出占据需求侧的绝对主导地位，而且二者占 GDP 的比重以及对 GDP 增长的贡献率也相近，分别在 55% 和 60% 左右（2020 年第三产业占我国 GDP 的比重为54.5%，对 GDP 增长的贡献率为 64%；2019 年最终消费需求占 GDP 的比重为 55%，对GDP 增长的贡献率为 59%），经济结构和增长动力的持续转变是我国经济增长进入新阶段的重要体现。

通货膨胀和就业市场"双平稳"。物价和就业是政府宏观调控最为关注的两大目标，也是宏观经济运行是否健康合理的重要体现。2012 年下半年以来，我国 CPI 基本维持在3% 以下，仅 2019 年四季度，在猪肉价格上涨的拉动下短暂升至 5% 以上。特别是剔除食品和能源价格后的核心通胀率近年来呈下降的态势，2020 年底更是降至 0.4%。工业生产者价格指数虽然受国际大宗商品价格的影响波动较大，但始终对终端消费品的传导有限。同时，2009 年以来，尽管我国就业市场面临较大压力，但每年城镇新增就业仍保持在 1100 万人以上，即便在 2020 年，我国依然实现城镇新增就业 1186 万人，超出政府设置的 900 万人预期目标。2018—2019 年，全国城镇调查失业率稳定在 5% 左右的较低水平，虽然 2020 年 2 月城镇调查失业率一度升至 6.2%，但随着复工复产，年底已经回落至 5.2%，基本恢复至疫情前水平。根据宏观经济学理论，平稳的通胀和就业反映出近年来我国经济运行在合理的区间，处于潜在经济增长水平附近。

对外贸易和直接投资"双顺差"。对于开放型经济体而言，对外贸易和直接投资反映了这个国家或地区与世界经济间的商品和资金流动情况。近年来，受世界经济增长低迷、国际贸易保护主义抬头的影响，我国外贸增速相比国际金融危机前明显放缓，但贸易顺差仍保持在较高水平。2020 年，在防疫物资和"宅经济"产品出口高增长的带动下，我国成为全球唯一实现货物贸易正增长的主要经济体，货物贸易进出口总值达到 32 万亿元，巩固了世界第一货物贸易大国的地位，货物贸易顺差也达到了创纪录的 3.7 万亿元。与此同时，凭借良好的经济前景以及不断优化的营商环境，我国一直是外商青睐的投资目的地之一。2017—2019 年，我国连续保持全球第二大外资流入国地位。2020 年我国实际使用外资更是实现了逆势增长，接近 1 万亿元（9999.8 亿元），规模再创历史新高，并超过美国成为第一大外资流入国。我国对外直接投资在 2020 年也实现了增长，全年达到 9169.7 亿元，国际收支直接投资账户保持了顺差。如此大体量的商品和资本双向流动，反映出我国经济业已深度融入世界经济，国际循环在我国构建新发展格局的过程中仍将扮演重要的作用。

财政政策和货币政策"双宽松"。财政政策和货币政策是政府实施宏观调控的两大政策手段。对下一年财政政策和货币政策的定调主要体现在每年年底召开的中央经济工作会议以及次年"两会"的政府工作报告中。自 2011 年以来，我国虽然一直采用"积极的财政政策"和"稳健的货币政策"的表述，但在具体执行时会根据宏观经济形势的变化有所调整，这体现在国家对财政货币政策取向的定性描述中。比如，2020 年政府工作报告中提出，积极的财政政策要"更加积极有为"，稳健的货币政策要"更加灵活适度"，同时也可以通过赤字率、货币供应量等指标的变化反映出来。总体上看，为应对经济下行压力，近年来我国财政货币政策是偏向宽松的。财政政策除加大减税降费力度外，还扩大了地方债发行规模，2019 年我国财政赤字率提高到 2.8%。2020 年，为对冲疫情影响，我国将赤字规模扩大 1 万亿元至 3.76 万亿元，赤字率达到 3.6% 以上，均为历年最高。2011 年以来，人民银行不断调降金融机构的法定存款准备金率，7 天期逆回购利率从 2014 的 4% 以上降至 2020 年的 2.2%。广义货币 M2 和社会融资规模增长虽然在 2017 年后放缓，但 2020 年二者增速分别回升至 10.1% 和 13.3%，远高于名义 GDP3% 的增速水平。

二、后疫情时代中国经济的基本特征

尽管当前海外疫情仍在肆虐，但随着疫苗接种范围的不断扩大，全球经济形势在 2021 年已经得到明显改善。中国在此轮新冠肺炎疫情全球大流行的过程中率先控制住疫情，经济领先于世界经济实现了"V"形复苏。在疫情冲击过后，经济活动向正常状态的"修复"以及由疫情引发的结构性"嬗变"将叠加在一起，成为后疫情时代中国经济运行的关键词。

经济增长逐步回归趋势。 2020 年下半年以来，随着各国陆续放松封锁，世界经济逐步从深度衰退中恢复。进入 2021 年后，新冠疫苗的接种范围逐步扩大，美国等国家加大了财政刺激力度，全球经济好转态势更加明显。国际货币基金组织（IMF）在其发布的春季《世界经济展望报告》中，将 2021 年和 2022 年世界经济预期增长速度分别上调至 6% 和 4.4%，反映出其对经济前景趋于乐观。如图 1-J-1 所示，2020 年我国经济增速呈现"深蹲起跳"的走势，在一季度跌至 -6.8% 后，自二季度起逐季反弹，四季度达到 6.5%。2021 年一季度，由于上年同期基数低的原因，GDP 增速进一步跳升至 18.3%。未来随着海外疫情形势逐步改善，国内生产需求进一步恢复常态，我国经济增长速度将"修复"至潜在经济增速附近。考虑到近年来我国经济处于"降速换挡"的阶段，疫情暴发前我国 GDP 增速处于 6% 附近。而且，以两年平均增长率[①] 衡量，2021 年一季度 GDP 相比 2019 年一季度两年平均增长 5%。因此，在正常状态下，我国经济增速至少

---

① 两年平均增速是指以 2019 年相应同期数为基数，采用几何平均的方法计算的增速。

能够达到 5%。根据 IMF 的预测，由于上年低基数的影响，2021 年中国经济将增长 8.4%，2022 年 GDP 增速将回落至 5.6%。

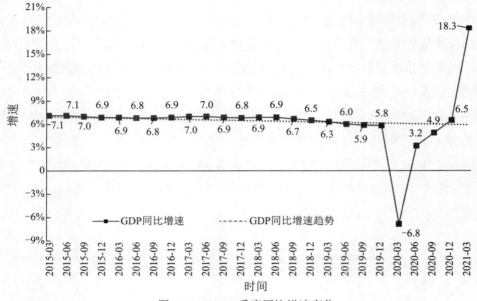

图 1-J-1　GDP 季度同比增速变化

资料来源：国家统计局。

消费服务双引擎重新启动。在新冠肺炎疫情期间，由于疫情减少了人们的非必要消费，不仅消费需求受到较大的冲击，而且从供给面也打击了住宿餐饮、交通旅游等服务业，使得两大引擎对经济增长的拉动减弱，消费甚至是负拉动。疫情后，随着生活逐步恢复正常，收入前景得到改善，人们在娱乐、休闲、交通、餐饮等方面的支出也将有明显的回升，进而带动相关服务业恢复性增长，2021 年一季度，限额以上零售业实体店商品零售额同比增长 42.2%，两年平均增长 4.5%，比前两个月加快 0.4 个百分点；3 月份，餐饮收入两年平均增长达到 0.9%，2020 年以来首次月度规模高于 2019 年同期；"五一"假期期间，全国旅游出游达到 2.3 亿人次，超过疫情前水平，这些迹象反映出线下消费、餐饮、旅游等前期受到制约的消费领域正在快速恢复。后疫情时代，消费和服务业仍将挑起拉动中国经济增长的大梁，无论占比还是贡献率还会继续提高，中国经济增长的内在稳定性也将进一步增强。

数智化转型驶入快车道。数字化、智能化转型是近年来全球科技和产业变革的重要方向，新冠肺炎疫情的暴发加速了这一势头。疫情期间，人们被迫适应数字化工作和生活方式，移动互联网、大数据、人工智能、云计算、智慧城市等数字科技成果在疫情监测分析、民生保障、复工复产等多个方面得到更为广泛的应用，数字经济得到了快速发展，带动了电子、计算机、通信等信息行业的逆势高速增长。而且，疫情促使企业加速了生产、营销及业务场景中新业态、新模式的应用，传统企业开始尝试推动线下业务的线上化，通过网上平台以直播、短视频等方式进行数字化线上营销。在线办公、在线医疗、在线教育、在线文娱等创新业务场景需求大幅度提升也使企业业务领域进一步向线上转型。同时，国家在疫情期间也加大了对5G、数据中心等新基建以及芯片制造、工业软件等"卡脖子"技术领域的投入力度，适应数智化转型的软硬件设施条件将进一步完善。后疫情时代，在需求端，以网上消费和线下体验式消费为代表的新消费将成为推动消费升级的重要动力。在供给端，生产将综合大数据、云计算、物联网、人工智能等数字技术和数字要素，进一步从自动化向数字化、智能化转型，企业应用新业态和新模式将更为成熟，形成线上与线下、虚拟与实体融合发展态势，数智化转型加速将为中国经济发展注入新的增长动能。

物价就业结构性问题凸显。后疫情时代，随着经济增长向潜在增长水平回归，我国通胀和就业有望将延续平稳的态势，但其中的结构性问题将因为疫情的影响变得更为突出。近年来，包括美欧等发达经济体在内，全球通胀呈现出物价低迷与资产价格上涨并存的现象，反映出在实体经济缺乏投资机会的情况下，宽松货币政策释放的流动性集中流入楼市、股市、债市以及数字货币等虚拟经济领域。疫情暴发后，各国为应对新冠肺炎疫情的冲击，相继出台了更大规模的货币宽松和财政刺激政策，我国财政货币政策宽松的力度也明显加大。进入后疫情时代，为护航实体经济复苏，财政货币政策难以大幅收紧，终端消费价格相对平稳，资产价格继续上涨的冷热不均格局或将持续存在。从就业市场看，新冠肺炎疫情加速了中国经济数智化转型的速度，这在催生出大量新兴就业机会的同时，也会加速淘汰一些传统的低技能劳动岗位。而相比产业需求的改变，劳动者职业技能的调整需要较长时间，这将加剧我国就业市场中的结构性矛盾。后疫情时代，随着劳动年龄人口的下降，我国就业形势有望总体保持稳定，但"招工难"与"就业难"并存的矛盾将更为凸显。

对外贸易投资面临压力。2020年我国出口的大幅增长，主要得益于疫情下全球对医疗防护用品和居家办公设备需求的激增，我国产业链供应链的迅速恢复有效弥补了全球的供需缺口。后疫情时代，由防疫带来的相关需求将逐步回落，海外生产的恢复和防疫措施解封将促进当地生产能力和供应链恢复。而且，疫后在供应链本地化、区域化的趋势下，国际贸易投资保护主义还可能进一步抬头，针对我国的贸易摩擦和纠纷增多，我国出口增速将明显回落，对经济增长的贡献也将随之减弱。同时，近年来随着我国劳动力、土地、融资、环保等生产综合成本持续上升，劳动密集型产品成本与周边的国家和地区比已经不具有明显竞争优势，后疫情时代，低端产业向东南亚、南亚等地区对外转移的趋势仍将延续。而在高技术和高端产业领域，疫情前美国等西方国家已经在不断加强对我国的投资审查和防范，疫情的暴发强化了这些国家国内的民粹主义情绪和内顾倾向①，对其直接投资难度加大，未来我国企业海外投资面临的政治、政策的不确定性因素将明显上升。

财政货币政策适度回撤。在 2021 年的"两会"上，我国政府提出将保持政策的连续性和稳定性，不搞"急转弯"。但这不意味着不转弯，随着疫情影响的消退，为实现政策的可持续性，后疫情时代财政货币政策终将回归常态。实际上，2021 年的宏观政策已经开始调整，对积极的财政政策定调由上年的"更加积极有为"调整为"提质增效、更可持续"，体现出财政支出从扩大规模转向优化结构，从稳增长优先转向兼顾防风险的政策取向；与之相应，赤字率从 3.6% 以上下调至 3.2%。考虑到财政政策需要为应对后疫情时代经济发展中面临的不确定性预留一定的政策空间，未来赤字率将控制在一个更可持续的水平上。从货币政策看，2019 年政府工作报告中首次提出广义货币 M2 和社会融资规模增速与国内生产总值名义增速相匹配的预期目标。2021 年我国对货币供给目标的设定重新回归这一表述，要求保持流动性合理充裕，保持宏观杠杆率基本稳定，这意味着未来随着经济增速回归至趋势水平，货币供给增速将逐步回落，利率水平也将有所抬升。但总体看，基于后疫情时代我国经济增长面临的内外部形势，财政支出和货币供给增量会稳步退出疫情时的非常规状态，但不会较疫情前的水平大幅收缩。

三、疫情"后遗症"带给中国经济的新挑战

　　新冠肺炎疫情是对新发展阶段下中国经济增长韧性的一次压力测试。中国经济在经受住疫情考验的同时，也暴露出一些运行中存在的短板和隐患，由新冠肺炎疫情引发的"后遗症"需要后疫情时代着力进行化解。

新冠肺炎疫情进一步凸显了我国供应链的短板。新冠肺炎疫情的暴发凸显了全球供应链的脆弱性。在疫情最初阶段，由于我国制造业产业链受到严重影响，人流物流不畅，上下游复工不同步，导致部分产品生产出口受阻，对国际供应链造成一定冲击。而此后在国内疫情防控形势好转，生产生活秩序加快恢复的情况下，海外疫情又呈加速扩散蔓延的态势，国际供应链梗阻与需求回落反过来对我国产业链形成冲击。尽管在此次疫情中，我国完备产业链的优势得到体现，但部分领域和关键环节中的短板弱项也同样突出暴露出来，比如在芯片领域，我国芯片产能不足而且在先进制程芯片制造上仍处于空白。自 2020 年下半年以来，全球开始普遍出现芯片供应紧张的现象，并愈演愈烈，从最初的汽车行业扩大到智能手机乃至家电领域，许多厂商受制于芯片短缺，被迫限产乃至临

---

① 内顾倾向：用来形容近年来国际上一些国家更多关注自身利益、推卸国际责任的一种倾向。

时停产。根据中国汽车工业协会的数据，芯片供应短缺使 2021 年头两个月我国的汽车生产量减少了 5% ～ 8%。后疫情时代，主要经济体将加大力度推进供应链本土化和自主化，美国等西方国家也会进一步加强对我国高端制造业和高科技行业的围堵和限制，我国需要加大对"卡脖子"环节和关键技术领域的投入力度，补齐产业链短板，避免出现供应链梗阻乃至断链的风险。

新冠肺炎疫情加速了我国宏观杠杆率的上升。近年来，我国实体经济杠杆率呈快速攀升态势，经济增长具有债务扩张驱动特征。2020 年为缓解实体经济和金融市场压力，我国加大了逆周期调节的力度，宏观杠杆率也出现了进一步的上升。根据国家金融与发展实验室（NIFD）发布的《2020 年度中国杠杆率报告》，2020 年我国宏观杠杆率提高了 23.6 个百分点，达到 270%（见图 1-J-2）。其中，非金融企业部门杠杆率上升 10.4 个百分点至 162.3%，远超 OECD 国家 90% 的安全阈值；居民部门杠杆率在住房贷款增长的推动下上升 6.1 个百分点至 62.2%；政府部门杠杆率上升了 7.1 个百分点至 45.6%。由于债务规模增长快于名义 GDP，未来企业、居民以及政府部门都将面临较大的偿债压力，这不仅会挤压未来的消费投资空间，而且提升了债务违约风险。实际上，近年来我国债券市场的违约事件逐渐增多，违约金额在不断攀升，尤其是 2020 年 10 月后，我国信用债市场接连发生华晨汽车、永煤控股、紫光集团等 AAA 级发行人违约事件，对市场造成较大冲击。根据上述报告，2020 年共有 150 只公司信用债违约，涉及金额达到 1697 亿元，相比 2019 年增长了 14%。后疫情时代，杠杆率偏高可能成为引发我国财政金融风险的"灰犀牛"，未来需要控制债务的过快增长，推动宏观杠杆率稳中有降。

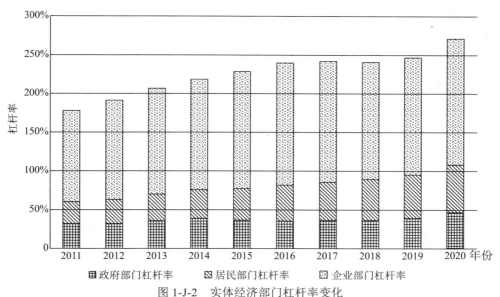

图 1-J-2　实体经济部门杠杆率变化

资料来源：国家资产负债表研究中心。

新冠肺炎疫情推升了金融房地产在我国经济中的比重。 近年来，我国金融业占 GDP 比重维持在 8% 左右，不仅高于美国，而且远超与我国金融结构相似的日本、德国，它们金融业 GDP 占比仅 4% 左右。2020 年，金融业增加值增速在主要行业中仅次于信息传输、软件和信息技术服务业外，达到了 7%，金融业在 GDP 占比进一步升至 8.2%，创历史新高。当前我国以银行为主导的间接融资规模和比例仍然较大，金融业占比高反映出实体经济获取金融服务成本较高。银保监会数据显示，2020 年我国商业银行累计实现净利润 1.94 万亿元。根据 Wind（万得数据）的统计，我国 38 家上市银行 2020 年实现归母净利润 1.69 万亿元，占全部 A 股上市公司净利润的 42%，净利润排名前十位的除了中国平安一家保险金融集团外，其余都是银行。同时，在实体经济有效需求不足的情况下，流动性更偏向于流入股市、房市等资产领域，2020 年下半年后，我国部分城市房价出现了较为明显的上涨，全年房地产业占 GDP 的比重达到 7.3%，创出历史新高。而且，由于信贷在房地产开发和销售资金中占据较大比重，银行对房地产行业的信贷敞口也较为集中，金融与房地产之间相互强化，增大了我国经济面临的系统性风险。2020 年先后有泰禾集团、华夏幸福等大型房地产企业出现债务违约问题，由此造成了相关金融机构较大的资产损失。后疫情时代，我国需要进一步提高金融市场资金配置效率，降低金融服务实体经济的成本；完善房地产市场调控机制，引导房地产企业降低负债率，适度控制新增房地产贷款占全部新增贷款的比重。

新冠肺炎疫情扩大了我国居民收入的差距。 目前，我国居民收入的基尼系数在 0.47 左右，尽管较此前有所下降，但仍高于国际上 0.4 的警戒线，也超过了世界主要发达国家的水平。根据国家统计局住户抽样调查数据，2019 年收入最低的 40% 家庭，大约相当于 6 亿人口，每月人均可支配收入不足 1000 元，这也一度引发了舆论的热议。新冠肺炎疫情暴发减缓了居民收入增速，根据国家统计局的数据，2020 年全国居民人均可支配收入实际增长 2.1%，低于 GDP 增速，而且也拉大不同人群间的收入差距，加剧了收入分配的不平等。在宽松的流动性环境下，得益于股票、基金收益和部分城市房价、房租上涨，2020 年我国城乡居民财产收入名义增速达到了 6.6%，而人均工资收入和人均经营净收入的名义增速分别为 4.3% 和 1.1%，这造成少数拥有较多资产的人群收入能够实现更快的增长，而多数主要依靠工资和经营收入的人群则会因为疫情的原因收入受到较大影响。国家统计局的数据显示，2020 年居民可支配收入中位数增长慢于平均数近 1 个百分点，从一个侧面也反映出居民收入差距的扩大。后疫情时代，我国需要在保持居民收入与经济增长基本同步的同时，进一步深化收入分配制度改革，增加中低收入群体的财产性收入比重，加大对高收入人群的收入调节力度，优化收入分配结构。

中国经济波动的周期

　　经济周期是经济沿着长期趋势运行过程中出现的规律性扩张和收缩现象。改革开放以来，尽管我国经济运行的稳定性有所提高，但仍具有明显的周期性波动。本篇将梳理改革开放以来中国经济运行中的周期特征，并结合常见的经济周期类型，分析农业周期、创新周期、房地产周期、设备投资周期、库存周期以及金融周期在中国经济运行中的表现以及影响。在此基础上，通过识别当前我国经济运行所处的周期位置，判断"十四五"时期中国经济的增长前景。

第九章

经济周期分析框架和中国经济增长的周期波动

当我们在宏观经济分析中加入时间维度，将观察的时间跨度拉长至一年以上，可以发现经济运行中存在着时间长度不一，跨越多个领域的周期性波动，体现为经济活动交替出现扩张和收缩，如同黑夜和白天的转换一样周而复始，这一现象被称为经济周期，也称商业周期（business cycle）。经济周期运行所形成的轨迹，就如同我们的心电图一样。美国经济学家熊彼特（Joseph Alois Schumpeter）把经济周期比作人的心跳，认为它是机体运行的核心。[1] 所以读懂国民经济的心律，可以帮助我们更好地把脉中国经济的运行。

一、什么是经济周期

经济周期的经典定义是由美国经济学家米切尔（Mitchell）和伯恩斯（Bums）[2]给出的。前者是美国国民经济研究局（NBER）的创始人，而伯恩斯后来成为美联储主席。他们在 1946 年出版的《经济周期的测度》一书中提出，经济周期是"以工商企业及其活动为主的国家中，总体经济活动出现的一种波动现象。一个周期包含许多经济领域几乎同时发生的扩张，以及随之而来的衰退、收缩和复苏，复苏又与下一周期的扩张相连接。而且，这一系列的变化循环往复，但时间长度并不一定，经济周期的持续时间从 1 年以上到 10 年、20 年不等，它们不能再分为性质相似、振幅与其接近的更短的周期"。

虽然这个定义有些长而且拗口，但它点明了经济周期的几个主要特征：第一，经济周期是出现在以市场经济为主体的国家中的一种经济现象。实际上计划经济和市场经济中都存在经济周期，但当时的研究主要以资本主义国家为对象。我国实行的是社会主义市场经济，经济周期的研究方法和规律对我国依然有借鉴意义。第二，经济周期不单是某一个领域经济活动的波动，而是众多经济领域的周期性共振。第三，经济周期是经济扩张与收缩的交替出现，循环往复，而不是仅出现一次或几次的偶然现象。第四，一个

---

[1]　Kurz H D . *The beat of the economic heart*[J]. Journal of Evolutionary Economics，2015，25（1）：147-162.

[2]　Burns，A F，Mitchell，W. C. *Measuring Business Cycles*[M]. New York：National Bureau of Economic Research，1946.

经济周期持续的时间在一年以上，但具体的时间跨度并不固定。第五，具有相同特征的单个经济周期不能再划分为更小的周期，这样才能够有效界定周期的时间长度。

二、如何划分经济周期的阶段

（一）周期划分的两分法与四分法

按照两分法，一个经济周期可以分为扩张和收缩两个阶段。根据对经济扩张和收缩定义的不同，经济周期可以分为**传统周期**和**增长周期**。**传统周期**是以经济总量绝对水平的增加或减少为划分依据。当经济总量增长大于零，也就是经济增速为正数时为扩张阶段，而当经济总量增长小于零，也就是增速为负数时为收缩。早期对经济周期的研究主要采取这种划分方法，所以也被称为古典周期。20 世纪中后期以来，许多国家，尤其是经济增速较快的新兴工业化国家，经济总量虽然出现了增长速度的高低变化，但总体上却保持了正增长，没有出现传统经济周期定义中的收缩。为解决这一问题，增长周期的概念应运而生。**增长周期**将经济总量的增长率作为划分经济扩张与收缩的临界点，当经济增长率升高时，经济就处于扩张阶段，反之则处于收缩阶段。相对于古典周期，增长周期也被称为现代周期。

在实际的经济分析中，对于长期经济增长率较低的国家，通常以经济连续两个季度出现负增长作为判断经济衰退的标准。而对于长期经济增速较快的国家，则更多采用增长周期的判断标准。所以前者多适用于发达国家和经济陷于停滞的发展中国家。后者主要应用于经济增长速度较快的新兴市场国家。比如国际金融危机期间，中美经济都是在2009 年跌入周期谷底，美国当年 GDP 萎缩了 2.5%，而我国 GDP 增速虽然较危机前两位数的高增速明显下滑，但经济仍然增长了 9.4%。

图 2-9-1 展示了一个经济周期的各个阶段。其中，横轴代表时间，纵轴代表经济总量，斜向上的直线是一个国家经济的长期增长趋势，表明随着时间的变化，这个国家的经济总量按照一个固定的增速平稳增长，曲线代表实际的经济总量变化轨迹。A、E 分别代表经济波动的阶段性高点（波峰），C 则是经济运行的最低点（波谷），B、D 则是实际经济恰好处于长期增长趋势时的时点。如果按照波峰 - 波峰的划分标准，从 A 到 E 就是一个完整的经济周期。其中，A-C 区间为二分法下的收缩阶段，C-E 区间为扩张阶段。

除了两分法的划分外，还可以分别根据收缩与扩张阶段中实际经济运行相对于长期趋势的高低，将经济周期分为衰退、萧条、复苏、繁荣四个阶段，这也被称为经济周期的四分法。具体来看，假设一个国家的经济初始处于 A 点，此时正值上一轮扩张阶段的顶点。随着时间的推移，经济总量出现负增长，经济运行进入 A-B 区间，这时经济总量

不断下滑，但仍高于长期趋势，这一阶段也被称为衰退阶段。随着经济进一步下滑至 B-C
区间，经济总量已经降至长期趋势之下，此时经济进入萧条阶段。当运行至 C 点时，经
济已经跌至谷底，并开始反弹。在 C-D 区间内，由于经济总量仍低于长期趋势水平，这
时也被称为复苏阶段。当经济进一步扩张至 D-E 区间时，经济已经越过长期趋势水平，
而且扩张幅度不断扩大，因而也被称为繁荣阶段。如果是增长周期，那么需要将图中纵
轴所代表的经济总量修改为经济增长率，经济运行曲线反映的就变为实际经济增速的变
化，长期趋势线则代表了潜在经济增长率，其余的阶段划分标准基本一致。

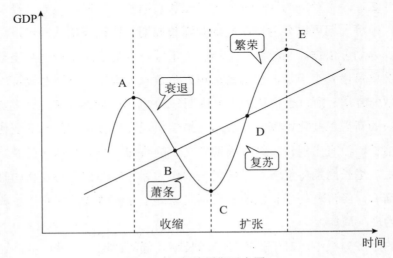

图 2-9-1 经济周期示意图

经济周期的四个阶段转换，如同一年的四季轮转，除了经济总量或增长率的变化外，
生产、需求、价格、就业等宏观经济变量以及市场预期也有不同的表现：以上一轮经济
扩张期的顶点作为起点，当宏观经济运行进入**衰退阶段**后，经济开始降温，如同由夏入
秋，消费、投资、价格、就业等各项指标的增长也开始放缓乃至出现下降，公众对经济
前景的预期由乐观转向悲观；处于**萧条阶段**时，经济逐渐跌入冰点，投资、消费显著萎缩，
信用紧缩，价格水平下跌，失业人口不断增加，公众预期变得极度悲观；迎来**复苏阶段**后，
经济开始从谷底回升，增速逐步加快，消费、投资、就业等指标也开始恢复性增长，整
个经济如同冬去春来，公众预期也变得更为乐观；置身**繁荣阶段**时，经济增长超过了长
期趋势水平，整个经济如同盛夏一般，出现过热的表现，投资、消费高涨，信贷快速增加，
价格水平上升，就业市场供求紧张，公众乐观情绪高涨。由于高于潜在增长能力的繁荣
难以长期持续，预示着下一轮衰退的到来。

（二）完整周期的划分

一个完整经济周期的划分可以以波峰至波峰为准，也可以以波谷至波谷为准。根据

NBER 的划分（见表 2-9-1），以波谷—波谷为一个经济周期，"二战"后至今美国经济共经历了 12 个完整的经济周期，扩张期要明显长于收缩期，平均周期长度约 70 个月，而且 20 世纪 90 年代以来，周期长度有延长的趋势，近三轮周期均超过 90 个月。2020 年暴发的新冠肺炎疫情终结了美国最近一轮长达 128 个月的经济扩张期，如果以波峰 - 波峰为标准，这一轮美国经济周期长达 146 个月，创出了"二战"结束以来的最长历史纪录。

表 2-9-1　NBER 划分的美国经济周期

周 期 划 分		收缩期持续月份	扩张期持续月份	周期长度	周期长度
波峰	波谷	（波峰到波谷）	（前一个波谷到波峰）	（波峰到波峰）	（波谷到波谷）
1945-02（I）	1945-10（IV）	8	80	93	88
1948-11（IV）	1949-10（IV）	11	37	45	48
1953-07（II）	1954-05（II）	10	45	56	55
1957-08（III）	1958-04（II）	8	39	49	47
1960-04（II）	1961-02（I）	10	24	32	34
1969-12（IV）	1970-11（IV）	11	106	116	117
1973-11（IV）	1975-03（I）	16	36	47	52
1980-01（I）	1980-07（III）	6	58	74	64
1981-07（III）	1982-11（IV）	16	12	18	28
1990-07（III）	1991-03（I）	8	92	108	100
2001-03（I）	2001-11（IV）	8	120	128	128
2007-12（IV）	2009-06（II）	18	73	81	91
2020-02（I）			128	146	
1945—2020 年（12 个周期）		11.2	64.2	75.0	69.5

注：括号内的罗马数字代表所在季度。

资料来源：NBER。

（三）经济周期在资产价格上的体现

经济周期的阶段转换还会引发各类资产价格的变化。马丁·J. 普林格（Martin J. Pring）根据经济周期不同阶段债券、股票、商品等大类资产的表现，总结出"经济周期六阶段"模型①。图 2-9-2 中灰色区域表示该类资产的牛市持续区间。可以看到，伴随经济周期阶段转换，债券、股票、商品依次上涨。其中，债券牛市启动于经济萧条阶段，进入复苏阶段后，股票市场开始回暖，而当处于繁荣阶段时，商品市场迎来牛市。此时债券跌入熊市，股票市场随后也因经济接近拐点开始调整下跌。当进入衰退阶段后，三种资产都陷入熊市。

---

① 马丁·J. 普林格. 积极型资产配置指南：经济周期分析与六阶段投资时钟 [M]. 北京：机械工业出版社，2019.

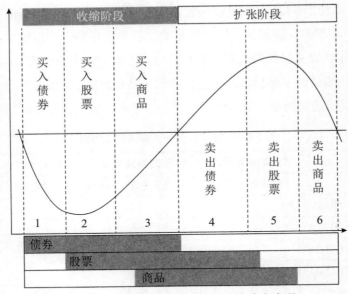

图 2-9-2　经济周期的六阶段与大类资产表现

与"经济周期六阶段"模型类似，美国美林证券基于美国的历史数据，将经济周期的四个不同阶段与债券、股票、商品、现金等大类资产轮动联系起来，以产出缺口和通胀率作为经济周期阶段转换的划分标准，提出了美林时钟投资（The Investment Clock）模型。

如图 2-9-3 所示，在**经济滞胀**阶段，经济增长放缓使企业盈利和股票估值高位回落，股票投资吸引力下降。通胀率变化相对滞后，依然维持在较高水平，中央银行仍难以放松货币政策，债券表现较差。此时，现金成为相对最好的投资资产。在**经济萧条**阶段，经济持续下行，市场需求不足，企业利润下降乃至亏损，股票和商品价格均处于下跌趋势。同时，物价下跌，中央银行为刺激经济放松货币政策，利率走低，从而有利于推动债券价格上涨。在**经济复苏**阶段，经济开始企稳反弹，但由于需求仍未完全恢复，通货膨胀率依然继续下降，企业生产和盈利逐步改善，股票成为最优的投资选择。在**经济繁荣**阶段，需求高涨并超过潜在生产能力，导致通货膨胀率上升，现金持有成本增加，而且中央银行加息以平抑过热的经济，债券吸引力降低，股票的配置价值相对较强，大宗商品因旺盛的需求表现最好。

以美国为例，相比经济周期，资产价格的波动性更高，但总体上看，在经济收缩期初期，股票和大宗商品价格往往会出现大幅下跌，债券价格受到避险需求及货币政策宽松预期的支撑，表现要好于股票和商品。如图 2-9-4 所示，在 2008 年次贷危机期间，股票和大宗商品价格跌幅均超过 30%，而债券价格[①] 反而上涨超过 40%。随着经济逐步自萎缩低谷回升以及进入扩张阶段前期，股票和商品价格随着企业盈利和市场需求的恢复

① 债券价格与收益率反向变动，因此以国债收益率同比涨幅的相反数代表债券价格变化。

反弹，而且股票牛市先于商品启动，涨幅更大。债券吸引力下降，因而股票、商品表现要优于债券。在此次新冠肺炎疫情引发的经济衰退中，伴随美国经济自 2020 年 5 月份重启，美国股票及大宗商品价格止跌反弹，下半年三大股指均创出历史新高。同期美国十年期国债价格走低，收益率上升。而当扩张期接近尾声时，长期国债收益率往往走低，长短债券收益率出现"倒挂"（即短期国债收益率超过长期国债），这被视为将发生经济危机的前兆。股票和商品价格的上行趋势也迎来拐点。

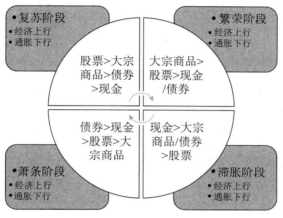

图 2-9-3　美林投资时钟

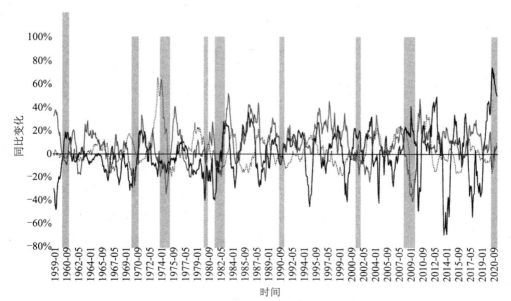

图 2-9-4　美国经济周期与各类资产表现

资料来源：万得资讯、圣路易斯联储。

三、几种常见的经济周期

（一）经济周期的主要类型

根据时间跨度的不同，经济运行中存在不同长度的经济周期。早在 1862 年，法国经济学家朱格拉（Juglar）就发现西方国家的设备投资存在 9～10 年的周期性波动，这一时间长度的经济周期也被称为"朱格拉周期"。英国经济学家杰文斯（Jevons）于 1875 年提出，由农业生产引发的经济周期与太阳黑子的活动存在联系，二者都存在 10 年左右的周期变化。此后，20 世纪二三十年代，基钦（Kitchin）、康德拉季耶夫（Kondratieff）、库兹涅茨（Kuznets）先后发现了持续 40 个月左右的短周期、50～60 年的长周期和 15～25 年的建筑周期或房地产周期。

不同长度的经济周期，背后的驱动力量也不尽相同。比如基钦周期主要由存货投资的周期性变化所引发；朱格拉周期则表现为设备投资的周期变化。康德拉季耶夫周期的驱动力量通常被认为是技术创新，库兹涅茨周期主要表现为建筑业的周期性波动（见表 2-9-2）。

表 2-9-2　经济周期的类型

周期名称	驱动因素	周期长度
农业周期	气候、太阳黑子	10 年
创新周期（康德拉季耶夫周期）	技术创新	50～60 年
房地产周期（库兹涅茨周期）	建筑、房地产	15～25 年
设备投资周期（朱格拉周期）	设备投资	9～10 年
库存周期（基钦周期）	存货	3～4 年
金融周期	信贷、资产价格	15～20 年

1939 年，熊彼特（Schumpeter）在《商业周期：对资本主义进程的理论、历史和统计分析》一书中提出，经济周期实际上是短、中、长三种周期的叠加和嵌套。根据熊彼特的研究，如图 2-9-5 所示，曲线 1 代表长周期，也就是康德拉季耶夫长周期，一个周期的长度是 56 年左右。曲线 2 代表中周期，也就是朱格拉周期，一个周期长度约为 9～10 年。曲线 3 代表短周期，也就是基钦周期，一个周期的长度大约是 40 个月。他认为，一个长周期中有 6 个中周期和 18 个短周期。曲线 4 就是三种周期叠加之后经济的实际走势。

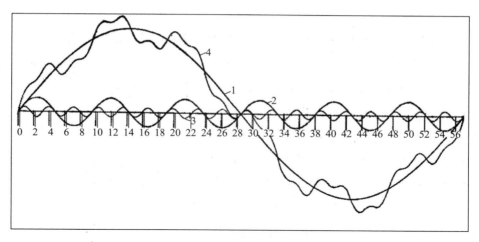

图 2-9-5　经济周期的嵌套和叠加

资料来源：Schumpeter J A . Business Cycles：A Theoretical，Historical and Statistical Analysis of the Capitalist Process[M]. New York Toronto London ：McGraw-Hill Book Company，1939.

除了上面提到的几种经济周期外，随着现代经济中金融因素的影响越来越显著，由金融变量扩张与收缩导致的周期性波动正成为经济周期研究中关注的热点，尤其是在 2008 年席卷全球的美国次贷危机中，以资产证券化为代表的金融创新在危机的形成中扮演了极为重要的角色。根据国际清算银行（BIS）的研究，金融周期的表现形式是信贷和资产价格的波动，自 20 世纪 80 年代初以来，一个完整的金融周期大约持续 15 ～ 20 年。

（二）经济周期的内因论与外因论

前面对经济周期的分类主要是经济学家根据历史统计资料做出的总结归纳，至于对经济周期起因的理论探讨，概括起来可以分为内生经济周期理论和外生经济周期理论。

前面我们提到过潜在经济增长率的概念，它是指在各种资源正常地充分利用时所能实现的经济增长率，此时经济处于最优的运行状态。由于决定潜在经济增长率的因素是长期性的，所以潜在增长率的变化是相对平稳的。古典经济学家认为，由于经济系统存在自我调节的机制，总是能够恢复至最优运行的均衡状态，也就是说，系统会自动调节以应对任何变化或者冲击。所以，实际经济运行中出现的周期波动主要是由经济系统之外的因素引起的。比如，杰文斯将经济周期归因于太阳黑子的周期性爆发，熊彼特用"创造性破坏"解释技术创新周期，奥地利学派、货币主义学派认为经济周期源自货币供应的波动等。20 世纪 80 年代，真实经济周期理论的出现使外生经济周期理论得到进一步发展，除了认为经济周期性波动是来自外部因素的冲击之外，还提出经济的波动不是短期产出对长期趋势的偏离，而是增长趋势自身的波动。

与这种观点相对应的是内生经济周期理论。持这一观点的经济学家们并不否认外部因素会对一定时期经济的周期性波动产生重要影响，但背后真正的推动力是来自经济体系内部，比如凯恩斯认为，消费倾向递减、资本边际效率递减和流动偏好会影响人们的消费与投资，这会造成有效需求不足，进而引起经济衰退。马克思提出，资本主义制度存在生产无限扩大和普通劳动者购买力相对不足的矛盾，从而产生生产过剩的经济危机。明斯基认为，金融体系内在的不稳定性会造成资产价格崩溃，市场繁荣与衰退之间的转折点也被称为"明斯基时刻"。席勒则从心理学的角度，提出人性的本能缺陷会导致金融市场的"非理性繁荣"，并由此引发金融危机。他本人也因准确预见了 2000 年美国互联网泡沫的破裂而名声大噪。

观察美国经历的几轮经济周期，虽然经济运行交替出现规律性地收缩和扩张，但每次扩张和收缩的起因却不尽相同。从引发经济衰退的因素看，20 世纪七八十年代由石油价格上涨引发的经济衰退以及 2020 年因新冠肺炎疫情暴发导致的经济大幅萎缩，直观上都是外生因素造成的，但背后也存在劳动生产率下降、收入分配差距扩大等因素。而对于 1929 年的"大萧条"、2000 年美国互联网泡沫、2008 年次贷危机的起因，两方经济学家各执一词。比如，对于"大萧条"的成因，凯恩斯主义认为是因为有效需求不足，而货币主义则认为是货币供应量大量收缩造成的。再比如，次贷危机的爆发，其中既与美联储在两年时间里连续 17 次加息，加重了购房者的还贷负担有关。同时，金融市场中也存在大量过度投机行为，比如金融机构向不具备偿还能力的借款人发放购房贷款，为危机的爆发埋下了隐患，而且还进一步将原本低信用等级的次级贷款层层打包增信，摇身一变为高信用等级资产，使得次级贷款违约的冲击被层层放大，进而演化为一场席卷全球的金融危机。《两次全球大危机的比较研究》[①]一书中概括了"大萧条"和次贷危机爆发前的共同点，包括技术进步推动效应明显减弱，宽松的信贷政策和金融监管、收入分配差距达到历史高点、大众心理处于极端投机状态、政府出台民粹倾向政策等，这反映出一定程度上是内外因素的共同作用促成了危机的爆发。

总体而言，经济系统之外的冲击通常是导致经济周期阶段转化的直接因素，而经济体系内部的问题和缺陷往往导致风险的不断积累，并最终在外部因素的冲击下集中爆发，形成放大冲击的效果。所以从防范风险和预防危机的角度，内外生因素都需要加以重视，这也是为什么既要高度警惕"黑天鹅"事件（外生冲击），也要防范"灰犀牛"事件（内生风险）[②]的重要原因。

---

① 刘鹤.两次全球大危机的比较研究 [M].北京：中国经济出版社，2013.

② "黑天鹅"一般是指那些出乎意料发生的小概率风险事件；"灰犀牛"是指那些经常被提示却没有得到充分重视的大概率风险事件。

四、中国经济运行中的周期波动

（一）中国经济的周期循环

由于经济学理论将实际的经济增长视作长期增长趋势和周期性波动的叠加，那么可以通过去除宏观经济数据中的长期趋势，从而得到周期部分[①]。

从图 2-9-6 中可以看到，运用计量方法分离出的经济周期部分与实际 GDP 增速的波动具有较高的同步性，表明其较好地捕捉到了经济运行中的周期变化。改革开放之前，我国经济周期波动的频率较高，振幅偏大。改革开放后，经济运行的稳定性有所提高，但仍具有明显的周期性。

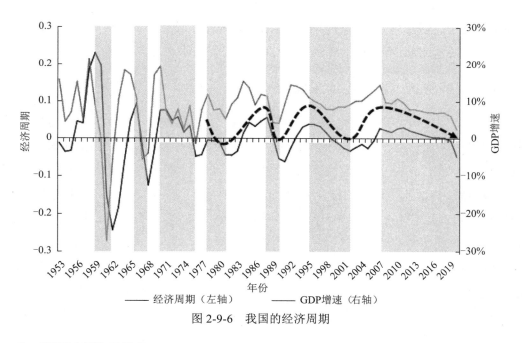

图 2-9-6　我国的经济周期

注：阴影代表周期下行阶段。

资料来源：国家统计局（作者略有加工）。

综合 GDP 增速、经济周期两项指标以及自此期间我国通胀率的变化，划分出经济周期上行和下行阶段。图 2-9-6 中的虚线大致拟合了我国改革开放以来的周期运行轨迹，我国经济运行呈现"四下三上"的周期变化，而且周期下行阶段在逐渐延长。如果以波峰—波峰作为划分周期的标准，1978—2020 年，我国经济大致经历了四轮周期波动，分别是 1978—1988 年、1989—1996 年、1997—2007 年以及 2008 年至今。

————————————

[①]　此处采用 HP 滤波方法分离出周期部分。

其中，前三轮周期长度在 10 年左右，上行阶段分别始于 20 世纪 80 年代初改革开放逐步展开、1992 年邓小平南方谈话之后改革开放的进一步深化以及 2001 年加入世界贸易组织，反映出改革和开放有利于增强经济增长的动力。而前两轮周期下行阶段与我国宏观经济政策的主动调整有关。改革开放初期，面对经济领域中出现的大干快上倾向以及国民经济比例严重失调的情况，1979 年 4 月召开的中共中央工作会议提出了"调整、改革、整顿、提高"的方针，我国经济开始进入调整阶段。而 20 世纪 80 年代中后期，我国经济出现过热现象，为此，1988 年 9 月，我国开启了历时三年的治理整顿，经济增速随之放缓。

20 世纪 90 年代之后的两次经济下行分别出现在 1998 年东南亚金融危机、2008 年美国次贷危机之后，表明随着中国经济更深程度融入世界经济，国外经济危机引发的外部冲击成为造成我国经济周期由上升转入下行阶段的重要因素。近年来，我国经济运行总体上仍处于第四轮周期的下行阶段，疫情前经济增速已处于潜在经济增速附近，2020 年新冠肺炎疫情的暴发令我国经济进一步降至潜在增长水平之下。

（二）经济景气循环中的短周期波动

在每一轮周期中，还能观察到有一些小的起伏。由于 GDP 是季度和年度指标，可以使用景气分析的方法进行进一步捕捉更高频率的周期波动。在第一篇中我们介绍过，有些指标的变化领先于经济增长，比如货币供给增速；有些则与经济增长同步变化，比如工业增长值增速；还有的指标变化滞后于 GDP 增速，比如通胀率。所以，根据更高频度经济变量之间的时差关系，可以编制出反映周期波动的月度先行、一致、滞后指标。

观察国家统计局发布的宏观经济景气先行、一致、滞后指数（见图 2-9-7），可以看到，我国宏观经济运行存在着 3 ～ 4 年的短周期。其中，先行指数的峰谷平均领先一致指数的峰谷半年左右。在最近一轮的短周期中，我国经济自 2020 年下半年起已经走出了周期下行阶段，进入扩张区间。而且，截至 2020 年底，先行指数依然在继续上升，但四季度上升的速度有所放缓，预示着我国经济增速将表现出前快后缓的态势。

（三）我国经济周期视角下的资产价格轮动

从货币市场、股市、房市以及大宗商品价格的走势看，我国各类资产价格的变化也表现出较高的波动性。如图 2-9-8 所示，按照各类资产价格涨跌的次序，大体表现为债券领先于股市，股市领先于商品。货币市场资金价格与债券价格二者呈反向变化。

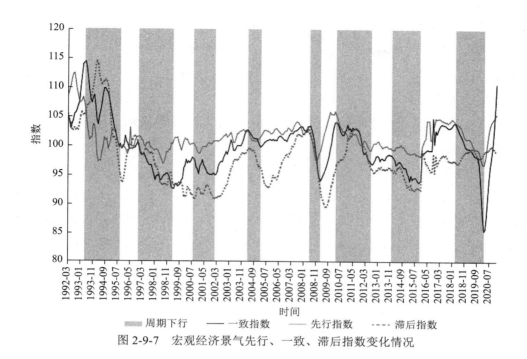

图 2-9-7　宏观经济景气先行、一致、滞后指数变化情况

资料来源：国家统计局。

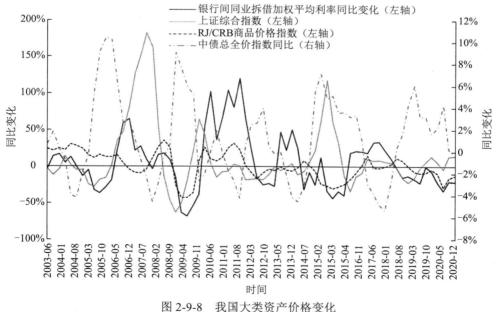

图 2-9-8　我国大类资产价格变化

资料来源：万得资讯。

　　我国经济周期对资产价格的影响突出地表现在经济周期阶段转换前后。比如2008年美国次贷危机爆发前，上证综指、大宗商品价格涨幅明显，货币市场利率在央行收紧

货币政策的情况下也出现上升，债券价格则持续下跌。危机爆发后，股票、大宗商品等风险资产价格受市场恐慌情绪传导以及悲观经济前景预期的影响大幅下挫，具有稳定收益的债券重新受到投资者青睐，价格显著回升，货币市场利率因央行放松货币政策而走低。而当2009年中国经济触底反弹，复苏前景趋于明朗之后，上证股指、大宗商品价格先后进入修复阶段，货币市场利率也随着宽松货币政策的结束而上升，债券价格则显著回落。在最近一轮的经济周期中，随着我国经济自2020年下半年走出周期谷底，各类资产价格可能走出类似2009年后的走势。

　　为了进一步分析我国经济运行中的周期特征，探究经济周期背后的驱动力量，本篇后面的几章内容，我们将分别围绕农业周期、创新周期、房地产周期、设备投资周期、库存周期、金融周期展开，分析不同类型周期在我国经济运行中的表现及其影响，归纳相关宏观经济指标以及资产价格在周期中的变化规律。

第十章

农业周期——农产品供给和价格的规律性波动

人类进入工业化社会之前，农业[①]在经济总量中占据主导地位，农业生产的周期性变化成为引发整体经济周期波动的主要因素。农业周期也成为最早被观测到的经济周期。进入工业化社会后，随着农业生产技术的提高，气象、气候等自然条件对农业生产的影响已经减弱，比如我国粮食产量在2004—2015年间实现了"十二连增"，近年来也保持在13万亿斤以上，期间并未出现太大的起伏。但部分农业生产领域，比如肉类、蔬菜则仍存在明显的周期性波动。

一、气候变化与农作物生产

在我国春秋战国时，人们就已经观察到了农业生产中的丰歉循环现象，《史记·货殖列传》中有"六岁穰，六岁旱，十二岁一大饥"的记载，意思是六年丰收，六年干旱，十二年要发生一次大的饥荒，所以农业生产存在12年的周期。欧洲的经济学家在研究欧洲各地农业生产数据时也发现了类似的规律，贝弗里奇（Beveridge）在《12—19世纪英格兰价格与工资》一书中记录了英格兰地区小麦价格存在着12年的周期波动（见图2-10-1）。

传统的农作物生产有着"靠天吃饭"的说法，气象、气候条件对农作物生长的影响相当大。美国经济学家穆尔（Moore）[②]在《经济周期的规律与原因》一书中提出，以降雨周期为代表的气候周期造成了农作物的产出周期。而农作物产出增减会引发农产品价格的涨跌，进而导致工业品需求和就业的增加或减少，以及一般物价水平的上升或下降，最终形成了经济的繁荣与萧条。英国经济学家杰文斯（Jevons）将农业生产和太阳黑子活动联系起来，认为太阳黑子活跃程度的周期性改变会造成气候的周期变化，进而通过影响农业收成的丰歉影响整个经济。太阳黑子的运行周期约为11年，由此引发的经济周期长度也约为11年，这与前面提到的以12年为一个周期的农产生产周期相近。由此

---

① 本章中的农业是指广义的农业，包含了种植业、林业、畜牧业、渔业等行业，狭义农业单指种植业。

② Moore H L. Economic Cycles: Their Law and Cause[J]. Journal of Political Economy, 1914, 95 (2369): 88-89.

可见，气候或者气象条件的周期变化是引发农业生产周期波动的重要因素。

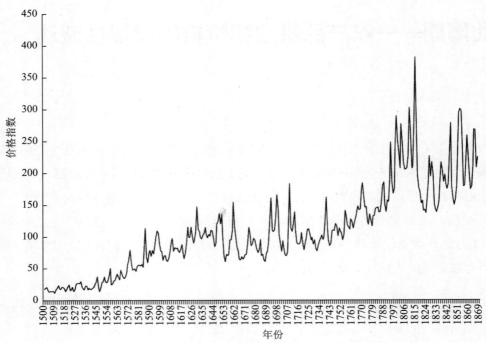

图 2-10-1　贝弗里奇小麦价格指数（1500—1869 年）

资料来源：DataMarket。

（一）蛛网模型——一种对农业周期的理论解释

农业生产的特点是生产周期较长，而且生产规模一旦确定下来，如果不是发生重大气候灾害或是动物疫情，在生产周期内很难做出大幅调整。比如，春小麦是春播秋收，生长周期为 3 个月左右。猪从出生到出栏需要 6 个月左右的时间，这段时间内即便粮价或肉价出现变化，小麦种植面积或猪存栏量也难以相应增减，只能在下一个生产周期开始时再进行调整。

蛛网模型（Cobweb Model）通常用于解释粮食、畜牧产品这些生产周期较长的商品产量和价格在偏离均衡时的波动情况。由于其轨迹形似蛛网，故此得名。前面提到，农产品当前的价格变化无法改变当期的实际产出，只能影响到下一个生产周期开始时农业生产者的决策。而且，模型还假设农业生产者都是小农生产者，他们不认为自己产量的改变会影响到价格。比如现在玉米价格从 0.8 元 / 斤涨到 1 元 / 斤，那么种植户就会扩大玉米的种植面积，并且预期到这些玉米收获时仍能够按照 1 元 / 斤的价格卖出去。

下面我们用供需关系图对蛛网模型进行说明。根据图 2-10-2，在初始状态时，农产品的供求处于均衡状态，这时假设出现了重大的气候灾害或者动物疾病，导致当期的供给大幅减少。由于供给小于需求,农产品价格上涨至 P1,但此时供给并不能马上增加,所以高价格将一直持续到农业生产者做出下一期生产决策的时候。此时,农业生产者会按照价格 P1 决定扩大生产规模至 Q2,但 Q2 对应的实际需求是 P2,所以到生产周期结束时,将出现供过于求的情况,价格也随之下降到 P2。同理,农业生产者下一期会依据 P2 将生产规模缩小至 Q3,而这又会导致供不应求,价格再次上涨。如此循环下去,价格和产量波动的轨迹就形成一张"蛛网"。

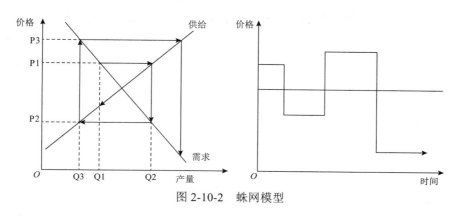

图 2-10-2　蛛网模型

根据供需曲线倾斜程度的不同,也就是供给弹性和需求弹性的不同,价格和产量的波动可能越来越大(发散型蛛网),也可能逐渐缩小(收敛型蛛网),或者始终按同一幅度波动(封闭型蛛网)。由于农产品往往是缺乏需求价格弹性的商品,即便价格大幅下降或者上涨,对农产品的需求量基本恒定。所以,农产品供给的价格弹性通常会大于需求的价格弹性,当市场受到外力的干扰偏离原有的均衡状态时,农产品价格和产量波动的幅度会越来越大,出现发散型蛛网的概率更高。

(二)中国的粮食生产周期

我国是一个气候条件复杂、自然灾害频发的国家,此前有数据显示,我国每年因气象灾害导致的粮食减产超过 500 亿公斤,其中旱灾损失最大,约占总损失量的 60%[①]。不过,随着农业科技的进步以及农田水利设施的日益完善,改革开放以来,我国由气候或者天气因素引发的粮食产量周期性波动并不明显。

但粮食的需求价格弹性较低,在遇到粮食丰收的年景时,由于粮食供给增加压低了粮价,而粮食需求并不会因为粮价下跌而明显增加,就会出现农民增产不增收甚至是减收的情况,也就是俗称的"谷贱伤农"。种粮收入的下降会降低农民的种粮积极性,促使种植户减少粮食种植,进而造成粮食产量下降。

---

① 杜海涛 . 全国爱粮节粮宣传周启动 [EB/OL]. http://www.gov.cn/xinwen/2016-10/17/content_5119973.htm,2016-10-17.

改革开放后，农村改革极大提高了农民生产的积极性，如图 2-10-3 所示，粮食产量从 1978 年的 0.6 万亿斤增加至 1998 年的 1 万亿斤，连年的丰收之后，由于粮食库存高企，价格下跌，农民种粮积极性受挫，1999—2003 年我国粮食生产出现较为明显的下降。此后，为调动农民种粮的积极性，稳定粮食生产，从 2004 年开始，国家出台了粮食直补、免除农业税等政策，还对重点粮食品种在主产区实行最低收购价格和临时收储制度。在一系列政策的保障下，2003 年后我国粮食生产总体保持了稳步提高的态势，粮食产量从 2003 年的 0.86 万亿斤增加至 2015 年的 1.3 万亿斤，并在此后连续 6 年保持在这一水平上。

图 2-10-3　我国粮食产量变化

资料来源：国家统计局。

目前我国人均粮食占有量达到 474 公斤，高于 400 公斤的国际粮食安全标准线 [①]，总体实现了"谷物基本自给，口粮绝对安全"的目标。但粮食产需依然处于紧平衡状态，粮食安全基础仍不牢固。对此，国家在"十四五"规划中首次将粮食综合生产能力作为安全保障类约束性指标，要求确保粮食产量继续稳定在 6.5 亿吨，也就是 1.3 万亿斤以上。

从农业生产周期的角度看，气候变化和极端气象灾害仍将是未来影响我国粮食生产安全的重要风险因素。近年来，随着全球气候变暖，厄尔尼诺、拉尼娜现象频繁出现，洪涝、干旱等极端气候频发，危及全球粮食生产。如图 2-10-4 所示，厄尔尼诺现象平均每 3 ～ 4 年就会发生一次，会引发赤道地区国家出现严重干旱，造成粮食减产。在 2003 年，由于厄尔尼诺引发的降水急剧减少，澳大利亚谷物产量降幅超过 50%。

---

① 唐仁健. 我国人均粮食占有量 474 公斤，连续多年超国际 400 公斤的安全标准线 [EB/OL]. http://www.nbd.com.cn/articles/2021-03-05/1646426.html，2021-03-05.

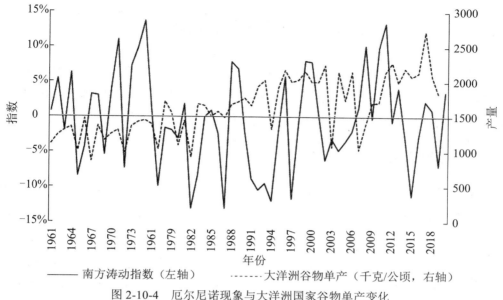

图 2-10-4　厄尔尼诺现象与大洋洲国家谷物单产变化

注：南方涛动指数（Southern Oscillation Index）衡量了太平洋东西两侧气压增强和减弱的演变情况，反映了厄尔尼诺现象的活跃程度。指数为负表明有厄尔尼诺现象，反之则表示有拉尼娜现象。

资料来源：澳大利亚气象局、联合国粮农组织。

　　厄尔尼诺和拉尼娜现象也会对我国粮食生产造成不利影响。夏季如果出现厄尔尼诺，我国长江中下游地区往往多雨以致发生洪涝，黄河及华北一带少雨并形成干旱，造成东北气温异常偏低，形成低温冷害。而如果出现拉尼娜，则会造成雨带偏北，降水集中在华北到河套一带，东北气温偏高形成热夏，热带风暴和登陆我国的数目也会高于多年平均值[①]。2020 年秋季，我国东北地区半个月内遭受三次强台风袭击，造成玉米大面积倒伏和农田积水，玉米产量因此受到影响，这与当年出现的拉尼娜现象有一定关系。未来在全球气候变暖的趋势下，极端气象灾害发生将更为频繁，对粮食生产的影响也将日益明显。2021 年初，农业农村部网站发布消息，预警受中等强度拉尼娜现象的影响，年内我国发生旱涝极端天气事件的概率增大，预测 2021 年我国汛期将出现阶段性北涝南旱格局，对我国农业和粮食生产带来不利影响。

　　为确保能够端牢自己的"饭碗"，除了进一步提高农作物单产水平外，我国粮食生产还需要从提高农业生产气象预测的准确性、完善重大自然灾害应对预案、增强农业基础设施条件等多个方面入手，进一步提高农业防灾减灾能力，降低气候变化和极端气象灾害导致的粮食生产波动。

① 中国气象报社. 厄尔尼诺对中国气候的影响 [EB/OL]. http://www.cma.gov.cn/2011qxfw/2011qqxkp/2011qqxzh/201209/t20120928_186424.html，2012-09-28.

二、中国的猪周期波动

在我国，农产品领域周期性波动较为突出的是猪肉的生产和价格。猪肉是我国大多数居民最主要肉类食品，占我国肉类总消费量的比重长期保持在 70% 以上。猪肉供给引起的价格变动对我国居民食品消费和价格变动有着显著的影响。

（一）猪周期如何划分

所谓"猪周期"，指的是猪肉生产和价格的周期变化。根据图 2-10-5，2005 年以来，以猪肉价格的变化为准，按照波谷 - 波谷划分，我国经历了三个完整的猪周期，每个周期持续大约持续 3 ～ 4 年，猪肉价格的周期高点在不断抬升。从前三轮周期看，除了内在的市场波动因素外，猪传染病的暴发导致的生猪存栏量下降往往起到加剧周期波动的作用。比如，2007 年的高致病性猪蓝耳病、2009 年暴发的甲型 H1N1 猪流感疫情、2015 年上半年暴发的猪丹毒疫情等。2018 年，受生猪价格走低的影响，母猪存栏减少。下半年开始，非洲猪瘟暴发叠加环保要求趋严，生猪存栏随之大幅下降，刺激猪肉价格开始企稳回升，我国生猪生产进入第四个猪周期，这一轮猪肉价格的涨幅明显要超出前几轮，因而也被媒体贴上了"最强猪周期"或"超级猪周期"的标签。

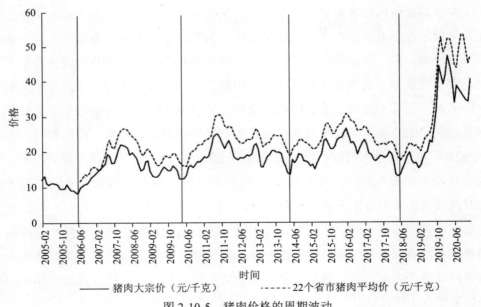

图 2-10-5　猪肉价格的周期波动

资料来源：万得资讯。

由于猪肉消费主要受到饮食习惯、收入水平、人口等长期性因素影响，我国居民对猪肉的消费需求相对稳定，2016—2018 年猪肉消费量在 5600 万吨左右，按照我国肉猪出栏数和猪肉产量数计算，一头猪屠宰后可以产出 0.08 吨，也就是 160 斤的猪肉。因而在正常年份下，我国一年的猪肉需求相当于年出栏肉猪要达到 7 亿头左右。2018 年我国肉猪出栏数为 6.9 亿头，剩余的缺口主要通过进口满足。之所以会形成"超级猪周期"，是我国生猪存栏量大幅下降的结果。2019 年我国的生猪出栏数较上年大跌 21.6%，仅为 5.4 亿头。由于生猪存栏降幅较大，巨大的供需缺口造成这一轮猪肉价格的升幅明显高于前三轮。不过，2020 年后，随着生猪存栏的恢复，猪肉价格已经越过本轮周期高点，进入下行阶段。

（二）影响猪周期的因素有哪些

猪肉供给主要受养殖利润、疫病以及政策等因素影响，相较于需求，影响猪肉供给变化的因素周期性更强。同时，猪肉供给的时间跨度较长。猪肉生产包括了生猪的繁殖、养殖、出栏、屠宰、销售等环节。如图 2-10-6 所示，母猪从配种到生出仔猪需要 4 个月左右，而仔猪育肥到可以出栏屠宰，约需要 6 个月，所以猪肉生产的时间跨度至少需要 10 个月。如果将能繁母猪的培育时间也计算在内，生猪的养殖周期长达 18 个月左右。所以猪肉价格既是当时猪肉供求状况的反映，同时也会影响到 10 ～ 18 个月之后的猪肉供给。

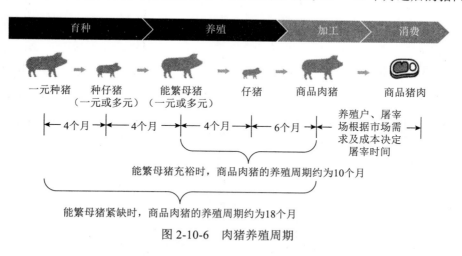

图 2-10-6 肉猪养殖周期

资料来源：周冠南. 以史为鉴，从猪周期指标体系看年内猪价涨幅及通胀压力. 华创证券. 2019-04-10。

由于能繁母猪的多少很大程度上决定了生猪潜在供给能力的大小，观察能繁母猪存栏数量的变动，理论上就可以提前 10 个月时间预判猪肉供给和价格的变化趋势。在本轮猪周期中，根据图 2-10-7，能繁母猪数量自 2019 年 9 月份跌至最低点并在此后开始回升，生猪出栏量同比增速在 2020 年二季度开始反弹，猪肉价格也随着猪肉供给的增加明显回落。

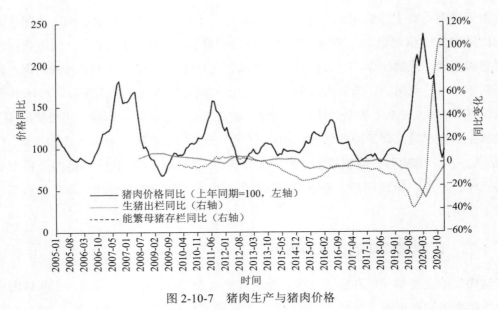

图 2-10-7　猪肉生产与猪肉价格

资料来源：万得资讯。

　　猪周期（见图 2-10-8）一定程度上可以用蛛网模型来解释。每轮猪周期通常以养殖利润下降，叠加疫情暴发导致的生猪存栏数量大规模下降开场，当生猪供给不足时，猪肉价格上涨，猪粮比[①]扩大，刺激养殖户扩大养猪规模，母猪存栏量增加，生猪供应大增，猪肉从供给不足转为供给过剩，这导致猪肉价格下跌，养殖利润跌至盈亏平衡点（养猪盈亏平衡时的猪粮比一般在 5.5 ～ 6）以下，养殖户缩减养猪规模，大量淘汰母猪，生猪存栏量下降，猪肉再度转为供给不足，继而开启新一轮周期。而且，由于猪肉需求相对稳定，而供给随价格波动加大，所以猪肉的需求价格弹性要小于供给价格弹性，根据蛛网理论，当市场受到外力的干扰偏离原有的均衡状态时，猪肉价格和产量波动幅度有加大的趋势。

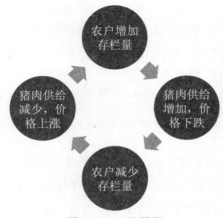

图 2-10-8　猪周期

① 猪粮比是生猪价格和作为生猪主要饲料的玉米价格的比值，猪粮比越高，表明养殖利润越好，反之则越差。

目前来看，截至 2020 年底，反映生猪产能的核心指标能繁母猪存栏量已经恢复至 4161 万头，达到了 2015 年初时的水平，生猪出栏数量同比降幅也明显收窄。伴随能繁母猪数量的恢复，2021 年生猪出栏量将实现正增长，特别是 2020 年能繁母猪数量增长较快，按 18 个月计算，2021 年下半年至 2022 年上半年，生猪出栏数量也将较快增长，猪肉价格在供给快速增加的情况下有望明显回落。

而且，截至 2020 年底，由于猪粮比仍高于盈亏平衡点（见图 2-10-9），生猪产能还可能进一步提高，从而使本轮周期进一步延长，在不出现大规模传染疫病的情况下，按照 3 ~ 4 年的周期长度，本轮猪周期下行阶段将至少持续至 2022 年。

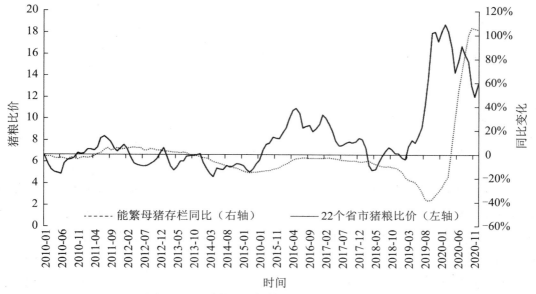

图 2-10-9　猪粮比与能繁母猪存栏的变化关系

资料来源：万得资讯。

（三）猪周期如何影响 CPI

在价格一章提到过，猪肉目前在我国 CPI 篮子中的比重为 2% ~ 2.5%，虽然看似不高，但猪肉相比 CPI 篮子中的其他商品价格波动性更高，从历史数据看，根据图 2-10-10，猪肉价格和 CPI 同比涨幅的变化高度相关，所以在其他消费品价格波动不大的情况下，从猪周期观察猪肉价格走势，一定程度上可以预判 CPI 涨幅的变化趋势。

若本轮猪周期下行阶段持续至 2022 年，猪肉价格将呈下行的趋势，尤其是 2021 年下半年至 2022 年上半年，在生猪大规模出栏的影响下，猪肉价格下行压力可能进一步加大，从而对 CPI 形成较为明显的下拉作用。

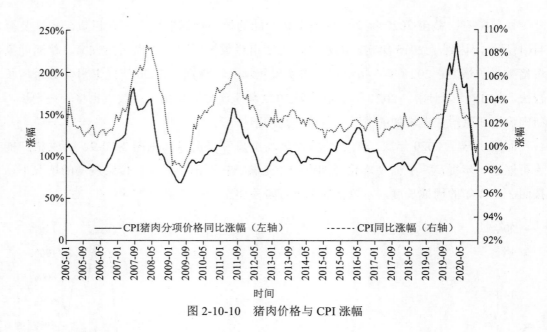

图 2-10-10　猪肉价格与 CPI 涨幅

资料来源：国家统计局。

（四）猪周期与上市公司股价表现

猪周期会直接影响到养殖企业的效益，进而反映到上市企业的股价上。从历史数据看，养猪企业股价与猪肉价格具有较高的相关性（见图 2-10-11），肉价的上涨将改善养殖企业经营业绩，从而提振股价，同时也会刺激企业扩大产能，而这将带来后续生猪供给的增加，对未来的猪肉价格形成下行的压力。在本轮"超级猪周期"中，猪肉价格处于上行阶段时，传统的行业龙头企业都宣布了产能扩张计划，而且还有如万科、阿里、京东等企业借机开启跨界养猪。随着生猪产能释放，猪周期进入下行阶段，如果规模效益带来的收益不足以抵消猪肉价格下跌的幅度，那么将对企业盈利能力构成挑战，股价也将承受较大的下行压力。

从未来的发展看，目前我国生猪规模化养殖进程正在提速，2020 年 10 月，农业农村部宣布国内生猪养殖规模化程度已达 53%。由于规模化的养殖企业抗风险能力要高于中小养殖户，此轮产能扩张后，当行业进入产能过剩阶段时，生猪养殖行业将迎来新一轮洗牌，届时随着中小企业及散户的退出，生猪产能将进一步向头部企业集中。由于大型企业对市场供需的判断相对更为全面和具有前瞻性，规模化养殖程度的进一步提升未来将有助于平缓猪周期的波动。

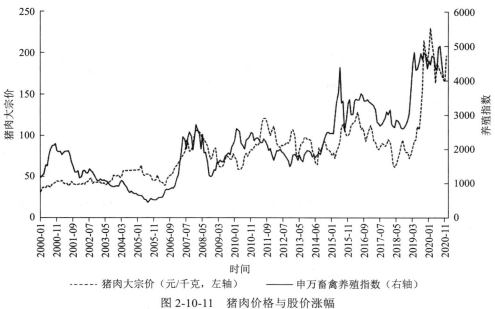

图 2-10-11　猪肉价格与股价涨幅

资料来源：万得资讯。

第十一章

创新周期——科技革命和产业变革的发生规律

创新周期的概念是美国经济学家熊彼特提出来的，但其最早发现者是俄国经济学家康德拉季耶夫。他在 1925 年出版的《经济生活中的长波》一书中，分析对比了英国、法国、美国和德国等国家的价格、利率、工资、贸易以及煤炭和生铁产量等大量统计数据，发现工业化国家中存在着长度为 40 ～ 60 年，平均为 50 年左右的周期性波动，这一长度的周期因而也被称为康德拉季耶夫周期或长波周期。

一、科技和产业革命与创新周期

（一）长波周期的发现

20 世纪初，西方国家陆续进入工业化社会，在回顾这些国家宏观经济数据的历史变化时，人们注意到经济长期增长过程中繁荣与萧条的交替存在着某种规律性。20 世纪 20 年代，康德拉季耶夫使用英、法、美、德国等主要工业化国家的价格、利率、进出口额以及煤炭和生铁产量等统计资料对长期经济发展中的周期波动现象进行了系统研究，提出了长波假说。在《经济生活中的长波》一书中，康德拉季耶夫为证明长波周期的存在，使用的最主要指标是批发价格指数。从图 2-11-1 中可以看到，经过修正后的价格指数存在长度为 50 年左右的长周期波动。

借鉴前面对价格指数的处理方式，将 1975 年以来美国 GDP 平减指数、CPI、PPI 转换为以黄金价格标价，从而将数据序列延长至 2020 年。如图 2-11-2 所示，虽然自 2020 年下半年起，大宗商品的美元价格在全球大规模财政货币政策的刺激下大幅反弹，铜、铁矿石、玉米等部分大宗商品价格还创出数年来的新高，但按照黄金标价的实际价格衡量，当前世界经济依然处于商品价格长波周期的低点，表明康德拉季耶夫周期的下行阶段仍未结束。

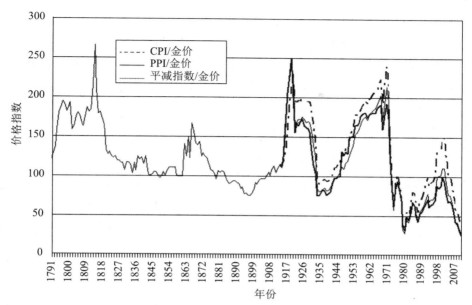

图 2-11-1　以黄金标价的价格指数

注：由于商品价格往往以美元标价，而美元本身存在因货币超发而贬值的问题。黄金通常被认为是硬通货，为反映实际需求变化对商品价格的影响，将价格指数转变为以黄金标价。

资料来源：Grinin L，Korotayev A，Tausch A . Kondratieff Waves in the World System Perspective[J]. Springer International Publishing，2016.

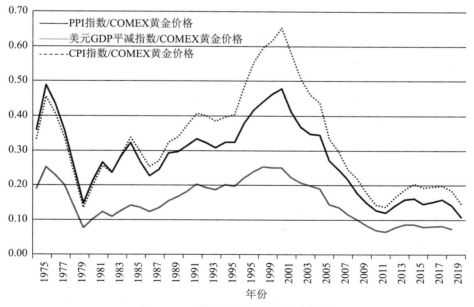

图 2-11-2　第五轮康德拉季耶夫周期

资料来源：万得资讯。

专栏　　　　　　　　　**从长波周期看大宗商品价格走势**

　　在大宗商品市场中，原油和铜是观察经济形势的晴雨表，对宏观经济敏感度较高。金铜比、金油比也成为判断经济周期以及商品价格走向的重要指标（见图2-11-3）。金油比和金铜比，分别指的是黄金与石油或铜的比价，反映的是一盎司黄金能够购买到的石油或铜的数量。在经济衰退期间，由于需求下降导致原油和铜价下跌，金油比、金铜比指标往往出现飙升。所以二者的高点对应于经济周期的低点。在2008年美国次贷危机和2020年新冠肺炎疫情期间，金油比和金铜比都出现了短时间内的大幅飙升，反映了国际需求快速萎缩导致的原油、铜价急剧下挫。

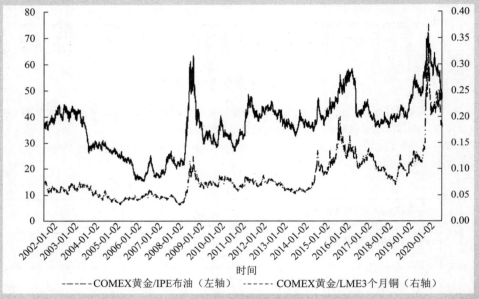

图 2-11-3　金油比和金铜比

资料来源：万得资讯。

　　2020年下半年，国际大宗商品价格出现明显反弹，铜、铁矿石等价格在年底创出多年新高，这一部分是疫后经济恢复，实体经济需求复苏拉动的价格上涨，但更多是受到全球过剩流动性刺激下的名义价格抬升。以CRB指数[①]作为大宗商品价格的综合反映，并将其转换为以黄金标价（见图2-11-4），可以看到，其走势与第五轮长波周期走势基本一致，反映实际价格的以黄金标价的大宗商品价格依然处于历史低位。而且，由于本轮长波周期仍处于下行阶段，世界经济增长在短暂反弹后，

---

① CRB 指数（Commodity Research Bureau Price Index）由美国商品研究局编制，涵盖了能源、金属、农产品、畜产品和软性商品等大宗商品，是国际商品价格波动的重要参考指标。

将恢复至疫情前的低增长状态，在需求有限的情况下，尽管大宗商品美元名义价格可能阶段性上涨，但实际价格未来一段时期内仍将延续下跌的趋势。

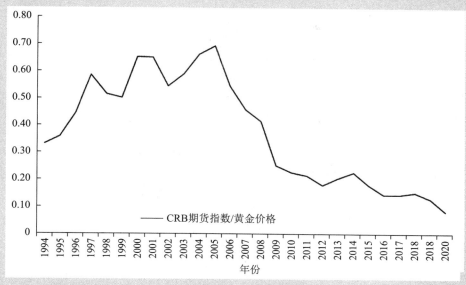

图 2-11-4　以黄金标价的大宗商品期货价格

资料来源：万得资讯。

（二）技术创新与长波周期

康德拉季耶夫从资本投资的角度对长波周期进行了解释，同时他也注意到技术创新的影响。在长波衰退期间，生产方面会涌现出有大量的重要发明，然而这些发现和发明通常仅在下一次长周期开始时才会被大规模应用。总体而言，在一个长周期的前25～30年，受重大的技术发明、新资源的开发利用等因素的推动，投资出现热潮，带动原材料和商品需求增加，宏观经济和商品价格也进入上行周期。之后，随着带动经济增长的动力逐步耗尽，长波周期进入下行阶段，企业因激烈竞争出现生产能力过剩和亏损，投资下降，经济陷入衰退乃至萧条，需求萎缩也导致价格下滑。通过一段时间的经济调整，直到新一轮技术创新来临，企业觉察到其中存在着盈利机会，投资热潮再次出现，才会带动经济进入下一轮繁荣阶段。具体见图 2-11-5。

此后，美国经济学家熊彼特继承和发展了长波理论，认为康德拉季耶夫周期背后是由技术创新活动驱动的，每一轮长波周期都是由一次重大的技术创新以及与之相伴的产业革命驱动的。演化经济学的重要代表人物之一佩蕾丝（Perez）进一步将一个技术长波周期划分为四个阶段（见图 2-11-6）。在这四个阶段之前还有一个孕育阶段，是新技术诞生到逐步发展成熟的阶段，这通常发生在上一轮周期的下行阶段。在前三个阶段，随着新技术的不断产业化和逐步普及推广，经济将进入新的长波周期的上行阶段，当处于第四阶段时，由于市场达到饱和，增长空间变得十分有限，经济进而放缓。整个技术长波周期约为 50 年。实际经济周期的波动就是一个个技术长波的叠加。

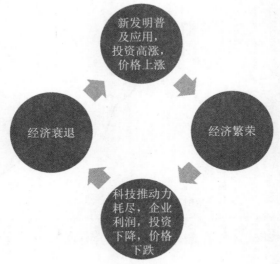

图 2-11-5　创新周期

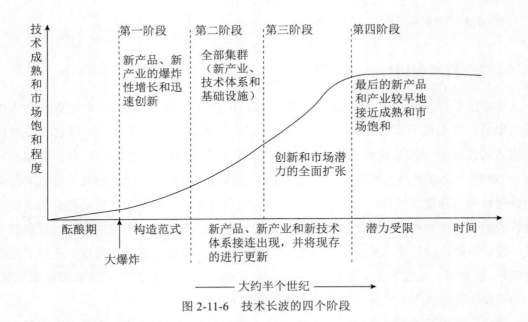

图 2-11-6　技术长波的四个阶段

资料来源：佩蕾丝. 技术革命与金融资本：泡沫与黄金时代的动力学[M]. 田方萌，等，译. 北京：中国人民大学出版社，2007.

（三）长波周期的阶段划分

根据康德拉季耶夫的划分，从18世纪八九十年代起，截至其著作完成时的20世纪20年代，世界经济经历了两个完整的长波，并处于第三个长波的衰落期。此后，熊彼特等经济学家又不断对长波周期的划分进行完善。按照这些经济学家的划分，从18世纪末到目前为止，世界经济共经历了五个长周期波动（见表2-11-1）。在每一个长周期中，经济上行期持续25～30年，随之而来的是15～20年的经济下行期。

表2-11-1 康德拉季耶夫周期阶段划分

序 号	阶 段	开始阶段	结束阶段
1	上升阶段	18世纪80年代末90年代初	1810—1817年
	下降阶段	1810—1817年	1844—1851年
2	上升阶段	1844—1851年	1870—1875年
	下降阶段	1870—1875年	1890—1896年
3	上升阶段	1890—1896年	1914—1920年
	下降阶段	1914—1929年	1939—1950年
4	上升阶段	1939—1950年	1968—1974年
	下降阶段	1968—1974年	1984—1991年
5	上升阶段	1984—1991年	2008—2010年
	下降阶段	2008—2010年	—

注：前两轮周期及第三轮周期上升阶段时间节点划分来自尼古拉·康德拉季耶夫的《经济生活中的长波》一书；第三轮周期下降阶段及第四、五轮周期划分节点来自Grinin L.，Korotayev A.，Tausch A.等人*Kondratieff Waves in the World System Perspective*一文。

第一轮长波周期的上行阶段始于18世纪八九十年代，此时距离第一次产业革命的开端已经过去了20多年，纺织机的应用带动了以纺织业为主的制造业快速发展，蒸汽机在工业部门中开始广泛取代传统的手工劳动，人类社会由此进入了"蒸汽时代"。同时，工厂取代手工工场成为主要生产组织形式，带来了生产组织效率的提升。这一轮长周期以1815年拿破仑战争为转折，此后经济波动不断，并在1847年爆发了世界性的第一次经济危机，经济陷入长期萧条。

第二轮长波周期的上行阶段始于19世纪四五十年代，也被称为"蒸汽和钢铁时代"。上一轮长周期下行阶段出现的蒸汽机车、蒸汽轮船、电报等发明创造得到普及应用，带动了钢铁、煤炭、铁路和交通运输业的快速发展。而且，铁路、通信的发展极大拓展和便利了人类活动的地理空间，进一步加速了主要资本主义国家在全球的经济扩张。此轮长周期以1873年的证券交易危机为转折，后来发展成为19世纪持续时间最长的一次经济危机，此后世界经济增速明显放缓。

第三轮长波周期的上行阶段始于19世纪末，此时第二次工业革命已经广泛展开，发电机、电灯、电话、电车、电影放映机的发明和应用使电力逐步取代蒸汽成为新的动力来源，人类进入"电气时代"。同时，内燃机驱动的汽车、轮船、飞机等也得到了应用，推动了石油开采和石油化工工业的发展。此外，新兴工业需要大规模集中生产的组织形式，生产企业的规模进一步扩大，以福特创造的汽车大规模流水线生产方式为标志，劳动生产率进一步提高。本轮长波周期以 1914 年第一次世界大战的爆发为转折点，此后世界经济在 1929 年陷入"大萧条"，并为第二次世界大战的爆发埋下隐患。

第四轮长波周期的上行阶段始于 20 世纪四五十年代，此时正值战后重建，经济的恢复和人口的增长带动了汽车的广泛普及，推动了汽车制造业以及上下游产业的快速发展。同时，核技术、导弹技术等许多战争时的技术发明在民用领域得到应用，推动了核能、航空航天等产业。本轮长周期以 20 世纪 70 年代布雷顿森林体系解体和两次石油危机的爆发为转折点，全球经济进入"滞胀"状态。

第五轮长波周期的上行阶段始于 20 世纪 80 年代末 90 年代初，此前电子计算机、晶体管、集成电路以及因特网的发明为信息技术的大发展奠定了基础，随着个人电脑、互联网的普及，不仅促进了电子信息产业的飞速发展，而且带来了信息技术与传统产业的深度融合，极大地提高了生产效率，人类社会由此进入"信息时代"。本轮长周期以 2008 年美国次贷危机的爆发为转折点，全球经济进入持续的低增长，并延续至今。

综合以上划分，我们可以看出（见图 2-11-7），长波周期或创新周期的划分主要以重大科技创新的广泛应用为标志，与按照重大发明时间为划分标准的四次产业革命并不完全一致。在长波周期的上行阶段，技术创新引发了新兴产业的崛起和对传统产业的改造，推动了经济结构的升级和经济增长。而当新技术全面普及后，其对经济增长的促进作用将消退，经济转而进入下行阶段。而且，长波周期上下行阶段的转换通常以大的经济危机或战争爆发为转折点。

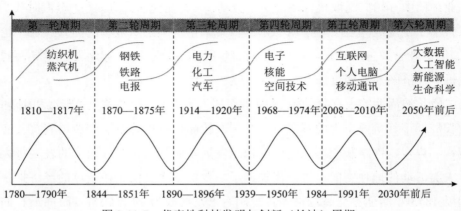

图 2-11-7　代表性科技发明与创新（长波）周期

当前正处于第五轮长波周期的下行阶段，不过也无须悲观，在每一轮经济下行阶段

也往往孕育着下一轮增长动力的种子。进入 21 世纪以来，全球已经进入了继蒸汽技术
革命（第一次工业革命）、电力技术革命（第二次工业革命）、信息技术革命（第三次工
业革命）后的第四次工业革命。以物联网、云计算、大数据、人工智能、新能源、新材料、
生物科技等为代表的科技创新集群对生产力和生产关系开始产生潜移默化的影响，以数字
化、网络化、智能化、绿色化为标签的新生产要素、生产模式初现端倪（见表 2-11-2）。

表 2-11-2 第四次工业革命的主要特征

特　征	相关领域及概念
数字化	数字制造、大数据、区块链、3D/4D 打印、虚拟现实、量子计算
网络化	5G、物联网、云计算、能源共享网络
智能化	智能机器人、人工智能、智慧城市、无人驾驶、可穿戴设备
绿色化	可再生能源技术、储能技术、新能源汽车、核能、燃料电池、氢能、碳捕捉
其他	纳米技术、空间技术、新一代半导体材料、基因编辑

资料来源：作者汇总。

欧洲专利局 2020 年发布的《专利与第四次工业革命报告》（*Patentsand the Fourth
Industry Revolution*）显示，全球范围内与第四次工业革命（4IR）相关的技术创新显著加快，
2010—2018 年间，4IR 技术全球专利申请年平均增长率为 20%，而其他技术 2010 年以
来全球专利申请年平均增长率仅为 4.2%。2020 年暴发的新冠疫情一定程度上也加速了
第四次工业革命的发展，比如促进了数字支付、远程医疗、线上办公、机器人等关键技
术的发展和应用。

根据表 2-11-3，相关预测显示，在"十四五"时期，虚拟现实设备、5G、人工智能、
物联网、新能源、智能家居和电视等领域，市场需求将保持较快的增长速度。比如《爱
立信移动市场报告》预计，到 2020 年底，5G 将覆盖全球超过 10 亿人口，占全球总人
口的 15%。到 2026 年，5G 将覆盖全球 60% 的人口，5G 签约用户数将达到 35 亿户，
相当于每 10 个移动签约用户中就有 4 个使用 5G。

表 2-11-3 部分行业领域市场规模及增长速度预测

领　域	单位	2019 年	2020 年	2021 年	2025 年	2026 年	年均复合增长率
全球 AR/VR 设备市场规模	万台	—	512	—	432	0	53%
全球新能源乘用车的销量	万辆	—	331.1	—	1640	—	38%
全球新能源汽车用动力电池的出货量	GWh	—	158.2	—	919.4	—	42%
全球智能家居设备市场	亿美元	—	—	620	880	—	9%
全球 5G 签约用户数	亿人	—	2.2	—	—	35	59%
全球人工智能市场规模	万亿美元	—	—	—	>6	—	20%*

续表

领　　域	单位	2019 年	2020 年	2021 年	2025 年	2026 年	年均复合增长率
全球物联网总连接数	亿个	120	—	—	246	—	13%
全球物联网收入	万亿美元	0.343	—	—	1.1	—	21%
全球智能电视市场规模	亿美元	1547	—	—	2926	—	11%
全球 Mini LED 背光液晶电视面板出货量	亿片	—	0.64	—	5.2	—	52%
全球量子点液晶电视（QLED）面板出货量	亿片	—	0.92	—	2	—	17%

注：*为2017—2025年的年均复合增长率，其余根据相应年份数据计算。

资料来源：预测数据综合了TrendForce集邦咨询、EVTank、Strategy Analytics、爱立信、德勤、GSMA、前瞻产业研究院、Omdia等机构的数据。

更大规模的技术创新和应用或将出现在 2025—2030 年。根据日本科技政策研究所（NISTEP）第 11 次技术预见调查的结果（见图 2-11-8），未来科技在技术上取得突破将主要在 2025 年后，进入社会应用阶段将集中在 2025—2040 年间。韩国第 5 次科学技术预测调查遴选的到 2040 年将实现的 267 项未来技术中，243 项（91%）预计将于 2021—2030 年间实现，其中 2021—2025 年预计可实现 130 项，2026—2030 年可实现 113 项。综合技术创新周期 50 年左右的周期长度、当前全球科技和产业变革的发展趋势以及日韩的科学预见结果，2021—2030 年将是全球从第五轮创新周期向第六轮过渡的阶段，世界有望在 2030 年前后进入新一轮创新周期的上升阶段。

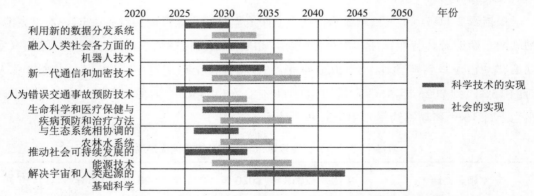

图 2-11-8 日本第 11 次技术预见调查预计的各领域技术科学和社会实现时点

资料来源：文部科学省科学技术·学術政策研究所. 第11回科学技術予測調査2050年の未来につなぐクローズアップ科学技術領域AI関連技術とエキスパートジャッジの組み合わせによる抽出·分析[EB/OL]. https://nistep.repo.nii.ac.jp/index.php? active_action=repository_view_main_item_detail&page_id=13&block_id=21&item_id=6690&item_no=1，2020-06.

二、中国经济运行中的创新周期

与发达国家先后经历五轮长周期不同，我国错过了参与前几轮科技产业革命的机遇，到 1978 年改革开放时，世界已处于第四个长波周期的下行阶段。但我国作为"后发国家"，也可以充分利用前几轮科技革命的成果，从而在更短的时间内实现经济的跨越式发展，用几十年的时间完成西方发达国家几百年走过的现代化历程，因此长波周期的长度在我国经济中将大为缩短。

由于科技和产业革命会带来产业结构以及生产组织形式上的调整变化，观察产业升级的路径可以从一个侧面反映出技术创新对我国经济增长的促进作用。20 世纪 80 年代初期，农业生产在实现家庭联产承包责任制后实现了快速的发展。同时，随着过去重工业优先发展战略的调整，以纺织、缝纫、服装为代表的轻工业增长迅速。到 80 年代中后期，居民消费升级带动彩电、空调、电冰箱等耐用消费品行业的增长，进入 90 年代，这一势头更为明显，机械、电子等耐用消费品成为行业增长的主导。

2000 年后，我国产业出现重化工化特征，钢铁、煤炭、化工等原材料和加工行业以及机械、交通设备、电子通信等重加工制造业在工业中地位上升。在这一时期，随着电脑、互联网等信息科技革命的成果得到普及应用，我国迅速实现了从"电气化"向"信息化"时代的转变，这也带动了信息技术产业的发展。所以，从创新周期的角度，正是在接续叠加利用前三次工业革命成果的基础上，我国经济得以实现持续的快速增长，而不是像发达国家那样，在每一轮创新动力衰竭后，必须等到下一轮技术创新成果的广泛应用时才能进入新的增长周期。

新一轮技术和产业革命将为我国经济发展创造出新的机遇。根据创新周期理论，当前世界正处于技术长波的酝酿期，未来一旦新技术新应用突破商业化、产业化的临界点，新产品、新产业将呈现出爆炸式的增长，这将为经济增长注入源源不断的动力。所以，在当前及未来一段时期，我国需要抢抓科技和产业变革机遇，不仅要加大基础研究和核心关键技术领域的投入，对在前三轮工业革命中落后发达国家的领域继续"追赶"和"补课"，更要围绕科技和产业"数字化、网络化、智能化、绿色化"的发展趋势，发挥我国产业链配套齐全、消费市场庞大、应用场景多元的优势，抓紧布局新兴产业，构建适应这些产业发展的要素比较新优势，拓展新技术新产品应用的新场景新模式，推动新技术商业化应用临界点在我国率先到来，从而使我国能够实现对发达国家的"弯道超车"，"领跑"新一轮科技和产业革命。

三、创新周期下的能源转型

科技革命也会带来能源结构及能源利用方式的革新，能源利用类型总体呈现从高碳向低碳、无碳的发展趋势。在前两轮长波周期中，由于蒸汽机的发明和应用，人类社会进入蒸汽时代，煤炭取代木柴成为人类生产的主要能源。而自第三轮长周期开始，能源利用进入"电气时代"，但作为二次能源，主要还是利用煤炭发电。不过，内燃机的发明推动了汽车和交通行业的大发展，石油逐步取代煤炭成为主要的能源。进入第四轮长波周期后，随着核能技术的发展，天然气逐步取代煤炭发电，核能、天然气等能源利用比例得到提升。

（一）绿色化是第五轮长波周期的重要特征

第五轮长波周期时，绿色化成为新一轮科技和产业革命的重要特征，以清洁能源为技术突破口的新能源革命正逐步展开，能源利用结构进一步向清洁化、低碳化和多元化转型，风电、太阳能等可再生能源以及天然气占全球能源的比重将进一步上升。

根据 BP 发布的《世界能源展望（2020 年版）》，21 世纪中叶前，尽管全球能源需求仍将继续增长，但能源结构将发生根本改变，化石燃料占比将持续降低，可再生能源不断增长，尤其是新冠肺炎疫情暴发以及应对全球气候变化措施的落实进一步加速了全球能源转型的步伐。在快速转型的情景假设条件[①]下，如图 2-11-9 所示，BP 预测，到 2050 年，全球煤炭、石油消费占比将不断下降，其中石油占比将从 2018 的 33% 下降至 14%，可再生能源及其他非化石能源占比则将逐步上升，其中可再生能源占比将从 5% 上升至 44%。

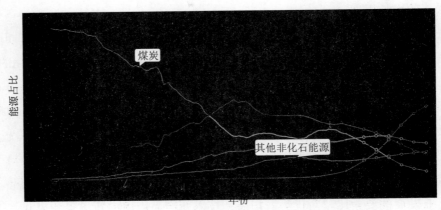

图 2-11-9　世界能源结构转型趋势

资料来源：BP《世界能源展望（2020年版）》。

---

① 报告中提出了到 2050 年能源转型的三种情景，分别为快速转型情景、净零情景和一切如常情景。快速转型情景和净零情景都假定碳价大幅增长，即到 2050 年，发达国家、新兴经济体分别达到每吨二氧化碳 250 美元和 175 美元。而一切如常情景到 2050 年，发达国家、新兴经济体平均碳价分别为每吨二氧化碳 65 美元和 35 美元。其中，净零情景是在相同政策措施之下改变全社会用能习惯。

（二）"双碳"目标下的中国能源转型

当前我国能源供给仍以煤炭消费为主，2019 年全国原煤产量 38.5 亿吨，煤炭消费占能源消费总量比例为 57.7%；天然气、水电、核电、风电等清洁能源消费量占能源消费总量比重为 23.4%；非化石能源占能源消费总量比重达 15.3%[①]。2020 年，为应对全球气候变化和环境污染带来的挑战，实现我国经济的绿色发展，我国宣布二氧化碳排放力争 2030 年前达到峰值，力争 2060 年前实现碳中和，因而也被简称为"双碳"目标或"3060"目标。

如图 2-11-10 所示，发达国家在经历了上百年的工业化历程后，欧洲在 20 世纪七八十年代，美、日在 21 世纪初才迎来了二氧化碳排放的拐点。2030 年实现碳达峰，意味着我国需要迈出比发达国家更快的能源转型步伐。而且，按照发达国家的实现碳中和的承诺时间表，"双碳"目标间美欧有六七十年的过渡期，我国仅有 30 年时间。

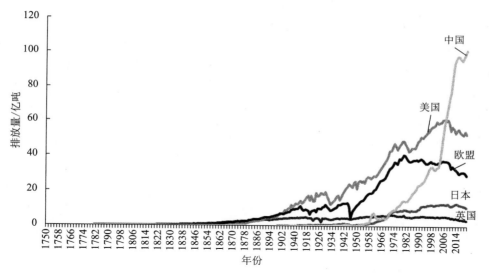

图 2-11-10　主要经济体二氧化碳年度排放量

资料来源：Global Carbon Project：Global Carbon Budget 2020。

根据《中华人民共和国气候变化第二次两年更新报告》（以下简称《报告》），2014 年我国二氧化碳排放量（不计吸收）中，能源活动的排放占 86.9%，工业过程占 12.9%。农业活动、废弃物处理等产生的二氧化碳排放较小。清华大学"中国低碳发展战略与转型路径研究项目"的研究结果显示，2020 年我国二氧化碳总排放量为 113.5 亿吨，其中与能源相关排放占比为 88.4%，工业过程排放占 11.6%。能源活动产生的二氧化碳

① 中华人民共和国国务院新闻办公室．《新时代的中国能源发展》白皮书 [EB/OL]. http://www.scio.gov.cn/zfbps/32832/Document/1695117/1695117.htm，2020-12-21.

主要来自煤炭、石油、天然气等化石燃料的燃烧，需求端对应于电力、工业、建筑、交通行业，2020 年四部门二氧化碳排放占比分别为 40.5%、37.6%、10.0% 和 9.9%。工业过程排放集中于非金属矿物制品（主要是水泥），金属冶炼（比如钢铁、有色）以及化工行业。根据《报告》，2014 年我国三个行业二氧化碳排放占比分别为 68.8%、20.5% 和 10.7%。所以降低二氧化碳排放，需要重点降低电力、工业、建筑、交通行业中化石燃料的使用。同时，还要降低钢铁、有色、水泥、化工等行业生产过程中的碳排放。

新一轮科技和产业变革引发的能源转型将加速我国能源结构、产业结构的调整优化，推动我国能源利用从高碳能源向低碳能源转型，不仅有助于我国实现碳达峰、碳中和目标，保障能源安全，而且能够形成新的经济增长点，推动我国经济实现高质量发展。由于化石能源消费是我国二氧化碳排放的主要来源，2030 年碳达峰意味着届时我国煤炭、石油等化石能源的消费将见顶，因此未来煤炭等化石能源消费总量将受到更为严格的控制，可再生能源、低碳能源成为发展的主流。

按照非化石能源占一次能源消费比重到 2030 年达到 25% 左右，风电、太阳能发电总装机容量将达到 12 亿千瓦以上[①]的目标，未来十年内风能、太阳能、核能、生物质能、地热能等清洁能源将迎来广阔的发展空间。以风电、太阳能发电为例，根据国家统计局数据，截至 2020 年底，我国并网风电和太阳能发电装机量分别为 2.8 亿千瓦和 2.5 亿千瓦，要完成 12 亿千瓦的目标，意味着未来 10 年每年的新增装机将不低于 6700 万千瓦。

从产业结构看，这将推动我国从高碳产业（钢铁、建材、有色金属、石化等为主）向低碳产业转型，一方面，传统的有色、建材、陶瓷、纺织、造纸等高能耗高污染行业以及建筑、交通、公共机构等领域将加快绿色化低碳化改造；另一方面，清洁能源发电及设备制造、新能源汽车、节能环保设备和建材、智能电网、储能、碳捕捉与碳交易等领域将产生新的投资机会，带动相关领域行业企业的发展。

---

① 习近平 . 继往开来，开启全球应对气候变化新征程——在气候雄心峰会上的讲话 [EB/OL]. http://www.gov.cn/gongbao/content/2020/content_5570055.htm，2020-12-12.

第十二章

房地产周期——房地产波动背后的驱动因素

房地产周期也被称为库兹涅兹周期。1930年，美国经济学家库兹涅兹（Kuznets）在《生产和价格的长期运动》一书中，通过研究美、英、德、法这些工业化国家工、农业主要产品产量和价格变动的时间序列资料，提出了长度为15～25年不等、平均长度为20年的中长期波动，这一长度的周期波动在建筑业表现得尤为明显。

一、人口与房地产周期

（一）美国房地产周期的表现

许多研究都表明美国房地产市场存在着长度为18年左右的长周期[①]。如图2-12-1所示，美国自南北战争至"二战"结束，以波谷-波谷划分，房地产业大致经历了5轮周期性波动循环，分别是1864—1880年、1880—1900年、1900—1918年、1918—1933年、1933—1944年，除了最后一个周期由于"二战"的影响，时间仅持续11年外，前四个周期长度分别为16年、20年、18年、15年。"二战"结束后，美国房地产进入新一轮的上升周期。

以住房空置率[②]作为衡量，如图2-12-2，"二战"后的美国房地产上行周期顶点出现在50年代末，此后进入下行阶段，住房空置率不断上升，并在1966年达到最高点，对应于房地产周期的谷底，这一轮周期持续时间达到22年。此后，美国房地产市场在1966—1985年、1985—2008年间还经历了两轮周期，持续时间分别为20年和23年。

[①] 1933年，美国学者霍伊特（Hoyt）在《房地产周期百年史——1830—1933年芝加哥城市发展与土地价值》中提出芝加哥房地产市场存在着18年的周期。长度为18年左右的房地产周期也得到了其他研究者的验证，可参见 Wenzlick R . Supplement: Proceedings of the American Statistical Association ‖ The Problem of Analyzing Local Real Estate Cycles[J]. Journal of the American Statistical Association，1933，28（181）：201-206；Rabinowitz, A.，The Real Estate Gamble[M]. New York，NY：AMACOM—A Division of the American Management Association，1980，238；Pyhrr S A，Roulac S E，Born W L . Real Estate Cycles and Their Strategic Implications for Investors and Portfolio Managers in the Global Economy[J]. Journal of Real Estate Research，1999，18：7-68.

[②] 战后研究美国房地产周期的学者通常使用空置率作为周期衡量指标。

当前美国房地产市场仍处于新一轮周期的上升阶段。

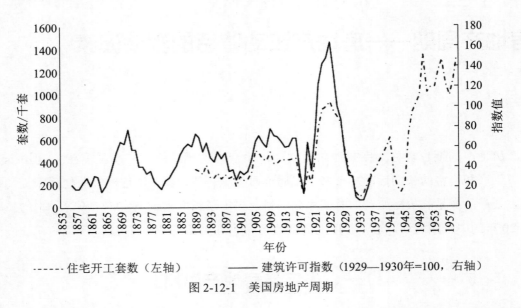

图 2-12-1　美国房地产周期

资料来源：Abramovitz M . Evidences of Long Swings in Aggregate Construction Since the Civil War[J]. NBER Books，1964.

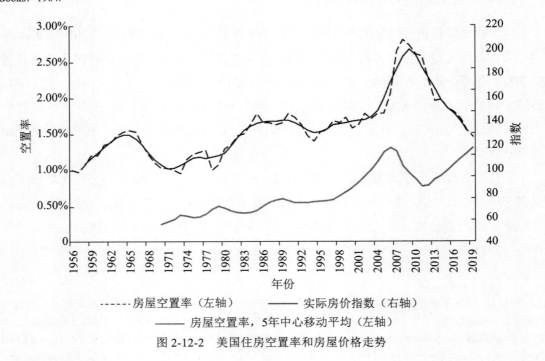

图 2-12-2　美国住房空置率和房屋价格走势

资料来源：万得资讯。

（二）房地产周期的阶段特征

根据美国房地产周期中主要经济指标的变化，如图 2-12-3 所示，一个房地产周期可以分为四个阶段。

图 2-12-3　房地产周期

在房地产周期上升阶段的初期，市场需求恢复带动交易重新活跃，住房空置率开始下降，但房地产市场仍供过于求，投资活动较少，价格开始企稳。

当房地产市场步入上行阶段后，销量进一步上升，住房空置率进一步降低，房地产投资开始增加，但房地产短期供给刚性导致供需失衡，房地产价格加速上涨，刺激住房开工数量进一步增加。

当住房供给超过需求，房地产空置率开始上升，房价下降，房地产投资逐步回落，房地产从繁荣走向衰退。

随着房地产销售价格回调，成交量减少，空置房屋数量继续攀升，房地产投资陷入低迷，房地产市场进入萧条期。

（三）人口如何影响房地产周期

人口因素被认为是造成房地产周期性波动的重要原因，即人口的增长会带来住房需求的增加，而人口的下降则会导致住房需求减少。当人成年后离开父母，开始独立生活的时候，便会产生新的住房需求。从出生到形成住房需求，平均大约需要 20 年。从美国数据来看，家庭自有住房比例提升最快的两个年龄阶段就是 25 ～ 34 岁和 35 ～ 44 岁，提升的幅度都在 20% 以上，之后随着年龄的增长，购房比例上升的速度明显放缓。由此也可以得出，如果一个国家年轻人占总人口的比重上升，那么这个国家的房屋价格将在日渐高涨的住房需求推动下上升，而如果这个国家正步入老龄化，那么房价也将随着住房需求的下降而下跌。

从图 2-12-4 中可以看到，除了 2008—2011 年美国房地产价格因次贷危机的爆发而大幅下滑外，美国房价走势也一定程度上受到人口因素的影响。在 1970—1980 年期间，随着战后美国"婴儿潮"一代步入成年。美国住房需求急剧增长，引发了美国"二战"之后的第一次房地产繁荣。2000 年之后，美国"婴儿潮"的下一代，即"回声潮"世代开始进入购房年龄段，同时"婴儿潮"一代进入中年期，富裕者开始追求更高档住宅的消费，而更多的低收入人群（特别是少数族裔）则在政府支持下，借助金融创新的手段购得住房，三者形成的住房需求共同推动了美国房地产市场价格的新一轮高涨。

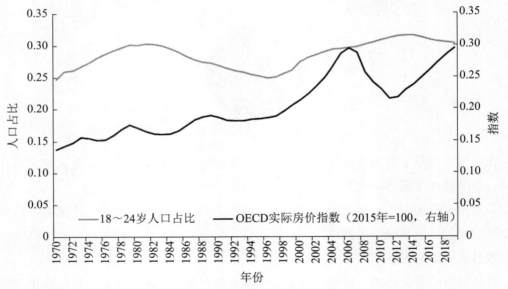

图 2-12-4　美国青年人口和房屋价格走势

资料来源：美国经济普查局、OECD。

日本青年人口数量和房价之间表现出更高的相关性。如图 2-12-5 所示，1947—1949 年，三年间日本出生的新生儿合计超过 806 万人，迎来战后婴儿潮。这个年龄层的人口也被称为"团块世代"。20 世纪 60 年代起，"团块世代"步入成年，青年人口数量在 1972 年左右达到顶峰，日本房地产价格也在 1974 年达到阶段性高点。

之后，伴随青年人口数量减少，日本房地产价格有所下降，但在 80 年代中后期，"团块世代"的子女进入成年阶段，青年人口数再度上升。同时，日本在 1985 年"广场协定"后采取了刺激性的财政货币政策，人口居住需求叠加货币因素影响，推动日本房地产价格飙升并出现严重泡沫。

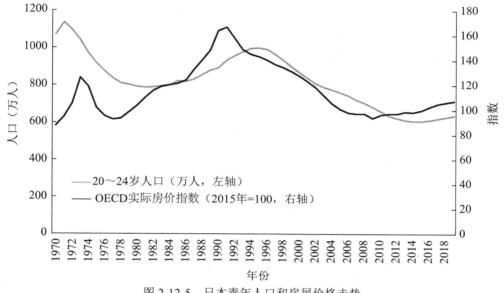

图 2-12-5　日本青年人口和房屋价格走势

资料来源：OECD、日本统计局。

20 世纪 90 年代初，日本房地产泡沫终因日本央行收紧货币政策而破裂，青年人口也在 90 年代中期达到顶点。此后，由于日本严重的老龄少子化导致青年人口持续下降，日本房地产价格也陷入了长达 30 多年的持续低迷。

二、人口因素影响下的中国房地产长周期

（一）我国房地产周期的划分

由于我国没有公布官方的住房空置率指标，有机构通过亮灯或者用电量等方法间接估算过空置率，但争议较大，而且也缺乏连续的数据序列。以房地产业增加值的变化作为衡量，分别以房地产业增加值增速以及使用 HP 滤波方法分解出房地产业增加值中的周期变化部分，综合两项指标，如图 2-12-6 所示，20 世纪 60 年代以来，以波谷 - 波谷划分，我国经历了三轮房地产业长周期，大致是 1964—1983 年、1984—2000 年、2001 年至今，前两轮周期持续时间分别为 19 年、17 年，第三轮房地产周期截至 2019 年已经持续了 19 年，周期的高点出现在 2007 年，目前处于周期的下行阶段。

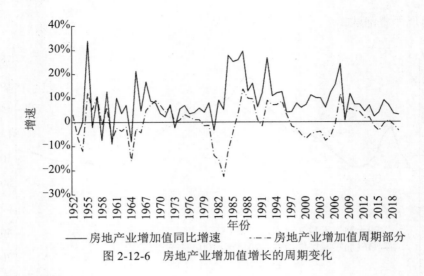

图 2-12-6　房地产业增加值增长的周期变化

资料来源：国家统计局。

（二）我国房地产周期中的人口因素

根据中国指数研究院的调查结果，25 ～ 34 岁年龄段购房人数占我国总购房人数的一半。20 世纪 60 年代前期以及 80 年代中后期分别是我国人口出生的两个高峰期，出生人口分别在 1963 年和 1987 年达到两个时期的最高点，为 3000 万人和 2550 万人。所以理论上，这两代人住房需求的高峰将出现在 20 世纪 80 年代和 21 世纪头 10 年。如图 2-12-7 所示，1970—2019 年间，我国房地产业增加值增速与滞后 21 年的出生人口变化趋势具有较高的相关性，二者的相关系数达到了 0.6。

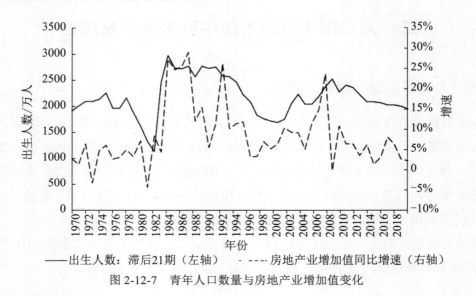

图 2-12-7　青年人口数量与房地产业增加值变化

资料来源：国家统计局。

（三）房地产周期与 GDP 增长

根据图 2-12-8，从总体趋势上看，房地产业增加值增长率与 GDP 增速变化的总体趋势基本一致。在 20 世纪 80 年代中后期以及 2007 年前后，正值"60 后"和"80 后"出生人口进入社会高峰时段，旺盛的住房需求推动房地产业增加值快速增长，增速大幅高于 GDP 增长水平，对经济增长的拉动增强。2008 年以来，随着青年人口数量下降，房地产业增速放缓，对 GDP 增长的拉动作用也在减弱。

图 2-12-8　房地产业增加值与 GDP 增速

资料来源：国家统计局。

借鉴日本的历史，未来随着我国人口老龄化的发展，由人口因素驱动的房地产市场周期波动将逐渐变弱。而且从住房供给看，根据住建部数据，2019 年我国城镇居民人均住房建筑面积为 39.8 平方米，农村为 48.9 平方米，与英、德、法以及日本等发达国家相差无几，但与美、澳这种地广人稀的国家相比只有其 2/3 水平。考虑到人口大国的现实，我国人均住房面积进一步提升的空间已经较为有限，我国人口年龄结构的老化将令房地产市场整体的下行压力加大。

三、房地产调控与房地产短周期波动

除了人口因素推动的房地产周期变化外，如图 2-12-9 所示，房地产开发、销售及房价等指标还显示出我国房地产市场存在着周期长度在 2 ~ 3 年的短周期波动。在周期上行阶段初期，房屋销售率先回暖，并带动销售价格回升，开发商回笼资金后购置土地，加快开工投资。当房地产市场开始供过于求之后，房地产销量回落，销售价格下跌，房地产周期进入下行阶段，受销量下滑影响，房地产开发商资金变得紧张，购置土地和开工投资进度也随之放缓。所以，房地产销售数据是房地产周期的引领性指标，而房地产价格变化则是判断房地产周期的重要依据。房地产开发投资变化基本同步于房地产价格的变化。

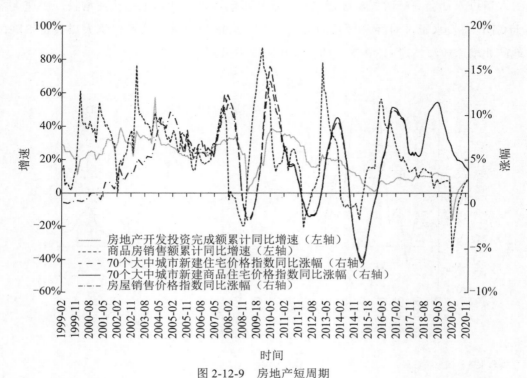

图 2-12-9　房地产短周期

资料来源：国家统计局。

（一）房地产短周期与历次房地产调控

　　我国房地产市场的短周期波动，与房地产政策的变化有很大的关系。即"在经济下行时放松调控以拉动经济，房价上涨过快时则收紧调控来平抑上涨势头，政策始终在两者反复和摇摆"[1]。

　　分阶段看，**1998—2004 年，我国房地产市场制度框架基本建立，房地产投资和房价持续增长**。我国房地产行业的市场化始于 1998 年。面对亚洲金融危机的冲击，为扩大内需并进一步推进城镇住房制度改革，1998 年国务院发布《国务院关于进一步深化城镇住房制度改革加快住房建设的通知》（国发〔1998〕23 号）（23 号文），标志着福利分房制度的结束以及住房商品化时代的开启，房地产业也首次被确立为"新的经济增长

---

① 宋红卫，盛松成，汪恒．房地产与中国经济 [M].北京：中信出版集团，2020.

点"。同时，为配套住房市场改革，我国全面推行住房公积金制度，出台住房信贷政策，颁布了《个人住房贷款管理办法》《住房公积金管理条例》，并在 2002 年出台《招标拍卖挂牌出让国有土地使用权规定》，确立了土地招拍挂的出让模式，房地产市场制度框架基本建立起来并延续至今。

直到 2002 年，伴随国民经济和居民收入的稳步增长，房地产市场也实现了较为平稳的发展，房地产投资和房价稳步增长。2003 年，房地产投资出现了过热的苗头，中国人民银行发布了《关于进一步加强房地产信贷业务管理的通知》（121 号文），通过提高房地产业银行贷款融资准入门槛以降低投资增速。为了进一步促进房地产市场健康发展，解决房地产价格、投资增长过快等问题，2003 年 8 月，国务院发布《国务院关于促进房地产市场持续健康发展的通知》（18 号文），首次明确房地产的国民经济支柱地位。此后，2004 年 3 月，国土资源部、监察部联合下发了《关于继续开展经营性土地使用权招标拍卖挂牌出让情况执法监察工作的通知》（71 号令），要求从 2004 年 8 月 31 日起，所有经营性的土地一律都要公开竞价出让，这也被称为"8·31 大限"。受此影响，虽然房地产投资增速放缓，但房价仍继续快速上涨。整体来看，1998—2004 年，尽管商品房销售额增长有所波动，房地产开发投资以及商品房销售价格仍保持了持续增长的态势。

2005—2016 年，房地产调控政策松紧交替，房地产投资和房价周期波动。其中，以房地产价格作为衡量，按照"波峰—波峰"的划分，我国房地产市场经历了四轮短周期波动。

第一轮周期是 2005 年 1 月至 2008 年 1 月。面对不断上涨的房价，2005 年国家先后发布"国八条""新八条"[①]，并通过税收（对个人购买不足 2 年的住房对外销售的全额征收营业税），金融（对房价上涨过快的城市或地区，个人贷款最低首付款由 20% 提高到 30%）抑制房价过快上涨的势头。2006 年，调控进一步升级，4 月上调房贷利率后，5 月提出了"国六条"[②]，并进一步发布了《关于调整住房供应结构稳定住房价格的意见》（国办发〔2006〕37 号）（也被称为"十五条"），对套型面积、小户型所占比率、新房首付款等方面做出了量化规定，提出 90 平方米、双 70% 的标准（"7090"政策）。7 月又下发《关于规范房地产市场外资准入和管理的意见》（建住房〔2006〕171 号），被业内称为"外资限炒令"。

这一时期的政策目标以控房价为主，政策工具包括首付、税收、土地等，房价涨幅

---

① 详见 2005 年 3 月 26 日国务院办公厅发布的《国务院办公厅关于切实稳定住房价格的通知》（国办发明电〔2005〕8 号以及 2005 年 5 月 9 日国务院办公厅发布的《国务院办公厅转发建设部等部门关于做好稳定住房价格工作意见的通知》（国办发〔2005〕26 号）。

② 2006 年 5 月 17 日，国务院常务会议提出了促进房地产业健康发展的六项措施，又称"国六条"，涉及住房供应结构、税收、信贷、土地、廉租房和经济适用房建设等方面。

在 2005 年持续回落，2006 年进入调整阶段，2007 年再度出现加速上涨，商品房销售和房地产投资增速双双上升。为进一步打击炒房行为，2007 年央行共计 6 次加息，10 次上调存款准备金，并在 9 月规定家庭第 2 套住房贷款首付不得低于 40%，利率不得低于基准利率的 1.1 倍。调控一直持续到 2008 年上半年，房价涨幅在 2008 年初达到顶点后开始回落。

第二轮周期是 2008 年 2 月至 2010 年 4 月。 2008 年受国际金融危机的冲击以及货币政策收紧的影响，新建住房销售面积出现 1998 年以来的首次下降，新房销售价格也随之下跌，2008 年底—2009 年上半年，房价出现了连续 7 个月的同比下滑。为应对国际金融危机的影响，2008 年 11 月，国务院常务会议决定在 2 年内投资 4 万亿元以刺激经济，房地产调控政策也开始转向。12 月 20 日，国务院发布《关于促进房地产市场健康发展的若干意见》（国办发〔2008〕131 号），并推出信贷支持、增加保障房供应和税收减免政策。在政策刺激下，房价不仅触底复苏而且在 2009 年下半年出现大幅上涨。不过虽然销售面积回到 2008 年之前的水平，但投资仍落后于 2008 年之前的水平。

随着经济的企稳回升，2009 年 12 月国务院出台"国四条"[1]，同时表示要"遏制部分城市房价过快上涨的势头"，标志着房地产调控政策从刺激转向遏制。商品房销售额同比增速在 2009 年底率先回落。2010 年 1 月 7 日和 4 月 17 日，国家又先后出台了"国十一条"[《国务院办公厅关于促进房地产市场平稳健康发展的通知》（国办发〔2010〕4 号）]和"新国十条"[《国务院关于坚决遏制部分城市房价过快上涨的通知》（国发〔2010〕10 号）]。4 月 30 日，北京率先规定"每户家庭只能新购一套商品房"。房价在政策调控下得到遏制，在 2010 年 4 月达到周期高点后，房价同比涨幅开始迅速回落。

第三轮周期是 2010 年 5 月至 2013 年 12 月。 2010 年 4—9 月间，北京、上海、广州、深圳先后发布"限购令"，9 月，住建部等发布《关于进一步贯彻落实国发〔2010〕10 号文件的通知》（建房〔2010〕155 号）（也被称为"国五条"或"9·29 新政"）后，天津、南京、杭州等更多城市推出限购政策。2011 年 1 月，国家出台"新国八条"[2]，要求强化差别化住房信贷政策，对贷款购买第二套住房的家庭，首付款比例不低于 60%，贷款利率不低于基准利率的 1.1 倍。当年一共有 48 个城市出台了限购令[3]，受限购限贷等政策影响，房价涨幅持续收窄，并在 2012 年 3 月再次进入下跌区间。

2011 年后，欧洲主权债务危机愈演愈烈，为应对可能造成的冲击，2012 年政府推

---

① 2009 年 12 月 14 日，国务院常务会议就促进房地产市场健康发展提出增加供给、抑制投机、加强监管、推进保障房建设等四大举措。

② 2011 年 1 月 26 日，国务院办公厅发布《国务院办公厅关于进一步做好房地产市场调控工作有关问题的通知》（国办发〔2011〕1 号），简称"新国八条"。

③ 央广网. 全国仅北上广深坚守"限购令"短期内不会取消 [EB/OL]. http://china.cnr.cn/ygxw/201410/t20141007_516553278.shtml，2014-10-07.

出 3600 万套保障房计划，央行自 2011 年底至 2012 年中先后两次降准、两次降息。受此影响，2012 年下半年，房地产销售和投资开始回暖，一线城市房价回升尤为明显。为此，2013 年 2 月 20 日，国务院出台五项加强房地产市场调控的政策措施（也称"新国五条"），提出要坚决抑制投机投资性购房，严格执行商品住房限购措施，扩大个人住房房产税改革试点范围。受此影响，房地产销售和投资出现回落。同时，2013 年房地产销量大增也造成了土地市场的过度供应，房价上涨的城市集中在一二线城市，三四线城市则因库存大幅增长（见图 2-12-10），房价走势低迷，温州、鄂尔多斯等部分城市房价甚至出现大跌。一、二线和三、四线房价走向出现分化。

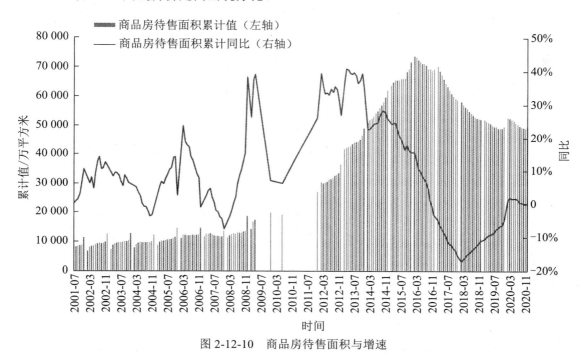

图 2-12-10　商品房待售面积与增速

资料来源：国家统计局。

第四轮周期是 2013 年 11 月—2016 年 11 月。 在房地产调控政策的影响下，房价同比涨幅自 2013 年 10 月后逐步收窄，并在 2014 年三季度后出现持续下跌，而且此轮下跌幅度明显大于前两轮。由于国内经济再度面临下行压力，为了化解房地产市场风险，2014 年我国开始推进房地产去库存。2014 年 6 月，呼和浩特首先取消实施三年的限购政策。到当年底，除北上广深以及三亚外，大部分实行限购的城市取消了限购政策。2014 年 9 月 30 日，央行、银监会公布《关于进一步做好住房金融服务工作的通知》（也被称为"9·30 新政"），规定二套房认定标准由"认房又认贷"改为"认贷不认房"。此后，央行在 11 月 21 日宣布下调金融机构人民币贷款和存款基准利率。房市开始触底回升。2015 年"3·30 新政"①、持续降息降准以后，一、二线城市房价、销量开始加速上涨。2016 年一、二线城市房价涨幅进一步扩大。同时，为推动房地产市场去库存，2015 年 6 月 17 日，国务院常务会议推出 3 年 1800 万套棚改计划，货币化安置逐渐成为主流，2016 年棚改货币化安置比例超过 40%，2017 年更是超过 50%。2015—2016 年房地产市场分化态势延续（见图 2-12-11），在一、二线城市房价快速上涨的同时，三、四线城市房价保持相对稳定并持续去库存。

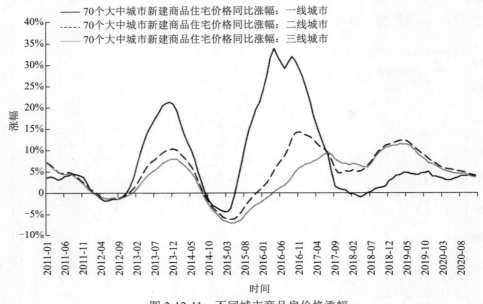

图 2-12-11　不同城市商品房价格涨幅

资料来源：国家统计局。

2016—2019 年，房地产调控"因城施策"，房地产投资和房价波动趋缓。

2016 年后，由于房地产金融风险上升以及市场分化现象突出，政府对房地产市场的调控政策思路也出现明显转变。在 2016 年 3 月李克强总理所做的《政府工作报告》中，"因城施策"首次被提出。7 月，中共中央政治局会议强调要"抑制资产价格泡沫"。当年国庆节前后，房地产市场调控政策密集出台。自 9 月 30 日晚间至 10 月 6 日的七天时间内，北京、天津、苏州、成都、合肥、南京、深圳等多个城市先后发布新房市调控政策，全国加入调控行列的城市达到 19 个。由于重新收紧限购限贷政策，一、二线城市房价和销量迅速降温。2016 年 12 月，中央经济工作会议首次提出，要构建房地产市

① 2015 年 3 月 30 日，中国人民银行、住建部、银监会联合发布《关于个人住房贷款政策有关问题的通知》，将二套房最低首付比例由不低于 60% 调整为不低于 40%。使用住房公积金贷款购买首套普通自住房，最低首付 20%。之后财政部和国家税务总局联合发布消息，从 3 月 31 日起，个人住房转让免征营业税的期限由购房超过 5 年（含 5 年）下调为超过 2 年（含 2 年）。

场健康发展长效机制，即坚持"房子是用来住的，不是用来炒的"的定位。2017年上半年，参与调控的城市以及调控政策力度继续加码，截至2017年底，有72个城市执行限购限贷，而2011—2013年时执行限购限贷政策的城市数量是47个[①]。在密集的调控政策下，房地产市场分化更加明显，一、二线城市房价回落，三、四线城市涨跌互现。此外，调控政策在常规的"限购、限价、限贷"基础上，新增了"限售、限商"，房地产市场进入"五限时代"。

2017年下半年，随着经济下行压力加大，部分城市以"人才引入"为切入口变相给限购政策松绑，济南、武汉、成都、长沙、西安、郑州等城市先后出台人才政策，放宽相关人员落户和购房的限制。进入2018年，房地产市场迎来一波"小阳春"行情，房地产开放投资稳步回升，二、三线城市房价反弹明显。2019年4月，中央政治局会议重申"房住不炒"定位，强调"落实好一城一策、因城施策、城市政府主体责任的长效调控机制"。7月，中共中央政治局会议首次提出"不将房地产作为短期刺激经济的手段"。此间，杭州、郑州、深圳、南京等前期房价涨幅较大的城市，纷纷收紧调控政策，比如深圳发布"7·15新政"，提出了"3年落户+3年社保"等多项调控升级措施。在政策调控下，房地产市场上涨势头得到遏制，房价涨幅自2019年6月后持续回落。

回顾1998年房地产市场改革以来的历次周期波动以及调控政策，我国商品房销售以及房地产投资增速自2009年后整体呈放缓的趋势，周期波动的高点在不断下降，这与我国进入房地产市场长周期的下行阶段相一致，背后是青年人口数量的下降以及城镇化速度放缓。同时，房地产投资、销售以及房价的波动在2016年后也变得相对平缓，体现出我国房地产政策由短期调控向建立长效调控机制转变正取得成效。2020年，我国经济遭遇新冠肺炎疫情的冲击，一季度经济增速大幅下滑，房地产市场销售和投资也出现断崖式下跌。但随着疫情得到有效防控，截至2020年底，商品房销售和房地产投资增速已经基本恢复至正常水平，同期房价涨幅总体延续了2019年6月以后的下降趋势，但部分城市特别是一线城市房价出现加速上涨的势头。对此，2020年12月举行的房地产工作座谈会再次重申了"房住不炒"的定位以及坚持不将房地产作为短期刺激经济的手段，一线城市及多个热点城市也加码房地产调控政策。

（二）房地产短周期与经济增长

房地产开发投资是全社会固定资产投资的一部分，2000年以来约占我国全社会固定资产投资的15%～20%。2019年由于制造业投资增速明显放缓，房地产开发投资占比上升至24%。同时，扣除土地购置费用后的全社会固定资产投资又是固定资本形成总

[①] 宋慧芳.2018，地产开启新变革——2018年，稳中求变，变中维稳[J].中国经济信息，2017（24）：30-35.

额核算的基础资料。借鉴现有计算方法 ①，使用国家统计局公布的固定资本形成总额对 GDP 增长的贡献率数据，可以大体计算出房地产投资对经济增长的拉动作用。

　　如图 2-12-12 所示，房地产开发投资对经济增长的贡献率在 2002—2014 年间基本保持在 6% 以上，2015—2019 年，房地产开发投资对经济的拉动作用有所减弱，平均贡献率降至 5% 左右。同时，1998 年房地产市场化改革后，房地产开发投资对经济增长的贡献率体现出逆周期性的特点，比如 2005—2006 年在我国经济增长不断加速的情况下，房地产增长放缓，房地产开发投资对经济增长的贡献也明显回落。而在 2009 年国际金融危机期间，我国经济增速和房价均出现显著下滑，但在购房和信贷优惠政策的刺激下，房地产开发投资较 2008 年增长了 16.1%，对经济增长的贡献超过 11%。这主要是由于房地产产业链长，拉动作用强，在经济下行阶段，往往成为拉动经济增长的逆周期调节手段。而在经济上行阶段，为防止房地产投资过热和房价的过快上涨，政府通常会加强对房地产市场的调控。2018—2019 年，我国经济周期处于下行阶段，但房地产投资稳步回升，其对经济增长的贡献率也保持在 5% 左右。

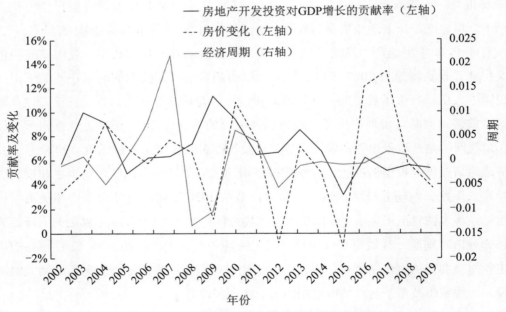

图 2-12-12　房地产开发投资对经济增长的贡献

资料来源：国家统计局。

---

① 许宪春，贾海，李皎，李俊波. 房地产经济对中国国民经济增长的作用研究 [J]. 中国社会科学，2015（1）：84-101；204.

（三）房地产短周期与房地产企业股价走势

房地产业股指走势也受到房地产短周期的影响，以房地产板块股指除以 A 股股指走势衡量房地产板块走势的强弱，如图 2-12-13 所示，指标与商品房销售同比增速的变化具有较高的同步性，这是由于房地产销售的变化直接影响到房地产上市企业的业绩，进而会对企业股价产生影响。

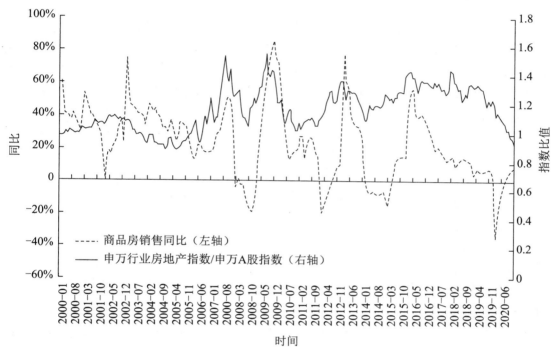

图 2-12-13　房地产周期与房地产上市企业股价的关系

资料来源：万得资讯。

在房地产周期上行阶段，房地产销售增长加速，带动房地产企业业绩提升，企业股价也相对 A 股市场走强，反之亦然。2016 年以来，房地产销售同比增速持续放缓，导致房地产行业指数相较于大盘不断走弱。2020 年下半年，随着经济逐步恢复，房地产销售同比增速由负转正，同期部分城市房价也出现一定幅度的上涨，这有利于改善房地产企业业绩预期，但考虑到 2021 年初房地产调控政策再度加码，本轮房地产销售短期回升对房地产上市企业股价提振有限。

第十三章

设备投资周期——设备投资如何影响经济增长

▼

设备投资是固定资产投资的重要组成部分，设备投资的变化会传导影响宏观经济的运行。法国经济学家朱格拉（Juglar）在 1862 年出版的《论法国、英国和美国的商业危机及其发生周期》[①] 一书中，通过观察三个国家商业危机发生的时间，总结出经济中存在长度为 9 ～ 10 年的周期，并指出这种周期与投资品生命期相对应，该长度的周期也被称为朱格拉周期。

一、设备更新与设备投资周期

（一）企业为何进行设备更新

朱格拉周期以企业设备的大规模更新和资本投资为主要驱动力。如同家电、汽车使用时间长了需要淘汰更新一样，企业的生产设备也有一定的使用年限，随着使用时间不断增长，零部件不断老化，设备的生产效率会大打折扣，维护费用也会大幅增加，这就促使企业购买新的设备以替换使用年限到期的老设备。

除有形的物理磨损之外，机器设备在使用过程中还会面临无形磨损，也就是由于技术进步而出现性能更好、生产效率更高的设备，使现有的设备价值贬值。尤其在新的技术设备出现后，企业可能不等到原有设备自然寿命结束，便会投资更新设备，这点在电子信息行业尤为突出。比如 5G 商业化应用之后，虽然原来 4G 的手机仍然可以使用，但许多人还是会将 4G 手机更换为 5G 手机。以半导体行业为例，如图 2-13-1 所示，全球晶圆（晶圆是制造半导体芯片的基本材料）制造行业设备支出每 3 ～ 4 年为一个周期，明显短于传统的工业行业。所以企业更新设备既与设备使用年限有关，也受技术进步的影响。

此外，不同的宏观经济形势下企业更换设备的周期也不尽相同，在经济繁荣时，企业资金充裕，为提高生产效率会加速设备更新，设备平均使用年限缩短；而在经济萧条时，企业生产经营困难，设备更新也会推迟，导致使用年限延长。

[①] Juglar C. Des crises commerciales et leur retour periodique en France en Angleterre et aux Etats Unis [M]. Paris: Guillaumin, 1862.

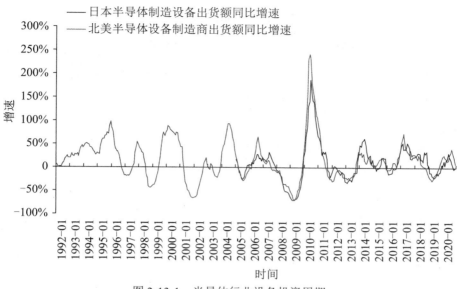

图 2-13-1 半导体行业设备投资周期

资料来源：万得资讯。

如图 2-13-2，美国私人部门设备的平均使用年限为 7 年，其中工业设备的平均使用年限为 9 ～ 10 年，而信息处理设备和软件的平均使用年限仅为 4.3 年左右。交通运输设备的平均使用年限为 7.3 年，其中汽车、卡车使用年限为 3 ～ 4 年，轮船使用年限则长达 14 年左右。

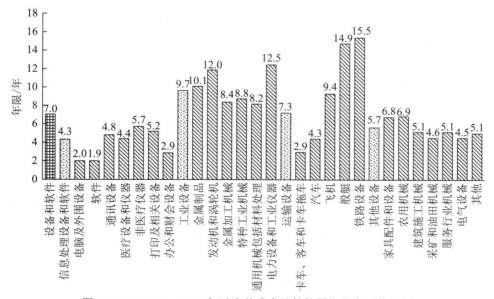

图 2-13-2 2000—2018 年以当前成本计算的固定资产平均年限

资料来源：BEA。

（二）设备更新如何引发经济周期波动

对于投资周期如何引起经济的循环波动，在经济学理论中，投资和产出间存在相互作用关系，即投资的变动会引起产出的数倍变动，而产出的变化又会造成投资的数倍变动。前者被称为乘数原理，后者被称为加速数理论，凯恩斯学派的经济学家就是使用乘数—加速理论来解释宏观经济的周期性波动。由于投资与产出间的乘数—加速作用，经济处于繁荣与萧条的循环。其中，当经济扩张达到充分就业水平之上时，企业投资便会开始由增转降，进而通过加速作用导致经济进一步下滑。而当经济陷入一段时间的衰退后，由于企业需要更新老旧的生产设备，大规模的机器设备更新又会使投资开始增加，在乘数作用推动下，产出增加带动经济进入新一轮周期。具体见图 2-13-3。

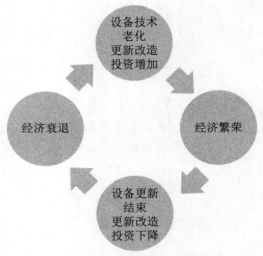

图 2-13-3　设备投资周期

如图 2-13-4 所示，20 世纪以来，美国设备投资存在着长度为 10 年左右的周期性变化，与朱格拉发现的周期长度基本一致。

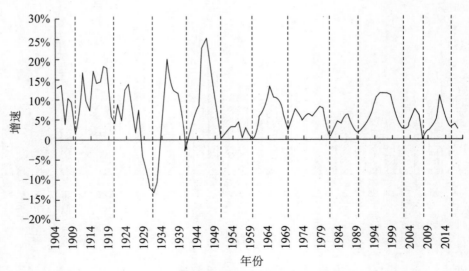

设备投资增速（5年中心移动平均）

图 2-13-4　美国设备投资周期

资料来源：BEA。

设备投资波动是造成美国经济周期波动的一个重要因素。按照支出法 GDP 计算，消费在美国经济中占据七成以上的比重，但消费变化相对缓慢而稳定，投资占比虽小，但波动较大。从历史数据看，如图 2-13-5 所示，除"二战"期间外，美国 GDP 与设备投资基本同向波动，而且设备投资的变化幅度要远大于 GDP。

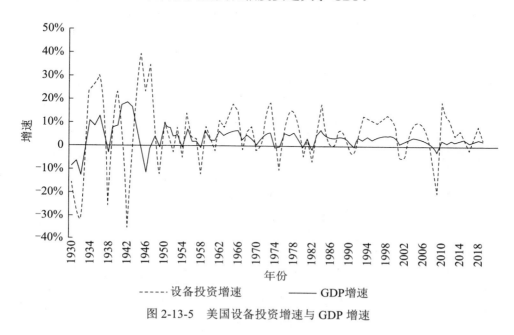

图 2-13-5　美国设备投资增速与 GDP 增速

资料来源：BEA。

二、中国的设备投资周期

在对我国设备投资周期的研究中，主要采用固定资产投资统计中的两类数据。一类是按照固定资产投资的成分分类，将其中的设备工器具购置支出用于衡量设备更新投资。按照国家统计局的定义，设备工器具购置是指在报告期内购置或自制的，达到固定资产标准的设备、工具、器具的价值。但其中既有存量设备的更新，也包括了用于新建或者扩建生产规模的增量设备部分。另一类是按照建设项目的性质分类，将其中的改建和技术改造用于衡量设备更新投资。按照国家统计局的定义，改建是指对原有设施进行技术改造或更新的建设项目，其中不仅包括机器设备和工具的更新改造，还包括了厂房建筑和公共设施的改造等。而厂房建筑的使用年限通常要长于机器设备。以上两项数据时间最早分别可以追溯至 1995 年和 1991 年。在此之前，我国还将固定资产投资按计划管理渠道分为基本建设、更新改造、房地产开发和其他投资。其中，更新改造投资指对原有设备进行技术改造以及相应配套的辅助性生产、生活福利设施等的实际完成额。但该数

据到 2004 年之后便不再公布。所以，我们将综合利用三种口径的投资数据，对我国企
业的设备更新投资周期进行考察。

（一）我国设备投资周期阶段的划分

根据图 2-13-6，改革开放以来，我国经历了三轮设备投资周期：

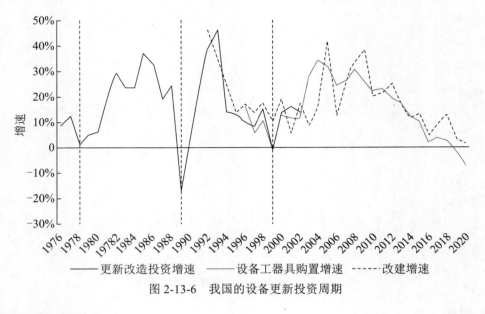

——更新改造投资增速　——设备工器具购置增速　----改建增速

图 2-13-6　我国的设备更新投资周期

资料来源：国家统计局。

第一轮设备投资周期是 1978—1989 年，持续约 10 年时间。这一轮设备更新周期的
上行阶段出现在 1978—1985 年，下行阶段为 1986—1989 年。改革开放前，我国工业企
业设备老化状况严重。比如机械工业 280 万台机床中，半数以上使用期限超过 20 年。
鞍钢主要设备中 20 世纪 50 年代的设备占 60%，30 年代的占 37%[①]。所以改革开放初期，
我国加快了企业设备的更新改造步伐。"六五"时期（1981—1985 年）通过轻纺专项、
机械电子专项、出口专项等更新改造投资以及水泥、玻璃、钢铁、化工等企业改扩建投
资，我国工业落后面貌得到改观，水泥、玻璃、部分钢材、化工材料缺口开始缩小，纺
织品通过"棉改涤、窄改宽、色改花"实现了换挡升级，新兴家电产业迅速发展，30 年
一贯制的"解放牌"汽车跨进了 80 年代的水平[②]。"七五"时期（1986—1990 年）更
新改造投资规模进一步扩大，较"六五"时期增长 1.7 倍，更新改造投资占比由"六五"
时期的 28% 上升到 31.8%[③]。但由于前三年经济出现过热现象，我国在 1988 年开始进行

---

① 胡逢吉．论"六五"计划期设备更新改造的几个问题 [J]. 财经理论与实践，1983（3）：10-14.
② 陈小洪，鲁志强．"六五"以来工业企业的技术改造分析 [J]. 管理世界，1988（4）：61-73，214.
③ 引用自《中华人民共和国国家统计局关于"七五"时期国民经济和社会发展的统计公报》。

为期三年的治理整顿，设备投资速度随之明显放缓。

第二轮设备投资周期从 1990 年到 1999 年，持续约 10 年时间。以邓小平同志 1992 年南方谈话和党的十四大为标志，我国改革开放和现代化建设进入了一个新的发展阶段，根据《中华人民共和国国民经济和社会发展十年规划和第八个五年计划纲要》，当时的更新投资主要集中在三个行业领域。一是冶金、化工、煤炭、电力等基础工业，从而扭转基础工业和加工工业长期失调的状况。二是加工工业，要求到 20 世纪末，机械工业和轻工业的主要产品中 40% 左右达到或接近国际较先进的水平，各部门需要的大型成套设备和关键产品基本立足国内；纺织工业的总体装备技术达到国际较先进的水平。三是电子工业，倡导积极运用电子技术改造传统产业，促进新兴产业的成长。"八五"限上技改项目主要集中在电力、冶金、化工、石化、建材、机械、汽车电子、轻工和纺织等行业，投资占全部限上技术改造计划投资的 76%。1996 年后我国消费、轻工行业出现了产能过剩的问题，加之 1998 年爆发亚洲金融危机进一步冲击国内需求，以纺织业开启"压锭减产"为标志，我国开启去产能进程，企业固定资产投资增速下滑，周期下行阶段延续至 2000 年前后。

第三轮设备投资周期从 2001 年持续到 2020 年，这一轮周期持续时间长达 20 年。加入世界贸易组织后，我国进入新的经济增长阶段，由此也带动了企业设备的新一轮更新改造。这一阶段我国基础设施和重化工业发展迅速，带动了钢铁、石化、有色等行业设备设施的升级换代。四个行业改建投资占制造业改建投资的比重从 2001 年的 11%，大幅提高至 2004 年的 47%。但过快增长的投资也导致了这些行业产能过剩的问题逐步凸显。比如到 2005 年，我国钢铁产业生产能力已经大于市场需求 1.2 亿吨，电解铝行业闲置产能 260 万吨，焦炭行业产能超出需求 1 亿吨[①]。为此，国家针对这些行业投资实施了一系列宏观调控政策，2006 年改建投资增速显著放缓。2007 年美国爆发的次贷危机进一步冲击了国内经济，2008 年初企业设备投资再度明显减速。如果按照经济的内在调整节奏，这一轮设备投资周期很可能由此进入下行阶段。

但为应对国际金融危机的冲击，我国推出了"4 万亿"刺激政策，出台了十大行业振兴计划，大规模的基础设施建设需求推动了机械、交通运输设备制造企业提前加速设备的更新改造。比如，高铁建设带来铁路专用设备及器材、铁路机、客车的升级换代，推动了铁路运输相关产业链的设备升级和技术改造，使得这一轮设备投资周期上行阶段得到进一步延续，进而拉长了整个设备投资周期的持续时间。随着 2009 年后刺激政策作用消退，钢铁、化工、煤炭、水泥等行业产能过剩问题进一步凸显，企业降低生产线运转强度，延长设备和房屋建筑物的使用寿命，更新改造速度持续放缓。部分钢铁、机

---

① 中国证券网. 发改委采取四个方面的措施严控产能过剩 [EB/OL]. http://futures.money.hexun.com/1451993. shtml，2005-12-16.

械等行业上市公司调整折旧年限。比如，鞍钢从 2013 年起对房屋和建筑物从 30 年上调至 40 年，传导和机械设备从 15 年上调至 19 年，动力设备从 10 年上调至 12 年[①]。2018年，尽管企业设备更新投资有所反弹，但先后受中美经贸摩擦升级以及新冠肺炎疫情影响，企业更新改造投资在随后的 2019—2020 年仍延续了放缓的趋势。

（二）设备投资周期与我国的经济增长波动

作为固定资本形成的组成部分，企业设备更新投资会通过乘数 - 加速数机制影响我国宏观经济的运行。这是引发我国经济周期性波动的重要因素。从图 2-13-7 中可以看到，企业设备投资与 GDP 名义增速具有一定的相关性，而且设备投资的振幅要大于名义 GDP 的波动幅度。

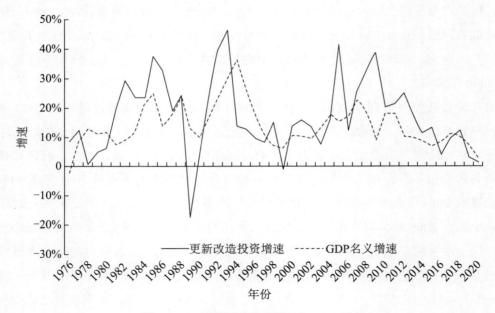

图 2-13-7　更新改造投资增速与 GDP 增速

注：更新改造投资2003年后增速以改建投资增速代替。
资料来源：国家统计局。

同时，作为后发国家，我国在产业发展过程中可以引进国际先进的技术和生产设备，对原有设备进行技术升级、改造以及更新替换，从而提高生产效率，进而促进经济增长。如图 2-13-8 所示，我国设备更新投资周期与技术进步周期相重叠，每一轮设备更新也伴随着全要素生产率的提高。

---

① 人民网 . 鞍钢股份力避明年业绩续亏　资产再度延长"寿命" [EB/OL]. http: //finance.people.com.cn/n/2012/1120/c70846-19632808.html，2012-11-20.

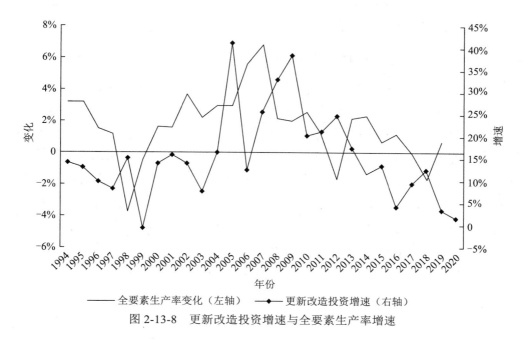

图 2-13-8　更新改造投资增速与全要素生产率增速

注：更新改造投资2003年后增速以改建投资增速代替。

资料来源：国家统计局、Penn World Table version 10.0（PWT 10.0）。

比如，1985 年的第二次全国工业普查[①] 结果显示，我国 67 个大类工业设备中，设备性能达到国际水平的仅占 13%，达到国内先进水平的也仅占 22%。而通过技术改造和设备更新，到 1995 年第三次全国工业普查时，大中型工业企业生产设备达到国际水平的占比提高到 26.1%；属国内先进水平的占比上升至 27.7%。其中进口设备占比达 47.1%，比 1985 年上升 28.9 个百分点。在第三轮设备更新周期后，我国不仅在 5G、高铁等高技术装备领域，而且在钢铁、石化、纺织等传统行业装备已经居于国际领先水平。

近年来，我国全要素生产率走低。一方面，是由于我国传统产业通过设备更新和产业升级，达到国际先进水平后，技术进步更多依赖技术创新周期，而当前仍处于新一轮科技革命的孕育期，新技术和新设备仍处于大规模推广的初期；另一方面，在产业升级中的核心技术和关键环节，我国仍面临众多"卡脖子"技术难题，西方国家长期对我国进口最顶尖技术的设备进行封锁和阻挠。比如，美国一直阻挠我国企业进口可用于生产 7nm 工艺芯片的 EUV 极紫外光刻机，近年来又进一步加大了科技围堵和打压的力度，这也对我国企业的设备更新和技术升级造成了负面影响。

① 国务院工业普查领导小组办公室 . 第二次全国工业普查科学水平的评价 [J]. 中国工业经济研究，1990（6）：70-76，40.

（三）设备投资周期与我国制造业企业业绩变化

设备投资的变化直接影响设备制造业企业的营业收入，所以也可以从设备制造行业业绩变化观察设备投资周期。根据国家统计局公布的 1999—2018 年制造业各行业主营业务收入数据，在主要的设备制造行业中，主营业务收入增速变化滞后于设备投资周期 1～2 年。

如图 2-13-9 所示，以 1999 年为周期起点，主要设备制造业行业主营业务收入此后进入快速增长阶段，2003—2007 年间，通用设备、专用设备以及电气机械及器材制造业主营业务收入保持了 25% 以上的高速增长。2009 年由于国际金融危机的冲击，各行业收入增速大幅放缓，多数行业增速降至 2001 年乃至 1999 年后的新低。在国家"4 万亿"刺激政策的刺激下，2010 年各行业收入增速出现了强劲的反弹，但此后随着设备投资周期进入下行阶段，设备制造业收入增速也呈现波动放缓的态势。

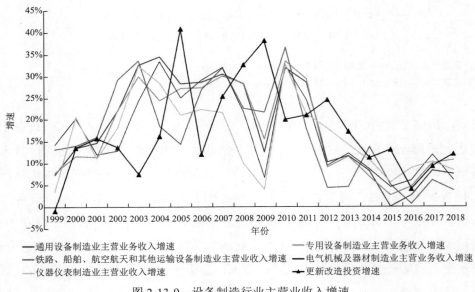

图 2-13-9　设备制造行业主营业收入增速

资料来源：国家统计局。

同时，当企业完成大规模的设备更新换代后，新产品销售和生产成本降低都会带来企业盈利能力的提升，而盈利的改善又会进一步增强企业进行更新改造的能力。股市中衡量企业盈利能力的一个财务指标是净资产收益率（ROE），它是企业净利润与净资产的比值。巴菲特将其视作衡量公司经营业绩的最重要指标。ROE 越高，代表企业盈利能力越强。如图 2-13-10 所示，在 2000—2007 年，企业设备投资上行期，工业企业净资产收益率也得到显著提升，但时间上滞后于设备投资 1～2 年，所以净资产收益率与企业主营业务收入增速的变化基本同步。而 2011—2020 年，企业设备投资增速与净资产收益率均处于一个下行的趋势。

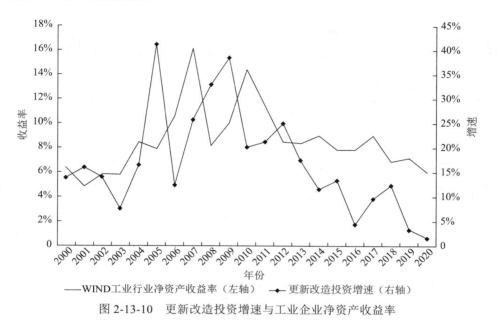

图 2-13-10   更新改造投资增速与工业企业净资产收益率

资料来源：国家统计局、万得资讯。

　　对于上市公司而言，盈利能力的提高有助于提振股价。我国上市工业行业企业的股价和净资产收益率变化之间存在一定的相关关系。如图 2-13-11 所示，在 2006—2007 年以及 2010—2011 年工业股票价格指数的两轮上涨过程中，都伴随着企业盈利能力的改善和提升。2015 年工业行业股指虽然在杠杆资金的推动下快速上涨，但工业企业业绩提升乏力，这也为此后股指的快速回调埋下了伏笔。

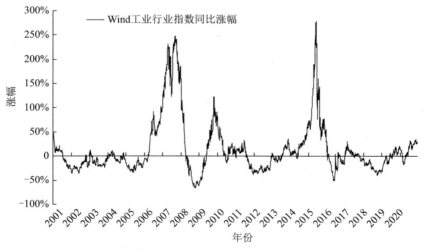

图 2-13-11   工业行业股指同比涨幅

资料来源：万得资讯。

第十四章

库存周期——存货变化与工业品价格短期波动

库存周期，也被称为基钦周期，顾名思义，这是以它的发现者，英国统计学家约瑟夫·基钦（Joseph Kitchin）命名的。他在撰写的《经济因素中的周期与倾向》[①]一文中，研究了英国和美国从 1890—1922 年的统计资料，发现两国经济中存在一个长度为 $3\frac{1}{3}$ 年，也就是 40 个月的周期。基钦认为企业存货投资变动是造成这一长度周期的主要原因。

一、企业存货管理与库存周期

（一）什么是存货

存货（inventory），是指企业在生产经营过程中为销售或耗用而储存的各种资产，也被称为库存，既包括企业已经生产完成，放在库房等待销售的产成品，也包括仍然处于生产之中的半成品，以及消耗在生产过程中的原料、燃料等。比如钢铁厂的存货主要是生产出来但尚未销售出去的各类板材和线材，用于生产这些制成品的半成品——钢坯，以及原材料和燃料——铁矿石和焦炭。而且，不光制造业企业有存货，批发零售业，比如商场、超市库房里存放的待售商品也都算作存货。

如表 2-14-1 所示，美国 2019 年存货总量为 24.3 万亿美元，其中制造业、批发业、零售业基本"三分天下"，占比分别为 34%、33%、33%。从图 2-14-1 中可以看出，美国企业存货变化存规律性周期波动，由此形成了库存周期。而且，除 2016 年美国零售商存货与制造商、批发商存货走势相背离外，其余时间段三者基本保持了一致的变化。2020 年下半年美国已进入新一轮库存周期。

表 2-14-1 2019 年美国企业存货结构

	总额 / 万亿美元	占比 /%
存货总额	24.30	100
制造商存货	8.32	34

---

① Kitchin J. Cycles and trends in economic factors [J]. The Review of Economic Statistics，1923：10-16.

续表

	总额 / 万亿美元	占比 /%
零售商存货	7.97	33
批发商存货	8.01	33

资料来源：美国商务部。

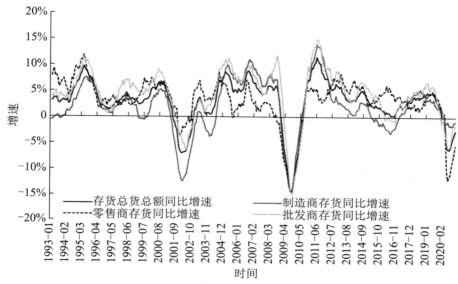

图 2-14-1   美国企业库存同比变化

资料来源：美国商务部。

（二）为什么持有存货

对于企业为什么会持有存货，比较早的一种解释是为了平滑生产（production smoothing），即存货有助于降低企业产出的波动性，但实际的观察发现，存货波动往往是造成产出波动的重要原因，所以又有理论认为持有存货是为了避免售罄（stock-out avoidance）；或者是为了对冲成本冲击，比如企业在预期原料价格将要上涨的时候提前进行采购以锁定成本；或者是为了避免频繁订货而持有存货以及大规模采购可以降低采购成本等 [①]。

不论何种解释，通常情况下企业维持正常的生产经营活动都需要保持一定的存货水平，但这个水平并不是固定的，而是企业根据市场需求情况进行不断的调整和变化。如同水库在丰水期蓄水，在枯水期放水，从而保持水库下游径流平稳一样，企业的存货也起到保障企业生产经营顺利运行的作用。

---

① 许志伟，薛鹤翔，车大为 . 中国存货投资的周期性研究——基于采购经理指数的动态视角 [J]. 经济研究，2012，47（8）：81-92.

（三）库存周期如何划分

按照存货的增减，库存周期可以分为补库存（存货增加）和去库存（存货减少），而从企业决策的角度出发，又可以进一步分为主动去库存、被动去库存、主动补库存、被动补库存四个阶段，如图 2-14-2 所示。

当市场需求旺盛时，企业为应对不断增加的产品需求，会主动提高存货水平，增加产品的供给；而当生产扩张到一定阶段，产品供给超过实际需求后，销路受阻导致企业存货被动增加；为降低成本，企业开始削减生产，并通过降价等方式主动降低存货水

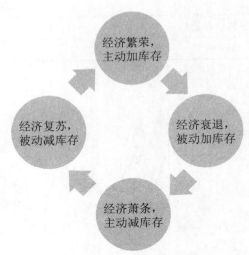

图 2-14-2　库存周期

平；随着企业产品价格下跌以及供给下降，市场需求逐步回暖，但此时企业对扩大生产仍较为谨慎，使得存货水平继续下降，直到企业确认市场再度活跃，生产积极性回升，再次主动增加存货，从而进入新一轮库存周期。

二、中国的库存周期

（一）观测我国库存周期的指标

对于企业存货的统计，我国存在四组口径的统计数据：第一个是 GDP 支出法核算中的"存货增加"。它是从固定资本形成的角度衡量企业存货的年度变化。第二个是"工业企业经济效益指标"中的工业企业产成品存货数据。该数据为月度数据，时间跨度为1996 年 2 月至今，现有研究通常用它的同比变化率作为库存周期的判断指标，存货同比上升为补库存，存货同比下降则为去库存。第三个指标是央行的 5000 户工业企业存货同比增速，统计中的存货包含了原材料、半成品、产成品库存，数据从 2000 年开始，2000—2005 年为年度数据，之后才变为月度数据。第四个指标是采购经理指数（PMI）子项中的产成品库存和原材料库存指数。该数据同样是每月发布，从 2005 年 1 月开始。与其他三项不同的是，该数据是从环比的角度衡量库存变化趋势。

通过图 2-14-3 和图 2-14-4 可以看出，我国企业库存存在显著的周期性波动，其中，PMI 产成品库存和原材料库存指数是环比指标，尽管多数年份都低于 50 的荣枯分界线，但我们仍可以根据其收缩力度的相对强弱进行周期划分。由于原材料经过生产加工后才

能成为产成品，所以原材料库存变化要领先于产成品库存的变化。考虑到数据频率、时间跨度等因素，我们主要采用工业企业产成品存货累计同比作为库存周期的衡量指标。

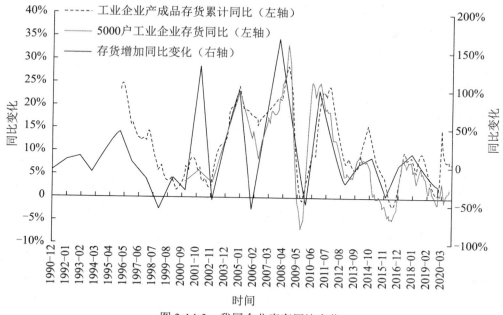

图 2-14-3　我国企业库存同比变化

资料来源：国家统计局、中国人民银行。

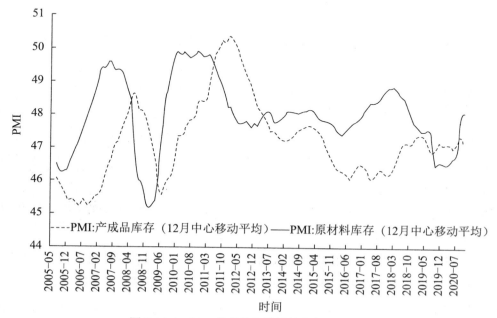

图 2-14-4　PMI 产成品和原材料库存分项变化

资料来源：万得资讯。

（二）改革开放以来我国经历的库存周期

　　按照波谷 - 波谷的划分方法，20 世纪 90 年代以来，我国经历了八轮完整的库存周期，分别是 1990—1993 年、1994—2000 年 5 月、2000 年 6 月—2002 年 10 月、2002 年 11 月—2006 年 5 月、2006 年 6 月—2009 年 8 月、2009 年 9 月—2013 年 8 月、2013 年 9 月—2016 年 8 月、2016 年 9 月—2019 年 11 月，多数周期持续时间在 3 ～ 4 年，与传统基钦周期 40 个月左右的时长相近。

　　20 世纪 90 年代前期仅有企业存货投资的年度数据可用，所以第一轮库存周期始于 1990 年。此前在 1988 年 9 月，针对当时经济运行中存在的过热现象，我国决定对国民经济进行治理整顿，实施财政金融双紧政策，压缩社会总需求，1990 年在企业去库存的推动下存货投资下降了 3.7%。1990 年 3 月，国家开始调整宏观调控方向，存货投资在 1991 年出现反弹，并随着 1992 年启动的新一轮改革开放热潮加速增长。此后，企业补库存过程结束，1993 年存货投资所有下降。

　　由于 1993 年后宏观经济再度出现过热现象，信贷过快投放推动投资加速增长，企业存货投资在 1994 年迅速反弹。同时，当年国家开始加强宏观调控力度，推动经济"软着陆"，总需求增长逐步放缓。1996 年时由于前期信贷高速投放导致纺织、家电等部分行业产能严重过剩，企业存货被动增加。随后爆发的亚洲金融危机令产能过剩问题进一步凸显，国家自 1998 年起连续三年清理过剩产能，企业存货下降，GDP 统计口径下的存货投资连续 4 年下降。随着市场供需逐步恢复平衡，产成品价格回升，工业企业于 2000 年进入补库存阶段。由于这一轮需求恢复并不强劲，加之美国互联网泡沫破裂的波及，这一轮补库存仅持续了 12 个月，而且存货增长的幅度较小。

　　2002 年 8 月开始，随着入世带动我国工业产出再次快速增长，企业进入新一轮补库存周期，而且同比增速明显快于上一轮，一直持续到 2004 年 11 月。此后出现短暂的回调，2006 年 4 月又在房地产投资和出口拉动下启动新一轮补库存，并延续到 2008 年美国次贷危机爆发。此后，为应对国际金融危机的冲击，我国出台了"4 万亿"刺激计划，基建与房地产投资迅速增长，推动工业企业自 2009 年 8 月进行补库存，这一过程一直持续到 2011 年 10 月。由于刺激政策效应减退，国际大宗商品价格开始回落，企业生产放缓，存货投资增速随之下降。

　　2013 年国际油价和铁矿石等原料价格有所反弹，推动企业库存回补，但传统行业产能过剩问题凸显，终端需求低迷，这一轮补库存仅持续 11 个月。此后产能过剩导致企业持续降库存，直至国家大力推进去产能、去库存，市场供需逐步恢复平衡，我国企业去库存在 2016 年 6 月见底并进入新一轮补库存周期。但由于我国经济进入新常态，经济增速持续放缓，对工业品需求回升有限，这次补库存力度也较弱。尤其是 2018 年特朗普发起"贸易战"，导致我国企业对美出口受到冲击，企业库存水平自 2018 年 8 月后再度下行，并持续至 2019 年底。

2020 年新冠肺炎疫情暴发之初，由于需求受到疫情的抑制，封锁导致企业生产运输不畅，存货被动增加，工业企业产成品存货累计同比增速 3 月时最高达到 14.9%。此后随着疫情得到有效防控，企业逐步复工复产，需求和供应链逐步恢复，存货同比增速有所回落，但截至 2020 年底仍处在较高的水平上，一定程度上反映出经济前景和海外需求的改善令企业正在主动增加库存。

（三）库存周期对我国经济增长的影响

在计算 GDP 时，存货的变化以存货投资的形式计入资本形成总额之中。根据支出法 GDP 核算公式：GDP= 最终消费 + 资本形成总额（固定资本形成 + 存货投资）+ 净出口，存货投资就是实际产出（GDP）与实际需求（最终消费 + 固定资本形成 + 净出口）之间的差额。由于企业通常基于对未来市场需求的预期制订生产计划，所以存货的增减变化一定程度上反映了企业预期需求与实际市场需求间差异的变化。通常情况下，存货投资与 GDP 变动是同方向的，存货投资周期性的变化是造成 GDP 周期性波动的重要因素。

存货变化与我国经济短周期波动密切相关。如图 2-14-5 所示，在周期下行阶段初期，通常会出现存货被动上升，后期企业则会主动降低库存。进入周期上行阶段后，需求复苏首先会使企业库存被动下降，而随着经济的持续扩张，企业由被动降库存转而主动增加库存。所以企业存货增速拐点出现的时点要晚于经济周期的拐点。

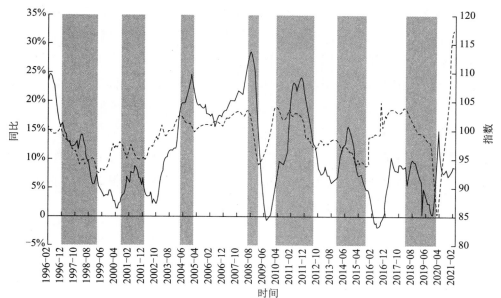

经济短周期下行阶段　—— 工业企业产成品存货累计同比（左轴）　---- 宏观经济景气一致指数（点，右轴）

图 2-14-5　存货变化与经济短周期的关系

资料来源：国家统计局。

从中长周期的角度看，如图 2-14-6 所示，1978—2019 年间，GDP 周期部分与存货
投资对 GDP 增长的贡献率总体呈现同向波动的特点，二者间的相关系数达到了 0.7。尤
其是 1978—2000 年间，存货投资的波动一定程度上助推了我国宏观经济的大幅起落。

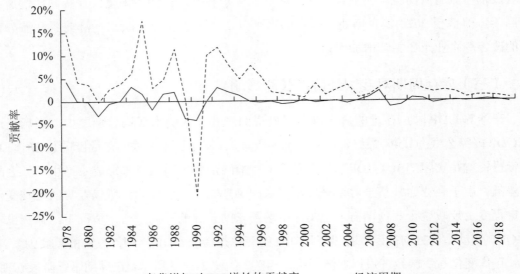

------- 存货增加对GDP增长的贡献率　——— 经济周期

图 2-14-6　存货增加对 GDP 增速的影响

资料来源：作者计算。

如此显著的影响与这一时期存货增加占固定资本形成总额的比重较高有关。2000
年之前，存货增加占我国固定资本形成总额的比重基本处于 10% 以上，最高时超过
30%。进入 21 世纪后，存货占固定资本形成总额的比重明显下降，到 2019 年降至 1.5%，
基本与成熟市场经济国家的库存水平相近。其背后的原因，一方面是由于企业以销定产
经营方式的改进和存货信息管理技术的提高减少了不必要的存货投资；另一方面则是
与我国产业结构的变化有关。由于第三产业存货投资比重要小于第一产业，重工业存货
投资比重要小于轻工业，随着二者在我国产业结构中比重的提高，存货投资占比也自然
出现下降[①]。而这也降低存货波动对我国经济长周期的影响。从图 2-14-7 中可以看到，
2000 年后，存货占资本形成总额的比重明显降低。

---

① 吕风勇. 存货调整与产出波动的周期关系——基于制造业上市公司数据的研究 [J]. 经济问题，2014（3）：
76-82.

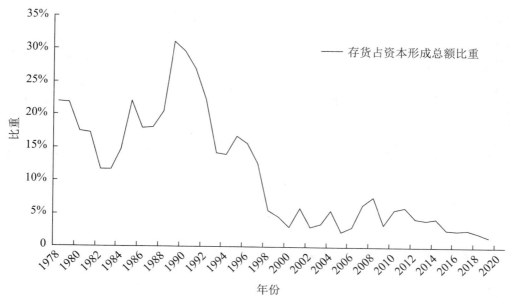

图 2-14-7　存货占资本形成总额比重

资料来源：国家统计局。

三、库存周期与工业品价格、资源类周期股走势

（一）库存周期与工业品价格变化

在库存周期中，存货的变化会影响到企业对原料、燃料等投入品的需求，从而导致生产者价格的周期性波动。而且，价格拐点通常要先于存货拐点出现。在一轮库存周期初期，需求回升带动工业品价格止跌反弹，成为主动去库存阶段结束的信号。进入被动去库存后，供需关系趋向紧张会促使工业品价格继续上涨。随着企业在确认需求回暖后开始主动补库存，这会加速工业品及上游原材料价格上涨。但当供给超过需求后，工业品价格开始回落，企业进入被动加库存阶段。为节约成本，企业不得不降价清理过剩库存，从而导致工业品价格进一步下跌，直至市场供需重新恢复平衡。

从图 2-14-8 中可以看出，美国制造业 PPI 的变化整体基本与库存变化同步，但在部分阶段仍具有一定的领先性。而日本制造业 PPI 周期变化拐点的出现则要领先于库存变化半年甚至一年时间。

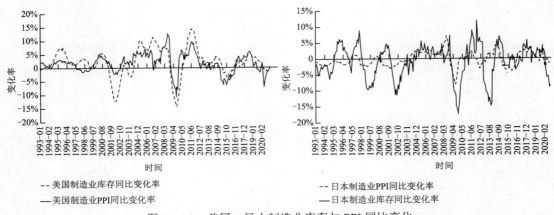

图 2-14-8 美国、日本制造业库存与 PPI 同比变化

资料来源：美国商务部、劳工部，日本经济产业省、日本银行。

从我国工业企业产成品库存和生产者价格指数间的关系看（见图 2-14-9），PPI 同比涨幅变化要领先库存的变化。2020 年上半年受新冠肺炎疫情的冲击，市场需求迅速萎缩，企业库存被动大幅增加，进而导致工业品价格下跌。2020 年下半年，随着企业开启主动补库存，大宗商品价格触底回升，带动 PPI 价格同比降幅逐步收窄。

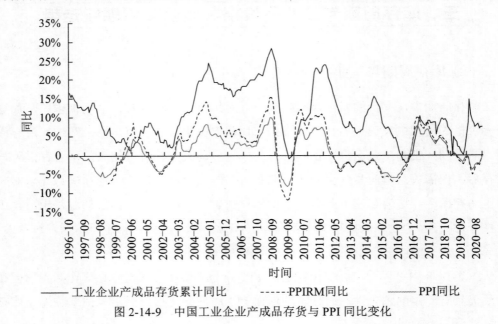

图 2-14-9 中国工业企业产成品存货与 PPI 同比变化

资料来源：国家统计局。

（二）库存周期下的资源类周期股走势

企业库存的调整也会影响到企业利润乃至反映在股价的变化上。在被动去库存阶段，需求回暖驱使企业提高产能，产品价格止跌反弹，利润随之改善，并带动股价回升；在主动补库存阶段，订单继续增加，企业产出和利润进一步提高，股价继续高涨；在被动补库存阶段，订单减少导致生产放缓，产成品价格和原材料价格随之开始下降，企业利润减少，股价下跌；在主动去库存阶段，企业减产，并主动降价清理库存以减少亏损，原材料和产成品价格继续下降。从美国情况看，如图 2-14-10 所示，道琼斯工业股票价格指数同比涨幅的变化要领先于制造业库存同比增速，在企业去库存接近尾声时，股指随着企业盈利前景的改善开始止跌反弹。

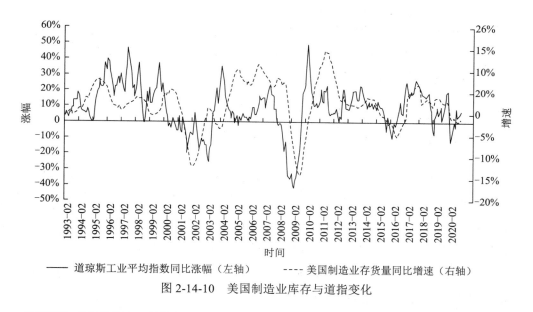

图 2-14-10　美国制造业库存与道指变化

资料来源：美国商务部、万得资讯。

而且，由于库存周期影响着工业品及上游原材料价格的涨跌变化，所以与钢铁、煤炭、有色等资源类周期股走势的联动性更高。在补库存推动原材料价格上涨期间，资源类企业经营业绩显著改善，带动股价跑赢大盘。如图 2-14-11 所示，在国际金融危机爆发之前的 2007 年以及 2010—2011 年"4 万亿"刺激政策实施期间，我国企业处于主动补库存阶段，PPI 同比涨幅不断扩大，A 股资源类股票也出现显著上涨，涨幅强于 A 股整体走势。

反观当处于去库存阶段时，原材料价格下跌，资源类企业业绩承压，股价表现往往落后于大盘。比如在 2015—2016 年"去产能"期间，我国工业企业产成品库存同比增速持续下降，PPI 跌幅不断扩大，尽管资源类周期股在 2015 年上半年也随着 A 股走强而上涨，但相对而言要弱于 A 股整体表现。

图 2-14-11　库存周期与资源类股指变化

资料来源：国家统计局、万得资讯。

2020 年下半年以来，伴随复工复产后市场需求恢复，企业加快了补库存的速度，带动工业品和原材料价格迅速反弹，钢铁、有色、化工等行业企业盈利显著提升。国家统计局数据显示，2021 年一季度，黑色金属冶炼和压延加工业、有色金属冶炼和压延加工业、化学原料及化学制品制造业利润分别同比增长 387.6%、471% 和 342.5%。在海外疫情逐步得到控制，国内外经济进一步向正常状态回归的情况下，企业主动补库存的进程有望延续至 2021 年底，从而为其股价上涨提供支撑。

第十五章

金融周期——流动性改变如何引发房价共振

传统的周期理论主要强调实物因素在经济周期生成和传导中的作用，对金融因素关注较少。但在对房地产周期的分析中可以看到，货币政策以及信贷政策调整引发的金融条件变化对房地产短周期的形成起到了重要作用。而且，货币危机和金融危机的频频爆发也足以表明金融因素对经济周期运行的影响十分显著。在 2008 年席卷全球的美国次贷危机中，以资产证券化为代表的金融创新在危机的形成中扮演了极为重要的角色，这也促使国际社会更加关注金融周期变化。中国人民银行在 2017 年三季度的货币政策报告中也首次提到了金融周期。

一、信贷、资产价格与金融周期

（一）如何界定金融周期

虽然目前关于金融周期[①]的概念还没有统一的定义，但基本认同金融周期体现为信贷增长和资产价格的变化引起的经济周期性波动。金融周期的衡量指标包括数量型指标和价格型指标，前者如货币供给或信贷增速、信贷占 GDP 比重等，后者包括股市、房产市场价格、债券收益率等。国际清算银行（BIS）[②] 使用实际信贷、信贷占 GDP 比重、实际房价等指标，研究了 20 世纪 80 年代初以来美国和英国的金融周期。如图 2-15-1 所示，按照波峰－波峰的划分，两个国家在 1988—2006 年间经历了一个完整的金融周期，时间跨度为 18 年。在 20 世纪 90 年代初和 21 世纪初的两次经济衰退之前，美国和英国的金融周期都达到了顶点。与英国不同的是，美国 21 世纪初的由互联网泡沫破裂引发

---

① 国际清算银行首席经济学家 Borio 认为，是人们对于风险和价值的认知以及面临的资源约束之间的相互作用引起了金融活动的周期性波动。与金融周期最相关的两个金融变量是广义信贷和房地产价格，前者代表融资约束，后者反映投资者对风险的认知和态度。由于房地产是信贷的重要抵押品，因此两者之间会相互放大，从而导致自我强化的顺周期波动。中国人民银行在货币政策报告中认为，金融周期即金融变量扩张与收缩导致的周期性波动。

② Borio C E V，Drehmann M，Xia F D . The Financial Cycle and Recession Risk[J]. Social Science Electronic Publishing.

的经济衰退并未与金融周期的顶峰耦合，这也表明虽然金融周期达到顶峰往往会引发经济衰退，但并非所有经济衰退都会出现在金融周期的顶峰。

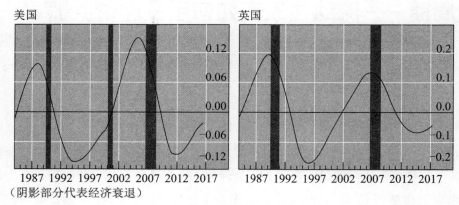

美国

英国

（阴影部分代表经济衰退）

图 2-15-1　美国与英国金融周期

资料来源：Borio C，Drehmann M，Xia D . The financial cycle and recession risk[J]. BIS Quarterly Review，2018.

在各项测度金融周期的指标中，债券收益率被认为是预测美国经济衰退精确度较高的指标。通常情况下，由于长期债券流动性更低，风险更高，所以国债期限越长，到期收益率越高。这就如同银行存款，一般存期越长，利率越高。20 世纪 60 年代以来，美国经济衰退前多次出现长短期收益率"倒挂"，利差为负的现象，此时金融机构由于缺乏借短贷长的套利机会，将降低短期融资和中长期放贷，从而导致信贷环境紧缩以及经济增长减缓乃至衰退。

从图 2-15-2 中可以看到，当美国 10 年期国债收益率与 3 个月国债收益率出现"倒挂"时，往往预示着美国经济将出现衰退。1959—2019 年间，除了 1967 年当时因为美国扩大越战，导致财政支出增加，从而免于衰退外，其余几次都在出现收益率倒挂现象之后经济出现衰退。在 2020 年美国经济因新冠肺炎疫情冲击陷入大幅萎缩之前，美国国债收益率也已经出现了倒挂现象，持续时间长达 4 个月。根据以往的历史规律，即便没有疫情的暴发，美国经济在 2020 年也很可能经历一次衰退。

（二）金融周期的驱动力量

金融周期（见图 2-15-3）的主要驱动力是信贷的周期性扩张与收缩。在经济学理论中，信贷应该与 GDP 保持同步增长，但如果信贷增速超过 GDP 增速，意味着信贷投放超过了实体经济的需求，容易催生过度的需求和负债。资产价格的波动不仅反映了信贷的变化，而且进一步加强了信贷的顺周期性，二者的相互强化引发了金融周期。

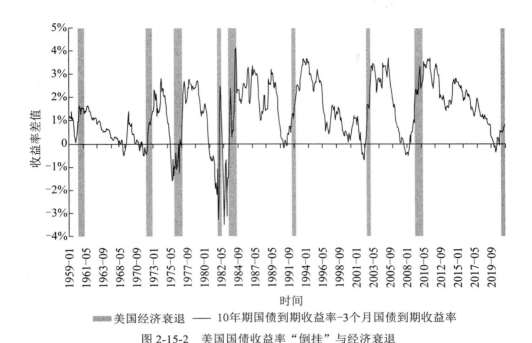

图 2-15-2　美国国债收益率"倒挂"与经济衰退

资料来源：美国纽约联储银行。

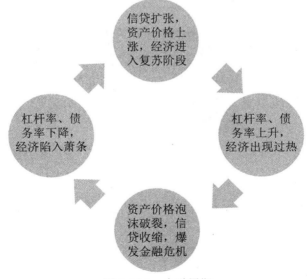

图 2-15-3　金融周期

具体来看，在周期上行阶段，信贷的快速增长会推高房地产和资产价格，这反过来又增加了资产抵押品价值，从而提高了企业和个人可以获得的信贷额度，这会进一步刺激他们增加杠杆，扩大投资消费，在促进经济增长的同时，也会导致债务率快速攀升。一旦到达债务不可持续性的临界点，资产价格泡沫破灭，抵押品价值缩水，引起信用快速紧缩，导致投资消费下滑，经济陷入萎缩，而这又会造成资产价格的进一步下跌，金融周期由此进入持续的下行阶段。在这一过程中，商业银行也存在"晴天送伞，雨天收伞"的行为特征，对金融周期起到推波助澜的作用。所以，金融周期也被视为预测金融危机的良好指标。金融周期到达顶点时，往往预示着经济危机的到来。

专栏　　　　　　　　　　**金融加速器理论**

　　金融加速器理论可以追溯到 1932 年费雪（Fisher）提出的"债务-通货紧缩"理论。该理论最早提出了企业资产负债情况与通货紧缩之间相互作用，并导致经济衰退不断加深的机制。费雪指出，当企业存在过度负债时，清偿债务将导致企业资产廉价出售并引发通货紧缩，如果价格下降速度远大于所减少的名义债务，以实际价值衡量的债务水平反而会升高，当偿债速度赶不上债务负担上涨速度时，将出现"债务人还得越多，他们就欠得越多"的悖论。由于可用于投资的资金减少，企业投资和产出将随之下降，而这会进一步导致经济和通胀下行。如此循环下去，经济将陷入深度衰退，费雪认为这正是"大萧条"发生的根本原因。

　　此后，曾任美联储主席的伯南克（Bernanke）等人[1]提出，由于金融市场中银行获取企业项目信息的成本较高，企业向银行融资需要支付融资溢价。融资溢价的高低与企业净资产之间存在反向关系，即企业如果净资产值越高，意味着违约风险较低，因而银行向其贷款的利率也就越低。通常情况下，企业的净资产值变化是顺周期的，当经济处于扩张阶段时，资产价格上涨，企业净资产增加，获取信贷的成本降低，于是会增加信贷，扩大投资，推动经济增长，而这将刺激资产价格进一步上涨。当经济进入下行阶段时，资产价格大幅度缩水，企业净资产萎缩，融资成本上升，借贷和投资减少，会加速经济下滑，并导致资产的进一步减值。所以，企业融资成本随经济周期的反向变动，会对经济周期产生强化和放大作用，这种作用机制被称为金融"加速器"。

二、中国的金融周期

（一）衡量我国金融周期的指标

　　中国人民银行在货币政策报告中提出，评判金融周期最核心的两个指标是广义信贷

① Bernanke B.S., Gertler M., Gilchrist S. The financial accelerator and the flight to quality[J]. Review of Economics and Statistics,1996(78),1–15.

和房地产价格，前者代表融资条件，后者反映投资者对风险的认知和态度。根据央行宏观审慎评估体系（MPA）中对广义信贷的定义，主要包括银行信贷收支表中的各项贷款、债券投资、股权及其他投资、买入返售资产和存放非存款类金融机构款项。从 2017 年一季度起，表外理财扣除现金也纳入广义信贷的口径，但央行并未公布相关指标，在以往文献中，一般使用私人部门信贷 /GDP 比重、房价指数反映我国的金融周期变化。德意志银行经济学家迈克尔·比格斯（Michael Biggs）在 2008 年提出了信贷脉冲（credit impulse）的概念，指新增信贷占 GDP 的变动。BIS 利用 HP 滤波对各国非金融企业信贷规模与 GDP 的比率进行滤波处理，剔除长期趋势后得到信贷比率缺口（Credit-to-GDP gap）指标，用于衡量信贷扩张程度，并将其视作潜在银行危机的预警指标。综合以上指标，可以选用信贷比率缺口、新增社会融资规模 /GDP、私人部门信贷 /GDP、杠杆率以及房价指数等指标反映我国金融周期的变化。

（二）我国金融周期的表现

由于我国房地产行业市场化开始于 1998 年，主要考察 20 世纪 90 年代末以来我国的金融周期。以 BIS 的信贷比率缺口指标衡量，如图 2-15-4 所示，相比美国和英国一个金融周期长达近 20 年，我国的金融周期波动频率更高，一个周期长度约 3 年。同时，美国和英国的金融周期高度同步，而我国与两国的金融周期步调并不一致，2008 年后呈反向关系，这反映出国际金融危机之后，美英在持续去杠杆，而我国则在不断加杠杆，扩张信贷，2016 年一季度信贷比率缺口一度升至 27%。根据美、英的经验，信贷比率缺口升高是金融危机的前兆，BIS 认为，信贷比率缺口超过 10% 时，3 年内爆发银行业危机的概率达到 72%。对于信贷的过快扩张，我国 2015 年底开始将防范和化解金融风险放在突出位置，持续推进去杠杆，信贷比率缺口开始持续回落。而同期美英信贷比率缺口指标逐步上升。2020 年，为应对新冠肺炎疫情对本国经济的冲击，中、美、英均采取了扩张性的财政货币政策，导致信贷比率缺口指标同步上升。

金融周期主要涉及房地产和金融业。其中，房地产业是资金密集型行业，与金融业联系密切。根据 2018 年投入产出表，金融业是房地产业中间投入中占比最高的行业。1998 年"房改"后，我国金融市场从房地产开发和销售两个方面对房地产行业的发展起到了支持促进作用，二者之间的相互依赖也日益加强。从信贷与房价变化之间的关系看（见图 2-15-5），虽然都存在长度为 3 年左右的短周期，但二者周期变化并不完全同步，信贷指标变化要领先于房价指数变化 3 ～ 4 个季度，表明融资条件的改变会对房地产价格产生滞后影响。

图 2-15-4　中、美、英信贷比率缺口比较

资料来源：国际清算银行。

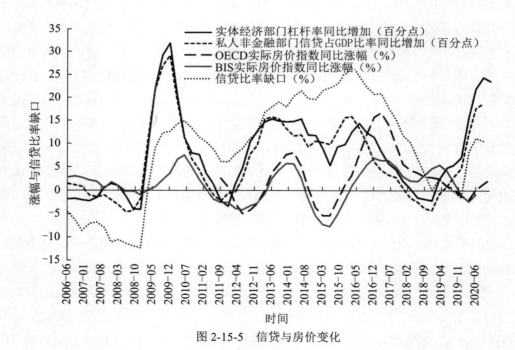

图 2-15-5　信贷与房价变化

资料来源：实体部门杠杆率数据来自中国社科院国家资产负债表研究中心；私人非金融部门信贷占GDP比率数据来自国际清算银行。

（三）我国金融周期的阶段划分

由于信贷是金融周期的核心驱动力，将信贷指标作为划分标准，以波谷-波谷为一个周期，1998 年"房改"以来，我国经历了五轮完整的金融周期。

第一轮金融短周期是 2001—2005 年。20 世纪 90 年代中期后，我国经济增速放缓，又先后经历了东南亚金融危机和美国互联网泡沫的破裂的冲击，2003 年遭遇"非典"，为此中国人民银行自 1996 年后连续八次降息，贷款平均利率累计下调 6.97 个百分点。随着信贷条件的放松以及"入世"带动经济增长反弹，我国人民币贷款出现快速增长，2003 年中信贷占 GDP 比重的同比增速达到高点。同期，随着住房市场化改革后房地产市场进入较快增长期，个人房地产贷款快速增长，推动了房价的走高。针对投资需求过旺、货币信贷增长偏快、通货膨胀压力加大等问题，中国人民银行在 2003 年下半年开始收紧货币政策（见图 2-15-6），9 月份将存款准备金率提高 1 个百分点，进入 2006 年下半年，货币信贷增速逐月放缓，房地产价格和房地产开发贷款明显回落，房价涨幅也随之收窄。

图 2-15-6　政策利率变化情况

资料来源：中国人民银行。

第二轮金融短周期是 2006—2008 年。尽管货币政策呈收紧状态，2007 年人民银行 10 次上调存款准备金率共 5.5 个百分点，6 次上调金融机构人民币存贷款基准利率。但"入世"后我国"双顺差"继续扩大、外汇大量流入导致货币以外汇占款的形式大量投放出去，信贷继续增长，此时房价也在流动性助推下快速走高，二者增速在 2007 年达到高点。

2008 年上半年货币政策继续收紧，央行 5 次提高存款准备金率共计 3 个百分点，房价和贷款增速持续回落。进入 9 月份以后，国际金融危机急剧恶化，对我国经济的冲击明显加大，房价和贷款增速在 2008 年三季度跌至谷底。

第三轮金融短周期是 2008—2011 年。 为应对金融危机的冲击，中国人民银行在 2008 年三季度后 5 次下调存贷款基准利率，4 次下调存款准备金率，配合 4 万亿元刺激政策，推动信贷和房价快速反弹。2010 年四季度后，为稳定通货膨胀预期，抑制货币信贷快速增长，中国人民银行两次上调金融机构人民币存贷款基准利率。金融机构人民币贷款增速从高位回落。2011 年前三季度，面对通货膨胀压力不断加大的形势，中国人民银行先后 6 次上调存款准备金率共 3 个百分点，3 次上调存贷款基准利率共 0.75 个百分点，推动信贷和房价进一步下行。

第四轮金融短周期是 2012—2014 年。 2012 年 10 月以后，针对欧洲主权债务危机继续蔓延、国内经济增速放缓、价格涨幅逐步回落等形势变化，货币政策再度开始放松，四季度以后，贷款投放增多，当季贷款增加 1.8 万亿元，同比多增 2077 亿元。2012 年中国人民银行两次下调存贷款基准利率，个人住房贷款增速回升，年末个人住房贷款同比增速为 12.9%，连续 7 个月回升（见图 2-15-7）。为此，2013 年 2 月，国务院出台"新国五条"，银行收紧房地产信贷，个人住房贷款余额增速自 2013 年底开始回落，这一趋势一直延续至 2014 年三季度。

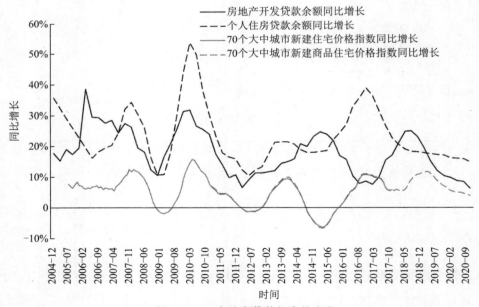

图 2-15-7　房地产贷款与房价变化

资料来源：国家统计局、中国人民银行。

第五轮金融周期是 2014—2019 年。 2014 年下半年，面对结构调整过程中出现的经济下行压力，中国人民银行自 2014 年底起 6 次下调人民币存贷款基准利率，除人民币贷款投放较多外，通过债券投资、股权及其他投资派生的货币也较多，由此推动了影子银行在 2015 年后的快速发展。在 2014 年"9·30 新政"、2015 年"3·30 新政"刺激下，个人住房贷款余额同比增速在 2014 年四季度止跌并自 2015 下半年持续回升，房价也再度走高，但由于商品房库存高企，房地产投资持续低迷，房地产开发贷款增速不断走低，一直持续至 2017 年一季度。2016 年后，针对影子银行和地方政府债务风险，我国加强金融风险防控，广义信贷增速成为央行对银行的核心考核指标。同时，国家开启"因城施策"的房地产调控模式，加强对房地产信贷市场调控，在货币政策相对宽松的情况下，2017 年个人住房贷款余额增速从高位开始放缓，房地产开发贷款余额增速也自 2018 年二季度后减速，二者增速放缓的趋势一直延续至 2020 年。

2020 年，国家进一步升级"稳房价、稳地价、稳预期"举措，不仅控制房企的信用债，而且还要对信托、资管产品和海外融资，进行全方位的监管。8 月，住房和城乡建设部、中国人民银行召开重点房地产企业座谈会，明确了重点房地产企业剔除预收款后的资产负债率不得大于 70%，净负债率不得大于 100% 以及"现金短债比"小于 1 倍。这也被称为"三道红线"，并从 2021 年起在全行业全面推行。12 月底，银保监会、央行发布《关于建立银行业金融机构房地产贷款集中度管理制度的通知》，将全国的银行分为 5 个档次，分别规定了其"个人房贷占全部贷款的比重上限"和"各类房贷占全部贷款的比重上限"，也被称为银行业的"两道红线"。因此，针对房地产企业的"三道红线"从房地产市场资金需求端进行了严控，而银行业的"两道红线"则从资金供给端进行了限制。"房住不炒"的长效机制不断完善，金融周期的传导机制得到一定程度的遏制。

（四）房地产和基建投资——金融周期影响宏观经济的两大路径

由于新增借贷是房地产开发投资的重要资金来源，金融周期可以通过影响房地产投资进而作用于宏观经济。2005 年以来，房地产开发企业年度资金来源中，来自国内贷款和个人按揭贷款的比重一直保持在 25% 以上。同时，银行信贷中的相当大比重也流入了房地产领域，我国房地产相关贷款占银行业贷款的 39%，此外，还有大量债券、股本、信托等资金进入房地产行业[①]。从图 2-15-8 中可以看到，实体部门杠杆率衡量的金融周期与房地产开发投资完成额增速的相关性较高。

---

① 郭树清. 完善现代金融监管体系 [N]. 经济日报，2020-12-17（011）.

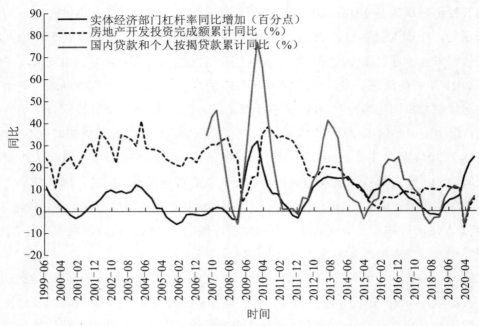

图 2-15-8　金融周期与房地产开发投资

资料来源：国家统计局、中国人民银行。

　　在房地产市场中，房地产价格与土地价格直接相关。金融周期还会通过改变土地价格，影响到地方基础设施建设投资支出（见图 2-15-9）。自 1994 年分税制改革后，我国地方政府财政收入减少，公共基础设施建设等支出又主要由地方政府承担，财权和事权的不匹配使得地方政府逐渐加重了对土地收入的依赖，形成了土地财政。一方面，卖地收入是地方政府财政收入的重要来源。2020 年地方本级政府性基金收入中，国有土地使用权出让收入达到了 8.4 万亿元，相当于当年地方本级一般公共预算收入和地方政府性基金预算收入之和的 44%。另一方面，土地还是地方政府融资的重要工具。在 2014 年新《预算法》出台之前，地方政府不能发行地方政府债券融资，加之《担保法》和《贷款通则》分别限制了地方政府为贷款提供担保和直接向银行贷款的能力，地方政府只能变相举债，借助设立各种投融资平台，以土地为抵押，通过银行贷款、发行信托、城投债等方式实现对外融资。此前的数据显示，"在发达地区的城市政府基础设施和公共投资中 30% 来自于土地创收，60% 依托土地的抵押贷款"[①]。

---

①　施正文. 土地财政是如何形成的 [N]. 中国经营报，2010-12-06（B01）.

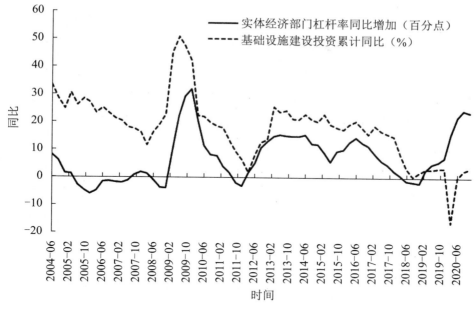

图 2-15-9　金融周期与基础设施投资

资料来源：国家统计局、中国人民银行。

专栏　　　　　　　　　　　**地方融资平台的发展**

　　2008 年美国次贷危机爆发后至 2014 年是地方政府融资平台的快速发展期。2008 年，为应对国际金融危机的冲击，政府出台了"4 万亿"刺激政策。在筹集地方配套资金的过程中，地方融资平台融资迅速增加，地方政府对其提供隐性担保，基建投资增速达到周期高点。

　　2010 年后，地方政府的债务风险问题日益突出，国家开始清理融资平台，控制地方政府债务总量。2014 年是地方政府融资渠道变化的重要节点，我国开始通过"开前门、堵后门"的方式规范地方政府债务管理。8 月，全国人大常委会通过了新《预算法》，规定地方政府可以在国务院确定的限额内举债融资。10 月，国务院出台《国务院关于加强地方政府性债务管理的意见》（简称"43 号文"），规定除发行地方政府债券外，地方政府不得以任何方式举借债务，也不得为任何单位和个人的债务提供担保，这明确了发行地方政府债券是地方政府举借债务的唯一合法形式。

　　由于国家强化对地方政府债务的管理，2012—2016 年，地方政府融资转向影子银行。影子银行成为融资平台公司债务融资的重要来源，其背后仍然是土地出让及开发带来的增值收益。2015—2016 年，伴随影子银行的扩张，基建投资仍保持了较快的增长。2017 年 5 月，财政部等六部委下发了《关于进一步规范地方政府举债融资行为的通知》（简称"50号文"），强调推动融资平台公司尽快转型为市场化运营的国有企业，地方政府不得将公益性资产、储备土地注入融资平台公司，不得承诺将储备土地预期出让收入作为融资平台公司偿债资金来源。在监管进一步强化的情况下，银行收紧了对地方融资平台的贷款，2018年基建投资大幅下滑，由上年的14.9%降至3.8%。2019年，由于经济下行压力加大，国家提高了新增专项债务限额，基建投资增速实现低位企稳。

随着地方政府举债趋于规范，融资平台公司逐步向市场化企业转型或退出，土地作为地方政府融资抵押物的作用被削弱，土地价格变化与地方政府融资大小之间的相关性降低，这将弱化金融周期通过地方政府融资进而放大经济周期波动的作用机制。

建筑业和房地产业增加值包含了基础设施建设和房地产开发活动新创造的价值，二者对GDP增速的贡献率变化与新增社会融资占GDP比重的变化具有较高的相关性。如图2-15-10所示，2020年，新增社会融资占GDP比重相比2019年提高了5个百分点，建筑业和房地产业对我国GDP增长的贡献率接近21%，成为保障我国经济实现正增长的重要拉动力，由此也使得金融业和房地产业占GDP的比重升至改革开放以来的新高。

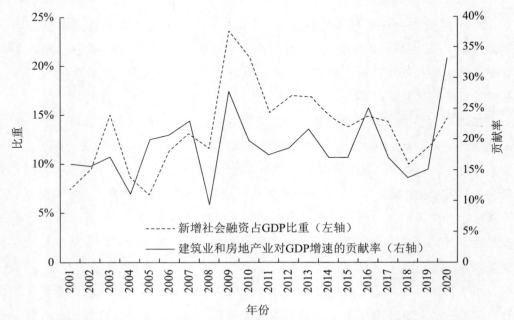

图2-15-10　建筑和房地产业对GDP增长的贡献与新增社融占GDP比重的关系

资料来源：国家统计局、中国人民银行。

但金融周期指标对经济增长波动的解释力较为有限，如图 2-15-11 所示，二者的相关性并不强，仅在部分时间阶段具有一定的同向性。这主要是由于金融周期一定程度上是政府逆周期调控的反映，央行货币政策通常在经济过热时收紧，低迷时扩张，而房地产投资和基建投资往往是政府应对经济下行压力时扩大投资的着力点，所以金融周期会对冲一部分宏观经济的波动，从而使二者呈现出较低的相关性。

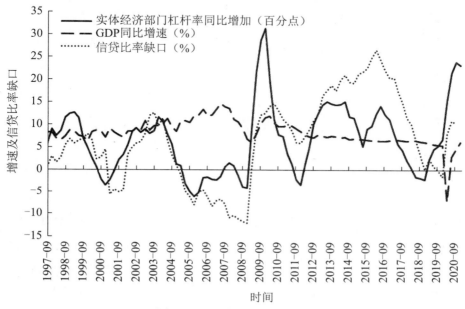

图 2-15-11　金融周期与经济周期

资料来源：国家统计局、中国人民银行。

三、金融周期下的资产价格波动

除了房地产市场价格外，股票、债券等金融资产的价格变化也是金融周期的重要体现，在周期上行阶段，市场流动性扩张，推动股市上涨、债券价格上升，收益率下行；反之，则会出现股市下跌，债券收益率上升。

从金融周期与主要股指同比涨幅之间的关系看，如图 2-15-12，二者在多数周期中存在周期共振的现象，尽管在部分时间段，金融周期进入上行阶段后，股指并没有即刻出现相应的上涨，但在持续的信贷扩张下，股指的上涨"只会迟到不会缺席"。比如，在 2012 年下半年到 2014 年，信贷占 GDP 比重的同比上升幅度持续维持在 10 个百分点以上，2012 年底创业板股指率先启动上涨。此后，在充裕流动性以及杠杆资金的助推下，主要股指在 2014 年下半年开始大幅飙升，一年时间内上证综指、深证成指涨幅均超过 250%。

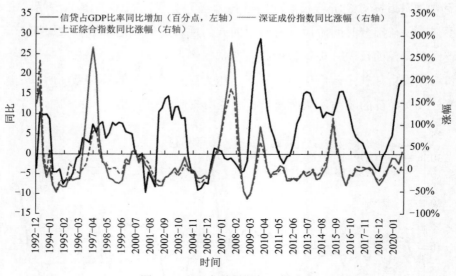

图 2-15-12　金融周期与股指走势

资料来源：万得资讯。

对于债券市场而言，债券价格变化会先行于金融周期。比如，在经济下行压力较大时，市场预期货币政策会放松，债券收益率会下降，所以市场资金流入债市，推动债券价格加速上涨。而当经济进入复苏阶段后，市场对经济增长前景改善和通胀上升的预期升温，债券的吸引力下降，投资者转而将资金更多配置于股市、楼市，债券的价格则会下跌。如图 2-15-13 所示，2008 年为应对国际金融危机的冲击，下半年我国货币政策迅速转向，多次下调存贷款基准利率，流动性放水使得信贷占 GDP 比重迅速提高，而同期中证综合债指数同比涨幅则出现了明显的下降。

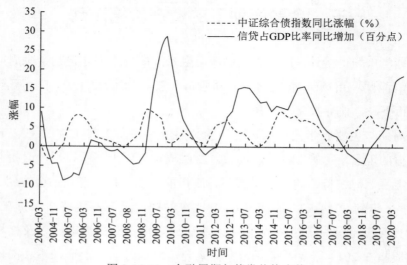

图 2-15-13　金融周期与债券价格走势

资料来源：万得资讯。

第二篇小结

经济周期视角下的"十四五"时期中国经济走势

"十四五"时期是我国开启全面建设社会主义现代化国家新征程的第一个五年，对于五年中的经济增长情况，《中华人民共和国国民经济和社会发展第十四个五年规划和2035年远景目标纲要》中并没有像此前历次五年规划那样设定具体的经济增长目标，而是提出"国内生产总值年均增长保持在合理区间、各年度视情提出"。本小结将在总结我国经济运行周期规律的基础上，从经济周期的角度，对"十四五"时期中国经济的运行情况进行展望。

一、中国经济运行的周期规律

改革开放以来，中国宏观经济运行呈现出明显的周期特征，而且，在宏观经济运行的大周期中，不同的行业和领域还存在着小周期的循环。归纳起来，中国经济周期的运行呈现出五方面的特点。

冷暖季循环。经济周期是经济运行中的冷暖交替、四季轮转。根据长期以来的趋势观察，我国经济存在总量扩张与收缩，增速加快与放缓的循环往复。改革开放以来，我国经济运行呈现"四下三上"的周期变化，周期下行阶段在逐渐延长。周期波幅渐趋平缓，表明宏观经济运行的稳定性在不断增强。2008—2020年，我国经济处于周期下行阶段，特别是2020年新冠肺炎疫情的暴发令我国经济进一步降至潜在增长水平之下。伴随着经济的起伏，物价水平也呈现出"热胀冷缩"的规律，如图2-J-1所示，通胀率在周期上行阶段上升，在经济周期下行阶段逐步走低乃至出现通缩。

长短波交叠。经济周期是不同行业领域、不同波长周期交叠运行的结果，我国经济运行既存在10～20年的中长周期，也有3～4年的短周期波动。在常见的经济周期类型中，创新周期、设备投资周期以及人口驱动的房地产周期是影响我国经济中长周期运行的重要力量。近年来，我国一直处于长周期的下行阶段。这与后发优势减弱、企业产能过剩延缓设备更新、人口老龄化加剧都有密切的关系。库存周期则与我国经济的短周期波动相关性较高，并影响着工业生产者价格的走势。信贷既是货币政策逆周期调节的体现，也是房地产调控的重要手段。金融周期与房地产调控周期重合交叠，引发信贷与房价变化共振。此外，虽然农业周期对我国整体经济运行影响较小，但也关系到我国的粮食生产安全，猪周期引发的猪肉价格波动还显著影响到我国居民消费价格。

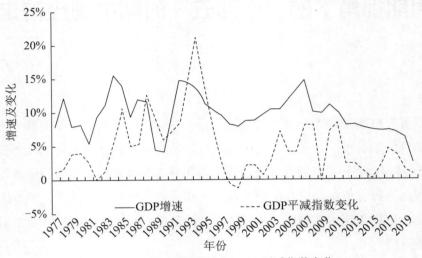

图 2-J-1　GDP 同比增速与 GDP 平减指数变化

资料来源：国家统计局。

内外因结合。 经济周期的变化有其内在的驱动力。比如在周期扩张阶段，市场主体往往会滋生出盲目乐观情绪，导致非理性投资、过度借贷等增多。在我国前面出现的三轮上升周期，均有不同程度的投资过度膨胀、资产价格和通胀率过快上涨、债务负担加重等问题，为后续的经济回落埋下了伏笔。而在周期收缩阶段，市场主体预期的过度悲观又会形成负反馈循环，使经济陷入螺旋式下降。外生因素的变化会加速经济周期阶段的转化。在我国改革开放后经历的几轮周期中，周期上行阶段都始于重大的改革开放举措，1978 年召开的十一届三中全会、1992 年邓小平南方谈话之后改革开放的进一步深化以及 2001 年加入世界贸易组织。下行阶段的开启要么源于我国宏观经济政策的主动调整，比如 1979 年提出的"调整、改革、整顿、提高"八字方针以及 1988—1991 年对国民经济的三年治理整顿；要么由外部经济环境急剧变化所引发，比如 1998 年的亚洲金融危机和 2008 年的美国次贷危机。另外，重大突发事件对经济周期走向的影响也不容小觑。比如 2020 年暴发的新冠肺炎疫情就使我国经济增速跌入周期下行阶段的最低点。

供需端互促。 经济周期反映了供需的错位，周期上行阶段表现为需求过盛，供给不足；下行阶段则是需求不足，供给过剩。投资作为当下的需求以及未来的供给，在市场供不应求的阶段往往过度扩张，导致未来的生产能力过剩；在供应过剩时又过度收缩，造成未来生产能力不足，使供需错位循环，成为引发经济周期波动的重要变量。我国创新周期中的新兴产业投资、猪周期下对生猪产能的投资，以及设备投资周期、库存周期、房地产周期、金融周期对应的设备更新投资、存货投资、房地产开发投资、基础设施建设投资等，都呈现出较为明显的周期波动。比如 20 世纪 90 年代中期以来，在经历投资的高速增长后，我国纺织工业以及钢铁、化工、水泥等重化工业先后出现了较为突出的产能过剩问题，由此导致了这些行业长达数年的投资低迷，也加大了宏观经济面临的下行压力。在最近一轮猪周期中，2019 年猪肉供不应求造成肉价高涨，2020 年生猪产能急速扩张，生猪存栏量从 2019 年 10 月最低时的 1.9 亿头迅速增长到 2020 年底的 4 亿头以上，供需缺口迅速缩小，带动猪肉价格在 2020 年进入周期下行阶段。

债股房轮动。经济增长和宏观政策的周期性变化也会导致不同资产价格的轮番波动。在经济复苏阶段，央行为刺激经济放松货币政策，利率走低，从而推动债券价格上涨。而随着经济形势的进一步改善，企业盈利水平提升，市场乐观情绪日渐高涨，债券吸引力降低，投资者弃债买股，推动股涨债跌，所以债券价格变化要领先于股价。同时，根据对我国金融周期的分析，低利率环境也会刺激购房贷款增加，但从房地产销售增长到房价上涨存在一定的时间间隔，房价的变化要慢于债券对流动性环境变化的反应速度。而且，房产也被视为具有投资属性的风险资产，经济处于扩张期时投资和投机需求也会推动房价上涨。总体来看，资产价格轮动在我国体现为债券价格、股票价格以及房地产价格的交替涨跌（见图 2-J-2）。因此，2020 年下半年部分城市出现的房价上涨，也是债股房价格轮动规律的体现。

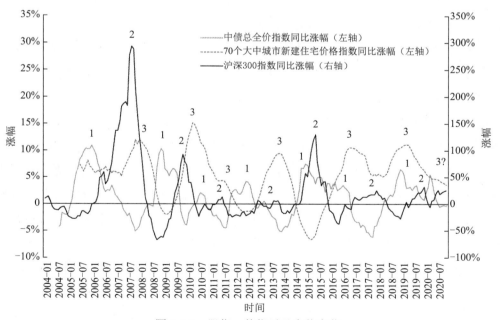

图 2-J-2　股指、债指以及房价变化

注：图中数字标注了三类资产价格涨幅拐点出现的顺序。

资料来源：万得资讯。

二、"十四五"时期中国经济的走势

截至"十三五"末，我国经济已经经历了长达 10 年的经济减速，"十四五"时期是否会进入新一轮增长周期？关于新周期的讨论，实际上早在 2017 年前后便有过一次。彼时支持新周期的一方认为，随着世界经济的回稳以及我国供给侧结构性改革效果显现，中国经济将迈过下行拐点，步入新的扩张期。然而后来中美贸易争端在 2018 年不断升级，2020 年又暴发肆虐全球的新冠肺炎疫情，我国经济不仅没有出现期待中的回升，GDP 增速反而进一步走低。这一争论因此也暂时告一段落。2020 年下半年以来，我国经济增速持续回升，2021 年 GDP 增速更是有望达到 8% 以上，这背后的原因除了疫情导致的低基数、政策逆周期调节力度加大之外，是否还意味着新周期的开启？

从创新周期看，技术追赶仍有空间但难度加大。经过改革开放以来四十多年的发展，我国科技发展水平与国际先进水平的差距已经明显缩小，从全面跟踪转变为"三跑并存"的格局。按照 2016 年由科技部委托中国科学技术发展战略研究院开展的第五次国家技术预测研究结果，在 1346 项技术中，我国有 16% 的技术处于全球领先水平，30% 处于并跑阶段，54% 属于跟跑阶段。整体来看，我国仍有进一步利用国际现有科技成果，提升生产率的空间。而且，国家"十四五"时期将把基础研究摆在更加重要的位置，全社会研发经费投入年均增长将保持在 7% 以上、基础研究占全社会研发投入比重将达到 8% 左右 [①]，这都有利于提高科技创新对经济增长的贡献率。但也要注意到，当前全球正处于两轮创新周期的过渡阶段，新一轮科技革命和产业变革对经济增长产生显著的推动作用仍需假以时日。而且，受制于研发难度加大以及西方国家的技术封锁和打压，未来要取得突破性进展无疑需要付出更为艰辛的努力。

从设备投资周期看，企业设备投资有望进入新的扩张期。"十四五"时期，随着国内劳动力成本上升，物联网、大数据、云计算、5G、人工智能等技术进一步发展，制造业企业将加快推进"机器换人"，推动工厂设备的数字化、智能化改造，建设智能化生产线、智能车间。中国电子技术标准化研究院发布的《智能制造发展指数报告（2020）》显示，全国 1.2 万多家被调查企业中，处于一级以下的低成熟度企业数量占比达到 75%，仅 5% 的企业处于四级以上成熟度。调查还显示，85% 的企业具备智能制造发展愿景，49% 的企业制订了智能制造发展规划。未来工业领域数字化转型有望进入加速发展期。同时，随着我国推进落实 2030 年前碳达峰、2060 年前实现碳中和目标，传统行业将更多采用节能减排技术和设备，加速环保改造升级的步伐。根据 2021 年 2 月国务

---

① 王志刚. 十四五基础研究占全社会研发比重将达 8% 左右 [EB/OL]. http://news.cnstock.com/news，bwkx-202103-4668509.htm，2021-03-08.

院发布的《关于加快建立健全绿色低碳循环发展经济体系的指导意见》，我国将推进工业绿色升级，加快实施钢铁、石化、化工、有色、建材、纺织、造纸、皮革等行业绿色化改造。此外，尽管新冠肺炎疫情对企业设备投资造成暂时性冲击，但疫情后我国加快了以 5G 网络和数据中心为重点的新一代信息基础设施建设，这也将带动通信、电子信息制造等行业的设备更新和技术改造投资。因此，未来伴随着企业设备更新投资的回升，将有利于设备制造行业及工业企业盈利能力的改善和业绩提升，并通过拉动投资以及内化于设备投资的效率提升，促进"十四五"时期我国的经济增长。

从房地产长周期看，人口老龄化和城镇化将推动周期下行中分化。"十四五"时期，20 世纪 90 年代末至 21 世纪初出生的一代人将步入社会。彼时正值我国跨入老龄化社会前后，出生人口下降明显，每年出生人数从 1997 年的 2000 万人以上，降至 2003 年的 1600 万人左右。第七次全国人口普查的结果显示，与 2010 年时相比，2020 年我国 15 ～ 59 岁人口的比重下降 6.79 个百分点，降至 63.4%。因此，随着青年人口数量下降，"十四五"时期由人口因素驱动的房地产市场周期将处于周期下行阶段，房地产对经济增长的拉动作用将进一步减弱。不过，我国仍处在城镇化较快发展阶段，"十四五"末城镇化率有望达到 65% 以上，这意味着每年进城人数仍将达到千万人级的规模。而且，随着家庭规模逐渐趋向小型化，人们对居住品质的要求提高，住房需求也在改变，由人口流动、收入差距、家庭结构等变化引发的结构性供需失衡将令不同地域、城市区域、户型品质的房地产市场分化加大。

从库存周期看，企业库存调整使短期经济增速和生产者价格涨幅先升后降。2019 年底，我国已经进入新一轮周期的补库存阶段。2020 年初，由于新冠肺炎疫情冲击市场需求，企业库存大幅被动上升。进入二季度后，随着疫情逐步得到控制，需求得到恢复，企业对经济和需求前景的预期明显改善，存货保持了较高的增速。通常情况下，存货投资的上升阶段大约持续 1 ～ 2 年，所以伴随疫后全球经济的复苏，2021 年我国仍将总体处于库存周期的上行阶段，企业将继续主动增加存货投资以应对恢复增长的内外部需求。按照 3 ～ 4 年的周期长度计算，这一轮库存周期将持续至 2024 年左右，周期顶点出现在 2022 年前后。同时，存货投资周期会对上游原材料价格产生明显的影响。2021 年 PPIRM、PPI 同比将实现由负转正，并在年底前保持较大的涨幅。2022 年后，随着库存周期进入下行阶段，PPI 涨幅也将逐步收窄。

从农业周期看，"十四五"时期端稳饭碗有保障，猪肉自由为时不远。"十四五"时期，在国家高度重视粮食安全，加大农业生产投入的情况下，我国粮食生产有望继续保持稳定。按照"十四五"规划设定的目标，粮食综合生产能力将保持在 6.5 亿吨以上。在周期性较为明显的生猪生产领域，当前我国猪周期已经进入下行阶段，截至 2020 年底，能繁母猪存栏数增长至 4000 万头，已经恢复至 2015 年初时的水平，生猪出栏数量也在逐步回升，但仍低于 2018 年底时的近 7 亿头。猪粮比仍高出盈亏平衡点一定距离。所以，2021 年我国生猪出栏数量将大幅增加，供需进一步缓解，猪肉价格将继续承压下行，推动猪粮比进一步向盈亏平衡点靠拢。在不出现大规模传染疫病的情况下，按照 3 ~ 4 年的周期长度，本轮猪周期下行阶段将至少持续至 2022 年，这将有助于实现期待已久的猪肉自由，也有利于保持居民消费价格的稳定。"十四五"中后期，我国将进入新一轮猪周期，但随着规模化生猪养殖程度的提高，生猪供给的波动有望小于本轮周期。

从房地产调控及金融周期看，流动性环境收紧和"房住不炒"的长效机制完善将令房地产市场进一步回归居住属性。随着宏观经济逐步从疫情中恢复，宏观经济政策也将向正常状态回归，2021 年政府工作报告中对广义货币 M2 和社会融资规模增速的预期目标重新回归与国内生产总值名义增速相匹配的表述，设定的赤字率回落至 3.2%，并提出保持宏观杠杆率基本稳定，这意味着 2020 年或将是这一轮金融周期的顶点。2021 年，上海、深圳、北京、杭州、成都等城市相继加码楼市调控，加强对个人房贷的监管，严控违规贷款资金流入楼市。同时，2021 年开始全面实行的针对房地产企业的"三道红线"以及银行业的"两道红线"，分别从需求端和供给端对房地产市场资金进行了限制，"房住不炒"的长效机制在进一步完善。部分城市房地产市场价格过快上涨的势头将在 2021 年下半年得到有效遏制。所以，无论是房地产调控还是金融周期在 2021 年都将进入下行周期阶段。以 3 ~ 4 年的周期长度估算，本轮周期将持续至 2023 年前后，2024 年有望进入新一轮金融周期。

如图 2-J-3 所示，根据现有研究[①]，在经济逐步回归正常状态后，2022—2025 年，我国经济潜在增速将回落至 5.5% ~ 6% 的区间。从经济周期的角度，"十四五"时期，我国经济上行的动力主要来自设备投资和创新周期的驱动，房地产和金融周期对经济增长的贡献下降，库存周期在前期拉动经济增长，后期可能对经济增长产生下拉作用。因此，"十四五"时期我国经济整体有望维持在略高于经济潜在增速之上的水平，五年 GDP 增速将呈前高后低的走势。同时，由于猪周期与库存周期阶段错位，CPI 与 PPI 走势将在一定程度上持续分化。

---

① 刘哲希，陈彦斌."十四五"时期中国经济潜在增速测算——兼论跨越"中等收入陷阱"[J]. 改革，2020（10）：33-49；

中国社会科学院宏观经济研究中心课题组. 未来 15 年中国经济增长潜力与"十四五"时期经济社会发展主要目标及指标研究 [J]. 中国工业经济，2020（4）：5-22；

陆旸."十四五"时期经济展望 [J]. 中国金融，2019（10）：74-76；

中国社会科学院经济研究所《中国经济报告（2020）》总报告组. 全球经济大变局、中国潜在增长率与后疫情时期高质量发展 [J]. 经济研究，2020，55（08）：4-23；

中国人民银行调查统计司课题组."十四五"期间我国潜在产出和增长动力测算研究 [J/OL]. 中国人民银行工作论文，2021，No.2021/1.

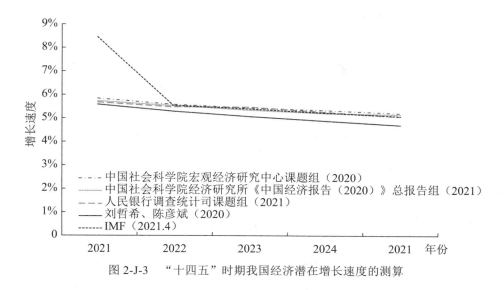

图 2-J-3　"十四五"时期我国经济潜在增长速度的测算

注：IMF数据取自2021年春季《世界经济展望》数据库，为中国GDP实际增速的预测值，其余为中国潜在GDP增速的测算值。

资料来源：作者根据相关文献绘制。

三、防范化解影响我国经济平稳运行的内外部风险

世界经济复苏前景仍面临较大不确定性。 20 世纪 90 年代以来，我国经济遭遇的几次大幅的减速基本都是由外部冲击导致的。"十四五"时期，尽管随着疫苗接种范围不断扩大，世界经济前景得到明显改善，IMF 预计 2021 年世界经济将走出"二战"结束以来的最严重衰退，GDP 增速将达到 5.8%，2022 年后逐步回落至疫情前的增速水平，目前全球新冠肺炎疫情仍未得到有效控制，多重变异病毒为疫苗防护有效性及全球经济复苏的可持续性提出了新的挑战，而且，疫情暴发后，全球债务率大幅攀升。美国智库国际金融研究所（IIF）的数据显示，到 2020 年底，全球债务总额超过了 281 万亿美元，达到世界生产总值的 355%，比 2019 年提高了 35 个百分点。发达国家采取的极度宽松的货币政策，不仅刺激了资产价格上涨，也加重了债务对低利率流动性环境的依赖。未来随着经济恢复，货币政策回归正常化，特别是美联储退出量化宽松并启动加息，很可能造成全球资产价格回调，债务违约风险上升，进而触发新的金融或债务危机。

所以，为了保持"十四五"时期我国经济的平稳运行，需要进一步提高内需对经济增长的拉动作用。防范外部冲击，强化对世界经济和主要经济体增长前景和潜在风险的研判，跟踪美国国债收益率曲线等预警效果较好的指标，未雨绸缪，提前做好做应对预案，预留出政策对冲空间。同时，在外部环境更加复杂多变的情况下，还需要警惕全球政治、军事、公共卫生、社会等领域可能出现的各种"黑天鹅"事件及其可能引发的连锁反应，

完善针对各类突发事件的应对机制。

国内经济风险积累可能触发"灰犀牛"事件。近年来，我国实体经济杠杆率呈快速攀升态势，经济增长具有显著的债务扩张驱动特征。新冠疫情的暴发进一步加速了我国宏观杠杆率的上升，加重了经济对金融、房地产的依赖。"十四五"时期，外部金融风险传导与国内金融周期、房地产周期下行阶段相碰头，可能引发金融、房地产以及地方政府债务等领域的"灰犀牛"事件。

首先，随着出生率下降，购房适龄人口继续减少，住房市场刚性需求增长将显著放缓，结构性矛盾将逐步凸显，尤其是人口净流出、缺乏产业支撑的三四线城市房价下行压力加大，可能触发金融风险，需要完善因城施策的房地产调控机制，增加热点城市住房有效供给的同时，推进高风险城市房地产行业去库存。

其次，目前我国地方政府债务规模较高。在财政收入增长放缓的情况下，"十四五"时期随着我国教育、医疗卫生、社会保障、环保等公共刚性支出将持续增加，特别是人口老龄化进一步加剧，包括养老金在内的各项社会保障支出也将进入集中支付阶段，地方财政收支矛盾将有所扩大，债务风险可能攀升，需要进一步调整中央和地方事权和财权，建立地方政府更加可持续的财政收支机制。

最后，在我国金融市场对外开放程度不断扩大的情况下，国内资本市场对跨境资本流动和汇率波动等外部冲击更为敏感，金融市场之间的风险交叉传染可能性加大，内外风险联动性增强，要加强对跨境资本流动的监管，降低企业资产负债货币错配程度，完善危机情况下维护汇率和资本流动的稳定机制。

第三篇

中国经济增长的趋势

经济增长趋势反映了一个经济体在较长历史时期内的经济增长轨迹。近代以来，中国经济发展一度长期落后于世界平均水平，直至中华人民共和国成立，尤其是改革开放后，中国经济增长实现了跨越式发展，从"一穷二白"跃升成为世界第二大经济体，创造了举世瞩目的"中国奇迹"。本篇将回顾改革开放以来中国经济的增长历程，全方位梳理我国经济跨越式发展进程中，增长动力结构、产业结构、需求结构、城乡结构、分配结构、对外贸易投资结构的变化特征，结合长期经济增长和结构演变的一般规律，勾勒出2035年远景目标下的中国经济增长趋势。

第十六章
经济增长的规律和动力机制

▼

经济增长是政府宏观调控的四大目标之一，政府运用财政货币政策熨平经济周期波动的目的，是为了实现经济的持续稳定发展。经济增长通常是指在一段较长的时间内，一个国家人均产出或人均收入水平的持续增加，描述的是一个长期动态的发展趋势。美国经济学家库兹涅茨将经济增长定义为："给居民提供种类日益繁多的经济产品的能力长期上升。"在这一过程中，不仅经济总量会实现大幅度的跃升，经济结构也会发生深刻的变化。

一、经济增长的一般规律

对于一个成功从农业国进入后工业化阶段的国家，在其不同的增长阶段，经济增长的速度也是不同的。从美欧发达国家的经济增长历史经验看，工业化之前和进入后工业化社会后人均 GDP 增速都是比较慢的，而工业化阶段就如同一个人的青春期，是一个国家或地区经济从传统社会走向成熟阶段的必经之路，也是经济增长速度最快的一段时期。

当今世界各国中，我们所说的发达经济体或者"富国俱乐部"国家已经经历了一个完整的由起飞到成熟的经济增长过程，回顾这些国家两百年多来的经济增长历史，可以对"现代经济增长"阶段的一般性规律做出很好的诠释。研究显示[①]，工业化国家在工业化进程中，人均 GDP 增长率趋势呈现出先加速后减速的特征。

如表 3-16-1 所示，赛尔奎因认为，现代经济增长阶段的增长加速是资本积累率增加和生产率提高的结果。而对于经济增长为什么达到一定阶段就会出现减速，美国经济学家艾肯格林[②]列出了四方面的原因，包括：农村剩余劳动力的枯竭；制造业的就业份额达到峰值，经济增长更加依赖于生产率提高缓慢的服务业；更大的资本存量意味着更多

---

① 详见：霍利斯·钱纳里、谢尔曼·鲁宾逊、摩西·赛尔奎因. 工业化和经济增长的比较研究 [M]. 吴奇，等，译. 上海：上海格致出版社、上海三联书店、上海人民出版社，2015；张平、刘霞辉. 中国经济增长前沿 [M]. 北京：社会科学文献出版社，2007；袁富华. 长期增长过程的"结构性加速"与"结构性减速"：一种解释 [J]. 经济研究，2012，47（03）：127-140.

② Eichengreen B，Park D，Shin K . When Fast Growing Economies Slow Down：International Evidence and Implications for the People's Republic of China[J]. Social ence Electronic Publishing，2011，11（1）：42-87.

的折旧，需要更多的储蓄予以弥补；经济接近技术前沿，从而必须从依赖技术引进转向自主创新。

表 3-16-1 不同经济增长阶段的人均收入、资本、劳动以及劳动生产率增长速度的变化

人均收入水平 （1970 年美元）	人均收入增 长率/%	资本 增长率/%	劳动增 长率/%	劳动生产率 增长率/%	时间段长 度（年）	阶 段
100～140	1.26	3.90	2.56	1.25	27	初级产品生产阶段
140～280	2.02	5.03	3.06	1.74	35	
280～560	3.17	5.84	2.85	2.82	22	工业化阶段
560～1120	4.10	6.29	2.30	4.00	17	
1120～2100	4.58	6.52	1.81	4.77	14	
2100～3360	4.71	6.11	1.40	4.81	10	发达经济阶段
3360～5040	4.60	5.50	1.47	4.13	9	

资料来源：霍利斯·钱纳里、谢尔曼·鲁宾逊、摩西·赛尔奎因. 工业化和经济增长的比较研究[M]. 上海：格致出版社、上海三联书店、上海人民出版社，2015.

根据艾肯格林[1]的研究，经济高速增长的中等收入经济体将会逐步放慢增长的脚步。如图 3-16-1 所示，减速的第一时间节点是在人均 GDP 处于 1 万～1.1 万美元[2]的时候，之后还会在人均 GDP 进入 1.5 万～1.6 万美元时进一步放缓。同时，他还发现，劳动力受教育水平较高、教育和高技术产品出口份额较大的国家出现减速的可能性较小。

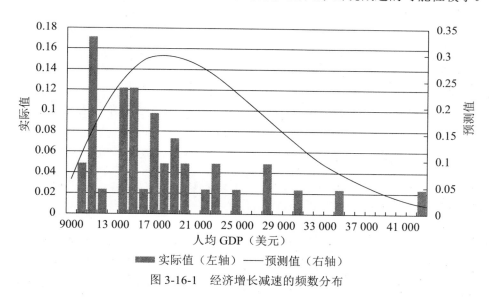

图 3-16-1 经济增长减速的频数分布

资料来源：Eichengreen B，Park D，Shin K. Growth Slowdowns Redux：New Evidence on the Middle-Income Trap[J]. NBER Working Paper No. 18673，2013.

---

[1] Eichengreen B，Park D，Shin K. Growth Slowdowns Redux：New Evidence on the Middle-Income Trap[J]. NBER Working Paper No. 18673，2013.

[2] 此处为以购买力平价法衡量的 2005 年不变价美元。

从人均 GDP 增长的长期趋势看，我国经济增长也呈现出先加速后减速的特征。由于中国经济在 1952 年后逐步建立起了高度集中的计划经济体制，经济增长的路径与西方工业化国家存在一定的差异。按照青木昌彦的划分，1952—1977 年的中国经济增长阶段是国家工业化阶段，其显著特征是国家对工业化的积极干预，人均 GDP 实际增速波动较大，平均增速较为缓慢。而 1978 年我国进行改革开放，逐步建立起社会主义市场经济制度后，人均 GDP 增长也走出了与发达国家类似的轨迹。

如图 3-16-2 所示，通过对我国 1930—2019 年人均 GDP 增速长期轨迹的拟合，在 20 世纪 30 年代，我国人均 GDP 基本没有增长。1953 年至改革开放前，人均 GDP 增速较慢，总体处于 3% 以下。1978—2007 年，我国人均 GDP 经历了一段长达 30 年的加速增长期，增速由 3% 最高上升至 8%。

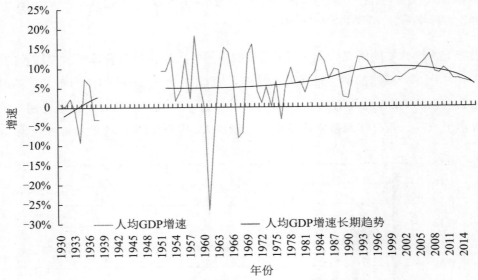

图 3-16-2　中国人均 GDP 增速长期趋势

资料来源：1930—1938年、1950—1952年数据采用Maddison数据库数据，1939—1949年数据缺失；1953—2019年采用国家统计局人均不变价GDP增速数据。

我国人均 GDP 增长的拐点出现在 2007 年，之后人均 GDP 增速开始下降，并减速至当前的 5% 左右。以艾肯格林的标准，中国以 2005 年美元不变价计算的人均 GDP 在 2007 年时为 8511 美元，已接近第一级减速的门槛，国际金融危机的冲击导致人均 GDP 出现提前减速。根据国家统计局的数据，我国 2007 年人均 GDP 增速达到 13.6%，之后人均 GDP 增速在 2008—2010 年下降到 10%。按照世界银行公布的基于购买力平价的人均国民收入推算，2013 年前后我国进入第二级减速区间。同时，从就业的产业结构看，2012 年我国第二产业就业占比达到最高峰，为 30.3%，之后便连年下降。因此，2008—

2013 年期间，可以看作是我国经济由高速转向中高速增长的拐点。2019 年我国人均 GDP 增速降至 5.7%。

如果以 1978 年为起点与发达国家的发展历程做对比，我国经济增长从起步到拐点出现，仅持续了 30 年时间，即便是从中华人民共和国成立算起，也不到 60 年的时间，明显比西方工业化国家相同发展阶段所耗费的时间要短，这主要与我国经济的"追赶式"高增长密切相关，发达国家人均 GDP 增速在达到拐点时的最高平均值不足 5%，而我国最高达到了 8%。

二、经济增长背后的动力机制

从经济增长的规律看，一个国家经济从传统走向成熟，人均 GDP 的增速呈现一个"停滞—加速—减速—低速"的变速增长过程。如果以工业革命为界，前后两个阶段中的经济增长现象可以分别从马尔萨斯的人口理论和以索罗模型为代表的新古典经济学理论中得到部分解释。

（一）马尔萨斯停滞

农业社会中人均产出增长停滞的现象最早由英国经济学家马尔萨斯（Malthus）在其 1798 年出版的《有关人口问题的原理》一书中予以解释，因此也被称为"马尔萨斯陷阱"或者"马尔萨斯停滞"。根据马尔萨斯的理论，在以农业为主的传统社会，农业生产技术进步缓慢，人口的生育率又很高，要实现人均产出的提高意味着总产出的提高速度要高于人口的增长速度。而一旦农业生产率提升带动人均收入提高，就意味着能够养活更多人口，人口出生率也将随之上升，这就造成任何人均收入水平的提高都被增长的人口所稀释，人均收入水平将随之下降。以中国为例，如表 3-16-2 所示，我国从战国中期到清朝中叶，粮食亩产提高了不到 70%，但人口却增长了 18 倍多。清中期粮食的人均占有比战国时甚至还下降了 31%，仅是唐朝时的一半左右。如果用粮食产量作为衡量收入水平的标准，清朝时的人均收入水平在所列的几个时期中是最低的。按照麦迪逊的估算，1820 年时中国虽然占据世界 GDP 总量的 1/3，但人均 GDP 为 600 国际元，仅是当时西欧国家的四成左右。

当然，人均收入也不会因人口增长的稀释无限制地下降，而是存在一个下限，这个下限就是最低的生存水平，李嘉图称之为"劳动的自然价格"，马克思称之为"劳动的再生产成本"。一旦低于这个水平，人口死亡率就会上升，从而令人均收入回升，这就使得农业社会的人均收入始终维持在最低生存水平附近。如果将清朝时的 628 市斤粮食按当前的计量单位换算，大约相当于现在的 314 公斤。按照联合国粮农组织的标准，全社会人口"温饱水平"所需要的粮食应达到人均 360 公斤 / 年左右[①]，所以清朝时的人均粮食占有量仅能够维持基本的生存。

表 3-16-2 我国古代粮食亩产情况

时　期	耕地面积 （亿市亩）	粮食面积 （亿市亩）	人口 （亿）	人均粮食面积 （市亩）	粮食亩产 （市斤 / 市亩）	人均占有粮食 （市斤）
战国中	0.9	0.846	0.2	4.26	216	921
西汉末	2.38	2.24	0.595	3.76	264	993
唐	2.11	1.99	0.529	3.78	334	1258
宋	4.15	3.9	1.04	3.75	309	1159
明	4.65	4.2	1.3	3.23	346	1118
清中叶	7.27	6.18	3.61	1.71	367	628

资料来源：吴慧，中国历代粮食亩产研究[M]. 北京：中国农业出版社，1985.

根据麦迪逊的统计，直到中华人民共和国成立之前，我国人均收入基本都维持在 700 美元以下，1950 年人均 GDP 仅 501 美元[②]。在中华人民共和国成立以前的几千年时间里，我国人均产出的增长一直处于"马尔萨斯停滞"之中。

专栏　　　　　　　　　　　　**我国农村贫困标准的演变**

维持基本生存所必须的最低消费费用被认为是识别贫困的重要依据。如果收入低于这一消费水平，通常被认为是处于贫困之中。世界银行 2015 年公布的国际贫困线标准是 1.9 美元 / 人·天。

由于每个国家货币购买力不同，所以更具针对性的贫困线标准需要根据本国国情具体制定。改革开放以来，我国共采用过三种不同生活水平的贫困标准，并将其作为识别农村贫困人口规模和农村贫困发生率的依据。

"1978 年标准"是按 1978 年价格每人每年 100 元。在该标准下食物支出比重约 85%，基本能保证每人每天 2100 大卡热量，但食物质量较差，主食中粗粮比重较高，副食中肉蛋比重很低，只能勉强果腹。

"2008 年标准"是按 2008 年价格每人每年 1196 元。在该标准在"1978 标准"基础上适当扩展非食物消费支出，食物支出比重降低到 60%，基本保证实现"有吃、有穿"。

"2010 年标准"是按 2010 年价格每人每年 2300 元。按购买力平价方法计算，

[①]　游宏炳 . 论我国粮食安全及其宏观调控能力建设 [J]. 学习与实践，2010（11）：5-9.
[②]　均为 1990 年美元。

这一收入水平相当于每人每天 2.3 美元[①]，超过世界银行的美元贫困标准。在该标准下食物支出比重在 50% 左右。"2010 年标准"与"两不愁、三保障"（稳定实现农村贫困人口不愁吃、不愁穿；保障其义务教育、基本医疗和住房安全）相结合，是农村居民跨入小康的门槛。

由于物价水平变化，同一标准在不同年份需要进行年度调整，以确保其代表的生活水平不变。现行贫困标准以 2019 年价格计算是 3218 元。2021 年初，我国宣布已经实现现行标准下农村贫困人口全部脱贫。

（资料来源：国家统计局。）

（二）索洛增长模型

当经济进入现代经济增长阶段后，资本和技术对现代部门生产的重要性明显增强。美国经济学家索洛（Solow）由此提出了著名的索洛经济增长模型。模型中，现代经济部门人均产出水平主要取决于人均资本存量的多少以及生产技术水平的高低。人均资本存量越高，生产技术越先进，人均产出也就越多。比如，两个工人分别操作两台机床，一台是高价的数控机床，加工精度高，制造出来的零件销售价格高；另一台是传统机床，虽然价格低廉，但加工精度和生产效率都远不及数控机床，产品售价也低。所以，在相同的工作时间内，操作数控机床工人所创造的产出价值要远高于操作传统机床的工人。

而且，现代经济部门的生产表现出边际产出递减的规律。在技术水平不变的情况下，人均资本存量越低时，增加一单位人均资本存量带来的人均产出增幅越大。当人均资本存量持续增加，单位人均资本存量增加带来的产出增加是逐步下降的。这也比较好理解，在上面的例子中，假如我们让一个工人同时操作两台数控机床，即人均资本存量翻倍，如果他能够合理分配工作时间，那么人均产出的增幅是 100%，但假如我们进一步让他同时操作三台、四台机床……那么他就会变得左支右绌，生产效率也会随之降低，每增加操作一台机器所带来的产出增长幅度可能会从 100% 降至 50%、30% 乃至更低。所以，人均资本存量越低时，人均产出增长越快。随着人均资本存量的增加，人均产出增长的速度会逐渐放缓。

使用佩恩表（penn world table）中的数据，我们将改革开放以来我国年度单位劳动力所拥有的资本存量与所创造的 GDP 做成一张散点图，如图 3-16-3 所示，散点形成的轨迹与索洛模型描述的大体一致，即人均资本存量增加与人均产出增长之间存在正向的相关关系。而且，随着人均资本存量的提高，受边际产出递减规律的影响，人均产出增

[①] 新华社新媒体. 摆脱贫困，中国这样走过 [EB/OL]. https://baijiahao.baidu.com/s?id=1692478460266107425&wfr=spider&for=pc, 2021-02-23.

长的幅度越来越小。比如，在 2006—2010 年期间，我国人均资本存量从不到 4 万元增加到 6 万元，人均产出增长超过 5000 元，而当 2015—2017 年人均资本存量从 10 万元增加到 12 万元时，人均产出仅增长了 2500 元左右。

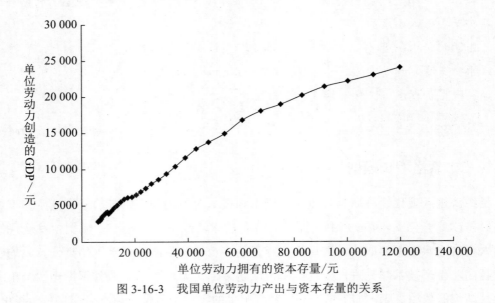

图 3-16-3　我国单位劳动力产出与资本存量的关系

资料来源：Penn World Table 9.1。

那么，伴随人均资本存量的增加，人均产出增长放缓的趋势会一直持续下去吗？索洛模型给出的答案是否定的。当投资等于折旧，也就是我们新增加的固定资本全部用来替换老旧的厂房、设备的时候，人均资本存量将不再增加，人均产出也将稳定下来，这一状态也被称为稳态。

在索洛模型中，如果存在技术进步，那么在稳态时，人均资本存量和人均产出增长的唯一动力来源便是科技进步，此时资本产出比将是一个稳定值。一般认为，发达国家已经基本达到了稳定状态。在过去的半个世纪，美国的人均产出和人均资本存量以每年大约 2% 的速度增长，因而资本产出比也保持了稳定[①]。目前我国仍然是一个发展中国家，所以理论上还没有达到长期经济增长的稳定状态。

（三）从马尔萨斯到索洛

以发达国家的增长历程来看，从马尔萨斯停滞到索洛增长阶段是一个连贯的动态过程，但增长理论在解释两者时却处于一种割裂的状态，前者解释了农业社会中人均 GDP 增长为什么会长期停滞，后者解答了现代经济增长过程中，人均 GDP 增长随着人均资

---

① 格里高利·曼昆. 宏观经济学 [M]. 张帆，梁晓钟，译. 北京：中国人民大学出版社，2016.

本存量的提升逐步减速的过程。但对于经济增长过程中，人均 GDP 从摆脱马尔萨斯停滞到逐步加速增长，并在一段较长时间内维持高增速的现象，两个理论没有给出很好的答案。

2000 年以来兴起的统一增长理论试图将两者统一到一个理论分析框架之下，提出该理论的代表人物之一——盖勒[①]观察到，在一个经济体从马尔萨斯阶段向现代经济增长阶段转换初期，也就是经济起飞阶段，人均收入的提高都伴随着人口增长率的起飞。但与马尔萨斯陷阱阶段不同的是，之后这些经济体便出现了人口转型，即表现为人口增长率的下降以及人力资本的提升，这就减轻了人口增长对产出增长的稀释作用；而人力资本投资的增加既满足了工业等新兴产业部门对更高素质劳动力的需求，同时也推动了科学技术的进一步发展，使得人均产出加速脱离马尔萨斯停滞状态。总之，统一增长理论认为，人口转型是推动人类社会跳出"马尔萨斯陷阱"，进入索洛增长阶段的关键。

同时，以刘易斯为代表的经济学家还观察到，发展中国家在经济起飞阶段，同时存在着传统的农业部门和现代生产部门，即所谓的"二元"经济结构，而且农村部门中存在着大量的剩余劳动力，可以为现代经济部门提供近似于无限供给的劳动力来源，而这与现代经济增长理论中关于劳动力稀缺的假设并不相符。所以，在马尔萨斯停滞阶段到现代经济增长阶段之间，还存在着一个二者的过渡阶段，这一阶段传统与现代并存，也被称为刘易斯阶段。

因此，刘易斯阶段或许可以解答经济增长过程中人均 GDP 加速增长的现象。我国在改革开放初期也存在着明显的城乡"二元"经济结构，把握"二元"经济下的增长规律，还可以更好地理解改革开放后我国的经济发展历程，对此，我们将在下一章做系统的分析。

① O. 盖勒 . 统一增长理论 [M]. 刘斌，译 . 北京：中国人民大学出版社，2017.

第十七章
经济增长的不同阶段

长期经济增长通常以几十年乃至成百上千年的经济发展历程作为研究对象。如同人可以按照成长阶段划分为幼年、青少年、中老年一样，一个国家或者地区的经济发展历程也可以划分为不同的发展阶段，每个阶段都有相应的经济发展特征。

一、经济增长阶段的划分

（一）两阶段划分

以人均国民生产总值（人均 GDP）或者人均国民收入（人均 GNI）作为衡量一个国家或地区经济发展水平的指标[①]，人类社会进入文明阶段后，人均产出的增长一度处于停滞状态，持续徘徊在仅能维持基本生活的水平上，这一时期被称为"马尔萨斯陷阱"阶段。

直到 18 世纪中期，工业革命发生后这一状况才开始改变，部分国家人均产出实现了突飞猛进的增长，人类社会开始跳出"马尔萨斯陷阱"，进入"现代经济增长"阶段。"现代经济增长"是美国经济学家库兹涅茨提出的一个概念，指的是"持续、长期的人均国民收入的增加和与之相伴的各种社会经济进步"。根据库兹涅茨的观察，发达国家基本是在 18 世纪中期至 19 世纪中后期陆续步入现代经济增长阶段的（见表 3-17-1）。

表 3-17-1　现代经济增长的起点年份及人均 GDP

国　家	现代经济增长的起点阶段 / 年	处于起点时的人均国民生产总值 /1965 年美元
英国	1765—1785	1870
法国	1831—1840	2047
德国	1850—1859	1939

[①]　衡量经济发展水平还有其他很多指标，比如平均寿命、成人文盲率、出生率等，OECD、世界银行等国际组织建立了一整套的指标体系。但指标较多时不仅难以合理划分不同指标的重要性，而且还会造成判断上的混乱，单一的人均 GDP 不存在这些问题，而且在商品和服务都可以货币化的假设下，以人均 GDP 反映经济发展水平也具有较强的说服力，是目前公认的衡量经济发展水平的最具代表性指标。

续表

国　　家	现代经济增长的起点阶段 / 年	处于起点时的人均国民生产总值 /1965 年美元
意大利	1895—1899	1100
日本	1874—1879	876
美国	1834—1843	3580
加拿大	1870—1874	2507
澳大利亚	1861—1869	2023

资料来源：西蒙・库兹涅茨.各国的经济增长[M].北京：商务印书馆，2018.

　　如图 3-17-1 所示，18 世纪中后期，随着工业革命陆续在欧洲大陆展开，英国、法国等西欧国家人均 GDP 率先实现持续的增长，之后，工业革命扩大至北美和亚洲的日本，两地在 19 世纪中后期相继跳出"马尔萨斯陷阱"。而中国等传统的历史文明古国开始落后于世界发展的潮流，麦迪逊估计，中国在 1870—1936 年间的人均 GDP 增长率仅为0.09%。人类社会出现了"大分流"，对此英国学者李约瑟提出了著名的"李约瑟之问"。直至 20 世纪 40 年代末 50 年代初，在实现了民族完全独立，开启全面工业化进程之后，中国、印度人均 GDP 才实现了"起飞"式地增长。所以，以工业革命作为人类社会发展的一个分水岭，可以将经济增长划分为传统农业社会阶段（"马尔萨斯陷阱"阶段）和"现代经济增长"阶段。

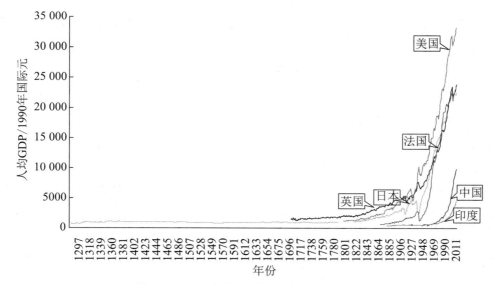

图 3-17-1　部分国家人均 GDP 的历史变化

资料来源：Maddison Project Database（MPD）2018，1990$ benchmark version.

（二）三阶段划分

美国学者丹尼尔·贝尔（Daniel Bell）在《后工业社会》一书中将进入文明社会的人类历史划分为前工业社会、工业社会和后工业社会三个阶段。其中，前工业社会是指传统的农业社会，也就是前面所讲的"马尔萨斯陷阱"阶段；后工业社会是指工业化完成后，产业结构转变为以服务业为主，经济进入高度发达阶段的社会形态，比如现在的西方发达国家的经济状态。从经济增长的角度看，这两个阶段的经济增长都处于一种相对稳定的低速增长状态。

处在这两个阶段之间的便是工业社会。不同于其他两个阶段相对稳定的经济形态，处在工业社会的经济体无论经济总量还是经济结构都出现明显的变化，不仅人均产出水平持续快速增长，而且主导产业从农业先后转变为工业和服务业，城市取代乡村成为人们生产生活的主要场所，经济也从封闭走向开放，包括中国在内的广大发展中国家都处在这一阶段。

与丹尼尔·贝尔三阶段类似，世界银行将全球国家划分为三类，分别是高收入国家、中等收入国家、低收入国家。其中，中等收入国家又进一步分为中低等收入国家和中高等收入国家。根据 2019 年的数据，世界银行将人均 GNI 小于等于 1035 美元定为低收入国家；人均 GNI 在 1036 ～ 4045 美元的定为中低等收入国家；人均 GNI 在 4046 ～ 12 535 美元的定为中高等收入国家；人均 GNI 大于 12 535 美元的定为高收入国家。2019 年，中国人均 GNI 是 10 410 美元[①]，属于中高等收入国家。按照人均 GNI 排名，中国在 2019 年全球排名第 68 位，距跨入高收入国家门槛已十分接近，但与高收入国家人均 GNI 4 万美元的水平依然有比较大的差距（见表 3-17-2）。

表 3-17-2　2019 年世界及各收入水平国家人均 GNI 均值　　　　　　　　美元

世界	11 571
高收入国家	45 354
中等收入国家	5586
中高等收入国家	9064
中低等收入国家	2176
低收入国家	820
中国	10 410

资料来源：世界银行。

此外，从理论研究的角度，前文提到，经济增长可以划分为三个阶段，即"马尔萨

---

① 世界银行划分国家收入等级依据的是以阿特拉斯方法（Atlas method）计算出的以现价美元表示的人均 GNI，所以与直接用市场汇率换算的美元现价人均 GNI 不同。关于阿特拉斯方法的介绍详见：https://datahelpdesk.worldbank.org/knowledgebase/articles/378832-what-is-the-world-bank-atlas-method。

斯陷阱"阶段、刘易斯二元经济阶段、索洛增长阶段。

（三）五或六阶段划分

罗斯托[①]、钱纳里根据产业结构和人均收入水平的变化，将一个国家经济增长的发展阶段划分为六个阶段（见表 3-17-3）。其中，第一个阶段是传统社会或者是初级产品生产阶段，即没有工业化发展的农耕社会，生产主要依靠手工劳动，农业居于首要地位，人均收入水平低下。这一阶段对应着"马尔萨斯陷阱"阶段。第二阶段是逐步实现工业化的阶段，其中又可进一步细分。罗斯托又把它分为起飞创造条件的阶段，即从传统社会向起飞阶段过渡的时期。起飞阶段，即工业化阶段。起飞的意思就是突破经济的传统停滞状态，也是库兹涅茨"现代经济成长"的开始，这一阶段的人均收入开始持续增加。走向成熟阶段，这一时期现代技术已被推广到各个经济领域，经济发展趋于成熟。大众高额群众消费阶段，即伴随经济发展，社会对耐用品的需求大幅上升。最后是追求生活质量阶段，即收入水平提高后，人们越来越转向追求休闲娱乐，相应地，经济也将进入持续低速增长的阶段。钱纳里从经济结构转变的视角，依据各国的人均收入水平，将工业化阶段分工业化初期阶段、工业化中期阶段、工业化后期阶段和后工业化社会。按照罗斯托和钱纳里的划分标准，我国处于走向成熟的工业化后期阶段。

表 3-17-3 　罗斯托和钱纳里对经济增长阶段的划分比较

发 展 阶 段	罗 斯 托	钱 纳 里	人均 GDP（钱纳里，1964 年美元）
第一阶段	传统社会阶段	初级产品生产	200 以下
第二阶段	为起飞创造条件阶段	工业化初期	200 ～ 400
第三阶段	起飞阶段	工业化中期	400 ～ 800
第四阶段	走向成熟阶段	工业化后期	800 ～ 1500
第五阶段	大宗高额消费阶段	后工业化社会	1500 ～ 2400
第六阶段	追求生活质量阶段	发达阶段	2400 以上

资料来源：罗斯托，经济增长的阶段，北京：中国社会科学出版社，2001；钱纳里等，工业化和经济增长的比较研究，上海：上海人民出版社，2015.

以上的划分主要是基于欧美发达国家经济发展的经验，青木昌彦根据东亚国家不同发展阶段驱动经济增长的要素不同，将东亚式发展模式归纳为五个阶段（见表 3-17-4），即马尔萨斯式的贫困陷阱阶段（"M"阶段）、政府主导的工业化阶段（"G"阶段）、库兹涅茨式的发展阶段（"K"阶段）、基于人力资本的发展阶段（"H"阶段）以及后人口红利阶段（"PD"阶段）。五个阶段中，G 阶段的划分突出了东亚国家经济发展

---

① 　1960 年，美国经济学家华尔特·惠特曼·罗斯托（Walt Whitman Rostow）在《经济增长的阶段》中提出了"经济增长阶段论"，将一个国家的经济发展过程分为五个阶段，1971 年他在《政治和增长阶段》中增加了第六阶段。

特定阶段中政府主导色彩浓厚的特征，K 和 H 阶段的划分基本与钱纳里对工业化中、后期的划分相一致，PD 则对应于后工业化阶段。

表 3-17-4　青木昌彦对中国经济增长阶段的划分

时间段	起始年份人均 GDP （麦迪逊，1990 年国际元）	人均 GDP 增速 （麦迪逊）	人均 GDP 增速 （官方）	阶　段
1870—1938 年	530	0.09	—	M
1870—1951 年	530	-0.24	—	
1952—1967 年	537	1.9	3.53	G
1967—1977 年	712	2.31	4.26	
1977—1989 年	895	6.13	8.12	K
1990—1999 年	1858	6.44	9.49	K/H
1999—2008 年	3259		9.32	

资料来源：Aoki M . The Five Phases of Economic Development and Institutional Evolution in China，Japan，and Korea[M]. Palgrave Macmillan UK，2012.

按照青木昌彦的划分，我国在中华人民共和国成立之前都处于"M"阶段，1952 年完成国民经济的恢复，开展全面社会主义建设直至 1978 年改革开放，属于政府主导的经济发展"G"阶段，而改革开放后到 20 世纪 90 年代之前，经济发展主要是受到人口红利的推动以及经济结构的巨大转变，经济处于"K"阶段。此后至 2008 年，中国经济处于"K"以及"H"混合发展阶段。这一时期劳动力数量增长带来的人口红利对增长的贡献逐渐削弱，经济增长的动力逐步转向人力资本。根据日本、韩国的经验，转变完成的标志是农业就业人口占总就业人口的比重下降至 20% 以下。根据国家统计局的数据，2019 年我国第一产业就业人数占总就业人口的比重是 25.1%，也就是说，我国现在仍处在由"K"到"H"的过渡阶段。

二、中国经济增长的二元经济阶段

由于中华人民共和国成立后长期实施重工业优先发展战略和严格的城乡户籍管理制度，我国在改革开放初期，二元经济结构较其他发展中国家更为突出。1978 年后，大量农村剩余劳动力从农业转移到现代生产部门，形成了推动我国经济增长的巨大人口红利。所以，分析我国改革开放后二元经济的发展过程，能更深刻地认识经济增长如何实现从马尔萨斯到索洛阶段的转换，也能更好地理解改革开放后的中国经济增长轨迹。

（一）二元经济结构

一个经济体从传统的农业社会发展成为全部由现代化生产部门组成的社会，中间有一个过渡阶段，在这个过程中同时存在着传统农业部门和现代化生产部门，由此形成了所谓的"二元经济结构"。

发展中国家在经济发展的过程中，普遍经历了传统农业部门和现代经济部门间此消彼长的转变。以农业人口占总人口的比重衡量二元经济的转变水平，从图 3-17-2 中可以看出，全球 195 个国家和地区中，经济发展水平越低的经济体，农业部门人口占总人口的比重越高。人均收入水平与农业人口占人口的比重之间存在反向的相关关系，发达国家农业人口占比基本都在 10% 以下。

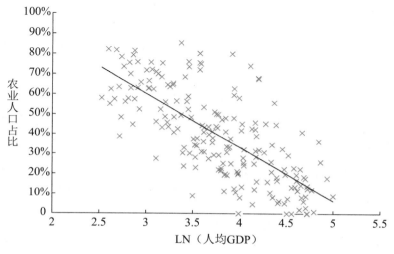

图 3-17-2　经济增长与农业人口占比

注：人均GDP、农业人口占比均为2017年数据。
资料来源：世界银行。

因此，发展中国家的现代化进程，很大程度上就是要实现二元经济结构向一元现代经济结构的转换。如图 3-17-3 所示，在这一过程中，从产业角度看，表现为农业占比下降，工业和现代服务业占比上升；从人口角度看，农村剩余劳动力进入城市经济部门后，农村人口占总人口的比重下降，城市人口比重上升，这也就是城镇化的过程。所以二元经济阶段通常与工业化、城镇化水平快速提升的阶段相对应。

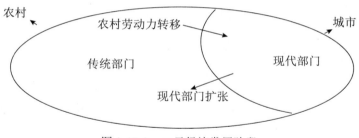

图 3-17-3　二元经济发展阶段

中华人民共和国成立后，我国用三年时间完成了国民经济的恢复，以"一五"计划的实施为标志，开始了从传统农业为主的经济结构向二元经济结构转变的进程。由于 20 世纪 50—70 年代我国实行的是优先发展重工业的工业化战略，工业部门和城市对劳动力吸纳有限，为限制农村人口流入城市又实行了严格的户籍制度，进一步强化了城市现代工业部门与农村传统农业部门的二元结构。1978 年，我国农业占 GDP 的比重已经降至 30%，但农村人口占总人口的比重却仍高达 82%。

（二）二元经济的特征

1. 无限的劳动力供给

解释二元结构问题的经典理论是刘易斯（Lewis）提出的二元经济发展理论。刘易斯把一个国家的经济部门分为农业部门和工业部门。在经济发展初期，农业部门占比超过工业部门。其中，工业部门中企业按照劳动力的边际产出等于工资的原则决定劳动力的需求量。试想，如果边际产出高于工资，追求利润最大化的企业就可以通过继续扩招劳动力增加利润；反之，则可以通过缩减雇用的劳动力减少利润损失。根据边际产出递减的规律，工业部门对劳动力的需求是一条向下倾斜的曲线。农业部门中马尔萨斯均衡成立，人均收入维持在最低生存水平，存在大量闲置的劳动力。假设劳动力可以在两个部门间自由流动，那么只要工业部门中的工资高于最低生存水平标准，农村中的劳动力就会源源不断地流向工业部门。1978 年，我国 1/3 的农民生活水平处于绝对贫困线以下[①]，大量农村剩余劳动力亟待转化。而当年农业的劳动边际产品价值仅 63 元，而工业、建筑业、交通运输以及商业的劳动边际产品价值分别为 1027 元、452 元、739 元和 1809 元[②]。所以一旦允许劳动力在城乡间自由流动，劳动力便会从边际产量低的第一产业部门转移向第二、第三产业。

劳动力转移的情况可以用图 3-17-4 表示。工业部门对劳动力的需求用一条向右下角倾斜的曲线表示，工资水平越低，需要的劳动力越多。劳动力供给曲线是一条持平于最低生存水平的直线，表示在这一工资水平下，农业部门可以向工业部门提供近乎任何数量的劳动力供给，劳动力变成了像阳光、水一样取之不竭而又成本极低的资源，这一阶段也被称为劳动力无限供给阶段。二者的交点是工业部门实际雇用的劳动力数量。在这种情况下，农业部门转移劳动力的多少和速度，完全是由工业部门的规模决定的，扩张速度越快（需求曲线向右移动），转移出来的劳动力就越多。而工业部门的扩张速度又是由资本的积累速度决定的，所以此时影响经济增长的要素就是资本。

---

① 胡永泰. 中国全要素生产率：来自农业部门劳动力再配置的首要作用 [J]. 经济研究，1998（3）：3-5.
② Chow G C . Capital Formation and Economic Growth in China[J]. The Quarterly Journal of Economics，1993，108（3）：809-842.

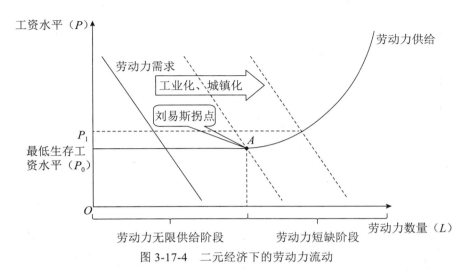

图 3-17-4　二元经济下的劳动力流动

前面提到过，资本来源于储蓄，而储蓄是产出扣除消费的部分。由于劳动力的工资被固定在维持基本生活的水平，此时的消费也仅是能够维持基本生活的最低消费，所以储蓄水平要高于不存在无限劳动力供给的时候，这就会导致社会资本存量更快地积累。刘易斯在《劳动力无限供给条件下的经济发展》一文中就指出："整个过程的关键在于资本主义部门对剩余的使用。正是因为剩余被再投资于创造新资本，资本主义部门得以扩大，并吸收更多的人从生计部门到资本主义部门就业。剩余越来越多，资本形成也越来越大，因而（二元经济发展）过程持续下去，直至剩余劳动力消失。"

所以，在二元经济条件下，企业有将资本不断投入劳动密集型行业的动力，从而获取更多的利润。此时新增的资本被用于新招聘的工人，从而导致人均资本存量相对稳定，这也被称为资本的广化。与之相对的是资本的深化，即资本被投向劳动节约型的生产技术，由此造成人均资本存量提高。根据 penn world table 中的数据，1978 年我国人均资本存量为 6124 元，直到 1990 年才突破 10 000 元，1999 年进一步增加到 20 000 元。20 年时间仅增长了 3.2 倍，而从 1999 年到 2017 年不到 20 年的时间内，我国人均资本存量却增长了 6 倍。这说明前期人均资本存量增长缓慢，很可能就是因为大量农村剩余劳动力进入现代经济部门，从而摊薄了人均资本存量。而后期增长迅速，说明剩余劳动力的转移速度在放缓。由于二元经济阶段时人均资本存量的提升有限，资本边际产出递减并不明显，所以资本产出比理论上应该保持相对稳定或缓慢上升的态势。

从我国的实际情况看，根据图 3-17-5，与 2007 年后资本产出比的明显上升势头相比，此前我国资本产出比呈现缓慢的阶梯型上升，除了在 20 世纪 90 年代初和 21 世纪初出现小幅跃升外，此期间都保持了相对的平稳状态。

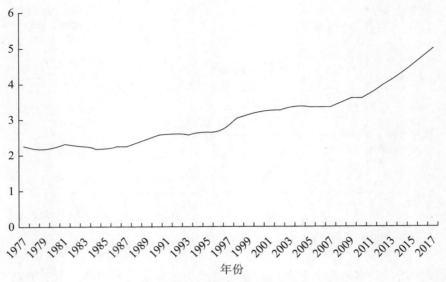

图 3-17-5　我国资本产出比变化

资料来源：Penn World Table 9.1。

2. 刘易斯拐点

二元经济中，劳动力无限供给状态的持续时间不仅与资本积累速度相关，还取决于农村中的剩余劳动力规模。当现代经济部门扩张到 A 点时，剩余的劳动力被吸收殆尽，劳动力供给开始随工资水平的提高而增加，表现为一条斜向上的曲线。由于劳动力变得稀缺，经济发展进入索洛模型描述的阶段。所以 A 点是二元经济向一元经济转变的一个拐点，也被称为"刘易斯拐点"。

研究认为[1]，日本、韩国分别是在 1960 年左右、1970 年左右跨越了"刘易斯拐点"。日本学者南亮进在《经济发展的转折点：日本经验》一书中列出了判断"刘易斯拐点"的五条标准[2]。在我国学者的研究中，一般基于两个标准进行判断：一个是**数量标准**，即农业部门中的剩余劳动力是否被现代部门吸收完毕；另一个是**价格标准**，即现代部门中农村劳动力的实际工资是否出现上涨。

（1）数量标准

农村剩余劳动力是指农业生产中劳动投入的边际产出为零的那部分劳动力，如果把这部分人口全部从农村迁走，农业生产也不会减少。按照这一思路，可以首先根据农业

① 周健，张桂文. 刘易斯第一转折点是"短缺点"吗？——基于国际经验和中国的现实考察 [J]. 当代经济研究，2020，295（3）：84-96.
② 五条标准分别为：1. 非资本主义部门工资与劳动边际生产力的比较；2. 非资本主义部门工资与边际生产力之间的相关关系；3. 非资本主义部门实际工资的动向；4. 工资差别的变化；5. 非资本主义部门对资本主义部门劳动供给的弹性。南亮进认为，第一个标准是转折点的忠实反映，为判定转折点提供了最直接的标准。

生产所需要的劳动投入标准，计算出维持正常农业生产所需要投入的劳动力数量，再以实际的农业劳动力减去这部分人口，那么剩下的就是农村剩余劳动力。其中，影响劳动力需求的主要因素是农产品的种植规模和农业生产率的变化，种植规模越小，劳动生产率越高，所需要的劳动力规模也就越小。影响劳动力供给方面的因素主要是农村劳动年龄人口的变化，如果农村劳动年龄人口的自然增长放缓，或者向城镇转移加快，也会造成农村剩余劳动力下降。

20 世纪 80 年代中期以来，学者们研究出了种种测算方法，代表性的包括劳均耕地面积法、国际比较法、生产函数法、工日计算法、技术效率比较法、两部门（地区）法等[①]。由于在计算方法和统计口径上均存在分歧，据此测算出来的农村剩余劳动力数量差距较大（见表 3-17-5）。

表 3-17-5　我国剩余劳动力规模的估算[②]

年　份	剩余劳动力规模 / 人	作　者
1988	1.14 亿～ 1.52 亿	Taylor（1988）
1991	1.33 亿 1.32 亿	Rawski 和 Mead（1998） Bhattacharyya 和 Parker（1999）
1995	1.19 亿	Bhattacharyya 和 Parker（1999）
1998	1.52 亿 1.8 亿	农业部（2000） 胡鞍钢（1997）
1999	1.7 亿 1.38 亿	国家统计局农调总队社区处（2002） 侯风云（2004）
2003	4586.6 万 /3500 万 7700 万 1.93 亿	王检贵、丁守海（2005） 章铮（2005） 何如海、叶依广（2005）
2005	0.25 亿～ 1.06 亿 7465 万	蔡昉、王美艳（2007） 钱文荣等（2009）
2006	1.31 亿 1.1 亿	钟钰、蓝海涛（2009） 马晓河、马建蕾（2007）
2008	0.7 亿～ 1.2 亿 1.55 亿	韩俊等（2010） 涂圣伟、何安华（2011）
2011	1669 万 3672 万 852 万	孟令国等（2013） 文青（2013） 张兴华（2013）
2013	16463.5 万	徐晓华等（2018）
2014	4193.7 万	王春枝、赵国杰（2016）
2015	9917.83 万	赵卫军等（2018）

资料来源：根据相关文献整理。

[①] 赵卫军，焦斌龙，韩媛媛 . 1984—2050 年中国农业剩余劳动力存量估算和预测 [J]. 人口研究，2018，42（2）：54-69.

[②] 文献详见本章后参考文献部分。

但总体上看，改革开放以来，由于我国逐步放松了人口在城乡之间的流动限制，现代部门创造了大量的就业岗位，吸引农村过剩劳动力向城镇转移，我国农村剩余劳动力呈现下降的趋势。20 世纪八九十年代，我国农村剩余劳动力的数量基本维持在 1 亿～2 亿人。进入 21 世纪，除了个别学者计算的剩余劳动力数量较高外，农村剩余劳动力的数量已经降至 1 亿人以下。2010 年以来，不仅出现了农民工短缺，农业劳动力也开始紧张的现象。按照张兴华的测算，2011 年我国农业剩余劳动力数量为 852 万人，占农村劳动力总数的 2.1%，认为中国农村剩余劳动力所剩无几，或者说中国农村已基本无剩余劳动力。

由于现实中的城镇经济通常存在着一个相互分割的劳动力市场，在我国主要表现为城镇就业市场和农民工就业市场。前者主要吸纳城镇劳动力就业，后者主要是农村剩余劳动力的转移就业，所以也可以通过农民工外出就业数量的变化观察农村剩余劳动力转移情况。如图 3-17-6 所示，2002 年后，农民工外出务工人数的增长已经开始放缓，近年来新增外出农民工增速已经不足 1%。2020 年外出农民工数量出现首次下降。虽然在一定程度上是受到新冠肺炎疫情的影响，但从总的趋势看，我国农村新增的可转移剩余劳动力已经极为有限。

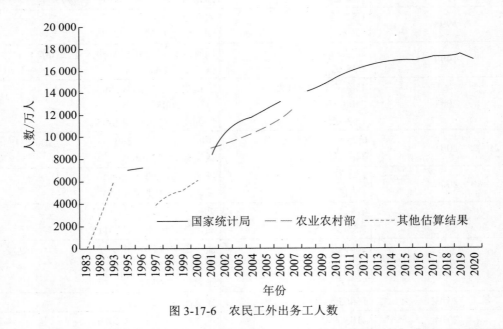

图 3-17-6　农民工外出务工人数

资料来源：国家统计局；其他估算结果：1983年、1989年、1993年数据来自《中国农民工调研报告》；1997—2000年数据来自劳动和社会保障部调查。

专栏　　　　　　　　　　　**改革开放后我国农村人口向城市流动的历程**

　　农村剩余劳动力的转移并非简单的由农村向城市的单向流动，受经济形势和国家宏观政策的影响，农业流动人口在农村与城市之间的流动如潮汐般涨落，"民工潮"和"返乡潮"交替，呈现出一定的阶段性特征。改革开放以来，我国农民工的流动大体可以分为四个阶段。

一、1978—1991 年：离土不离乡

　　改革开放前，我国实行城乡二元体制，严格限制农村人口向城市流动。1978 年后，家庭联产承包责任制的普遍实行使农民获得了生产经营的自主权，为农村剩余劳动力进城就业提供了可能。随着乡镇企业的异军突起，政府开始提倡农民"离土不离乡，进厂不进城"的流动。1984 年国家启动城市经济体制改革，进一步催生了城市二、三产业对劳动力的需求。在这种背景下，国家也逐步放松对农民进城的限制，大量农民在无城市户籍的条件下进入城市，农民工数量从由改革开放初期的 200 万人迅速增加到 1989 年的 3000 万人[①]。然而，1988 年底，国家开始对国民经济进行为期 3 年的治理整顿，许多农民工被当作"盲流"从城市清理出去了，导致大量农民工不得不选择回流，第一轮"民工潮"就此告一段落。这一时期农民工就业的主要渠道是乡镇企业，人口流动的特点表现为以就地转移为主，即"离土不离乡"。

二、1992—2001 年：离土又离乡

　　1992 年邓小平南方谈话后，我国经济进入新一轮快速发展期，东部沿海地区和城市的二、三产业迅速发展，对劳动力的需求旺盛，农民工向城市的流动出现新一轮高潮，中西部农村剩余劳动力大量向东部城市和乡镇迁移。1992—1996 年，每年新转移农村劳动力 800 万人，年均增长率为 8%，但相对上一轮"民工潮"增速有所放缓[②]。这一时期外出务工经商取代乡镇企业就业，成为农业转移人口流动的主要方式，而且跨省流动比重大幅上升，农民工就业模式转变为"离土又离乡"的外出异地就业为主的模式。这一轮"民工潮"一直持续到了 1998 年，之后受亚洲金融危机冲击以及国企改革带来城镇就业压力加大影响，农民工在 20 世纪 90 年代末出现大规模回流。

三、2002—2008 年：离土不回乡

　　2001 年我国加入 WTO 后，外贸出口迅猛增长带动了劳动密集型行业的劳动力需求，农民工继续向东部沿海地区和城市的二、三产业集中，在外向型行业就业的比重明显上升。2002—2008 年，全国外出就业农民工数量年均增长 595 万人，年均

① 中国农民工问题研究总报告起草组.中国农民工问题研究总报告 [J].改革，2006（5）：5-30.
② 张三保，张建平.构建可持续发展的农民工培训体系 [J].中国就业，2006（6）：48-49.

增长 5% 左右，增速进一步放缓，进入稳定增长阶段[①]。这一时期的农民工中"80后""90后"新生代所占比重越来越大，农业劳动技能以及对家乡的情结弱化，职业上从亦工亦农向全职非农转变，流向上从城乡双向流动向融入城市转变。2008 年美国次贷危机爆发后，以外向型经济为主的东南沿海地区受到了极大冲击，许多企业倒闭破产，2008 年下半年出现了较大规模的农民工返乡。据农业部 2009 年 1 月统计，提前返乡农民工数量约 2000 万人以上，大约占农民工就业总量的 15% 左右。

四、2009 年至今：离土再返乡

相比前两轮的"返乡潮"，2008 年美国次贷危机对农民工返乡的影响时间较短。随着国家一系列扩大内需政策及针对农民工的各种增加就业措施的实施，2009 年上半年农民工就业就实现了较快恢复，全年外出就业农民工达到 1.45 亿人，比 2008 年还增加了 492 万人，沿海一些地方甚至出现"民工荒"。这一时期，农民工总量由 2008 年的 2.25 亿人持续上升到 2019 年的 2.9 亿人，但是增速在 2010 年出现拐点，由上升转为持续下降。随着国家区域经济发展战略和产业结构的调整，沿海地区的劳动密集型产业向中、西部转移，农业转移人口的就业地虽然仍以东部地区为主，但中西部吸纳农民工的能力持续增强。加之东部地区居住和子女教育成本高企，农民工在当地实现市民化难度加大，也促使更多农民工选择回流到户籍所在省份市民化，农业转移人口向省内县市流动比例明显增加。尤其是近年来，随着收入的增加，农村基础设施和公共事业的完善，农民工返乡创业的热情高涨。国家"双创"和乡村振兴战略的落实也助推了这一发展趋势。与此前的返乡潮相比，此次更多是农民工自主选择的结果。国家发改委网站发布的《农村一二三产业融合发展年度报告（2017 年）》显示，2017 年全国返乡创业人员超过 740 万人，其中返乡农民工占 72.5%。

（2）价格标准

除了数量标准，前面还提到，如果农业剩余劳动力被吸收殆尽，那么现代部门中雇用的农村劳动力所支付的工资水平将开始上升，这也就是判断"刘易斯拐点"的价格标准。研究中通常采用生存工资或平均工资观察农业领域的工资水平变化来衡量。

由于农民进城务工所得收入计入农村家庭收支统计，我们采用农村居民家庭收入中的工资性收入作为反映农村剩余劳动力吸收情况的价格指标。根据国家统计局的指标解释，工资性收入是指"农村住户成员受雇于单位或个人，靠出卖劳动而获得的收入"。

---

① 国务院发展研究中心课题组 . 农民工市民化：我国现代化进程中的重大战略问题 [N]. 中国经济时报，2011 年 4 月 21 日。

按照二元经济理论，如果农村还存在大量的剩余劳动力，劳动力的供给是缺乏价格弹性的，所以农村居民出卖劳动力获得的收入水平会基本保持稳定。反之，如果劳动力开始变得稀缺，劳动力供给的价格弹性开始上升，将不再是无限供给的状态，工资水平将出现抬升。从图 3-17-7 中可以看出，改革开放直到 1995 年之前农村家庭成员务工的人均年收入维持在 100 元上下（按照 1978 年价格水平计算），工资持续上涨出现在 20 世纪 90 年代中后期。

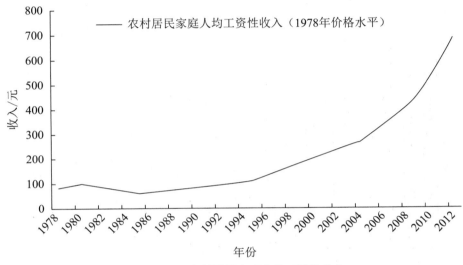

图 3-17-7 农村居民家庭人均工资性收入

资料来源：国家统计局。

2004 年前后从东南沿海逐步蔓延开来的"民工荒"成为农民工工资增长变化的一个分水岭，此后农民工工资出现加速上涨。2004 年 9 月，劳动和社会保障部发布的《关于民工短缺的调查报告》指出，"珠三角地区 12 年来月工资只提高了 68 元。佛山不少企业外来工月工资在 10 年前就已达到 600 ～ 1000 元，但现在还是这个水平。而这些年来消费物价总体水平已明显上升，导致广东、福建等省实际工资水平的提高停滞不前甚至有所下降。"但这一情况随着"民工荒"浮现出现改观。

报告显示，"发生用工短缺的时间开始于近两三年，去年起尤甚。反映缺工严重的主要是从事'三来一补'的劳动密集型企业。"所以以价格标准看，自 20 世纪 90 年代中后期起，我国农村剩余劳动力已经不再是无限供给的状态。进入 2000 年后，随着中国经济进入新一轮增长周期，劳动力需求急剧增加拉动了农村劳动力工资大幅度上涨，这也与当时频频出现并愈演愈烈的"民工荒"现象相呼应，表明我国在 20 世纪初已经接近或者达到"刘易斯拐点"。

从城镇和居民家庭工资性收入比（图 3-17-8）看，2005 年之前，农村居民与城镇居民间的工资性收入差距整体呈扩大的趋势，2004 年城镇与农村居民家庭人均年工资性收入之比最高达到 7∶1。此后二者的差距持续收窄，2020 年该比值降至 3.8∶1 以下。同时，由于农村劳动力与城镇劳动力人力资本差异的存在，城镇劳动力收入水平仍相对高于农村劳动力。因此，结合数量和价格标准，我国在 2004—2007 年间逐步越过了"刘易斯拐点"，由二元经济阶段进一步迈向索洛模型描述的现代经济增长阶段。

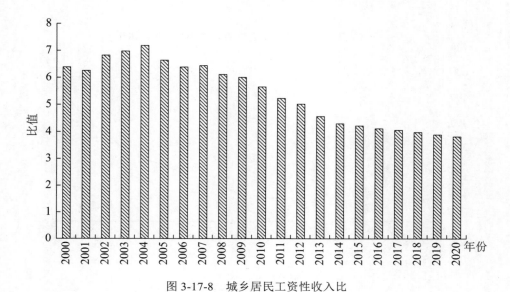

图 3-17-8　城乡居民工资性收入比

资料来源：国家统计局。

（三）二元经济结构下的经济增长

前面提到，在索洛模型中，随着人均资本存量的增加，人均产出也会随之增长，但增长的幅度会因边际递减规律的作用逐步缩小，所以人均产出的增速会逐渐放缓。而在二元经济条件下，产出边际递减并不明显。如图 3-17-9 所示，在 2007 年之前，我国单位劳动力的资本存量与产出之间呈现线性关系，也就是二者同比例增长。2007 年后单位劳动力产出增长才表现出随劳均资本存量增加边际递减的特征。

有学者[①] 将刘易斯模型在现代经济增长理论框架下做了数理化的表述，论证了当存在无限供给的劳动力时，索洛模型中的生产函数演变为 $Y=AK$ 的形式，将两边同时除以劳动力数量 L，那么单位劳动力创造的产出与其拥有的资本存量正相关，资本的边际产出不存在递减的现象。如果人均资本积累越迅速，人均产出增长也就越快。

---

① 徐毅 . 刘易斯二元经济增长理论的一个数理描述 [J]. 数量经济技术经济研究，2007（1）：118-123.

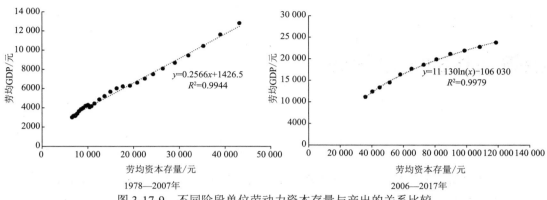

图 3-17-9　不同阶段单位劳动力资本存量与产出的关系比较

资料来源：Penn World Table 9.1。

　　由于劳动力无限供给下，工资水平基本不变，所以企业更倾向于使用劳动密集型设备和技术，从而获取更高的资本积累，而这又会带来更高的产出增长。所以人均产出的增长轨迹就表现为一条加速增长的曲线。而越过"刘易斯拐点"后，我国经济进入传统的现代经济增长阶段，单位劳动力产出增速将逐步放缓。整个增长轨迹表现为一条"钟形"曲线（见图 3-17-10）。

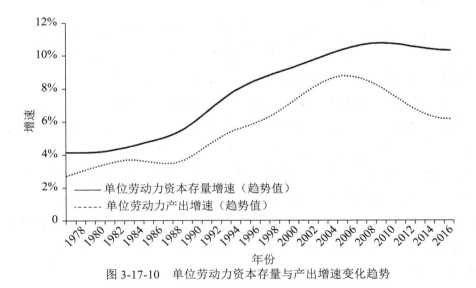

图 3-17-10　单位劳动力资本存量与产出增速变化趋势

资料来源：Penn World Table 9.1。

　　这就将马尔萨斯停滞和索洛增长两个发展阶段衔接了起来，串联起了人均 GDP 增长从长期停滞到加速增长再到减速，直至稳定在较低增速水平的全过程。由此，我们也可以理解为什么 2008 年美国次贷危机后，我国经济进入减速换挡的"新常态"，潜在经济增长由过去的高速进入到中高速阶段。

第十八章

经济增长的动力分解

在分析短期经济增长时，我们曾经按照三大需求或者三次产业对经济增长的动力进行过分解测算。而对于长期经济增长，经济增长的动力主要来自资本、劳动和技术进步。相应地，长期经济增长可以分解为三大要素对经济增长的贡献之和。在不同的经济增长阶段，驱动经济增长的主要动力也不尽相同。

一、经济增长因素分解

（一）增长核算方程

经济学理论一般认为，中长期经济增长主要受供给端的影响，而供给端生产能力的高低又受到生产技术水平以及要素投入数量的制约。分析决定长期经济增长的动力和因素，可以借助增长核算（growth accounting）方程，即：

经济增长 = 资本的贡献 + 劳动的贡献 + 全要素生产率的增长[①]

该方程将经济增长分为三个部分，分别是资本的贡献、劳动的贡献以及全要素生产率的贡献。其中，资本指的是全社会的资本存量。之所以采用存量的概念，是因为我们生产不仅要用到当期新增加的厂房、设备、原材料等，原有的生产能力也要使用，所以当期生产所投入的资本包括了原有资本减去折旧的部分，再加上新增的资本投入。

劳动主要是指社会生产中投入的劳动力或者劳动量。在实际的计算中，有的以就业人数作为劳动投入，有的则进一步将劳动力数量乘以人均劳动时间，以全社会劳动时间作为劳动投入的指标。

全要素生产率（Total Factor Productivity，TFP）是一个余量的概念。从增长核算方

---

① 如果生产函数采用常用的柯布道格拉斯生产函数形式 $Y = AK^{1-\alpha}L^{\alpha}$，经过推导，经济增长核算方程可以写为

$$\frac{\Delta Y}{Y} = (1-\alpha)\frac{\Delta K}{K} + \alpha\frac{\Delta L}{L} + \frac{\Delta A}{A}$$

其中，$\frac{\Delta Y}{Y}$ 是经济增长速度，$\frac{\Delta K}{K}$ 代表资本增长率，$\frac{\Delta L}{L}$ 代表劳动力增长率，α 是要素投入中劳动所占的比重，$(1-\alpha)$ 就是资本所占的比重。$\frac{\Delta A}{A}$ 是全要素生产率。

程可以看到，TFP 实际上包含了除劳动力和资本数量增加带来的产出增长之外，其他一切导致产出增加的因素。所以它可以被理解为广义的技术进步，比如制度和管理的改善，科学技术的进步，或是规模效应等要素利用效率提升所带来的产出增长。因为这一计算方法最早由索洛提出，全要素生产率又被称为索洛余值。

增长核算方程提出后，被广泛用于长期经济增长的分析中。比如美国作为全球科技最为发达的国家，经济增长主要是依靠技术进步，也就是全要素生产率的提高所驱动的；而对于欠发达国家，由于生产技术水平落后，经济增长主要依靠生产要素的投入，是一种粗放式的经济增长，技术进步的贡献很低。

（二）东亚奇迹背后的增长动力分解

20 世纪 60—90 年代，以日本、四小龙（韩国、新加坡、中国台湾、中国香港）、四小虎（泰国、马来西亚、印度尼西亚、菲律宾）为代表的东亚、东南亚国家和地区经历了长达 30 年的经济高速增长。对此世界银行在 1993 年发表了题为《东亚奇迹：经济增长与公共政策》的报告，认为东亚国家异乎寻常的高增长有 1/3 要归功于全要素生产率的增长。"这个数字与其他经济体相比是相当大的，这在一定程度上也说明为什么这些国家和地区能逐渐最赶上工业国，而其他大多数发展中国家则不然[①]。"诺贝尔奖得主克鲁格曼则对此提出了不同意见，1994 年他在《东亚奇迹的神话》（*The Myth of Asia's Miracle*）一文中提出，东亚的经济增长并不是什么奇迹，就像苏联经济 20 世纪五六十年代的高速增长一样，主要是依靠大规模的资本积累和密集的劳动力投入，没有真正的知识进步和技术创新，这种增长模式不能带来经济的持续增长。四年后亚洲金融危机爆发，克鲁格曼的观点似乎得到了印证。尽管目前对克鲁格曼的观点学术界仍存在极大的争议，但全要素生产率的提升对于实现经济持续快速增长的关键作用已经形成了共识。

使用 APO 数据库中的数据对 20 世纪 80 年代后期以来亚洲地区国家地区的经济增长进行考察，在 1987 年世界银行开始根据人均收入水平对各国（地区）进行发展阶段划分时，创造东亚经济奇迹的日本、新加坡以及我国香港、台湾地区已经进入了高收入经济体行列。在此后的 30 年里，还有不少国家也通过经济发展实现了经济发展水平的显著提升，比如中国、韩国。当然，也有国家处于相对原地踏步的状态，如尼泊尔[②]和菲律宾就分别处于低收入阶段和中等低收入阶段。国际上对于长期处于低收入阶段或者中等收入阶段的国家，通常称其为陷入了"低收入陷阱"或者"中等收入陷阱"。

通过对这些国家（地区）经济增长因素进行分解，可以发现，经济增长过程中资本、

---

① 世界银行. 东亚奇迹：经济增长与公共政策 [M]. 北京：中国财政经济出版社，1995.
② 尼泊尔在 2019 年进入中等收入国家行列，但 2020 年受新冠肺炎疫情的影响，再度跌回至低收入国家。

劳动以及全要素生产率的一些规律性变化（见图 3-18-1）。首先，经济发展水平越低的国家（地区），劳动对经济增长的贡献越大，全要素生产率增长的贡献越低。处于"低收入陷阱"或者"中等收入陷阱"的国家（地区），经济增长主要依靠资本和劳动力。这些国家经济增长的相对停滞在很大程度上要归因于未能有效提升全要素生产率的贡献。其次，经济发展水平越高的国家（地区），全要素生产率增长的贡献越大，高收入国家地区经济增长主要依靠资本和全要素生产率的拉动，二者的贡献率基本平分秋色。最后，资本和全要素生产率提升对于一个国家（地区）实现发展阶段的跨越起到关键的作用。在经济发展水平处在中低收入发展阶段时，资本要素的贡献居于主导地位。而到了跨越更高的发展阶段时，全要素生产率提高的作用更加突出。

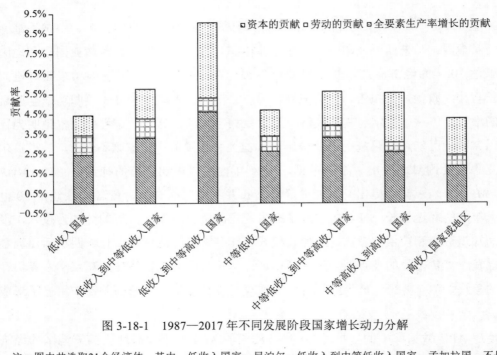

图 3-18-1　1987—2017 年不同发展阶段国家增长动力分解

注：图中共选取 21 个经济体，其中，低收入国家：尼泊尔；低收入到中等低收入国家：孟加拉国、不丹、柬埔寨、印度、印度尼西亚、老挝、蒙古国、缅甸、巴基斯坦、斯里兰卡、越南；低收入到中等高收入国家：中国；中等低收入国家：菲律宾；中等低收入到中等高收入国家：马来西亚、泰国；中等高收入到高收入国家：韩国；高收入国家和地区：日本、新加坡、中国台湾、中国香港。

以上虽然仅是对 21 个亚洲经济体为期 30 年时间经济增长的考察，但结论并不失其一般性。艾肯格林[1] 按照世界银行的发展阶段划分标准，运用增长核算的方法对 1960—2014 年间各国的经济增长进行了分解，也得出了类似的结论，即随着经济发展水平的提高，实现经济增长阶段跨越的国家经济增速更快，其中资本和全要素增长率发挥了主要

① Eichengreen B，Park D，Shin K. The Landscape of Economic Growth：Do Middle-Income Countries Differ？[J]. Social Science Electronic Publishing，2017.

的作用。

所以，正如克鲁格曼所言，单靠要素的投入难以实现经济的持续"追赶式"发展，要实现经济水平的阶段性跨越，最终需要提高全要素生产率对经济增长的贡献。但与克鲁格曼对东亚经济增长的解释不同，图中经济增速高的国家并非都是由要素积累驱动，其中也有比较明显的全要素生产率提升的功劳。

中国经济的持续高增长为东亚增长奇迹的延续画上了浓墨重彩的一笔。自 1978 年改革开放开始，中国经济实现了长达 40 多年的高速增长，1979—2019 年年均增长 9.4%，远高于同期世界经济 2.9% 左右的年均增速。1978 年时我国 GDP 为 3679 亿元，占世界经济的比重为 1.8%；2019 年达到 99 万亿元，占世界经济的比重达到 16.3%。在图 3-3-1 的 21 个经济体中，我国是 1987—2017 年间亚洲唯一一个从低收入国家进入到中等高收入国家行列的大型经济体，年均 GDP 增速超过 9%。

但 2007 年后，我国经济增长出现了趋势性减速，从国际金融危机之前的高增长阶段，逐步进入中高速增长的经济"新常态"，经济增速从 2007 年最高的 14.2% 降至 2019 年的 6%。减速的原因除了上节提到的人均产出增速放缓外，还可以通过对经济增长因素进行分解予以进一步的分析。

二、改革开放以来中国经济增长的动力

此前我们求解经济潜在增长率采用的是滤波的方法。虽然该方法操作简便，但缺乏对经济因素的考虑。增长核算基于对生产函数的分解，意味着我们可以通过对历史数据的回归拟合，得到各投入要素与总产出之间的数量关系，也就是生产函数的具体形式。如果将资本存量、就业和全要素生产率中周期性的部分剔除掉，将趋势部分代入生产函数，就可以得到潜在产出，这种方法也称为生产函数法。如果我们将资本、就业和全要素生产率进一步做趋势外推，代入生产函数，就可以预测未来的潜在增长率走势。

（一）中国经济增长因素分析

1. 劳动力

劳动力是人口中参加劳动的部分，如图 3-18-2 所示，APO 数据库中的就业数据与国家统计局发布的就业人口数据在 1990 年前存在一定的差别。国家统计局的就业数据在 1990 年后出现了大幅的跳升，这主要是由于调查口径调整引起的。对此采用 APO 数据库中的就业数据，其对 1990 年前的数据进行了调整。此后的数据与国家统计局公布的数据相一致。可以看到，我国就业人口在 20 世纪 80 年代保持了较快的增长，但 90 年代后开始逐步减速，2018 年、2019 年连续两年出现负增长。

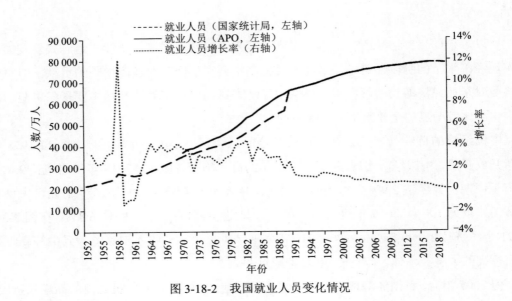

图 3-18-2　我国就业人员变化情况

资料来源：APO、国家统计局。

就业人口的最大供给能力取决于劳动年龄人口的规模。要分析劳动力的变化，首先需要对人口增长的趋势做出判断。根据人口转变理论，在一个经历了工业化过程的国家，人口再生产将经历三个阶段，依次是"高出生率、高死亡率、低自然增长率""高出生率、低死亡率、高自然增长率"，以及"低出生率、低死亡率、低自然增长率"。威廉姆森（Williamson）观察到，在第二阶段向第三阶段转变的过程中，死亡率的下降要早于出生率的下降[①]，所以人口自然增长率（出生率－死亡率）会出现上升，形成高少儿人口抚养比；当这一代人成年后将使劳动年龄人口比率上升。同时，经济社会的发展使人口出生率开始下降，人口自然增长率逐步降低，人口出现老龄化。所以，人口的自然增长率和劳动年龄人口比重会先后呈现出一个"倒 U"形的变化轨迹（见图 3-18-3）。

中华人民共和国成立以来，我国人口由 1949 年的 5.4 亿人发展到 2019 年的 14 亿人，年均增长率约为 1.4%，其间人口再生产类型经历了两次转变。如图 3-3-4 所示，中华人民共和国成立之初，我国处于**高出生率、高死亡率、低自然增长率**的传统型人口再生产阶段，1949 年人口出生率为 36.0‰，死亡率达到 20.0‰，自然增长率为 16.0‰。此后，随着社会环境恢复和平和医疗卫生水平的提高，死亡率快速下降，但出生率依然较高，人口自然增长率也保持高位。1957 年，人口死亡率下降至 10.8‰，自然增长率升至 23.2‰。我国人口再生产进入**高出生率、低死亡率、高自然增长率**的过渡型阶段，1962—1970 年间，人口自然增长率均保持在 33‰以上，人口出生率均超过 25‰。20 世

① Williamson J G . Growth，Distribution，and Demography：Some Lessons from History[J]. explorations in economic history，1998，35（3）.

纪 70 年代后，随着计划生育政策的推行，生育水平迅速下降，到 1998 年，我国人口自然增长率降至 10‰以下，人口再生产类型进入**低出生率、低死亡率、低自然增长率**的阶段，与现代经济发达和较发达国家类似[①]。2019 年，我国人口自然增长率降至 3.34%。

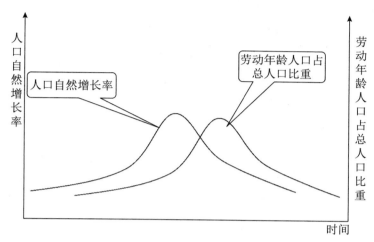

图 3-18-3　人口转变与年龄结构变化

资料来源：蔡昉. 人口转变、人口红利与经济增长可持续性——兼论充分就业如何促进经济增长[J]. 人口研究，2004（2）：2-9.

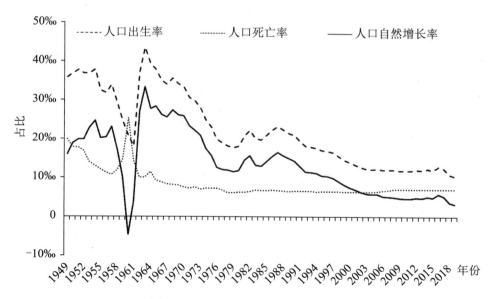

图 3-18-4　我国人口再生产类型转变

资料来源：国家统计局。

[①]　国家统计局. 人口总量平稳增长　人口素质显著提升——新中国成立 70 周年经济社会发展成就系列报告之二十 [EB/OL] [2019-08-22]. http://www.stats.gov.cn/tjsj/zxfb/201908/t20190822_1692898.html.

伴随人口再生产的转型，我国劳动年龄人口占比也经历了一个先升后降的过程。国际上将劳动年龄人口界定为年龄在 15 ～ 64 岁的人口，以此为标准，如图 3-18-5 所示，1953 年，我国 15 ～ 64 岁人口为 3.49 亿人，占总人口的比重为 59.3%。此后劳动年龄人口规模不断扩大，占总人口的比重也持续攀升，2010 年，劳动年龄人口占比达到峰值，为 74.5%，劳动年龄人口规模在 2013 年达到峰值 10.06 亿人。2014—2019 年，劳动年龄人口规模逐步下降，2019 年降至 9.89 亿人，占总人口的比重跌至 70.6%。

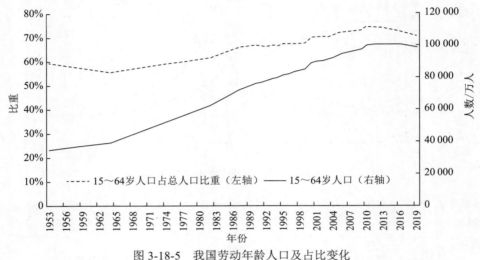

图 3-18-5　我国劳动年龄人口及占比变化

资料来源：国家统计局。

从长期趋势看，随着人口老龄化的日益严重，我国劳动年龄人口将不断减少。同时，由于受教育时间延长、收入水平提高等因素影响，劳动年龄人口就业参与率总体呈下降趋势。所以，未来我国就业人口规模以及占总人口的比重还会继续下降。

2. 资本存量

由于国家统计局并未公布我国的资本存量数据，所以资本存量需要在统计资料的数据基础上进行估算，计算的方法通常使用永续盘存法[①]。其原理与会计核算中对资产进行核算登记的永续盘存制相似，用公式表示为

$$当期资本存量 = 上一期资本存量 - 资本折旧 + 当期投资 [②]$$

由于当期投资可以采取 GDP 统计中的固定资本形成总额数据，计算资本存量需要进行估计的主要是折旧率和全社会初始的资本存量。我们引用不同学者的研究成果，如

[①]　该方法由 Goldsmith 于 1951 年首创，详见 Goldsmith, R. W. A Perpetual Inventory of National Wealth, Studies in Income and Wealth[R]. New York：NBER, 1951.

[②]　数学表达形式：$K_t = K_t(1-\delta) + \dfrac{I_t}{P_t}$。其中，$I_t$ 是 t 期以当期价格计价的投资额，P_t 是 t 期的价格指数，δ 是折旧率。

图 3-18-6 所示，虽然估计方法不尽不同，但基本的变化趋势是一致的。改革开放以来，我国资本存量保持了三十多年的持续较快增长，但在 2010 年前后，资本存量的增速出现了拐点，进入一个不断放缓的下行阶段。

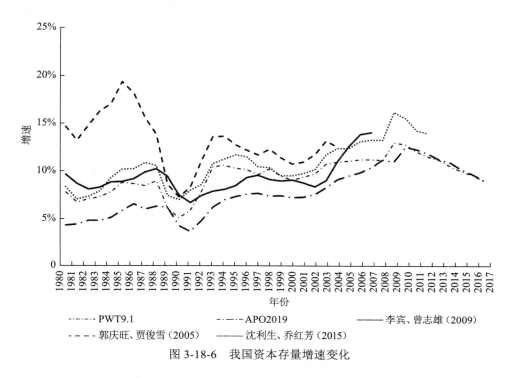

图 3-18-6　我国资本存量增速变化

资料来源：作者根据文献[①]整理。

从各国的经济增长历程看，较高的投资水平是工业化过程不可或缺的条件。而随着工业化、城市化水平提高，资本折旧规模扩大以及资本边际产出的下降，新增固定资本形成速度放缓，投资率呈"倒 U"形的变化趋势。从图 3-18-7 中可以看到，日本、韩国投资率分别在 20 世纪 70 年代初期和 90 年代末期越过了拐点。

---

① 　郭庆旺，贾俊雪 . 中国全要素生产率的估算：1979—2004[J]. 经济研究，2005（6）：51-60.
李宾，曾志雄 . 中国全要素生产率变动的再测算：1978—2007[J]. 数量经济技术经济研究，2009，26（3）：3-15.
沈利生，乔红芳 . 重估中国的资本存量：1952—2012[J]. 吉林大学社会科学学报，2015，55（4）：122-133，252.

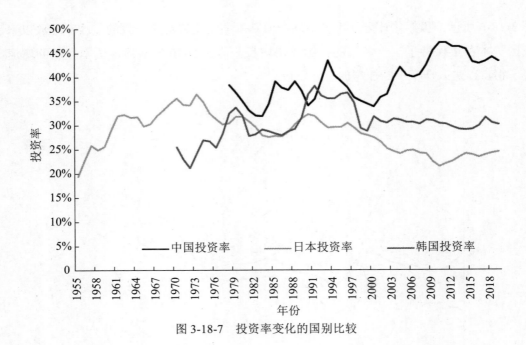

图 3-18-7 投资率变化的国别比较

资料来源：国家统计局、日本内阁府、韩国中央银行。

改革开放后，我国固定资产投资呈现高速增长的态势，1981—2012 年，全社会固定资产投资年均增长 21.1%[1]。1978 年全国资本形成率为 38.4%，2011 年升至 47%，达到改革开放以来的峰值。

投资来源于储蓄，过去的高投资与高储蓄率密切相关（见图 3-18-8），而储蓄率的变化又在很大程度上依赖于人口年龄结构的变化。根据一般的消费储蓄习惯，人们在年轻时通常收入大于支出，从而形成储蓄；在年老时则是支出大于收入，储蓄下降。所以当社会中年轻人比例升高时，整体的储蓄率也会上升；而当进入老龄化社会后，储蓄率则会随之下降。我国从 1999 年迈入老龄化社会以来，人口老龄化进程不断加快。从人口抚养比[2] 看（见图 3-18-9），我国人口抚养比与储蓄率的拐点在 2010 年已经出现，未来随着人口老龄化的发展，我国的储蓄率也将进一步地下降，从而使得资本形成增速进一步地放缓。

---

① 国家统计局 . 固定资产投资水平不断提升 对发展的关键性作用持续发挥——新中国成立 70 周年经济社会发展成就系列报告之九 [EB/OL]. [2019-07-29]. http：//www.gov.cn/xinwen/2019-07/29/content_5416197.htm.
② 人口中非劳动年龄人口数与劳动年龄人口数之比，反映了每名劳动年龄人口大致要负担多少名非劳动年龄人口。

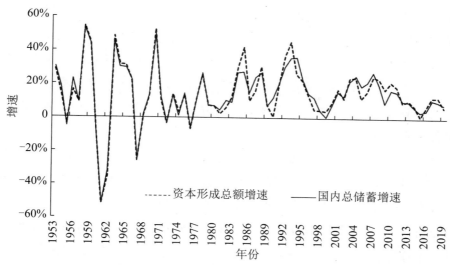

图 3-18-8　资本形成总额与国内储蓄增速

资料来源：国家统计局。

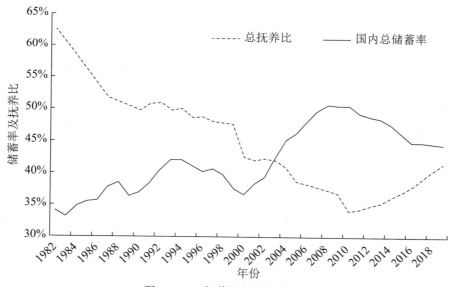

图 3-18-9　抚养比与国内储蓄率

资料来源：国家统计局。

　　所以，人口再生产类型的变化，对决定长期经济增长的两个因素——劳动力和资本，都会产生重要影响，进而会改变长期经济增长潜力的大小。一方面，人口再生产类型的转变会影响未来的劳动年龄人口数量，改变劳动力供给；另一方面，人口再生产类型的转变会影响未来的储蓄率，改变固定资本形成规模。当一个国家从高出生率、低死亡率、高自然增长率阶段向低出生率、低死亡率、低自然增长率的阶段转变时，出生高峰阶段的人口正不断进入劳动年龄，从而形成源源不断的劳动力供给。同时，新出生人口减少使社会劳动年龄人口比重上升，人口抚养比持续下降，储蓄率上升，从而加速固定资本形成的增长。这样的人口结构对长期经济增长的贡献也被称为"人口红利"。反之，当劳动年龄人口减少，人口抚养比上升，储蓄率下降时，"人口红利"将逐步变为"人口负债"，经济增长将受其拖累。研究显示，2020 年我国已进入"人口负债"阶段[①]。

3. 全要素生产率

全要素生产率（TFP）是指扣除了资本投入和劳动投入的贡献以外，其他所有能够实现经济增长的因素贡献的总和。有了劳动力投入和资本投入的数据后，再使用 GDP 增长率，我们就可以使用计量经济学的方法，求解出全要素生产率。

根据已有研究，如图 3-18-10 所示，尽管计算结果有所不同，但全要素生产率贡献的变化的基本趋势是一致的。改革开放以来，我国全要素生产率贡献的起伏较大，存在

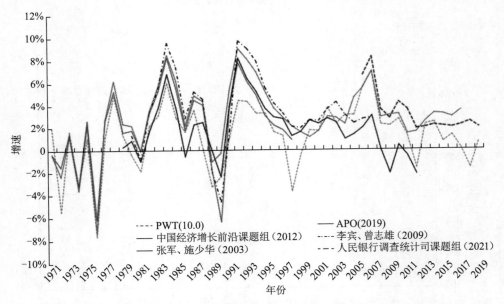

图 3-18-10　我国全要素生产率增速变化

资料来源：作者根据文献[②]整理。

---

① 陈友华 . 人口红利与人口负债：数量界定、经验观察与理论思考 [J]. 人口研究，2005（6）：23-29；高文书 .2020 年人口红利变人口负债！如何挖潜？ [EB/OL]. https：//baijiahao.baidu.com/s ？ id=1597324039801144378&wfr=spider&for=pc，2018-04-10.
② 张军，施少华 . 中国经济全要素生产率变动：1952—1998[J]. 世界经济文汇，2003（2）：17-24.
李宾，曾志雄 . 中国全要素生产率变动的再测算：1978—2007 年 [J]. 数量经济技术经济研究，2009，26（3）：3-15.
中国经济增长前沿课题组 . 中国经济增长的低效率冲击与减速治理 [J]. 经济研究，2014，49（12）：4-17+32.
中国人民银行调查统计司课题组 . "十四五" 期间我国潜在产出和增长动力的测算研究 [J]. 中国人民银行工作论文，No.2021/1，2021.

三次比较大的提升加速，分别开始于 20 世纪 80 年代初期、90 年代初期以及 2001 年前后，对应于我国在 1978 年十一届三中全会后开始改革开放、1992 年十四届三中全会后进一步深化改革以及 2001 年加入世界贸易组织，表明制度性改革有利于激发市场活力，提高资源配置和经济运行效率。比如 20 世纪 80 年代农村实行家庭联产承包责任制以及对国有企业放权让利提升了农业和城市部门的生产效率，促进了城乡间要素的优化配置；90 年代扩大对外开放以及 21 世纪初加入 WTO，让我国深度融入国际经济大循环，有效发挥了我国要素比较优势，极大地提高了产业分工专业化水平和资源配置效率。与此同时，持续流入的外资也产生了显著的技术溢出效应，促进了我国对国际先进技术和管理经验的引进和吸收。

> **专栏**　　　　**二元经济条件下劳动力再配置对全要素生产率的提升**
>
> 　　全要素生产率中既有技术进步的贡献，在技术周期中已经进行了分析，还包括资源优化配置带来的效率提升。比如，同样一个劳动力，在农村和城市现代工业部门中所能创造的产出是不一样的。2019 年，我国第二、三产业就业人员人均产出是第一产业的 4.4 倍。而改革开放初期，由于大量农业剩余劳动力的存在，二者之比接近 6.3，那么在不改变劳动投入数量的情况下，农业部门劳动力转移到现代部门，将带来产出水平的巨大增长。较早的一项研究显示，1985—1993 年经济增长中有 12.4% 的增长贡献来自劳动力的再配置[①]。国务院发展研究中心的报告同样表明，改革开放三十多年中，劳动生产率增长中有 1/5 的贡献来自以农业劳动力向非农产业转移为主的结构性变化，这种结构变化对整体劳动生产率的增长年均贡献为 1.6 个百分点[②]。

（二）中国经济增长的因素分解

我们将分解出来的资本、劳动以及全要素生产率表示为各自占经济增速的比重，那么就可以看出每个因素对经济增长的贡献情况。如图 3-18-11 所示，改革开放以来，我国经济的增长主要依靠资本投入和全要素生产率的增长。其中，劳动力的贡献在 20 世纪 90 年代之前相对较高，整个 80 年代的贡献率平均达到 20%，表明劳动密集型产业的发展对经济增长起到积极作用；而 90 年代之后，特别是 2000 年后，随着我国资本密集型产业的发展，劳动的贡献率降至 3%，资本对经济增长的贡献显著提高，21 世纪头十年平均达到 55%，2010 年后进一步提高至 60% 以上。

---

① 胡永泰. 中国全要素生产率：来自农业部门劳动力再配置的首要作用 [J]. 经济研究，1998（3）：33-41.
② 刘世锦. 中国经济增长十年展望（2015—2024）[M]. 北京：中信出版社，2015.

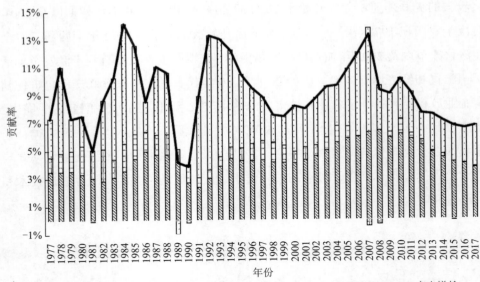

图 3-18-11　中国经济增长的因素分解

资料来源：APO Productivity Database 2019。

　　全要素生产率对经济增速的高低起到了至关重要的作用，我国三次经济增速的高峰也是全要素生产率快速提升的阶段。改革开放以来，全要素生产率增长对经济增长的贡献率平均达到了 38%。

　　我国经济进入新常态后，经济增速逐步换挡减速，虽然从增长动力分解看，三大要素的增长均有所放缓，但全要素生产率增长减速对经济的影响最为显著。如表 3-18-1 所示，2010—2017 年全要素生产率增长对经济增长贡献率的平均值降至 35%，而 2000—2009 年间，全要素生产率的贡献为 39%，1990—1999 年间更是平均高达 44%。随着 2010 年后劳动年龄人口下降以及人口抚养比上升，"人口红利"对我国经济的促进作用已经大为减弱。未来经济增长将主要依靠提升全要素生产率来拉动。

表 3-18-1　中国经济不同增长阶段的因素分解

	1980—1989 年	1990—1999 年	2000—2009 年	2010—2017 年	1978—2017 年
GDP 增速	9.2%	9.5%	9.8%	7.6%	9.1%
资本的贡献率	47%	43%	55%	62%	51%
劳动的贡献率	20%	13%	6%	3%	11%
TFP 的贡献率	32%	44%	39%	35%	38%

资料来源：APO Productivity Database 2019。

　　全要素生产率增长的波动性尽管与技术进步周期、产业梯次升级等因素有关，但受政策改进驱动的特征也较为明显。有观点认为[①]，我国改革措施往往导致对全要素生产率的一次性水平效应，即政策变动可以通过影响全要素生产率的水平来暂时影响国家的增长，但难以长期影响全要素生产率的增长速度。因此，未来我国经济要继续保持中高速增长，不仅需要提高全要素生产率，而且要进一步探索形成支持全要素生产率持续增长的体制机制。

[①]　郑京海，胡鞍钢，Arne Bigsten. 中国的经济增长能否持续？——一个生产率视角 [J]. 经济学（季刊），2008（3）：777-808.

第十九章
经济增长中的产业结构变迁

经济学对于长期经济增长的分析侧重于生产端，而直接体现生产端结构变化的便是产业结构的演化。按照三次产业的划分，经济增长是从第一产业占据绝对主导地位的传统农业社会，转变为以第二、第三产业为主的现代社会的过程。正如钱纳里（Chenery）所指出的，"发展就是经济结构的成功转变"[1]。

一、经济增长过程中的产业结构演变

（一）三次产业结构从"一二三"到"三二一"

虽然从长期经济增长的角度看，三次产业的绝对规模都会呈现出增长的趋势，但由于在不同经济发展阶段，各产业发展的相对速度不同，其在整个经济中所占的比重也会表现出阶段性特点。

在经济发展水平较低的阶段，农业是经济增长的主导产业，第一产业产值和就业人口比重占据绝对优势，此时三次产业按比重高低表现为"一二三"的产业结构。随着现代经济部门的增长，制造业、建筑业、服务业的产值和就业比重逐步增大，第一产业比重降低。尤其在工业化、城市化的推动下，工业部门的增长更快，**第二产业比重逐步上升并达到峰值的阶段被称为工业化**。产业结构比重演变为"二三一"。当工业化接近尾声，制造业的产值和就业比重会逐渐下降，而服务业比重继续上升，产业结构最终呈现出"三二一"的结构。这一产业结构变化规律也被称为"配第—克拉克定理"[2]。

选取 1980 年[3] 全球 112 个国家和地区的人均 GDP 和三次产业增加值占比数据，剔除阿联酋、沙特等石油生产国，在图 3-19-1 中，低收入国家的第一产业占比最高，比如 1980 年时乌干达人均 GDP 不足 100 美元，农业占 GDP 比重接近 72%。之后随着人均

---

① 钱纳里．工业化和经济增长的比较研究 [M]．吴奇，等，译．上海：上海三联书店，1989．
② 英国经济学家威廉·配第（William Petty）最早观察到了劳动力在不同产业间转移的规律，克拉克（Colin Clark）在配第发现的基础进行了验证和归纳，总结出随着经济发展和人均国民收入水平的提高，劳动力依次由第一产业向第二产业，然后再向第三产业转移的变化规律。
③ 选取 1980 年主要是为了与表 3-19-1 中的 1980 年美元计价保持一致。

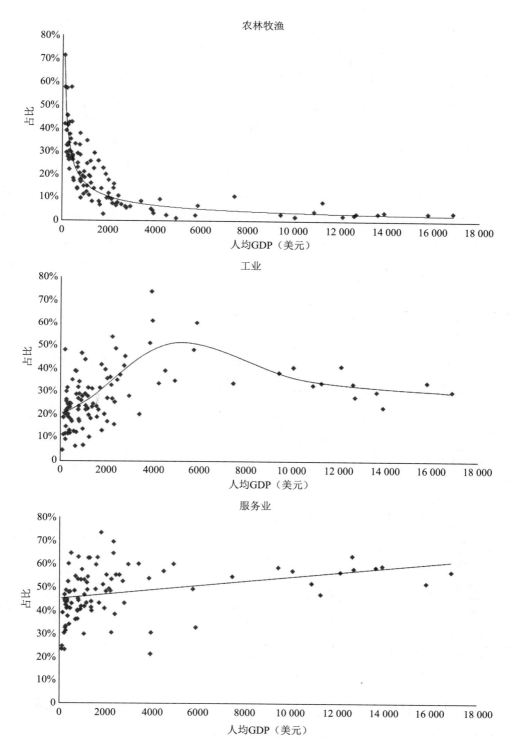

图 3-19-1　经济发展水平与三次产业占比变化

资料来源：世界银行。

GDP 水平的提高，农业占 GDP 的比重迅速下降，当人均 GDP 超过 4000 美元后基本处于 10% 以下；以人均 4000～5000 美元为分界点，工业占比随着经济发展水平的提高呈现先上升，后下降的趋势，当时美国、日本等工业化国家工业占比已经基本降至 40% 以下，工业占比较高的主要是处于工业化进程中的巴西、阿根廷、马来西亚、菲律宾等拉美和东南亚国家；高收入国家的服务业比重基本超过 50%，高于多数低收入和中等收入国家的水平。除了高收入国家外，还有部分中低收入国家服务业占比也很高，这主要是一些岛国，由于不适合发展农业，所以旅游业等服务业就成为了这些国家的支柱产业。比如安提瓜和巴布达，服务业占比就达到了 74%，塞舌尔也高达近 70%。

　　进一步地，赛尔奎因（Syrquin）和钱纳里通过研究各国的经济增长和产业结构的历史变化，更加精确地归纳出不同发展阶段具体的产业结构比例，得出了产业结构的标准发展模式。这就如同分析大量人群的身体成长发育数据，可以得出不同年龄阶段的标准身高、体重参考值一样。从表 3-19-1 中可以看到，当人均 GDP 小于 300 美元时，第一产业增加值的比重接近 50%，就业占比超过 80%，是较为典型的农耕社会的特征。而当人均 GDP 超过 4000 美元时，虽然第二产业增加值和就业占比继续上升，但第三产业占比已经超过第二产业，而且无论是增加值还是就业占比都已经接近 50%，这预示着工业化已基本接近尾声，即将进入经济发达阶段。

表 3-19-1　赛尔奎因和钱纳里产业结构模式

人均 GDP（1980 年美元）	增加值结构			就业结构		
	第一产业	第二产业	第三产业	第一产业	第二产业	第三产业
小于 300	48.0%	21.0%	31.0%	81.0%	7.0%	12.0%
300	39.4%	28.2%	32.4%	74.9%	9.2%	15.9%
500	31.7%	33.4%	34.6%	65.1%	13.2%	21.7%
1000	22.8%	39.2%	37.8%	51.7%	19.2%	29.1%
2000	15.4%	43.4%	41.2%	38.1%	25.6%	36.3%
4000	9.7%	45.6%	44.7%	24.2%	32.6%	43.2%
大于 4000	7.0%	46.0%	47.0%	13.0%	40.0%	47.0%

资料来源：Syrquin, M. and H. B. Chenery. Three decades of industrialization[J]. The World Bank Economic Review，1989（2）：145-181.

　　从表 3-19-1 还可以看出，进入工业化阶段后，就业结构的变化要快于产值衡量的产业结构变化，比如，在人均 GDP 小于 300 美元时，第一产业的产值占比为 48%，但就业占比高达 81%；第二产业产值占比为 21%，但就业占比仅为 7%。而当人均 GDP 超过 4000 美元后，三次产业的产值结构和就业结构已经较为接近，第一产业产值占比降至

10% 以下，就业占比降至 13%，第二、第三产业产值和就业占比均在 40%～50% 的区间。这反映出工业化也是现代经济部门加速吸收农业就业人口的过程。在有着大量农业剩余劳动力的发展中国家，这一过程体现为经济从二元分立走向一元融合。

（二）改革开放以来中国的产业结构变迁

我国开展持续的现代工业建设始于 1949 年中华人民共和国成立后。如图 3-19-2 所示，1952 年，我国基本完成国民经济的恢复任务，即将转入大规模经济建设，此时我国第一产业增加值占比高达 50%，第二产业占比仅为 20%，第三产业占比为 30%。人均 GDP 按当时平均汇率换算大体仅相当于 50 美元。从就业结构看，当时我国第一产业就业占比超过 83.5%，第二、第三产业就业占比分别为 7.4% 和 9.1%，三次产业结构基本与标准结构中人均 GDP 小于 300 美元时的产业结构相一致，是一个典型的农业经济为主的产业结构。

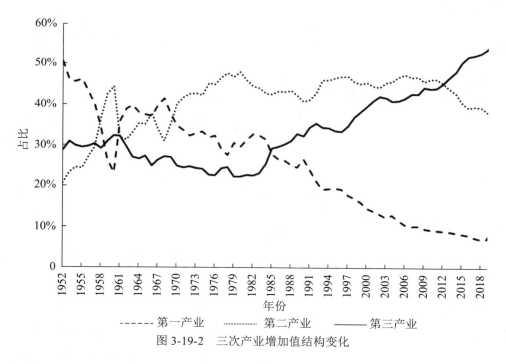

图 3-19-2　三次产业增加值结构变化

资料来源：国家统计局。

1952—1978 年，我国工业化进程是在高度集中的计划经济条件下推进的，在发展战略上实行的是优先发展重工业的方针。这一工业化道路在较短时间内改变了我国的落后面貌，实现了工业化水平的快速提升，1978 年第二产业比重已经接近 50%。但与市场经济条件下的工业化路径相比，重工业难以有效吸收农村劳动力，而大量农业人口的存在又制约了工业化的可持续性和人均收入水平的提高，因而存在工业化质量不高、农村劳动力转移和第三产业发展滞后、人均 GDP 提高缓慢等一系列问题[①]，这也使得我国产业结构日益偏离标准结构。如图 3-19-3 所示，1980 年时我国的人均 GDP 只有约 195 美元，第一产业增加值占比虽然降至 30%，但第一产业就业人口占比仍接近 70%，第三产业占比较中华人民共和国成立初期不升反降，占 GDP 比重仅 22.3%，改革开放时的中国总体上还处于工业化初期阶段[②]。

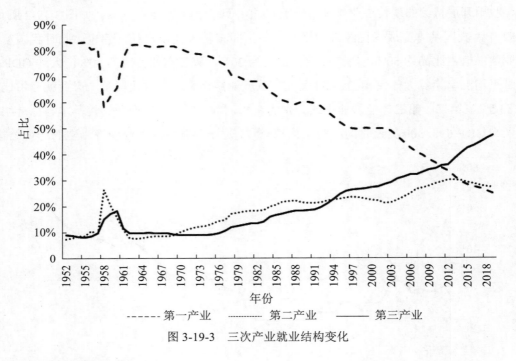

图 3-19-3　三次产业就业结构变化

资料来源：国家统计局。

改革开放之后，我国产业结构变化基本沿着产业演进的规律发展，第一产业占比逐渐下降，第二、第三产业占比稳步提升，2012 年我国第三产业占比在首次超过第二产业，并在 2015 年超过 50%，农业占比降至 9% 以下。如果单从产业增加值结构看，我国此时已经基本完成了工业化进程。但如果按照人均 GDP 和第一产业就业占比的标准，2019 年我国人均 GDP 刚突破 1 万美元，低于标准模型中后工业化阶段的初始门槛（换算成 2019 年美元约相当于 1.4 万美元，与世界银行划分的高收入国家门槛相近），但高于工业化后期的准入门槛（换算成 2019 年美元相当于 7560 美元）。同时，2019 年我国农业就业人口占比仍高达 25%，远高于后工业化时期 13% 的标准。所以综合来看，我国仍处于工业化后期阶段，但已经接近迈入后工业化时期（见表 3-19-2）。

---

① 吕政，郭克莎，张其仔 . 论我国传统工业化道路的经验与教训 [J]. 中国工业经济，2003（1）：48-55.
② 黄群慧 . 改革开放 40 年中国的产业发展与工业化进程 [J]. 中国工业经济，2018，366（9）：7-25.

表 3-19-2　工业化不同阶段的产业结构标准值

| | 前工业化阶段 | 工业化实现阶段 | | | 后工业化阶段 | 中　国 |
		工业化初期	工业化中期	工业化后期		
人均GDP（1980年美元）	700以下	700～1400	1400～2800	2800～5250	5250以上	195
人均GDP（2019年美元）	1890以下	1890～3780	3780～7560	7560～14175	14175以上	10 276
增加值结构	A＞I A≥50% I≤20% S≤30%	A＜I A≈50%→20% I≈20%→40% S≈30%→40%	A＜I A≈20%→10% I≈40%→45% S≈40%→45%	I＞S A＜10% I＜50% S＜50%	I＜S A＜10% I≤40% S≥50%	第一产业7%； 第二产业39%； 第三产业54%。 （2019）
第一产业就业占比	50%以上	45%～50%	30%～45%	13%～30%	13%以下	第一产业25%； 第二产业28%； 第三产业47%。 （2019）

注：A代表农林牧渔业；I代表工业；S代表服务业。

资料来源：人均GDP、三次产业结构数据来自国家统计局；工业化阶段标准的划分来自钱纳里等，《工业化和经济增长的比较研究》中译本，上海三联书店，1989。其中，1980年与2019年美元的换算因子是2.7，根据美国GDP平减指数折算。其余参考陈佳贵，黄群慧，钟宏武.中国地区工业化进程的综合评价和特征分析[J]. 经济研究，2006（6）：4-15.

前面提到，我国现代产业部门对农业部门剩余劳动力的吸收过程在2008年后逐步接近尾声，此后资本边际报酬开始递减，产业发展逐步由工业转向技术和知识密集型的行业，工业化进程的高峰也随之过去。然而2019年农业就业人口占比仍然高达1/4，这在一定程度上反映出我国农业现代化进程相比于工业化仍是较为滞后的。传统农业部门生产的低效率不仅使大量劳动力滞留在农业中，无法转换为可转移的剩余劳动力，而且还拉低了人均收入水平，造成了我国产业就业结构和人均GDP依然较标准模式保持较大偏离。如果未来能够大幅提升第一产业的劳动生产效率，推动农村劳动力继续向城镇第二、第三产业转移，将可以有效提升劳动力资源的配置效率，提高经济增长率，我国就业结构和人均GDP水平也将进一步向标准结构靠拢，与产业增加值结构将更加匹配。

二、要素禀赋如何决定主导产业的发展

在三次产业结构的变化过程中，一些行业的发展起到了主导作用。罗斯托提出，现代经济增长在本质上是一个产业部门变化的过程，现代经济增长是主导产业经济部门依次更替的结果。在产业结构各个发展阶段上，都有一个或若干个与之相应的主导产业部门存在，其发展能够带动其他产业部门和整个经济的发展。比如，在工业化初期，往往是纺织服装、加工制造等行业首先发展起来，然后是钢铁、化工等重化工业。在向服务

业为主的产业结构变化过程中,信息技术、商务服务等知识密集型的服务业往往发展较快。

（一）要素禀赋影响产业发展的机制

在长期经济增长中,行业可以看作是在一定的生产技术条件下,投入不同数量资本和劳动要素进行生产的经济活动集合。有的行业使用的劳动多一些,比如纺织、服装,就被称为劳动密集型行业;有的行业使用的资本多一些,比如钢铁、化工。从要素投入的角度,在长期经济发展过程中,一国主导产业的变化通常按照由劳动密集型产业向资本密集型,再到技术密集型产业的规律演进。根据赫克歇尔—俄林（Heckscher-Ohlin）的资源禀赋理论,是资源禀赋的变化决定了主导产业的发展。

在图 3-19-4 中,横竖轴分别代表资本和劳动力数量,4 条曲线由上到下分别是服装、纺织、机械和化工行业的等产量线[1],代表了 4 种不同生产技术条件下的要素投入组合。可以看到,随着要素禀赋的变化,适合发展的产业也会有所不同。当一个国家劳动力丰富,但资本匮乏,处于区域 1 时,它只能选择生产劳动密集型的行业,比如许多发展中国家在工业化的初期都属于这种状况。随着经济的增长,资本积累增加,要素禀赋进入区域 2,这时这个国家可以同时生产劳动密集型和资本密集型产品,这个区域由于可以生产更多种类的产品,经济学中将其称为多样化锥区（diversification cone）。当资本进一步积累,而劳动力因为人口转型而增长放缓甚至下降时,这个国家的资源禀赋进入区域 3,这时最适宜生产资本密集型产品。因此,当存在资本、劳动力两种要素时,长期经济增长带来的资源要素禀赋改变,从而带动这个国家主导产业由劳动密集型向资本密集型产业转变。

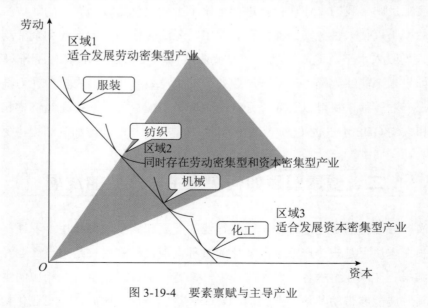

图 3-19-4　要素禀赋与主导产业

---

[1]　等产量线上的点代表投入要素的各种组合比例,每一种组合比例所能生产的最终产品产量都是相等的。

进一步地，如果我们在要素中加入人力资本，那么上面这个图会变成一个由资本、劳动力、人力资本三个坐标轴构成的三维立体图，在经历了主导产业向资本密集型产业的转变后，随着人口受教育年限增加，劳动力素质提升，人力资本将会相对充裕，资源禀赋变得有利于技术（知识）密集型产业的发展，这将推动长期经济增长进入发达经济阶段。根据美国国家科学委员会（National Science Board，NSB）的统计，2018 年全球知识和技术密集型行业增加值中占全球 GDP 的 11%，而且主要集中在发达国家，其占比接近 64%。

（二）要素禀赋变化与中国主导产业发展

自改革开放以来，我国产业结构也经历了一个由劳动密集型向资本密集型再到技术密集型产业转变的过程。以工业为例，按照工业行业对资源、劳动、资本、技术四种要素依赖程度大小，可以分为资源密集型、劳动密集型、资本密集型、技术密集型行业。具体标准见表 3-19-3。

表 3-19-3　行业要素密集度及代表性行业

类　　型	涵　盖　行　业
资源密集型	煤炭采选业，石油和天然气开采业，黑色金属矿采选业，有色金属矿采选业，建筑材料及其他非金属矿采选业
劳动密集型	食品加工业，食品制造业，饮料制造业，烟草加工业，纺织业，服装及其他纤维制造业，皮革、毛皮、羽绒及其制品业，木材加工及竹、藤、棕、草制品业，家具制造业，造纸及纸制品业，印刷和记录媒介复制业，文教体育用品制造业，橡胶制品业，塑料制品业，金属制品业，非金属矿物制品业
资本密集型	石油加工及炼焦业，化学纤维制造业，非金属矿物制品业，黑色金属冶炼及压延加工业，有色金属冶炼及压延加工业
技术密集型	化学原料及化学制品制造业，医药制造业，通用设备制造业，专用设备制造业，交通运输设备制造业，电气机械及器材制造业，电子及通信设备制造业，仪器仪表及文化、办公用机械制造业

其中，对劳动密集型产业的划分主要参考了李耀新的分类方法，对资本密集型产业的划分主要参考了张军[①]的分类方法，对技术密集型产业的划分主要参考了《中国高技术产业统计年鉴（2010）》中的分类方法。

如图 3-19-5，1980 年以来，我国资源密集型行业占比较低，而且相对较为稳定，2014 年后降至 5% 以下。劳动密集型行业占比总体呈下降趋势，从 1980 年的 44% 降至 2016 年的 34.6%。同时，资本密集型行业占比在 2000 年前相对稳定，维持在 20% 左右，2000 年后上升，最高达到 25%，2013 年后占比与资源密集型行业同步下降。技术

---

① 李耀新 . 生产要素密集型产业论 [M] 北京：中国计划出版社，1995：221-222.
张军 . 中国的工业改革与经济增长——问题与解释 [M] 上海：上海三联书店、上海人民出版社，2003：238-256.

密集型行业呈现梯度上升趋势。其中，1980—1990 年以及 2003—2013 年占比相对稳定，1991—2002 年以及 2013 年后占比持续上升。具体来看，改革开放以来，我国行业结构的变化可以划分为四个阶段。

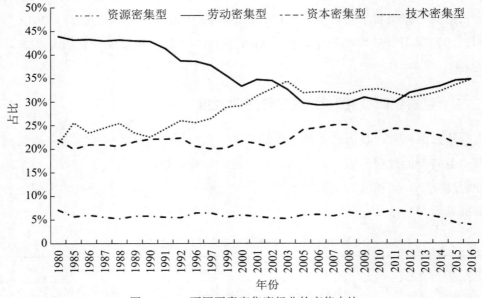

图 3-19-5　不同要素密集度行业的产值占比

注：由于工业分行业的增加值时间序列较短，所以采用各行业的产值数据代替。

资料来源：历年《中国工业统计年鉴》。

1. 改革开放至 20 世纪 90 年代初——以传统劳动密集型行业发展为主

在改革开放初期，我国在农村推行的家庭联产承包责任制，将长期以来存在于农村的大量隐性剩余劳动力释放了出来，组成了发展劳动密集型产业所需的庞大产业后备军。同时，为了扭转轻重工业比例失调的状况，我国采取了加快轻工业发展的政策，国家在六个方面[①]对轻工业予以优先支持，为劳动密集型产业的发展提供了有利条件。以纺织、缝纫、服装为代表的轻纺工业发展最快，食品工业也有较快增长。这一时期，我国以劳动密集型为主的轻工业发展占据了主导位置，如表 3-19-4 所示，1978—1991 年间，轻工业占工业总产值的比重由 1978 年的 43.1% 最高上升至 1990 年的 49.4%。同时，第二、第三产业的发展也带动了就业的增长和农村剩余劳动力的转移。第二产业就业比重从 1978 年的 43.1% 最高上升至 1990 年的 49.4%。

---

① 即原材料、燃料、动力优先供应；挖潜、革新、改造措施优先安排；基本建设优先保证；银行贷款优先提供；外汇和引进技术优先安排；交通运输优先安排。

表 3-19-4　工业产值结构情况

指　标	1978 年	1980 年	1985 年	1989 年	1990 年	1991 年	1992 年
一、工农业总产值中农轻重比例							
农业	24.8%	27.2%	27.1%	22.9%	24.3%	22.4%	19.7%
轻工业	32.4%	34.3%	34.6%	37.7%	37.4%	37.9%	37.9%
重工业	42.8%	38.5%	38.3%	39.4%	38.3%	39.7%	42.4%
二、工业总产值中轻重工业比例							
轻工业	43.1%	47.2%	47.4%	48.9%	49.4%	48.9%	47.2%
重工业	56.9%	52.8%	52.6%	51.1%	50.6%	51.1%	52.8%
三、工业总产值中轻工业内部比例							
以农产品为原料	68.4%	68.5%	70.7%	69.5%	70.1%	68.4%	68.4%
以工业品为原料	31.6%	31.5%	29.3%	30.5%	29.9%	31.6%	31.6%
四、工业总产值中重工业内部比例							
采掘工业	12%	11.3%	12.7%	11.6%	12.2%	11.7%	10.7%
原料工业	35.5%	37.8%	36.8%	39.4%	41%	41.7%	40.5%
制造工业	52.5%	50.9%	50.5%	49%	46.8%	46.6%	48.8%

注：第三、四项1978、1980年按不变价格工业总产值计算。1985年以后按当年价格工业总产值计算，且均为乡及乡以上工业。

资料来源：1993年《中国工业经济统计年鉴》。

2. 20 世纪 90 年代初至 21 世纪初——传统劳动密集型行业向高技术行业劳动密集型环节转变

1992 年邓小平南方谈话后，我国经济体制改革进一步深化，全国经济进入新一轮扩张。这一时期，一般加工工业的产品尤其是轻工产品大量过剩，为此，国家从 1998 年开始将纺织业 [1] 作为突破口展开国企改革和化解过剩产能，传统的劳动密集型行业占比下降。与此同时，随着全球产业垂直分工的发展以及我国对外扩大开放步伐加快，跨国企业利用我国的廉价劳动力优势，将高技术行业的劳动密集型环节转移到我国，作为其全球制造和出口基地，技术密集度高的医药制造业、电气机械及器材制造业、电子及通信设备制造业等外商投资较为集中的行业比重明显上升，其中电子及通信设备行业 1999 年的比重达到 8%[2]。但这并不是真正意义的高技术产业，由于我国只是承接了其中的加工制造环节，实质上仍是劳动密集型的行业。

---

[1]　1998 年 2 月 27 日，国务院下发了《国务院关于纺织工业深化改革调整结构解困扭亏工作有关问题的通知》，提出从 1998 年起，用 3 年左右时间压缩淘汰落后棉纺锭 1000 万锭，分流安置下岗职工 120 万人，到 2000 年实现全行业扭亏为盈，为实现纺织工业的产业升级和振兴奠定基础。

[2]　郭克莎 .“九五”期间产业结构调整的进展分析 [J]. 中国工业经济，2001（7）：40-48.

3. 21 世纪初至 2011 年——从劳动密集型行业向资本密集型行业转变

随着加入 WTO，我国进入新一轮增长周期。入世带来的加工贸易迅速发展使我国加工工业继续保持了较快的增长速度。但这一时期重工业发展更为迅速，为区别于改革开放以前的重工业化，这一阶段也被称为"重新重工业化"或"二次重工业化"。2008 年国际金融危机爆发后，为应对金融危机的冲击，我国出台了大规模的经济刺激政策，进一步推动了重化工业的发展。整体来看，从 2000 年到 2011 年，我国重工业的增长基本上都要快于轻工业，2011 年占工业总产值比重达到 71.8%，比 1999 年提高了 13.8 个百分点（见图 3-19-6）。

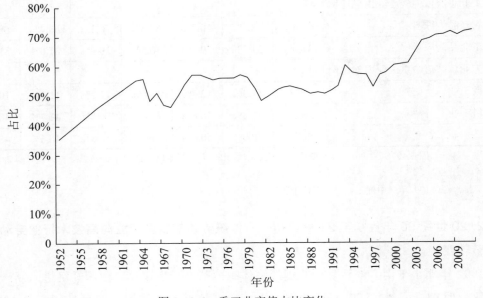

图 3-19-6　重工业产值占比变化

资料来源：国家统计局。

4. 2011 年至今——从资本密集型行业向技术密集型行业转变

随着经济刺激政策效果减退，重工业行业供大于求的矛盾以及高能耗、高污染与资源环境约束趋紧的矛盾逐步凸显，尤其是 2011 年以后，世界市场需求长期低迷，我国钢铁、水泥、建材等工业行业出现大规模的产能过剩，行业增加值增速不断放缓。为此，2015 年国家提出的供给侧结构性改革将"去产能"作为首要任务，直至 2017 年重工业行业才有所起色。这一时期，技术密集型产业保持了较快增长速度，2010—2018 年，我国高技术产业增加值增速一直保持在 10% 以上，显著高于同期工业增加值增速，即便在 2020 年也达到了 7.1%，占 GDP 的比重也进一步提高。

三、未来中国的产业发展之路

（一）日韩经验对我国产业发展的启示

从国际经验看，日本和韩国分别在 20 世纪 70 年代中期和 80 年代末期完成了工业化进程，两国 GDP 增速明显回落，日本从 20 世纪 60 年代接近 10% 的增速降至 70 年代的 4% 左右，并维持至 80 年代末。韩国从 20 世纪 80 年代 8% ~ 10% 的增速，降至 21 世纪初 5% 左右，基本增速减半，并持续 10 年左右。而支撑中速增长的产业主要是高技术产业。

从工业化后期到进入后工业化时期，日韩两国第二产业占 GDP 比重均有不同程度的下降，日本从接近 50% 降至 1998 年的 40% 以下，2010 年后一度降至 30% 以下，制造业更是降至 20%。韩国降幅相对较小，从最高时的 40% 降至 36% 左右，制造业占比降至 26% ~ 28%。如图 3-19-7、图 3-19-8 所示，两国制造业内部结构的突出变化是技术密集型行业占比的显著上升。日本技术密集型行业占制造业的比重从 1970 年的不到 35%，上升至 20 世纪 90 年代末的 40% 以上，韩国该比例更是从 20 世纪 90 年代的 37% 上升至 2018 年的 50% 以上。

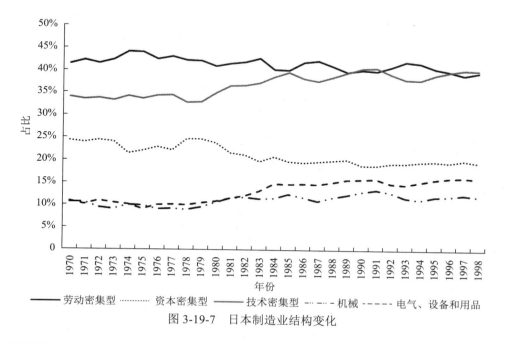

图 3-19-7　日本制造业结构变化

资料来源：日本统计局。

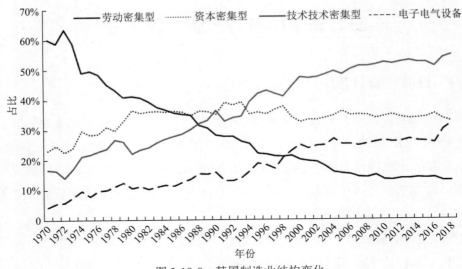

图 3-19-8　韩国制造业结构变化

资料来源：韩国央行。

其中，日本技术密集型行业中占比较高的主要是包括集成电路、液晶显示器、计算机、手机在内的电气、设备和用品行业以及机械设备行业。韩国则是电子电气行业一家独大，占据了制造业比重的 30% 以上。而美国、德国制造业中占比较高的主要是汽车业。所以，未来我国经济增长将依赖于技术（知识）密集型产业的发展，产业转型升级方向是进一步提高技术密集型产业在产业结构中的占比，重点发展电子信息产业、机械设备制造业和汽车制造业。

（二）我国发展高技术产业的禀赋优势

我国在发展知识和技术密集型企业方面存在要素禀赋的优势。从人力资本看，据《中国科技人力资源发展研究报告（2018）》，我国研发人员总量在 2013 年超过美国后，持续位居世界第一位。而且人力资源的数量和质量还在不断提升。近年来，全国高校毕业生保持在每年 800 万人以上，2019 年劳动年龄人口的平均受教育年限提高到 10.7 年，新增劳动力接受过高等教育的比例超过一半，平均受教育年限达到 13.7 年[1]。接受高等教育、具备创新能力的中高端人才有望取代过去依赖低成本的劳动竞争模式，取代人口红利，形成有利于经济增长的人才红利。

从资本要素角度，经过多年发展，我国资本要素已从短缺变为宽裕，国民总储蓄率保持在 44% 以上，金融机构人民币存款余额超过 200 万亿元，支持生产建设的资金供给潜力巨大。而且，随着劳动力以及各种资源环境成本的上涨，2008 年后我国传统行业资

---

① 教育部."十三五"教育改革新突破　新增劳动力平均受教育年限达 13.7 年 [N]. 北京商报，2020-12-01.

本回报率明显下降（见图 3-19-9），这将促使企业把更多的资本投向能够促进要素集约利用，提高劳动生产率的技术密集型行业和生产技术，加大科技研发领域的投入。

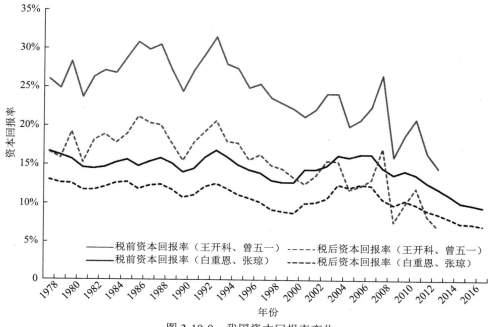

图 3-19-9　我国资本回报率变化

资料来源：王开科，曾五一. 资本回报率宏观核算法的进一步改进和再测算[J]. 统计研究，2020，37（9）：11-23；白重恩，张琼. 中国的资本回报率及其影响因素分析[J]. 世界经济，2014，37（10）：3-30.

根据国家统计局发布的《2019 年全国科技经费投入统计公报》，2019 年，我国研究与试验发展（R&D）经费投入强度为 2.23%，R&D 经费投入在 100 亿元以上且投入强度超过规模以上工业企业平均水平的行业大类有 10 个（分行业情况详见表 3-19-5）。我国研发经费投入强度较高的行业主要是高技术制造业，投入强度（与营业收入之比）为 2.41%，其中，铁路、船舶、航空航天和其他运输设备制造业，仪器仪表制造业，医药制造业，计算机、通信和其他电子设备制造业，专用设备制造业，电气机械和器材制造业，通用设备制造业，汽车制造业，不仅投入强度较高，而且研发投入规模也都在 200 亿元以上。

表 3-19-5　2019 年分行业规模以上工业企业研究与试验发展（R&D）经费情况

行　　业	R&D 经费 / 亿元	R&D 经费投入强度
铁路、船舶、航空航天和其他运输设备制造业	429.1	3.81%
仪器仪表制造业	229.1	3.16%
专用设备制造业	776.7	2.64%
医药制造业	609.6	2.55%

续表

行　　业	R&D 经费 / 亿元	R&D 经费投入强度
其他制造业	39.8	2.44%
计算机、通信和其他电子设备制造业	2448.1	2.15%
电气机械和器材制造业	1406.2	2.15%
通用设备制造业	822.9	2.15%
汽车制造业	1289.6	1.6%
化学纤维制造业	123.7	1.44%
橡胶和塑料制品业	357.6	1.41%
化学原料和化学制品制造业	923.4	1.4%
金属制品业	466.4	1.36%
开采专业及辅助性活动	31.2	1.31%
金属制品、机械和设备修理业	17.1	1.28%
黑色金属冶炼和压延加工业	886.3	1.25%
印刷和记录媒介复制业	79.6	1.2%
造纸和纸制品业	157.7	1.18%
纺织业	265.9	1.11%
石油和天然气开采业	93.8	1.08%
家具制造业	73.6	1.03%
非金属矿物制品业	520.1	0.97%
文教、工美、体育和娱乐用品制造业	118.2	0.92%
有色金属冶炼和压延加工业	479.8	0.85%
食品制造业	156.2	0.82%
木材加工和木、竹、藤、棕、草制品业	63.2	0.74%
酒、饮料和精制茶制造业	107.6	0.7%
皮革、毛皮、羽毛及其制品和制鞋业	80.3	0.69%
纺织服装、服饰业	105.6	0.66%
有色金属矿采选业	21.8	0.65%
废弃资源综合利用业	28.2	0.62%
农副食品加工业	262	0.56%
非金属矿采选业	18.6	0.54%
水的生产和供应业	14.4	0.48%
煤炭开采和洗选业	109.2	0.44%
黑色金属矿采选业	13.4	0.39%
石油、煤炭及其他燃料加工业	184.7	0.38%
烟草制品业	30.4	0.27%
燃气生产和供应业	17	0.19%
电力、热力生产和供应业	113	0.17%

资料来源：国家统计局，2019年全国科技经费投入统计公报。

但与发达国家相比，我国研发投入强度仍有待提升。根据 OECD 的标准，国民经济各行业按照研发投入强度的高低，可以划分为五类，其中的高研发强度和中高研发强度行业被视为是知识和技术密集型行业。如表 3-19-6 所示，对比高技术行业的研发强度，OECD 国家依然明显高于我国水平。

表 3-19-6 OECD 分行业的研发投入强度

分 类	行 业	研发强度	行 业	研发强度
高研发强度	航空航天及相关机械	31.69%	科学研发	30.39%
	医药	27.98%	软件	28.94%
	计算机、电子和光学产品	24.05%		
中高研发强度	武器弹药	18.87%	IT 和其他信息服务	5.92%
	机动车、挂车和半挂车	15.36%		
	医疗和牙科器械	9.29%		
	机械设备	7.89%		
	化学品和化工产品	6.52%		
	电气设备	6.22%		
	铁路、军用车辆和运输设备	5.72%		
中等研发强度	橡胶和塑料制品	3.58%		
	造船	2.99%		
	除医疗器械和牙科器械外的其他制造业	2.85%		
	其他非金属矿产品	2.24%		
	基本金属	2.07%		
	机械设备的修理和安装	1.93%		
中低研发强度	纺织品	1.73%	除科学研发服务外的专业、科学和技术活动	1.76%
	皮革及相关产品	1.65%	电信	1.45%
	纸和纸制品	1.58%	采矿和采石	0.8%
	食品、饮料和烟草	1.44%	书刊出版	0.57%
	服装	1.40%		
	除武器弹药外的金属制品	1.19%		
	焦炭和精炼石油产品	1.17%		
	家具	1.17%		
	木材和软木制品	0.70%		
	印刷	0.67%		

续表

分　类	行　业	研发强度	行　业	研发强度
低研发强度			金融和保险活动	0.38%
			电、气、水供应、废物管理和修复	0.35%
			视听和广播活动	0.32%
			批发零售业	0.28%
			农林牧渔业	0.27%
			建筑	0.21%
			行政管理	0.18%
			艺术、娱乐、家居用品修理和其他服务	0.11%
			运输和仓储	0.08%
			餐饮食宿	0.02%
			房地产	0.01%

资料来源：美国国家科学委员会。

而且，美国国家科学委员会（NSB）发布的 *The State of U.S. Science and Engineering 2020* 报告显示，虽然我国在 2008 年后知识和技术密集型行业规模增长迅速，增加值先后超过日本、欧盟，2018 年达到 2.18 万亿美元，接近美国的 2.3 万亿美元（见图 3-19-10）。但这并不意味着我国知识和技术密集型行业实力已经达到发达国家水平。

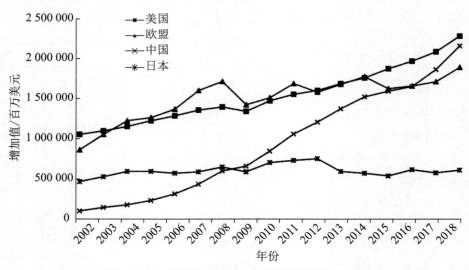

图 3-19-10　知识和技术密集型行业增加值国际比较

资料来源：美国国家科学委员会。

在这些行业中，很大一部分是外商投资企业，实质上仍是美、欧、日等国家和地区的企业。比如在计算机、通信和电子设备制造业以及汽车制造业的规模以上工业企业中，2019 年外资企业营业收入占行业营业收入的比重均为 48%，考虑到外资企业产品附加价值更高，其创造的增加值占比很可能超过 50%。

而且，我国在很多行业中还存在"大而不强"，关键核心技术被"卡脖子"的问题。比如航空航天器制造业中的飞机发动机，计算机、通信和电子设备业中制造芯片的光刻机等，都严重依赖进口。因此，从未来产业发展和长期经济增长的角度，我国仍需要加大科技创新的力度，攻克"卡脖子"技术难关，推动知识和技术密集型行业做优做强。

（三）从主导产业变迁看股市行业兴衰

主导产业的变迁左右着行业企业的兴衰，并体现在上市公司市值的变化之中，而构成市场指数成分股的企业往往又是一定时期内各行业的佼佼者。通过分析上市公司的行业变迁，既能够一窥主导产业变迁的历史，也能发掘出未来股市增长的动力所在。

以美国为例，道琼斯工业指数是美国股市最权威、最悠久的市场指数之一，最初编制于 1896 年，其成分股都是行业内具有重要影响的知名公司。为保持指数的行业代表性，道琼斯公司会不定期地调整成分股。一百多年来，伴随着美国产业结构的演变，这份蓝筹股企业名单也经历了 30 多次的变更。

在 1896 年道琼斯工业指数设立之时，最初的 12 只成分股企业大多数与农产品加工、自然资源开发有关。20 世纪初，美国电气、石油、化学等新兴工业迅速发展，1928 年道琼斯工业指数成分股增加至 30 个，其中从事石油、化工以及钢铁、汽车制造等行业的成分股数量达到 25 家，占道琼斯工业指数成分股总数 83%[①]。20 世纪 80 年代开始，大众消费、信息科技行业企业逐渐兴起，可口可乐、强生、沃尔玛、IBM 等企业先后被纳入成分股。90 年代后，随着信息技术革命的发展，微软、英特尔、苹果等企业进入成分股。

有新进便有退出，伯利恒钢铁和通用汽车公司分别在 1997 年和 2009 年被道琼斯工业指数剔除，标志着钢铁股和汽车股退出道琼斯工业指数成分股。2018 年，作为道琼斯工业指数创始以来唯一仅存的创始成分股，通用电气（GE）被剔除出指数。标普道琼斯指数公司指数委员会主席布利策在声明中表示，美国经济结构已经发生变化，消费、金融、医疗保健和科技公司在经济中的地位更加突出，而工业公司重要性有所降低，通用电气被替换可以让道琼斯工业指数更好地反映美国经济[②]（见图 3-19-11）。

---

① 雷兴长，张蕾蕾. 道琼斯工业指数增长与美国工业经济发展的不同阶段内在关系分析 [J]. 社科纵横，2015，30（7）：54-59.

② 新华网. 唯一创始成分股通用电气将被剔出道琼斯指数成分股 [EB/OL]. http://www.xinhuanet.com/fortune/2018-06/20/c_1123009538.htm，2018-06-20.

　　道琼斯工业指数成分股的变化反映了美国产业结构和主导产业的变迁路径，即从农产品、自然资源开采加工到钢铁、化工、交通、电信、公用事业，再到大众消费、金融、医疗保健、信息技术产业。

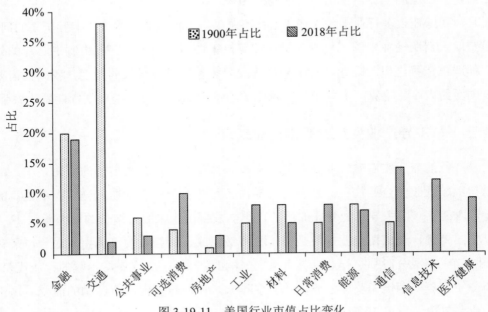

图 3-19-11　美国行业市值占比变化

资料来源：Global Financial Data。

　　从中美股市行业结构对比看，如图 3-19-12 所示，2017—2019 年间，我国的工业、材料行业市值占比明显高于美国，这与我国当前经济发展阶段密切相关，尽管已经处于后工业化阶段，但重工业依然在经济中占有重要的比重；中国的日常消费、可选消费、医疗保健行业市值占比低于美国，这体现出中美两国经济发展模式的差异，美国是消费型经济，这使消费品行业企业市值占比较高；信息技术行业占比低于美国，表明我国科技创新能力仍低于美国。同时，我国很多互联网企业，比如阿里巴巴、腾讯、京东、美团等都在海外或者中国香港上市，也导致我国内地股市信息技术行业的市值占比偏低。我国金融业市值占比最高，而且高于美国，反映了金融企业在 A 股上市公司中强大的盈利能力，但这种高盈利更多是与我国金融体系市场化水平不高，直接融资发展相对滞后有关，金融业整体仍是大而不强。

　　未来我国股市市值的行业分布将沿着产业结构调整方向转变，即随着消费升级、技术密集型产业发展以及人口老龄化的深化，消费、电子信息、医疗保健行业未来将表现出更高的成长性，市值占比也有望进一步上升，工业、材料等传统行业的市值占比将显著下降，公用事业、房地产占比有望维持相对稳定。金融业市值表现将有赖于金融体系市场化改革的推进情况，在直接融资占比显著提高，存贷款利率市场化水平进一步提升的情况下，金融业市值占比也将随之降低。

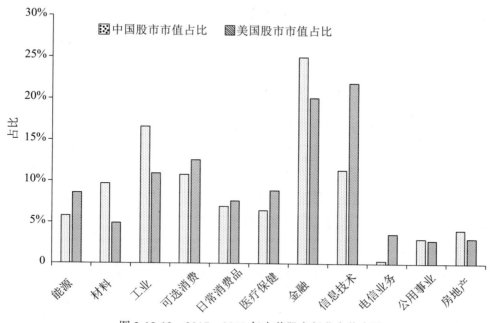

图 3-19-12　2017—2019 年中美股市行业市值占比

资料来源：万得资讯。

第二十章

经济增长中的需求结构演变

2020 年底的中央政治局会议首次提出"需求侧改革",随后召开的中央经济工作会议进一步提出,要注重需求侧管理,形成需求牵引供给、供给创造需求的更高水平动态平衡。传统的经济增长理论对需求侧关注较少,但从各国经济增长的历史经验看,需求对长期经济增长也发挥着重要的作用,如果需求侧的发展与供给侧不相匹配,同样会制约经济的长期增长表现。所以在长期经济增长的分析中,需求侧也不应被忽视。

一、经济增长过程中的需求结构变化

(一)需求结构的长期变化规律

从结构上看,需求侧主要由消费、投资以及净出口三部分组成。在长期经济增长的不同阶段,需求结构呈现出规律性的变化。

在经济增长初期,由于产出和收入水平较低,收入绝大部分用于消费,资本积累十分有限,进出口规模都很小,而且进口大于出口,贸易处于赤字状态。此时的需求结构以消费为主,投资率以及净出口占 GDP 的比重均比较低。如图 3-20-1 所示,韩国在 20世纪 50 年代初期,消费率接近 100%,投资率在 15% 左右,进出口持续逆差,净出口占 GDP 的比重接近 -15%。

当资本积累突破增长的门槛值[①],经济进入起飞阶段后,工业化和城镇化的迅速推进扩大了投资需求。由于就业市场存在无限供给的劳动力,劳动收入在国民收入中的占比下降,资本报酬占比提高,从而使消费率下降,投资率上升。而且,低成本的劳动力也形成了发展劳动密集型产业的比较优势,促进了出口导向型经济的发展,贸易转为顺差而且不断扩大,净出口对经济的拉动作用增强。所以,这一时期经济增长速度较快,增长动力由消费的单引擎,转变为投资和净出口双引擎。日本在 20 世纪五六十年代进入快速工业化时期,消费率持续下降,投资率不断上升,净出口也由逆差转为顺差,占

---

① 根据罗斯托经济起飞理论或者临界最小努力理论,经济进入现代经济增长阶段需要资本积累到一定的程度,罗斯托认为的门槛值是投资占国民收入的比重要达到 10%。

GDP 的比重也有所提高。韩国工业化起步晚于日本，20 世纪 60—80 年代的需求结构变化也呈现出与日本相似的趋势。

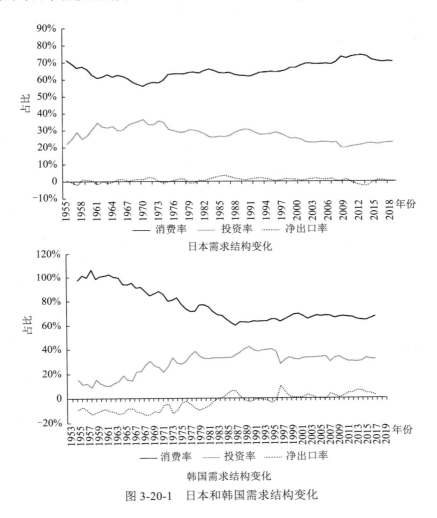

图 3-20-1　日本和韩国需求结构变化

资料来源：日本统计局、韩国央行。

　　到了工业化阶段中后期，人口红利减弱，工资开始上涨，劳动收入占比提高带动消费率上升。此时工业化和城镇化进入中后期，投资空间减小，投资边际回报率递减，投资率逐渐下降。同时，劳动力密集型行业的竞争力因劳动力成本上升而减弱，进口因国内需求的增长而扩大，进出口变得更为平衡。这一阶段，消费重新成为拉动经济增长的主动力。日本、韩国分别在 20 世纪 70 年代和 90 年代进入后工业化阶段，投资率回落，消费率上升，贸易顺差收窄。

　　进入后工业化阶段以后，需求结构基本维持稳定。比如美国、英国 20 世纪初便已经是工业化国家，如图 3-20-2 所示。除了因 1929—1933 年"大萧条""二战"爆发以及战后重建等原因造成的需求结构波动外，20世纪六七十年代以来，美国、英国三大需求占比基本保持在相对平稳的水平，日本、韩国在进入发达国家行列后需求结构也逐步趋于稳定。尽管如此，不同国家的需求结构并未趋同，美国、英国消费率均在80%以上，投资率维持在20%，贸易保持赤字。而日本、韩国消费率分别为75%和65%左右，投资率在30%～40%，贸易维持了顺差。

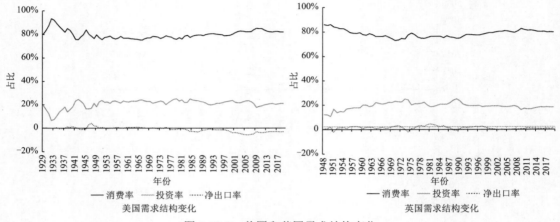

图 3-20-2　美国和英国需求结构变化

资料来源：美国BEA、英国统计局。

综上所述，工业化进程中，随着经济发展水平的提高，消费率呈现先下降后上升的"U"形变化规律，而投资率和净出口率则表现出先上升后下降的"倒U"形变化趋势。当经济进入后工业化阶段，需求结构基本趋于稳定（见图3-20-3）。

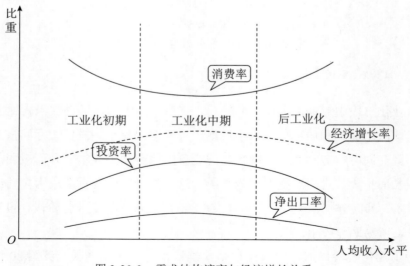

图 3-20-3　需求结构演变与经济增长关系

（二）改革开放以来中国的需求结构变迁

改革开放前，我国长期实行重工业优先的发展战略，形成了"重积累，轻消费"局面。如图 3-20-4 所示，投资率在 1978 年时接近 40%，与日本、韩国工业化进程中的峰值基本相当。改革开放初期，我国开始调整积累与消费比例失调的关系，提高国民收入中消费所占的比重。农村率先改革使农民收入增长快于城镇居民增长，农村市场成为这一阶段消费品市场扩张的主体。消费率也在 1983 年升至了改革开放以来的最高点，超过 67%。此后，随着城市改革的展开，二元经济下城乡收入差距再度拉大，农村居民收入增长在剩余劳动力无限供给的情况下受到抑制，消费率不断下降，工业化和城镇化的快速推进令投资率波动上升，外向型经济的发展也令我国进出口在 20 世纪 90 年代中期转为持续顺差，而且顺差规模在我国加入 WTO 后进一步扩大。这一趋势一直持续至国际金融危机之前。

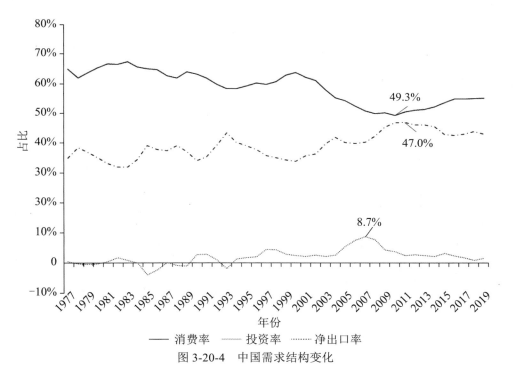

图 3-20-4　中国需求结构变化

资料来源：国家统计局。

2008—2011 年是我国需求结构变化出现转折的一个时期，首先是净出口率在 2007年达到 8.7% 的高点后，因美国次贷危机的冲击开始进入下降通道。同时，随着我国越过刘易斯拐点，工业化进入中后期阶段，投资率在 2011 年达到高峰后开始下降，消费率在 2010 年最低降至 49.3% 后开始逐步提高，消费自 2014 年起连续六年成为拉动经济增长的第一动力。这一时期也是中国经济由高增速向中高增速换挡的分界点。2019 年消费率上升至 55.4%，投资率则降至 43%。由于传统劳动力密集型产业出口优势减弱，消费扩大带动进口需求增加，净出口率降至 1.5%。

因此整体上看，改革开放以来我国需求结构的变化与日本、韩国等东亚出口导向型经济体的变化规律相一致，自经济进入起飞阶段后，用了二三十年时间迎来了需求结构变化的拐点。但与日本、韩国相比，我国处于拐点时的消费率要明显偏低，投资率则偏高，这是由多种因素造成的。

从未来的发展趋势看，由于我国仍处于工业化的中后期，人均收入水平的提高使得未来我国消费率还有进一步上升的空间。以 OECD 国家为例，根据图 3-20-5，除了小型开放型经济体，如卢森堡、爱尔兰消费率较低，净出口占比较高外，其余国家消费率均在 60% 以上，多数国家处于 70% ～ 80% 之间，投资率则基本在 20% ～ 25% 之间。我国正处于消费率"U"形曲线的上坡阶段。尽管 2020 年因为新冠肺炎疫情的影响，我国社会消费品零售总额下降 3.9%，最终消费支出对经济增长的贡献罕见地降至 -22%。但根据发达国家的经验，我国居民消费率仍有比较大的提升空间，未来消费依然将是拉动我国经济增长的主动力，消费的主导地位将更为凸显。

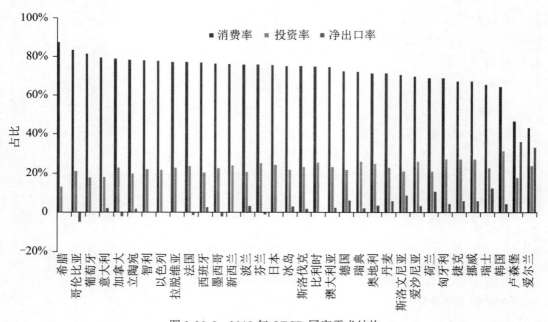

图 3-20-5　2018 年 OECD 国家需求结构

资料来源：OECD。

二、消费结构的长期变化规律

经济活动的最终目的，是为了满足人生存和发展的各种需求。所以消费是经济活动的出发点和归宿。根据马斯洛（Maslow）[①] 的需求层次理论，人的需求存在一个由低层次向高层次发展的过程。当低层次的生理需要得到实现后，就会追求满足更高层次的精神层面的需求。而个人满足不同层次需求的能力往往受到收入水平的制约。

（一）收入增长与消费升级

德国统计学家恩格尔发现，一个家庭收入越少，家庭收入中用于购买食物的支出比重就越高。随着家庭收入的增长，该比重会逐渐下降。所以上升到宏观层面，一个国家的消费结构与其所处的经济发展阶段密切相关。随着经济发展水平的提高，消费结构将不断升级。罗斯托在《经济增长的阶段》一书中，也将消费变化作为划分经济增长阶段的重要标志。比如，当经济发展进入第五个阶段后，人均收入上升至较高的水平，大多数人已不满足于基本食物、住房和穿着的消费，开始追求高价耐用品和服务消费，因而他称之为大众高消费阶段。此后还有一个超越大众消费的阶段，这时耐用消费品的消费已经饱和，消费热点转向包括教育、卫生保健、文化娱乐、环境保护等提高居民生活质量的服务领域。

在关于消费层次的研究中，消费需求可以按照消费层次的高低分为**生存型消费、发展型消费**和**享受型消费**。其中，**生存型消费**是指为了满足人们生理需求的吃、穿、住等消费。生存型消费是消费中最基础的消费，消费需求弹性最小，也就是我们平时所说的刚性需求。**发展型消费**是指人们为了寻求更好、更高的发展而产生的消费需求，包括教育、交通通信、医疗支出等，是在满足生存型消费之后，消费需求向更高层次的延伸。**享受型消费**是提高人们的生活水平、满足享乐需要的消费，包括家庭设备用品及服务、文化娱乐消费、其他商品和服务等，是三类消费中层次最高的一级。根据消费的一般规律，如图 3-20-6 所示，随着收入水平的提高，需求结构逐步升级，表现为用于生存型消费的支出占比下降，发展型消费、享受型消费的比重上升，消费的热点也从以商品消费为主转向以服务消费为主。

[①] 马斯洛把人的需要划分为五个层次，从低到高依次是生理的需要、安全的需要、归属与爱的需要、尊重的需要、自我实现的需要五个等级构成。

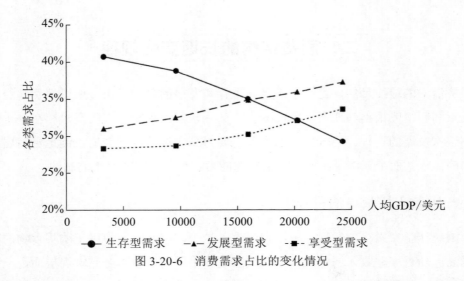

图 3-20-6　消费需求占比的变化情况

资料来源：瞿亦玮，张瑛. 经济发展进程中的需求结构变迁——中等收入阶段需求结构变化的跨经济体比较分析[J]. 经济评论，2018（5）：160-170.（图中美元为2010年不变价美元。）

1. 美国、日本消费升级的历史经验

美国、日本等发达国家在长期经济增长的过程中，经历了明显的消费升级。

美国是一个典型的消费主义国家。20 世纪 20 年代，美国经济进入"柯立芝繁荣"时期，此时美国已经是一个工业化国家，人均收入水平的提高激发了消费文化的兴起，消费进入大众消费时代。汽车、电冰箱、洗衣机、吸尘器、电视机等耐用消费品开始进入普通大众家庭，到 1930 年，美国每百户家庭的汽车拥有数量已经达到 89.2 辆，到 1970 年进一步提高至 171 辆。拥有电视的家庭比例从 1950 年的 9% 迅速增加至 1970 年的 90% 以上。物质生活的改善也带动了人们对休假旅游、电影娱乐等精神消费方面的需求。20 世纪 20 年代时好莱坞已发展成为全球影视业的中心。到 70 年代末，传统的耐用品消费已经趋于饱和，美国高收入阶层中"雅皮士"[①]消费风潮兴起，更加注重高档消费和高品质生活。同时，美国医疗走上专业化道路，个人消费中医疗保健消费的占比不断上升。20 世纪 90 年代后，美国理性消费意识复苏，名牌意识逐渐淡化，价格意识回归。同时，信息技术的兴起带动了电子产品和信息技术消费的浪潮，个人电脑和互联网的普及消费占比提高。

关于日本的消费变迁，三浦展在《第四消费时代》一书中将 1912 年后日本居民消费结构的变迁划分为"四个消费时代"。其中，"二战"后日本主要经历了三个消费时代。

---

① 雅皮士（yuppies）是嬉皮士（hippies）的仿造词，意思是"年轻的都市专业工作者"（young urban professional）。雅皮士一般受过高等教育，具有较高的知识水平和技能，从事律师、医生、建筑师、计算机程序员、工商管理人员等专业性较强的高收入职业。

1945—1974 年，日本经济迎来了快速发展时期，有"三大神器"之称的冰箱、洗衣机、电视以及 3C（小轿车、空调、彩电）为代表的家用生活必需品逐步在日本家庭中得到普及。此时的消费者并不刻意追求商品的个性和设计，购买的主要是大规模生产的大众化、标准化产品。1975—2004 年，日本居民开始追求个性化消费，单身人群增加，消费单位由家庭转向个人，个性化、多样化、差别化、高档化消费快速增长，消费更加偏向于小型汽车，小型电脑，便携式收音机等"轻薄短小"商品，以"7-11"为代表的小型便利店迅速发展，消费结构从物质转向服务。而 2005 年至今，日本进入第四消费时代，随着人口老龄化程度的加剧、经济长期低迷，人们的消费更加理性，消费倾向从最求高档到追求简约，如优衣库、无印良品备受消费者的青睐。

从发达国家消费升级的历史经验看，不同的经济发展阶段对应着不同的消费层次，消费层次的不断升级既是经济发展水平逐步提升的结果，也反过来催生出新的经济增长点，为长期经济增长提供了持续的动力（见图 3-20-7）。

2. 中国居民的收入变化与消费升级

改革开放以来，我国居民的消费结构也随着收入水平的提高经历了一个逐步升级的过程。按照消费内容划分，大体可以分为三个阶段（见图 3-20-8）。

改革开放之初至 20 世纪 80 年代中期，消费从吃向穿、用升级。 改革开放初期，由于人均收入水平的限制，我国居民消费水平较低，国内市场上可供消费的商品也较为匮乏，许多商品是凭票供应。我国城乡居民消费以满足基本的生活需求为主，六成以上的消费支出用于食品消费。农村居民恩格尔系数在 66% 以上，城镇居民恩格尔系数也接近 60%。主要的耐用品消费是百元级的轻工业产品，代表性的是被称为"三转一响"或者"老四件"的手表、自行车、缝纫机、收音机。

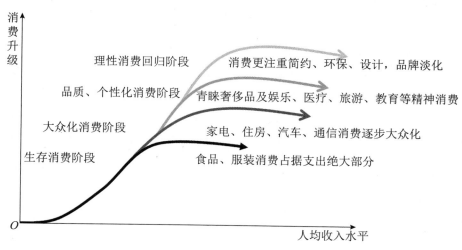

图 3-20-7　消费随收入水平提高而逐步升级的过程

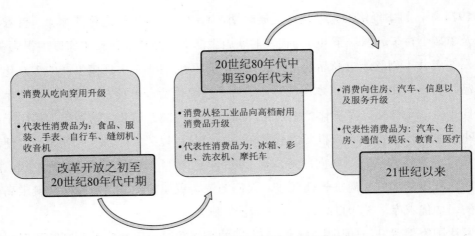

图 3-20-8　我国改革开放以来的消费升级

　　随着改革在农村率先展开，农业生产的快速增长改变了农产品长期供不应求的局面，食品消费出现补偿性特点，城市居民恩格尔系数不降反升，从 1978 年的 57.5% 提高最高达到 1983 年的 59.2%。在吃的数量增加的同时，吃的质量也得到提高，蔬菜、水果、肉禽蛋相对增多。农村改革使农民收入水平迅速上升，并转化为对轻纺工业品的巨大需求，"老四件"农村销量急剧上升。比如，农村每百户拥有的自行车数量从 1978 年的 30.8 辆，增长至 1984 年的 74.5 辆，增长了 2.4 倍。

　　20 世纪 80 年代中期至 90 年代末，消费从轻工业品向高档耐用消费品升级。1985 年后，城市改革逐渐展开带动了城镇居民收入的增长和消费水平的提升，城乡消费差距开始再度拉大。这一时期由于我国仍保留着对住房、医疗、教育等领域的福利保障制度，城镇居民的消费集中在吃、穿、用等商品领域，掀起了对千元消费级上的家电消费浪潮，耐用品消费实现了从"老四件"向彩电、冰箱、洗衣机、录音机"新四件"的过渡。如图 3-20-9 所示，到 1988 年，我国城镇居民家庭平均每百户拥有的彩电、家用电冰箱、洗衣机、录音机分别达到 43.9 台、28.1 台、73.4 台和 64.2 台。受长期短缺经济的影响，消费市场呈现卖方主导，商品供不应求，排浪式消费是这一时期消费的主要特点。

　　进入 20 世纪 90 年代，生产和科技的发展以及收入水平的提升使我国居民的消费进一步多元化，城镇化进入快速发展阶段，在传统的"新四件"达到饱和，居住相关的消费以及信息通信相关的消费显著增加，电脑、电话机、组合音响、录像机、摩托车、空调等新型家用电器进入更多城市家庭，也带动了交通通信、文教娱乐等方面的消费增长。同时，我国在住房、医疗、教育、养老保险制度方面进行市场化改革，使住房、医疗、教育等方面的支出占比开始逐渐上升。

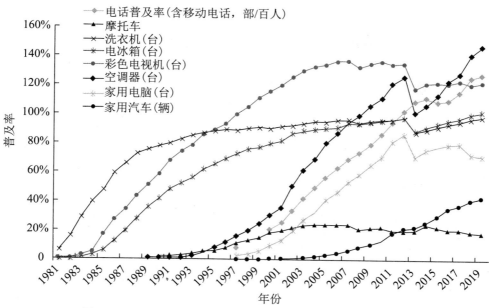

图 3-20-9　城镇家庭平均每百户耐用消费品拥有量（普及率）

资料来源：国家统计局。

21 世纪以来，消费向住房、汽车、信息以及服务消费升级。进入 21 世纪，居民消费向居住、出行以及满足更高层次精神文化方面的需求演变，消费也进入万元及 10 万元级的时代。伴随我国城市人均居住面积的提高，与居住相关的家具、家电消费快速增长。汽车逐渐进入普通家庭。互联网和信息通信技术的发展使电脑进一步普及，手机逐步替代固定电话机。国家统计局数据显示，2000 年我国城镇居民每百户家庭拥有的家用汽车不足 1 辆，到 2019 年已达到 43.2 辆；拥有的家用电脑数量同期由 9.7 台增加到 72.2 台。另外，文教娱乐、医疗保险等服务领域的消费支出在总消费支出中的比重也得到了快速提升。

2010 年后，我国居民消费热点从物质消费到精神消费转变，服务消费占比明显提升，增长最快的是娱乐、文化、通信、医疗保健、旅游等消费。比如，在文化娱乐消费方面，国家新闻出版广电总局电影局发布的数据显示，2017 年全国电影总票房 559 亿元，比 1991 年增长超过 22 倍。2018 年，我国成为世界最大的国内旅游市场、世界第一大国际旅游消费国（见图 3-20-10）。数据显示，2010—2019 年，城乡居民在文教娱乐、医疗保健领域的消费支出占比分别从 18.6%、15.8%，上升至 20%、21.8%。

图 3-20-10　电影票房、旅游收入及 SUV 销量

资料来源：万得资讯。

　　同时，我国居民商品消费也更加注重商品的品牌、品质和功能，比如家电消费中的高端家电消费，汽车消费中的 SUV 车型消费，以及奢侈品消费的比重都在上升。2018 年，我国 SUV 销售占全部乘用车销量的比重超过 40%。麦肯锡中国发布的《2019 年中国奢侈品消费报告》显示，2018 年中国人买走了全世界 1/3 奢侈品的 1/3。

　　从发达国家消费升级的经验看，当进入工业化后期时，家庭消费会出现一个明显的从商品消费向服务消费转变的过程，美国服务消费占个人消费的比重自 1949 年的不足 40% 一直持续上升目前的近 70%。韩国自 20 世纪 70 年代中后期开始，医疗卫生、教育、文化娱乐、金融保险等服务消费的占比逐步上升并持续至 90 年代末期。

　　2019 年，我国人均 GDP 刚超过 1 万美元，虽然我国部分城镇高收入群体已经进入品质、个性化消费，但仍有相当一部分中低收入人群依然处于大众消费普及阶段，2018 年前后，榨菜、二锅头、方便面等低价消费品销售上涨，拼多多、名创优品等网购平台异军突起，引发社会出现消费分级或消费降级的声音。所以整体看，我国仍处于从大众消费向品质、个性化消费转型的阶段。

　　而且，尽管我国居民的恩格尔系数在 2019 年已经降至 28.2%，但美国农业部经济研究局数据显示，发达经济体中，2018 年美国、英国恩格尔系数在 10% 左右，其他国家基本在 10% ～ 20% 之间。我国恩格尔系数相比发达国家仍有进一步下降的空间。随着收入水平的不断提高，在物质消费得到满足之后，未来我国居民精神层面的消费需求将进一步提升，对教育、娱乐、文化、交通、通信、医疗保健、旅游等方面消费需求会继续增加。

在消费结构从以商品消费为主向服务消费为主升级的同时，消费者还将更加注重商品和服务的品牌、质量，衣、食方面的消费从"吃饱穿暖"到"吃好穿好"转变，更加注重食品的安全、营养，服装的功能、款式、面料；住、用、行等方面的耐用消费品更加重视品质与体验，如更加宽敞舒适的住房以及 SUV 车和豪华汽车，功能更为丰富和细分化的家用电器等，这将推动消费从过去的数量消费向质量消费转变。

此外，近年来随着电子信息和移动互联网、人工智能技术的发展，不仅加速了线下实体店购物向网上购物、直播购物等新兴消费模式的转变，而且还带动了智能手机、智能家电，智能网联汽车、在线直播、电子竞技等领域消费的爆发，未来随着新一代信息技术的发展和新型基础设施建设的完善，消费的智能化、网络化将成为新兴消费替代传统消费的主要趋势，这也将加速从传统消费向新兴消费的转型。

（二）年龄结构与消费结构

除了收入水平外，人口的年龄结构也是影响消费结构的重要因素。在现代经济增长过程中，人口结构也会出现转型，从而对消费结构产生影响。

1. 不同年龄阶段的消费变化

消费者不同的年龄阶段消费需求的重点也各不相同，比如年轻的时候在住房、教育方面的支出较多，进入老年后对医疗、保健品的需求更大，所以消费支出总额和结构会随着年龄和收入的变化在不同的人生阶段呈现出不同的特点。而且，国与国之间也可能因为风俗习惯差异、收入水平差距，导致每类消费达到峰值的年龄时点存在国别差异。

（1）美国消费者生命周期内的消费变化

哈瑞·丹特（Harry S. Dent）在《人口峭壁》一书中对美国典型消费者的生命周期进行了细致的刻画，其一生中的消费支出呈现先升后降的趋势。在各个年龄阶段上，消费支出重点有所不同："婴儿潮"一代 20 岁左右开始工作，26 岁时结婚，通常先租住公寓，31 岁左右首次购买自有住房，37～41 岁之间购买改善型住房，家居类支出在 46 岁左右达到顶峰，同时也是典型消费者整个生命周期的支出峰值。此后，孩子的大学学费支出峰值出现在 51 岁左右。更换更高档豪华汽车的需求使汽车消费在 53 岁达到峰值，也是最后达到支出峰值的主要耐用品。医疗支出在消费者 58～60 岁达到峰值，65 岁时度假和养老房的支出达到顶峰。由于 60 岁后旅行变得力不从心，安逸的邮轮旅行支出在 70 岁时达到峰值。此后消费者分别在 77 岁和 84 岁迎来处方药和养老院方面支出的峰值。

根据美国人口普查局的消费者支出调查（Consumer Expenditure Survey，简称 CES）统计，如图 3-20-11 所示，美国消费者在 45 岁之前消费支出逐渐上升，并在 45～54 岁时达到消费支出顶峰，之后随着年龄的增长转而进入下降阶段。

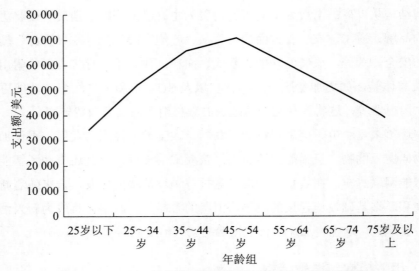

图 3-20-11　2016 年美国不同年龄组家庭平均年度消费支出

资料来源：美国人口普查局。

分类^①来看，如图 3-20-12 所示，居住支出占美国消费者支出的比例最高，其次是交通和通信支出。两项支出在青年时期逐步增加，前者在 35～44 岁时达到最高峰，交通和通信支出高峰稍晚，出现在 45～54 岁。这与美国消费者主要在 35～54 岁间购房买车相关。

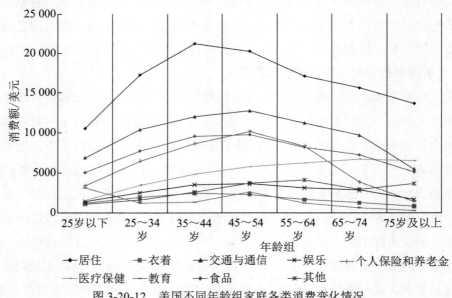

图 3-20-12　美国不同年龄组家庭各类消费变化情况

资料来源：美国人口普查局。

---

① CES 调查将消费支出类别分为 14 类，为方便与下文日本、中国数据比较并简化分析，将食物、酒精饮料、烟草制品和吸烟用品合并为食品，将保健、个人护理产品和服务合并为医疗支出，将阅读、教育合并为教育支出，将通信从居住支出中分离出来，与交通合并为交通和通信支出，将其他和现金捐款合并为其他支出，其他支出项目不变。

如图 3-20-13 所示，美国家庭拥有住房的比例在消费者 25～45 岁之间大幅增加，这带动抵押贷款利息、家居和家庭设备以及水电等居住类支出快速上升，与此同时，由于自有房屋比例上升，房租支出在这一年龄阶段明显下降。同样，美国消费者家庭平均拥有的汽车数量在 55 岁前逐步上升，带动购车、汽油以及汽车养护等方面的支出增加。

食品、衣着类支出在美国消费者中青年时期较高，支出高峰出现在 35～44 岁，之后随年龄增长逐步下降；个人保险和养老金支出在劳动年龄阶段支出占比较高，到退休年龄后由于不用再缴纳养老金等支出，使得该项支出迅速下降。娱乐和教育支出在消费者生命周期中有两个高点，娱乐消费的一个高点出现在 35～54 岁，第二个高点出现在 75 岁以后。教育支出的第一个支出高点出现在 25 岁以下，第二个在 45～54 岁之间，分别对应消费者自己接受教育和子女接受教育的年龄阶段。最后，医疗保健支出随年龄的增长而单边增加。

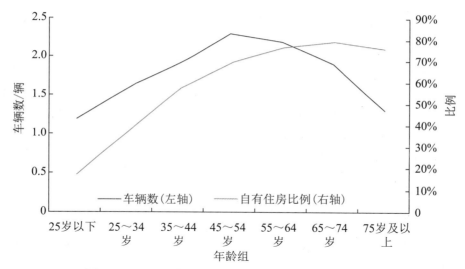

图 3-20-13　不同年龄组家庭车辆拥有量和自有住房比例

资料来源：美国人口普查局。

（2）日本消费者生命周期内的消费变化

再以我们的近邻日本为例，如图 3-20-14 所示，日本消费者生命周期中的消费高峰出现时间大约在 50～59 岁，这主要是由于日本人口老龄化较为严重，日本人退休时间较晚，从而使得消费高峰后延。2018 年，日本政府批准了将退休年龄提高到 70 岁以后的计划，日本消费者消费高峰还可能进一步延后。

分类来看，如图 3-20-15，不同类别消费支出在各年龄阶段有着显著的差别。其中，食品支出占据日本消费者日常消费的最大比例，接近总消费支出的四分之一。食品消费在 50 岁以前逐步增加，并在 50～59 岁时达到高点，之后便逐步下降。由于刚工作的年轻人租房需求较大，居住支出在 29 岁及以下组达到最高，之后随着年龄增长下降。交通和通信、衣着、文化娱乐类消费在 40 岁以前逐步增加，并在 40 ～ 49 岁时达到顶峰，之后逐步下降。教育支出也在 40 ～ 49 岁时达到顶峰，但与其他消费缓慢下降不同的是，由于子女在户主 60 岁后已经参加工作并组建自己的家庭，教育支出在户主 60 岁之后降至接近于零的水平。医疗支出随着年龄的增长而增加。家具及家庭设备在 70 岁前都保持增长，并在 60 ～ 69 岁达到顶峰。作为日常生活中的刚性支出，生活燃料、水电支出在 40 岁之后相对稳定。

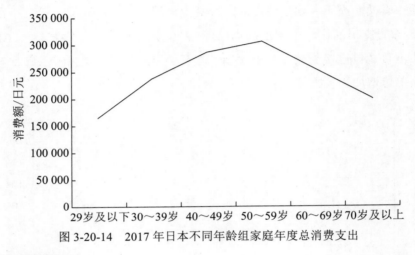

图 3-20-14　2017 年日本不同年龄组家庭年度总消费支出

资料来源：日本统计局。

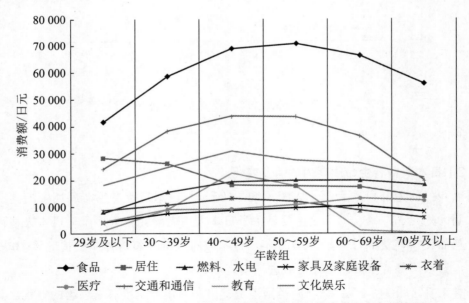

图 3-20-15　2017 年日本家庭按户主年龄分组的各类消费支出变化情况

资料来源：日本统计局。

（3）中国消费者生命周期内的消费变化

具体到中国来说，虽然按照我国法律规定，年满 16 周岁就可以参加工作，但实际上随着受教育年限的提高，我国劳动人口首次就业时间要在 20 岁左右，而且还可能进一步提高。同时，根据 2017 年人社部的数据[①]，目前我国平均退休年龄仅有 54 岁左右，要早于美国的 64 岁，更是远低于日本。由于收入是决定支出的重要因素，较早退休不仅意味着收入水平的下降，而且还会使消费者提前进入防御性储蓄阶段，倾向于减少支出，所以我国典型消费者的消费高峰期要比美国短一些。不过未来随着我国落实延迟退休改革，退休年龄也将逐步增加，消费高峰期也将拉长。

与美国消费者生命周期的"单峰"模式不同，中国消费者最大的特点在于其生命周期内消费可能存在两个消费支出高峰，所以也被称为"双驼峰"[②]，即中国人均家庭消费在年轻时期与中年时期各自有一笔显著的大额消费。研究显示[③]，我国居民家庭消费总体上表现为少年和老年时期消费较低，中年消费较高，中年时期消费存在两个消费高峰，分别是 30 ～ 34 岁和 45 ～ 49 岁，基本对应于结婚成家并养育婴幼儿以及子女接受高等教育的阶段[④]。在消费者的整个生命周期内，产品消费在各个阶段体现出不同的特点：

首先，"民以食为天"，食品支出是消费支出的大头，占总消费的比重随年龄增大呈"U"形变化，表明少儿和老人在食品方面的消费比重比成人要高一些，但作为维持生存所必需的"刚性"消费，食品消费是各类消费中变动幅度最小的一类支出。

其次，衣着、居住、家庭设备及服务、交通和通信四类消费占比呈现随年龄增长先扩大、后缩小的规律，在青年与中年时期支出较高、少儿和老年时期支出较低。其中，衣着、交通和通信在中年阶段支出较高与工作因素密切相关，比如，职场上的衣着要求更加注重款式、品质和品位，上下班通勤和工作中的业务联系更加频繁，这都使得三类消费在这一年龄阶段支出较高。30 ～ 40 岁的消费者在衣着方面的消费比重最高，比如《2017 年我国服装行业市场现状及发展趋势分析》报告显示，31 ～ 40 岁城市女性个人的服装开支位居各年龄段之首。居住、家庭设备及服务消费占比在 25 ～ 34 岁达到顶峰，

---

① 引用自《我国的平均退休年龄在 54 岁左右》，中青在线，2017-03-07.

② 由于我国官方并未公布分年龄组的家庭消费支出结构数据，所以对消费者生命周期消费特征的分析主要基于学者们已有的研究，其数据主要基于北京大学、西南财经大学等开展的家庭调查数据，时间节点在 2010 年前后。

③ 朱勤、魏涛远（2015）、茅锐、徐建炜（2014）分别利用不同的数据来源，分析了不同年龄结构人均对不同类型消费品的支出情况，得出了一些相似的结论。

④ 相关研究详见：朱勤，魏涛远. 中国人口老龄化与城镇化对未来居民消费的影响分析 [J]. 人口研究，2016，40（6）：62-75；朱勤，魏涛远. 中国城乡居民年龄别消费模式量化与分析 [J]. 人口研究，2015，39（3）：3-17；茅锐，徐建炜. 人口转型、消费结构差异和产业发展 [J]. 人口研究，2014，38（3）：89-103；乐菡. 人口年龄结构变动对居民消费需求的影响研究 [J]. 上海经济，2018（3）：71-85；陈佳瑛. 中国改革三十年人口年龄结构变化与总消费关系研究 [J]. 人口与发展，2009，15（2）：11-19.

这主要归因于年轻人毕业参加工作，买房买车以及养育儿女带来的相关消费支出增加。

再次，医疗保健消费随着消费者身体机能的改变呈现"U"形变化。婴幼儿阶段由于身体免疫机能还不完善，抵抗疾病的能力较弱，医疗保健消费比例较高。但进入青少年阶段后，医疗保健消费比例迅速降低，15～19岁降至整个生命周期的最低点。中年之后医疗保健消费明显上升，老年时期达到最高支出水平。

最后，教育和文化娱乐消费占比变化呈现出"双驼峰"的特点，其中两个消费峰值出现在20～24岁和45～49岁，分别对应于消费者自己以及为人父母后子女接受高等教育时的年龄，教育支出较高。同时，文化娱乐消费在不同年龄阶段也有所差异，有调查显示[①]，我国电影消费者年龄主要集中在18～29岁，以年轻大学生及年轻白领为主。而根据旅游行业的相关研究报告[②]，由于35～45岁左右已进入事业稳定期，具备较强的经济基础而且精力充沛，出游的比例明显高于其他年龄阶段人群。

因此，我们也可以大体勾画出一个典型中国消费者的消费生命周期曲线（见图3-20-16）。当消费者呱呱坠地，处于婴幼儿时期时，主要的消费支出是食品和医疗，总支出较低。进入青少年阶段之后，食品和医疗支出的比重下降，教育方面的支出比重明显增加，总消费支出也逐步提高。在20岁前后毕业参加工作，有了工资收入后的消费支出进一步增加，25～34岁进入成家立业的阶段，用在家庭、工作上的花销大幅增长，家居、家庭设备以及衣着、交通和通信支出都达到整个生命周期高点，这也推动总消费支出达到消费者生命周期中的第一个峰值。

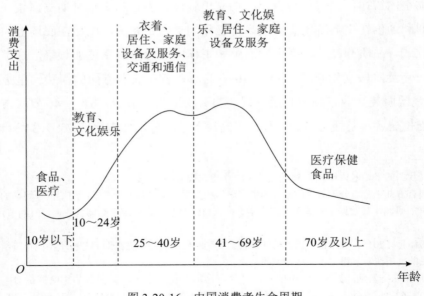

图3-20-16　中国消费者生命周期

①　参见《中国电影消费者消费市场调查分析》《2019年度中国影视内容消费者研究年度报告》。
②　参见《2015年在线旅游市场白皮书》《2017年中国旅游消费行业各级城市及各年龄段消费能力分析》。

40～50岁后，典型消费者的事业进入稳定期，收入也达到生命周期高点，开始享受生活，旅游等休闲方面的支出增加，而且子女已进入读高中和大学阶段，教育支出占比再次上升，总消费支出达到第二个峰值。50岁以后，典型消费者更加注重养生和保健，医疗、食品方面的支出占比增加，特别是医疗支出随着逐步走向生命的尽头，达到整个生命周期的最高点，但总消费支出则由于其他方面的需求下降以及退休后收入减少逐步降低。

2. 人口老龄化趋势下消费如何变化

根据联合国2019年《世界人口展望》的预测，如图3-20-17所示，在中等生育率水平的假设条件下，我国人口峰值出现在2030年前后，达到14.6亿人。其中，少儿人口（0～14岁）和劳动年龄人口（15～64岁）将明显减少，老年人口（65岁及以上）比重显著增加，由此也将带来需求结构的巨大变化。

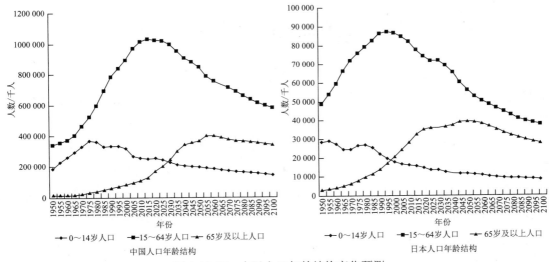

图3-20-17 中日人口年龄结构变化预测

资料来源：联合国。

对我国未来人口年龄结构变化颇有借鉴意义的国家无疑是日本。由于日本经济在20世纪90年代陷入长期低迷，人均GDP徘徊于4万美元上下。同时，日本劳动年龄人口峰值出现1995年前后，65岁以上人口在2000年后超过年轻人，呈现出老龄少子化的特点。所以在收入水平相对稳定的情况下，20世纪90年代以来日本家庭消费结构的变化一定程度上能够反映人口年龄结构改变对各类消费品消费的长期影响。

自20世纪90年代初起，日本家庭消费中食品、衣服鞋类、教育消费支出持续下降，居住方面的支出在90年代中期也进入下行轨道。实现支出规模增长的主要有交通通信、医疗护理、家具家电。其中，交通通信的增长主要得益于信息技术发展带动了通信支出的增加，交通出行方面的支出实际上是下降的。文化娱乐、家具家电支出虽然在21世纪初有所增长，但 2010 年后文化娱乐出现了持续的下降，家具家电支出增长也极为缓慢。除通信支出外，实现稳定持续增长的只有医疗护理支出，这与日本人口老龄化的不断加深密切相关。

我国在 2014 年后也进入劳动年龄人口绝对规模下降的阶段。2030 年后老年人口数量将超过少儿。人口年龄结构的变化将对我国未来的消费结构产生深远影响。这意味着在不考虑收入增长以及技术进步对消费影响的情况下，单从人口年龄结构转变看，随着人口老龄化的发展，未来我国食品、服装、交通、教育、居住等方面的消费将逐渐趋向饱和，家具家电、文化娱乐方面的需求在前面几项支出达到拐点后仍能保持一段时间的增长，但随着人口老龄化的进一步加深也将实现饱和。未来有望持续扩大的主要是医疗保健方面的消费需求。

三、消费升级与产业结构的调整

传统经济理论更多从科技进步、要素资源禀赋等方面解释产业结构的变化，而消费会形成的新的需求，对产业的调整和升级起着导向作用，进而从需求端推动了产业结构的演变。

如表 3-20-1 所示，在经济增长初期，人均收入很低，只能够消费得起日常的生活必需品，所以农业是经济增长的主导产业，非农产业中的主导产业主要是食品、饮料、烟草、建材这些与人们最基本的生存需求吃和住相对应的部门。当生活必需品被满足后，随着收入水平的改善，食品消费虽仍是重点，但更加注重多元化，推动畜牧养殖以及食品加工行业进一步发展，同时，人们的消费重心向"穿"和"用"上转变，带动了工业部门中的纺织服装、家电制造等制造业的发展。

表 3-20-1　经济发展阶段与各阶段主要产业

工业化阶段	经济发展阶段	需　求	产　业
初级产品生产	传统社会阶段	解决基本的吃、穿、住需求	农业
工业化初期	为起飞创造条件阶段	满足基本需求基础上解决吃好、穿好的需求	食品、畜牧、纺织服装
工业化中期	起飞阶段	解决"用"的耐用消费品需求，并在此基础上进一步解决"住"和"行"的需求	钢铁、电力、化工、建筑、机械、家电、电子信息、汽车
工业化后期	走向成熟阶段		
后工业化社会	大宗高额消费阶段	满足物质上的需求后，追求精神上的享受	文化娱乐、休闲旅游、教育、医疗
发达阶段	追求生活质量阶段		

当经济进入工业化中期，城市化的快速发展和收入水平的进一步提高使得住房、汽

车等住和行方面的支出快速增长，对更高级制成品需求不断上升，使得资源转移到制造业中的高附加值行业转移，从而推动钢铁、电力、化工、汽车、电子信息制造等成为主导产业。之后，随着人均收入水平的进一步提高，人们开始不止满足于物质上的满足，开始追求精神上的享受，对休闲、旅游、教育等服务消费需求增加，经济增长的主导产业转向以服务业为主。

消费者对于更高质量和更具创新性产品的需求增加，客观上要求相应的产业要增加供给，以满足消费升级的需求转变。需求层次的跃升不仅能够推动相关产业的发展壮大，也会催生出一批行业中的龙头企业。美国 20 世纪 20 年代起私人汽车的普及带动了以通用、福特、克莱斯勒三大汽车公司为代表的汽车行业的繁荣；六七十年代"婴儿潮"一代推动美国消费文化出现显著转变，品牌化、品质化消费崛起，我们今天熟知的可口可乐、百事可乐、麦当劳以及宝洁、吉列等知名美国跨国企业都是在此间发展壮大起来。伴随消费升级而引起市场关注的美国"漂亮 50"概念股也是形成于这一时期。日本产业的发展也受到消费升级的影响。日本知名的丰田、本田等汽车企业以及东芝、索尼、夏普等家电企业，都是随着日本大众化消费阶段而逐步发展，并在进入品质化消费阶段在同行业企业中脱颖而出，成为行业中的佼佼者。

改革开放以来我国的产业结构变迁，也打上了居民消费升级的深刻印记。20 世纪 80 年代，居民在吃、穿方面的需求增长，促进了轻工业，尤其是纺织服装业的快速发展。到 80 年代中后期，对"新四件"的消费热潮带动了家电制造业的迅速发展以及海尔、长虹、海信等家电企业和品牌的崛起。90 年代，家电消费进一步多元化，电脑、手机等走进普通家庭推动了电子信息制造业和信息通信行业的发展，联想、长城等电脑制造以及波导、夏新等本土手机品牌家喻户晓。

进入 21 世纪，消费向出行、居住转型带动了房地产、汽车以及上游的钢铁、建材、机械、建筑等行业的发展，并使万科、恒大、万达等房地产以及吉利、长城、奇瑞、长安等自主车企逐步成长起来。同时，互联网时代的到来促进了信息消费以及在线消费模式的兴起，涌现出网易、新浪、腾讯、阿里巴巴、百度、华为等一批科技巨头。

2010 年后，我国居民对服务需求增加，推动了文化娱乐、信息通信、教育、餐饮旅游、医疗卫生等服务业的快速发展，催生出滴滴、美团、字节跳动、拼多多等独角兽企业。正是在这样的背景下，2017 年后，食品饮料、服装、医药保健、家电等主要消费行业中的龙头上市企业受到资金的追捧，形成了一波消费"白马股"行情，反映了市场对我国消费升级的预期。

收入水平的提高、人口老龄化的深化以及新一轮科技革命的发展将在未来从需求侧引导着我国产业结构升级的方向。

从收入提高的角度看，我国有望在"十四五"时期进入高收入国家的行列，人均

GDP 在 2035 年达到中等发达国家水平。随着我国居民收入水平的提升，中等收入群体扩大，消费需求将进一步向服务消费和品质消费升级，收入效应在中期内将占据主导，大众餐饮、文化娱乐、休闲旅游、教育培训等服务业具有较大增长前景，从而有利于服务业和各行业内部龙头企业的发展。

从人口老龄化的角度看，长期内人口年龄结构变化效应将发挥更重要作用。持续加深的老龄化结构将使食品、服装、住房、汽车、家电、文化娱乐、教育等以适龄劳动力人口为顾客的商品需求量下降，但同时也会催生巨大的"银发经济"市场，其中为满足"老有所养、老有所医"需求的养老服务和医疗保健是最具成长前景的行业和领域。根据全国老龄工作委员会发布的《中国老龄产业发展报告》，2014—2050 年，中国老年人口消费规模将从 4 万亿元增长到 106 万亿元左右，GDP 占比从 8% 增至 33%，对服务老年人的企业而言，中国将是最大市场。

从科技进步的角度看，以数字化、网络化、智能化为特征的新一轮科技革命正在蓬勃兴起。20 世纪 90 年代以来，互联网、个人电脑、智能手机的出现和普及极大地改变了我们的生活方式，信息通信需求跨越各个年龄阶层，成为日常消费中不可或缺的组成部分，尤其是智能手机和移动互联网的发展，推动了信息消费在个人消费支出中的占比不断上升。未来以 5G、大数据、云计算、人工智能等为代表的新一代信息技术将更为深入渗透到我们的日常生活中，相关方面的消费支出占比也有望进一步提升。基于我国庞大的人口基数以及多元化的应用场景，信息通信和智能设备制造以及软件开发、信息技术服务等行业也将在未来具有广阔的成长空间。

第二十一章
经济增长中的城乡结构变化
▼

城乡结构是产业结构在人口居住地域上的反映。作为现代经济发展的载体，城市是非农业生产活动以及从事非农产业人口集聚的地方。经济增长过程中，城市与乡村的边界是不断变化发展的，由此带来了城乡结构的调整。伴随着现代经济部门的扩张，农村剩余劳动力从农村向城市持续转移，城市的规模不断扩大，数量逐渐增多，城市人口占比越来越高，这一个过程被称为城市化。在我国，统计上城乡的划分是以民政部门确认的居民委员会和村民委员会辖区为依据[①]。由于城市包括了城区和镇区两部分，城市化在我国也被称为城镇化。

一、城市化率的"S"形变化规律

城市化与现代经济部门的成长是同步的，经济越发达，城市化率越高。城市化水平的高低通常用城市化率来衡量，也就是城市人口占总人口的比重。根据 2017 年世界银行 195 个国家和地区的城市化率和人均 GDP 数据，如图 3-6-1 所示，经济发展水平与城市化率存在正向的相关关系。在这些国家中，高收入国家城市化率达到了 80% 以上，比如日本城市化率超过了 90%，美国、英国、韩国的城市化率在 80% ~ 84% 之间，欧洲发达国家城市化率相对较低，但平均也在 76% 以上。低收入国家城市化率则在 33% 以下，斯里兰卡、卢旺达、马拉维、巴布亚新几内亚这些国家城市化率不足 20%。

从图 3-21-1 中也可以观察到，在经济发展水平较低时，人均 GDP 的小幅增加就会带来城市化率大幅提升，而当经济发展到一定程度时，城市化率提升的速度会明显放缓。在城市化进程研究中引用较多的是诺瑟姆关于城市化发展的"S"形曲线及其三阶段划分的思想。按照其总结的规律，城市化水平随经济增长呈现出"S"形变化（见图 3-21-2）。其中，城市化率低于 25% ~ 30% 时被称为城市化的初始阶段。这一时期城市化水平低，而且城市化的速度极为缓慢，对应于钱纳里标准模型的工业化前期阶段。第二阶段是城市化快速发展的阶段，城市化率在较短的时间内从初期的 30% 提高至

---

① 国家统计局.统计上划分城乡的规定 [EB/OL]. http://www.stats.gov.cn/tjsj/tjbz/200610/t20061018_8666.html，2006-10-18.

70% 左右,对应于标准模型中的工业化阶段。当城市化率超过 70% 后,城市化速度显著放缓,城市化率逐渐趋于稳定,这一阶段也被称为最终阶段,对应于后工业化时期。

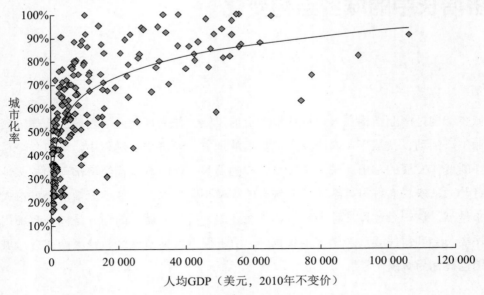

图 3-21-1　城市化率与经济发展水平的关系

资料来源:世界银行。

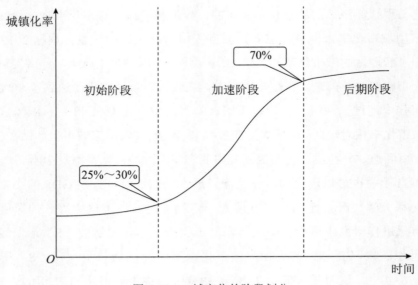

图 3-21-2　城市化的阶段划分

　　如图 3-21-3 所示,韩国、我国台湾地区城市化率从 20 世纪 50 年代的不足 30%,到 80—90 年代提升至 70% 以上。日本城市化率在 20 世纪 30 年代中期就超过了 30%,但持续的城市化率上升出现在"二战"之后,到 20 世纪 60 年代末 70 年代初,日本城市

化率超过了 70%。参照这些国家和地区的工业化历程可以发现，城市化加速发展阶段的
起步和结束时点基本与工业化进程开启和结束的时点相一致。

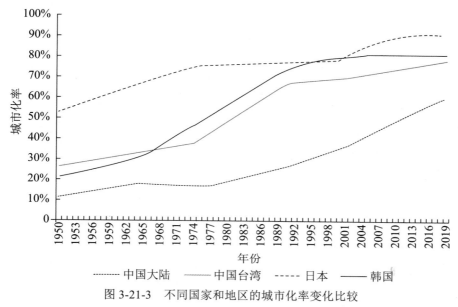

图 3-21-3　不同国家和地区的城市化率变化比较

资料来源：联合国。

二、中国改革开放以来的城镇化进程

　　我国的城镇化进程起步于中华人民共和国成立后，1949 年底，我国 5.4 亿总人口中
只有 5765 万人居住在城镇，城镇化率只有 10.6%。此后，由于我国实行的是一条重工
业优先发展的道路，政府通过严格的户籍制度控制农村人口向城镇转移，所以城镇化发
展显著滞后于工业化水平，1978 年，我国城镇化率仅为 17.9%。改革开放后，随着我国
城乡经济体制改革和市场经济的发展，城乡分割和隔离的二元体制逐渐被打破，城乡之
间劳动力的流动日益增多，城镇化进程开始加速。

（一）我国城镇化的发展阶段

　　城镇人口增长有两个来源：一是城镇人口的自然增长；二是城镇人口的机械增长，
即农村人口迁移导致的城市人口增长。我国城镇人口自 20 世纪 80 年代以来就进入了“低
出生率、低死亡率和低自然增长率”阶段，城镇人口增长主要是农村人口迁移所致。工
业化引起的产业聚集是人口聚集的直接动力。按照我国的工业化进程，结合国际上对城
镇化阶段的划分标准，分别以 30% 和 50% 为分界点，改革开放后我国的城镇化进程可

以分为三个阶段。

第一个阶段是 1978—1995 年,是我国城镇化从起步到加速的过渡阶段,年均提高 0.65 个百分点。十一届三中全会后,我国开始放松户籍管理制度。1984 年,国务院印发《关于农民进入集镇落户问题的通知》,允许务工、经商、办服务业的农民自理口粮到集镇落户。这一时期由于农民外出务工以"离土不离乡""进厂不进城"为主,劳动力向城市转移的速度较慢,而且城镇化以就近城镇化为主,主要带动了小城镇的发展。进入 90 年代,尤其是党的十四大后,东部沿海地区经济发展加快,农民外出务工规模逐步增加,并开始打破"离土不离乡"的束缚,逐步跨出镇界、县界、省界,城镇化进入新的发展阶段。1995 年,城镇化率达到 29%,接近加速阶段的门槛值。同时,受户籍制度约束,常住人口城镇化率和户籍人口城镇化率的差距开始拉大。

第二个阶段是 1996—2010 年,我国城镇化率越过 30%,进入城镇化快速发展的阶段,年均提高 1.39 个百分点。随着改革开放的进一步深化,农村剩余劳动力转移加速,20 世纪 90 年代后期,珠三角、长三角等城市群逐步成形,城市集聚效应明显。进入 21 世纪,随着入世后我国经济进入新一轮快速增长周期,人口进一步向大城市和中心城市集聚。城镇化率从 1996 年的 30.48% 提高到 2010 年的 49.95%。但同时,常住人口城镇化率和户籍人口城镇化率的差距进一步扩大。

第三个阶段是 2011 年底至今,城镇化仍处于快速发展阶段,但城镇化的重点转变为农业转移人口的市民化。根据第七次全国人口普查的结果,2020 年我国城镇化率达到 63.89%,年均提高 1.42 个百分点。由于农业剩余劳动力已基本转移殆尽,外出务工人口增长规模开始下降,而户籍人口城镇化进程滞后,以 2014 年发布的《国家新型城镇化规划(2014—2020 年)》以及《国务院关于进一步推进户籍制度改革的意见》为标志,农业转移人口市民化成为这一时期城镇化的重点。截至 2020 年底,通过放开或放宽落户限制,"十三五"期间我国实现了 1 亿左右农业转移人口在城镇落户的目标。同时,以城市群为主体的城镇化格局进一步凸显,"19+2"[①] 的城市群格局基本形成,2018 年底,19 个城市群承载了我国 78% 的人口,贡献了近 90% 的 GDP[②]。

(二)我国城镇化未来一段时间仍将处于快速发展阶段

当前,我国常住人口镇化率与发达国家 80% 的水平仍有较大距离,距离城镇化加速阶段结束 70% 的界限值也有一定差距,也略低于中等偏上收入国家 66.6% 的平均水平,

①　"19+2"是指京津冀、长三角、珠三角、山东半岛、海峡西岸、哈长、辽中南、中原地区、长江中游、成渝地区、关中平原、北部湾、晋中、呼包鄂榆、黔中、滇中、兰州—西宁、宁夏沿黄和天山北坡 19 个城市群,还有以拉萨、喀什为中心的两个城市圈。

②　国家发展改革委. 涉及十几亿人的城镇化　驶上科学健康正确的轨道 [EB/OL]. http://www.ceh.com.cn/cjpd/2020/11/1326246.shtml,2020-11-17.

户籍人口城镇化率 2020 年更是仅有 45.4%。"十四五"规划提出，"十四五"末期我国常住人口城镇化率将提高到 65%。考虑到接近城镇化后期，城镇化速度将有所放缓，以每年提高 1 个百分点计算，我国城镇化率有望在 2030 年前后超过 70%。中国社会科学院发布的《城市蓝皮书：中国城市发展报告 No.12》预计，到 2030 年我国城镇化率将达到 70%，2050 年达到 80%[①]。因此，根据世界城镇化发展的一般规律，至少在 2030 年之前，我国仍将处于城镇化的快速发展阶段。

我国常住人口城镇化率与产业发展基本相匹配，当务之急是解决由于户籍制度导致的户籍人口城镇化率低于常住人口城镇化率的问题。

首先，农民工收入已经显著提高，有扩大消费的能力。近年来，随着我国农村剩余劳动力从无限供给向有限供给转变，农民工工资上涨带动进城务工人员收入持续增加。2018 年农民工监测调查报告显示，2018 年我国农民工平均月收入 3721 元，其中外出农民工平均月收入为 4107 元，相当于年收入近 5 万元，而 2018 年我国城镇居民人均可支配收入为 39 251 元，按照城镇家庭每户 2.86 人计算，夫妻都外出务工的农民工家庭收入仅比城镇家庭年收入低 1/10 左右，远高于非外出务工的农村家庭收入。

其次，新生代农民工已经成为农民工群体的主体，有较强的在城市落户意愿。根据 2018 年农民工监测调查报告，1980 年及以后出生的新生代农民工占全国农民工总量的 51.5%，其中"80 后"占 50.4%，"90 后"占 43.2%。此前国务院发展研究中心课题组[②]的调查表明，新生代农民工中高达 79.2% 的人没有从事过农业生产，他们的就业技能和生活方式已经与城镇相融合，回乡务农和定居的可能性不大，约九成农民工表达了市民化意愿。

因此，以农民工群体为代表的流动人口有市民化意愿，而且有扩大消费的能力，只是由于制度性因素受到了抑制，所以当务之急是推动户籍人口城镇化率的提高。以 2020 年城镇常住人口与户籍人口计算，二者相差 2.6 亿。根据国务院发展研究中心课题组的测算，我国每年市民化多 1 千万人口可使经济增长速度提高约 1 个百分点。所以推动流动人口市民化将给我国经济带来巨大的发展潜力。

近年来，我国户籍改革步伐不断加快，全面取消落户限制的城市从城区常住人口 100 万人以下的中小城市和小城镇，到城区常住人口 100 万～300 万人的Ⅱ型大城市，再到 2021 年扩展至城区常住人口 300 万人以下的城市。

专栏　　　　　　　　　**我国的城市规模划分标准**

改革开放后，我国在 1980 年首次对当时国家建委《关于当前城市建设工作的

---

① 引用自《蓝皮书：预计 2030 年我国城镇化率将达到 70%》，中国社会科学网，2019 年 10 月 30 日。
② 韩俊. 农业转移人口的市民化 [EB/OL]. http://www.50forum.org.cn/home/article/detail/id/539.html，2012-11-28.

情况和几个问题的报告》中的城市划定标准做出修改，将城市规模分为四个等级。1989 年出台的《中华人民共和国城市规划法》再次进行了修改。此后，我国一直沿用这一分类方法。2014 年 11 月，国务院发布了《关于调整城市规模划分标准的通知》（国发〔2014〕51 号），对原有城市规模划分标准进行了调整，按照新标准，以城区常住人口为统计口径，全国城市被划分为五类七档：

城区常住人口 50 万人以下的城市为小城市，其中 20 万人以上 50 万人以下的城市为 I 型小城市，20 万人以下的城市为 II 型小城市。

城区常住人口 50 万人以上 100 万人以下的城市为中等城市。

城区常住人口 100 万人以上 500 万人以下的城市为大城市，其中 300 万人以上 500 万人以下的城市为 I 型大城市，100 万人以上 300 万人以下的城市为 II 型大城市。

城区常住人口 500 万人以上 1000 万人以下的城市为特大城市。

城区常住人口 1000 万人以上的城市为超大城市。

尽管许多中小城市基本实现落户零门槛，流动人口市民化的难点依然是大型和特大型城市人口落户难。根据住建部的数据，2019 年，全国有 21 个城市城区人口超过 300 万人。如图 3-21-4 所示，300 万～ 500 万人之间的 I 型大城市有 11 个，500 万～ 1000 万人的特大城市有 5 个；上海、北京、深圳、天津、重庆 5 个城市城区人口超过 1000 万人。在 5 个超大城市中，除了重庆户籍人口超过常住人口外，其余 4 个城市常住人口均大大超过户籍人口数，2018 年超过部分之和达到 3000 万人。

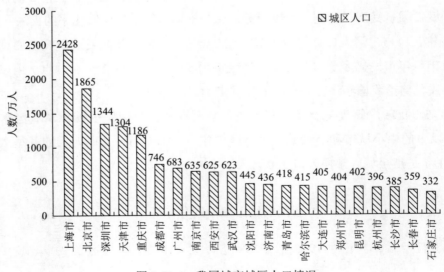

图 3-21-4　我国城市城区人口情况

资料来源：2019年城市建设统计年鉴。

三、城镇化与基础设施、住房投资前景

（一）城市化与基础设施投资

人口聚集到城市，自然就增加了对水电、交通、医疗、教育等方面公共基础设施的需求，所以城市化水平的提升相应地要求公共基础设施投资增加。同样，城镇基础设施的完善也有利于吸引人口流入城市，提高城市化率。从图 3-21-5 中可以看到，我国基础设施投资超前于城镇人口的增长 2～3 年，但考虑到基础设施从资金投入实际建成还存在一定的时间差，所以我国的城市化速度与基础设施的增长基本保持同步。

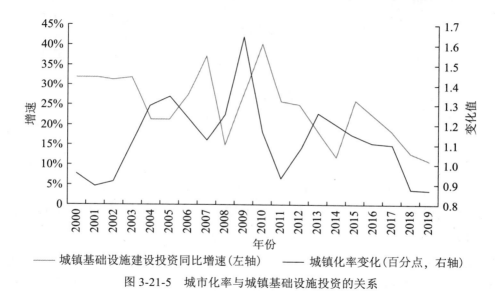

—— 城镇基础设施建设投资同比增速(左轴)　—— 城镇化率变化(百分点，右轴)

图 3-21-5　城市化率与城镇基础设施投资的关系

资料来源：国家统计局。

但从公共基础设施的存量看，我国人均基础设施资本存量和发达国家相比还有比较大的差距，仅相当于发达国家的 20%～30%，城市交通、电力、通信、供水、排污、垃圾处理等经济性设施建设仍存在短板，地区之间发展不平衡的现象仍然较为突出。如图 3-21-6 所示，西部地区城市供水和燃气普及率、路网密度、污水和垃圾处理率等指标低于东部、中部城市。人口城市化带来的对教育、文化、医疗、体育、养老等公共服务需求的迅速增长也使得社会性基础设施不足的问题表现得较为突出，上学难、看病难成为社会关注的热点。

大型和特大型城市人口落户难，背后是大型和特大型城市与中小城市间公共基础设施的不均等问题。根据盈石研究中心发布的《中国城市基础设施竞争力》指数排名，国内 347 个城市中一线城市的基础设施竞争力显著高于其他城市，上海、北京尤为明显。

因此，中小城市不仅要落户制度放开，还要进一步加强基础设施的建设，尤其是公共服务设施的建设，吸引大城市流动人口在中小城市就业和落户。

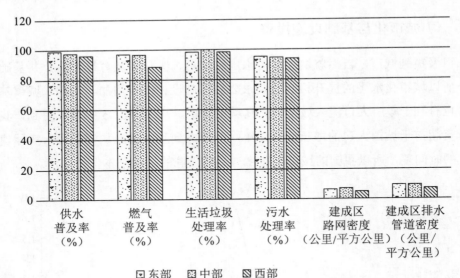

图 3-21-6　2018 年东中西部城市基础设施情况

资料来源：城市建设统计年鉴。

所以从我国所处的城镇化发展阶段以及现有的公共基础设施存量水平看，基础设施领域仍然有比较大的投资空间。其中，经济性基础设施虽然仍将是基础设施投资的重要方向，但为了满足城市居民对社会公共服务快速增长的需求，资金将更多地转向社会性基础设施，向中小城市倾斜。此外，除了传统的基建项目外，随着以数字经济为代表的新经济迅速发展，与之相配套的新型基础设施建设需求也将快速增长。中国电子信息产业发展研究院发布的《"新基建"发展白皮书》中预计，到 2025 年，新基建直接投资将达 10 万亿元左右，带动投资累积或超 17 万亿元。相当于 2019 年中国 GDP 总量（99.08万亿元）的 10%～17%。

专栏　　　　　　　　　　新型基础设施的范围

2018 年 12 月，中央经济工作会议首次提出"新型基础设施建设"的概念。2020 年 4 月，国家发改委进一步明确了新基建概念范围 ①。主要包括：

---

① 国家发改委. 国家发改委举行 4 月份例行新闻发布会 [EB/OL]. http://www.scio.gov.cn/xwfbh/gbwxwfbh/xwfbh/fzggw/Document/1677563/1677563.htm, 2020-04-20.

　　一是信息基础设施。主要是指基于新一代信息技术演化生成的基础设施，比如，以5G、物联网、工业互联网、卫星互联网为代表的通信网络基础设施，以人工智能、云计算、区块链等为代表的新技术基础设施，以数据中心、智能计算中心为代表的算力基础设施等。

　　二是融合基础设施。主要是指深度应用互联网、大数据、人工智能等技术，支撑传统基础设施转型升级，进而形成的融合基础设施，比如智能交通基础设施、智慧能源基础设施等。

　　三是创新基础设施。主要是指支撑科学研究、技术开发、产品研制的具有公益属性的基础设施，比如重大科技基础设施、科教基础设施、产业技术创新基础设施等。

（二）城市化与住房投资

　　城市化必然带来流入人口对住房的巨大需求。研究发现，住房投资占 GDP 的比重，也被称为 SHTO 值（the Share of Housing Investment as a Percentage of Total Output），与经济发展水平之间存在倒"U"形关系（见图 3-21-7）：当人均收入较低时，SHTO 值较低；随着经济发展水平的提升，城市化快速推进，SHTO 值不断增加，当经济发展到一定阶段时，SHTO 值达到最高点；之后，SHTO 值又会随着经济的增长而下降，发达国家 SHTO 值一般稳定在 3% ～ 5%[①]。

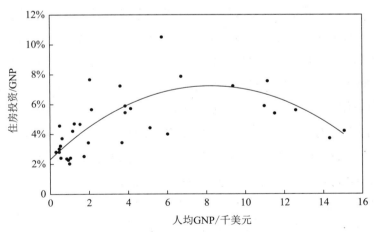

图 3-21-7　住房投资占 GNP 比重与人均 GNP 之间的关系（1976 年）

资料来源：World Bank. Housing：Enabling Markets to Work[M]. World Bank：Washington，DC，USA，1993.

---

① 　Burns L S，Grebler L. Resource Allocation to Housing Investment：A Comparative International Study[J]. Economic Development and Cultural Change，1976，25（1）：95-121.

从日本和韩国的经验来看，如图 3-21-8 所示，两国快速城市化进程分别结束于 20 世纪 70 年代中期和 90 年代中期，城市化率均上升至 75% 左右。与之相应地 SHTO 值也达到峰值，只不过韩国 SHTO 最高时接近 30%，而日本不到 10%。当城市化进入缓慢发展阶段之后，两国 SHTO 值便持续下降。这意味着，在城市化加速阶段，房地产投资的增速通常要高于 GDP 名义增速。而城市化进入后期阶段后，房地产投资的增速将降至 GDP 名义增速以下。

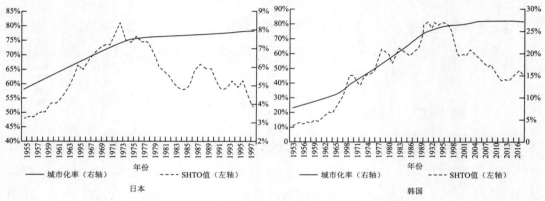

图 3-21-8　日本、韩国城市化率和 SHTO 值变化

资料来源：日本统计局、韩国央行。

由于我国没有公布国民经济核算项目下的住宅投资数据，仅在全社会固定资产投资中有房地产企业开发投资数据，以住宅投资（剔除土地购置费）占 GDP 比重作为 SHTO 值的替代指标。如图 3-21-9 所示，自 1998 年住房市场化改革后，住房建设投资随着城市化进入快速发展阶段保持了较快的增长势头，占 GDP 的比重也不断提高，与城市化率基本保持了同步提升，2013—2014 年接近 10%。此后，由于房地产调控力度加大，除了需求端的限购政策外，在供给端也降低了房地产用地的供给（见图 3-21-10），这在抑制房价过快上涨的同时，也导致了房地产投资增速放缓，占 GDP 比重有所下降。2017 年后，随着土地供给回升，住宅投资占 GDP 比重随之实现反弹。

在土地供应得到充分保障的情况下，按照 SHTO 值的倒"U"形变化规律，至少在 2030 年城市化率达到 70% 之前，我国房地产投资增长虽然会随着城市化进程的放缓有所减慢，但仍有望继续高于 GDP 名义增速，房地产投资占 GDP 的比重将继续提升。

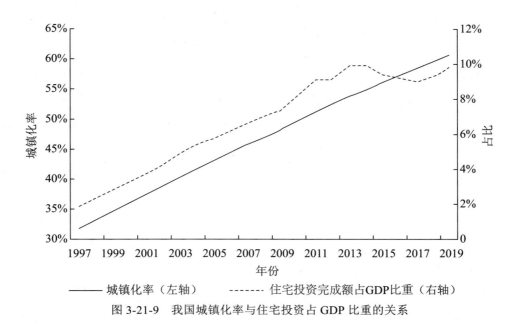

图 3-21-9　我国城镇化率与住宅投资占 GDP 比重的关系

资料来源：国家统计局。

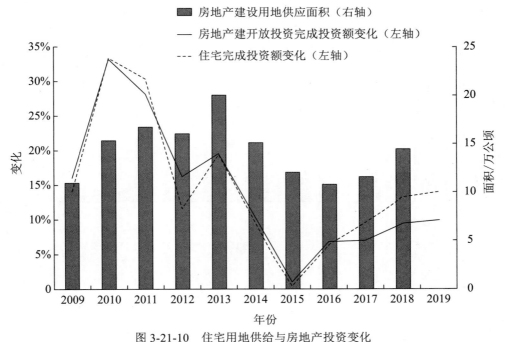

图 3-21-10　住宅用地供给与房地产投资变化

资料来源：国家统计局。

四、城镇化与未来的城市竞争

随着我国农村转移人口增长放缓，劳动年龄人口下降，近年来，越来越多的城市出台"人才政策"，不断降低落户门槛，从抢人才逐步演变为抢人口，上演了一出出"抢人大战"。毕竟只有持续的人口流入，才能为产业升级和科技创新提供充足的人力人才供给，才能为扩大内需消费夯实基础。在现行的土地财政政策下，人口的流入还意味着新增的住房需求，客观上会带动地方政府财政收入的增加。同时，年轻人口的流入还有助于改善城市人口的年龄结构，缓解现收现付制下的社保收支压力。

从我国主要城市常住人口的变化看，近年来人口流向出现了明显的变化，如图3-21-11所示，珠三角、长三角以及中西部地区的西安、成都、重庆、郑州等城市人口净流入出现了明显的增长，而北方城市中，除了北京因非首都功能疏解常住人口出现减少外，其余北方城市对人口的吸引力也出现了显著下降。比如天津"十二五"期间年均增长接近50万人，而"十三五"以来年均增长不足4万人。东北地区的哈尔滨、长春更是延续了人口外流的态势。

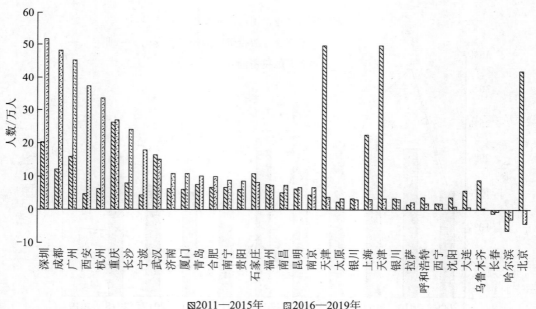

图3-21-11　主要城市常住人口年均变化

资料来源：万得资讯。

前面提到过，房价与人口密切相关。持续的外来人口流入，对流入城市的房价产生了较大的上涨压力。从图3-6-12中可以看到，2016—2019年间，我国常住人口净增长较多的城市房价涨幅也居于前列，而人口净流入少的城市，房价涨幅也较小。

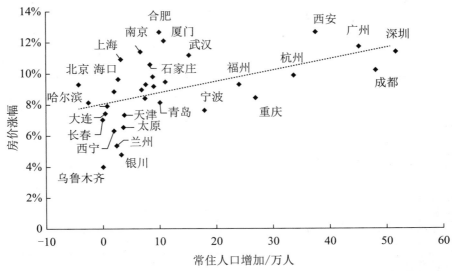

图 3-21-12 2016—2019 年部分城市人口增长和房价年均涨幅的关系

资料来源：万得资讯。

　　人口流向变化背后反映的是近年来我国经济出现的"南快北慢"现象。随着我国产业结构的转型升级，新一轮产业分工的调整带来了城市间竞争格局的转变。北方地区以传统的重工业为主，旧动能乏力，新动能青黄不接；而南方产业结构调整较早，近年来高新技术产业发展迅速，对人口的吸引力显著增强，比如杭州近年来互联网产业蓬勃发展，人才引进、落户政策不断升级，2019 年新增常住人口 55.4 万人，位居全国第一，人口集聚效应明显；成都、西安、重庆等中西部城市也因电子信息、汽车制造等产业的迅速发展，吸引人口持续净流入。

　　因此，抢人之后能否留住人，关键还要看是否有足够的产业基础做支撑，尤其是代表我国未来产业转型发展方向的知识和技术密集型产业。以我国 2019 年新设立的科创板为例，在科创板上市的企业基本都属于新一代信息技术、高端装备、新材料、新能源、节能环保以及生物医药等高新技术产业和战略性新兴产业。截至 2020 年 7 月 8 日的近一年时间内，科创板共有 121 家企业上市。从注册地址的地域分布看，如图 3-21-13 所示，这些企业主要集中在东部沿海和中部省会城市，其中长三角地区企业数量最多，其次是珠三角和京津地区。从城市看，除了北上广深科创板企业数量位居前列外，苏州、杭州上市企业数量分别达到 10 家和 6 家。中部地区的长沙、成都、西安、武汉也有 2 ～ 3 家企业。以管窥豹，如果北方城市不能加快实现产业的转型升级，未来我国长三角、珠三角以及武汉、郑州、成都、重庆、西安、合肥、长沙等中西部省会城市仍将是我国人口的主要净流入目的地，而且，随着产业配套和供应链在周边地区的发展和延伸，以这些中心城市为核心的城市群将成为我国城市化的主要载体。

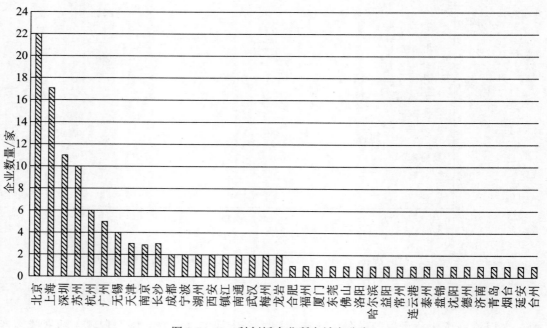

图 3-21-13　科创板企业所在城市分布

资料来源：万得资讯。

第二十二章

经济增长中的收入分配结构变化

收入分配是一个社会关注的热门话题，经济发展不仅带来了人均收入水平的提高，还会带动收入分配结构的动态变化。经济分析中关注的收入分配问题主要包含两类：一类是要素收入分配（factor distributions of income），也称功能收入分配（functional distribution of income），是指初次分配时国民收入在劳动、资本等要素之间的分配格局；另一类是个人收入分配（personal distributions of income），也称规模收入分配（size distributions of income），指的是再分配之后国民收入在个人之间的分配结果。下面我们分别对二者在经济增长过程中的变化规律进行分析。

一、要素收入分配结构的变化规律

从国民经济循环的角度，生产活动所创造的价值都会以要素报酬的形式返还到要素提供者的手中，这就产生了收入分配的过程。比如，劳动者通过提供劳动获得工资收入，银行通过提供资金获得利息收入，土地提供者通过提供土地获得租金收入等。此外，政府还通过向个人和企业征税的形式取得财政收入，这些收入加总起来就等于社会的总产出。各种要素收入在总产出中的比重就形成了要素收入分配结构。

按照要素收入主体，总收入可以划分为劳动者报酬、资本所得和政府对生产环节征收的税收三部分。其中，由于政府税率是人为确定的，在不做调整的情况下，政府税收比重可以视为总产出中一个的固定比例。在长期经济增长过程中，随着人均收入水平提高会出现变化的是劳动者报酬和资本所得的比重，因为二者是此消彼长的关系，所以只需观察劳动或者资本要素报酬占比任意一项的变化即可。

研究发现，随着经济发展水平的提高，初次分配中劳动报酬的份额呈现"U"形变化规律（见图 3-22-1），也就是劳动报酬份额先下降后上升，转折点出现在人均 GDP 达到 6000 美元左右（2000 年购买力平价）或 5850 国际元[①] 左右（2000 年不变价）[②] 的时候。

---

① 国际元是多边购买力平价比较中，将不同国家的货币转换为统一货币的方法。

② 详见：李稻葵，刘霖林，王红领 . GDP 中劳动份额演变的 U 型规律 [J]. 经济研究，2009，44（01）：70-82；李琦 . 经济发展中劳动份额演变的 U 型规律——理论与基于跨国面板数据的实证检验 [J]. 世界经济与政治论坛，2016（6）：104-118. 其中，李稻葵等人计算的拐点为 6000 美元（2000 年购买力平价），李琦为 5850 国际元左右（2000 年不变价）。

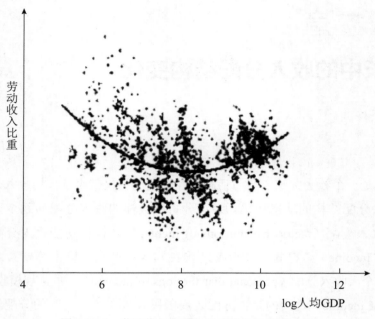

图 3-22-1　劳动收入比重与经济增长阶段的关系

注：散点图中数据为全球122个国家和地区的人均GDP与初次分配中劳动份额数据。

资料来源：李稻葵，刘霖林，王红领. GDP中劳动份额演变的U型规律[J]. 经济研究，2009，44（1）：70-82.

　　如果用 W 代表劳动报酬，Y 代表总产出，那么劳动报酬的份额可以表示为 W/Y。将分子分母同除以劳动力数量 L，并以 w、y 表示人均量，劳动者报酬份额 w/y 的变化依赖于人均工资水平 w 和人均产出 y 的相对变化速度。如果人均工资水平的增长快于人均产出（也就是劳动生产率）的提高速度，那么劳动者报酬的比重将会上升，反之则会下降。

　　在现代经济增长初期阶段，传统的农业部门仍占据主导地位，其生产和分配的特点是自给自足，产出除去缴纳税赋外，基本全部归自己所有，所以农业部门中劳动报酬的份额较高。随着现代部门的成长，农业部门产出占比下降。同时，大量农村剩余劳动力从农业部门转移到现代部门，虽然单位劳动产出 y 得到大幅度的提升，但由于剩余劳动力无限供给的特性，其工资水平仍是由农业部门的工资水平决定，这相当于 w 固定不变或者增长得十分缓慢，使得劳动报酬份额 w/y 降低，而且单位劳动生产率提高得越快，劳动报酬份额就越低。

　　即便现代部门已经吸收完农村剩余劳动力，劳动力工资开始上升，但如果上升幅度低于劳动生产率的提升速度，劳动收入占比依然会呈下降的趋势，只不过下降的速度会放缓。劳动收入占比的拐点将出现在工资收入增速超过劳动生产率增速的时候。这时由于劳动力越来越稀缺，而劳动生产率增长放缓，劳动收入占比将会逐步上升。当经济进入现代经济增长中的稳态时，由于劳动力的工资由其边际生产率决定，所以劳动收入的份额也将稳定在一个固定的水平。英国经济学家卡多尔（Kaldor）[①] 通过观察 20 世纪主要发达国家的经济增长，提出了六个"典型事实"，其中之一便是国民收入中资本份额和劳动报酬份额保持稳定。研究显示，发达国家劳动份额保持长期总体不变，基本处于 65% ～ 80% 之间 [②]。

二、改革开放以来中国的要素收入分配结构演变

我国劳动者报酬占比有两种计算口径。一种是根据资金流量表，将住户部门得到的劳动者报酬除以初次分配总收入。另一种是通过加总各省市收入法 GDP 中的劳动报酬，再除以 GDP 的总和。现有研究多使用后一种方法。由于全国数据从 1993 年开始，在此之前仅有北京、上海、广东和福建有支出法 GDP 分项统计数据，所以综合使用两种计算方法以及全国和四个省市的劳动报酬占比数据，可以更为全面地观察改革开放以来我国劳动收入分配占比的变化情况。

从图 3-22-2 中可以看到，尽管两种方法计算出的具体数值有所不同，但反映的变化趋势是基本一致的。1978—1992 年，劳动收入份额呈现上升的趋势。这一阶段正是我国开展农村家庭联产承包责任制改革以及乡镇企业快速发展时期，农民收入的大幅增长带动了劳动者收入占比的提高。1993 年之后，我国劳动报酬占比经历了一个"U"形变化过程，而这一阶段也正是我国工业化加速推进以及农村剩余劳动力大规模转移的阶段。拐点出现在 2003—2007 年，这时我国经济开始走出二元经济条件下的劳动力无限供给状态，出现民工荒和涨薪潮并愈演愈烈，2009 年之后这一现象更为凸显，从而带动了劳动者报酬占比的提升。由于北京、上海、广东和福建经济的现代化进程要快于全国水平，所以劳动者收入份额提高的速度要领先于全国，劳动报酬占比更高，2015—2017 年四省市劳动份额占比已经达到 50% 左右，全国水平则在 47% ～ 48%。资金流量表计算出的劳动报酬份额 2018 年为 61% 左右。由此看来，无论按哪一种计算口径，相比发达国家，未来我国劳动报酬份额还有进一步上升的空间。

收入是影响消费的主要因素，劳动报酬占比的改变也会对一个国家的消费率产生影响。与发达国家和许多发展中国家相比，我国的消费率偏低，而这主要是由我国居民部门的消费率偏低造成的。

① Kaldor，Nicholas . Capital Accumulation and Economic Growth. The Theory of Capital. International Economic Association Series. Palgrave Macmillan，London，1961.
② Gollin D . Getting Income Shares Right[J]. Journal of Political Economy，2002，110（2）：458-474.
Bentolila S，Saint-Paul G . Explaining Movements in the Labour Share[J]. CEPR Discussion Papers，1998，3（1）：1-33.

　　根据劳动报酬占比的"U"形变化规律，如图 3-22-3 所示，改革开放以来我国消费率也呈现出先降后升的轨迹。在"U"形变化的拐点出现之前，劳动收入份额的下降意味着居民收入增长滞后于经济增长，导致了居民消费增长缓慢及居民消费率下降，表现为内需不足，影响经济的持续发展。

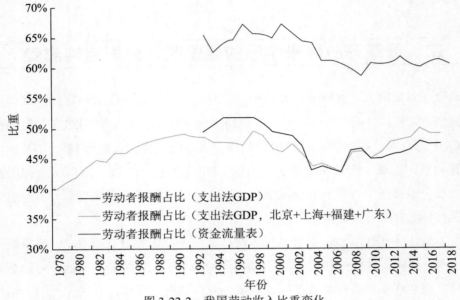

图 3-22-2　我国劳动收入比重变化

资料来源：国家统计局。

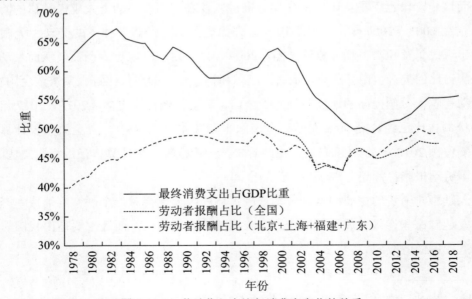

图 3-22-3　劳动收入占比与消费率变化的关系

资料来源：国家统计局。

当前，劳动收入仍是我国居民收入的主要来源。根据 2018 年资金流量表，劳动者报酬收入占住户部门初次分配总收入的 85%。未来随着居民部门劳动报酬收入占比的进一步回升，我国消费率也将有望保持上升的势头。

三、个人收入分配结构如何演变

个人收入分配主要关注居民部门内部不同个人或者家庭之间收入的差距。美国经济学家库兹涅茨[1] 通过对多个国家经济增长与个人收入分配关系的分析，观察到收入不平等在现代经济增长的早期阶段扩大，之后随着经济发展到一定水平后逐渐缩小，收入分配的差距在图形上表现为一条倒"U"形曲线，这条曲线被称为库兹涅茨曲线（见图3-22-4）。

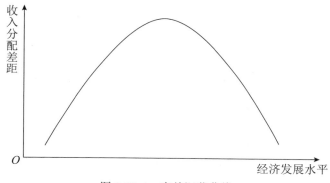

图 3-22-4　库兹涅茨曲线

收入分配的不平等程度通常用基尼系数（gini coefficient）来衡量。基尼系数一般介于 0～1 之间，基尼系数越接近于零，代表收入分配差距越小，反之则代表收入分配越不平均。国际上通常把 0.4 作为收入分配差距的"警戒线"。将各国人均收入和基尼系数做成散点图（见图3-22-5），可以看到，低收入水平国家的基尼系数较高，而发达国家的基尼系数相对较低；当人均收入超过 15 000 万美元后，除美国基尼系数超过 0.4（0.41），其他国家都在警戒线之下。同时，发展中国家中，洪都拉斯、斯威士兰、安哥拉等国家人均 GDP 较低，但基尼系数超过 0.5；哈萨克斯坦、白俄罗斯人均 GDP 较高，但基尼系数均在 0.3 以下。其他国家在人均 GDP 2 万美元以下阶段时，基尼系数总体符合倒"U"形变化变化规律，拐点出现在人均 GDP 达到 13000 美元左右之时，此后收入分配差距会得到改善。

在二元经济发展阶段，农村转移劳动力收入与城市劳动力收入、劳动者提供劳动要素的报酬和资本所有者提供资本获得的报酬都会逐步拉大，从而使个人收入差距加大。

---

① 　Kuznets S，Jenks E . Shares of Upper Income Groups in Savings[J]. Nber Chapters，1953.

　　经过"刘易斯拐点"后，农村转移劳动力工资上涨，资本边际回报降低，以及个人受教育程度增加，都有助于缩小个人收入差距。

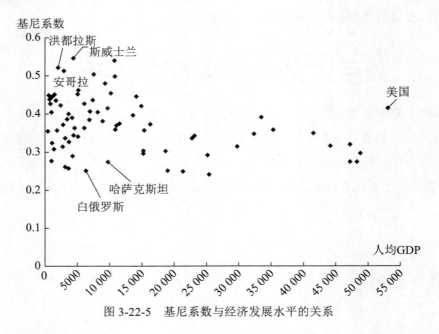

图 3-22-5　基尼系数与经济发展水平的关系

注：数据为全球77个国家2016年、2017年及2018年的基尼系数及相应年份的人均GDP。
资料来源：世界银行。

　　但从发达国家的情况看，收入差距并不会自动收敛于一个稳定值。美国的个人收入分配更多依靠市场机制的调节。20 世纪 70 年代后，随着美国产业结构调整，传统制造业集中的东北部五大湖区和中西部沦为"铁锈地带"，大量工厂倒闭，工人失业，这部分人由于缺乏在新的工作岗位上的工作技能，成为低收入人群。与此同时，高科技以及金融业快速发展，在华尔街、硅谷等地从事金融和科技行业的行业精英成为高收入人群，与其他行业收入差距进一步拉大。而且，高收入人群通常拥有更多的财产性收入和经营者收入，资产价格的持续上涨也加剧了美国社会的收入不平等。法国经济学家皮凯蒂（Pikety）在《21 世纪资本论》中指出，随着高收入阶层收入激增，美国收入不平等程度在 20 世纪 80 年代迅速扩大（见图 3-22-6），库兹涅茨曲线仅能反映美国 80 年代之前的情况。

　　2008 年美国次贷危机后，美国社会贫富差距进一步扩大，成为 2016 年以来美国社会中民粹主义泛起和社会日益撕裂的重要原因。而欧洲国家自"二战"后开始实行社会福利政策，通过税收政策大幅调整二次分配结构，所以基尼系数要明显低于美国，尤其是挪威、丹麦、瑞典、芬兰等北欧国家基本均在 0.3 以下。因此，即便是进入后工业化阶段，个人收入分配结构与劳动力素质是否适应产业发展需要，政府如何调节收入分配都密切相关。

图 3-22-6　美国的收入不平等情况变化

资料来源：世界不平等数据库（World Inequality Database）。

四、中国的个人收入分配变化与壮大中等收入群体

从我国的情况看，改革开放以来，随经济发展水平提高，我国居民收入分配差距总体呈现出先升后降的规律（见图 3-22-7）。根据基尼系数的走势，可以将 1978 年以来我国居民收入分配的变化划分为几个阶段。

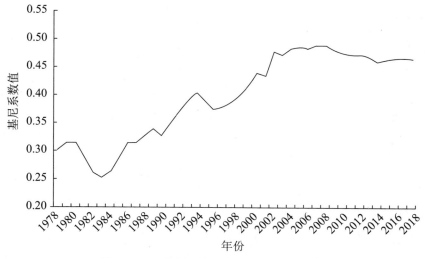

图 3-22-7　改革开放后我国基尼系数的变化

资料来源：1978—2003年的数据来自陈宗胜和高玉伟的研究[①]；2003年之后的数据来自国家统计局，万得数据库。

---

① 陈宗胜，高玉伟. 关于公有经济收入差别倒 U 理论的讨论与验证（下）[J]. 经济社会体制比较，2012（3）：181-193.

改革开放之前，居民收入分配差距较小。农村居民收入的主要来源是从集体得到的工分收入，城镇居民就业者绝大多数是国有和集体职工，因此收入来源主要是工资性收入。由于计划经济条件下我国的分配制度具有较强的平均主义倾向，所以尽管城乡之间收入存在一定差距，但农村和城镇居民内部收入差别不大。根据国内外研究机构和学者的估计，城镇内部基尼系数大约为 0.16。农村基尼系数处在 0.22 左右。由于城乡收入差距的存在，全国的基尼系数大约在 0.30 左右[①]。这一时期尽管收入差距较小，但大锅饭式平均主义也造成经济活动的低效率和人均收入水平长期处于较低水平。

改革开放初期，居民收入分配差距进一步缩小。改革开放后，我国恢复了按劳分配的原则，允许和鼓励一部分人先富起来。由于改革率先在农村开启，家庭联产承包责任制的实行使得农户成为独立的经营单位，农民收入快速增长，家庭经营收入比重上升。这一时期农村内部收入差距虽略有扩大，但收入分配不平等程度仍处于较低水平，根据国家统计局的估计，1980—1984 年，农村居民基尼系数在 0.24 附近波动[②]。此时城镇和企业还保持着原有的分配制度，城镇居民收入虽有所增长，但慢于农民收入增速，城镇居民基尼系数维持在改革开放初期时的水平，城乡收入差距明显收窄。城镇居民与农村居民收入比率由 1978 年的 2.6 倍下降为 1983 年的 1.82 倍。全国居民收入基尼系数因此也有所下降，从 0.3 降至 0.25 左右。

1985—2008 年，居民收入差距持续扩大。1985 年后，城市和国企改革提高了企业职工生产积极性和工资收入水平，城市居民之间以及城乡居民之间的收入分配差距逐步扩大。在农村，乡镇企业的兴起以及劳动力外出务工增加，工资性收入逐渐成为农村居民收入的主要来源。由于务工收入要高于务农的收入，农村内部收入差距也在拉大。进入 20 世纪 90 年代，改革开放进一步深化，国有企业和集体企业减员增效，以及民营和个体企业快速发展，城镇居民收入差距进一步扩大。同时，农村劳动力大量向城镇转移，工资性收入和家庭非农经营收入在农民收入中的占比进一步提高，这也导致农民收入差距继续扩大。根据国家统计局的估算，农村居民基尼系数由 1985 年的 0.23 上升到 1999 年的 0.34；城镇居民基尼系数同期由 0.19 上升至 0.3[③]。由于城乡二元劳动力市场的存在，城乡居民收入差距进一步增加。这一趋势一直延续到国际金融危机爆发之时，2008 年全国居民收入基尼系数从 1985 年的 0.25 上升至 0.49 左右，同期城镇居民与农村居民收入比率从 1.86 倍扩大至 3.31 倍。

2008 年之后，居民收入差距总体改善。实际上自 2003 年开始，随着我国逐步接近刘易斯拐点，民工荒推动农民工收入上涨，收入差距扩大的势头已经开始得到遏制，

① 李实，赵人伟. 中国居民收入分配再研究 [J]. 经济研究，1999（4）:3-5.
② 国家统计局. 从基尼系数看贫富差距 [J]. 中国国情国力，2001，（1）:29-30.
③ 国家统计局. 从基尼系数看贫富差距 [J]. 中国国情国力，2001，（1）:29-30.

2003—2008 年基尼系数上升的速度明显放缓。国际金融危机后，我国加大了收入分配制度改革力度，重点扩大中低收入群体收入，推进精准扶贫，不论是农村、城镇居民内部基尼系数还是城乡居民收入差距都开始逐步缩小。2015 年，我国居民收入基尼系数下降至 0.462，城乡居民人均可支配收入之比降至 2.73。但值得关注的是，2015 年后，我国居民收入分配差距又有所扩大，基尼系数在 2018 年回升至 0.468。如表 3-22-1 所示，2015—2019 年，我国城镇居民高、低收入组收入比从 5.4 扩大至 5.9。农村居民内部收入差距则在国家大力推进精准扶贫的推动下，呈现缩小的趋势，从 9.5 降至 8.5。城乡居民收入比也进一步降低至 2019 年的 2.64。所以，基尼系数的回升一定程度上是由于城镇居民内部收入差距扩大。

表 3-22-1　全国及城乡按收入五等份分组的人均可支配收入

全国年份	20% 低收入户 / 元	20% 中等偏下入户 / 元	20% 中等收入户 / 元	20% 中等偏上户 / 元	20% 高收入户 / 元	高收入户与低收入户收入比
2013	4402	9654	15 698	24 361	47 457	10.8
2014	4747	10 887	17 631	26 937	50 968	10.7
2015	5221	11 894	19 320	29 438	54 544	10.4
2016	5529	12 899	20 924	31 990	59 259	10.7
2017	5958	13 843	22 495	34 547	64 934	10.9
2018	6440	14 361	23 189	36 471	70 640	11.0
2019	7380	15 777	25 035	39 230	76 401	10.4
城镇年份	20% 低收入户 / 元	20% 中等偏下入户 / 元	20% 中等收入户 / 元	20% 中等偏上户 / 元	20% 高收入户 / 元	高收入户与低收入户收入比
2013	9896	17 628	24 173	32 614	57 762	5.8
2014	11 219	19 651	26 651	35 631	61 615	5.5
2015	12 231	21 446	29 105	38 572	65 082	5.3
2016	13 004	23 055	31 522	41 806	70 348	5.4
2017	13 723	24 550	33 781	45 163	77 097	5.6
2018	14 387	24 857	35 196	49 174	84 907	5.9
2019	15 549	26 784	37 876	52 907	91 683	5.9
农村年份	20% 低收入户 / 元	20% 中等偏下入户 / 元	20% 中等收入户 / 元	20% 中等偏上户 / 元	20% 高收入户 / 元	高收入户与低收入户收入比
2013	2878	5966	8438	11 816	21 324	7.4
2014	2768	6604	9504	13 449	23 947	8.7
2015	3086	7221	10 311	14 537	26 014	8.4
2016	3006	7828	11 159	15 727	28 448	9.5
2017	3302	8349	11 978	16 944	31 299	9.5
2018	3666	8508	12 530	18 051	34 043	9.3
2019	4263	9754	13 984	19 732	36 049	8.5

资料来源：国家统计局。

　　由于我国居民收入仍以工资性收入为主，城镇居民收入差距从城镇职工工资收入的变化上得到反映。近年来，随着我国产业向价值链中高端转型，对高学历和专业技能人才的需求增加，高能力、高素质、高学历的劳动力工资增长较快，而传统行业由于产能过剩等原因，就业人员收入增长缓慢。

　　如图 3-22-8 所示，各行业按照平均工资从低到高的顺序自上而下排列，在 2010—2015 年间，我国城镇单位平均工资水平最低的农林牧渔业，平均工资增速超过了 14%，工资最高的信息传输、计算机服务和软件业，同期平均工资增速为 11.5%；而到了 2016—2019 年间，虽然全国多数行业平均工资水平增速都有所放缓，但低端劳动力密集型行业工资增速放缓的幅度更大，由此也导致行业间工资水平差距再度扩大。信息传输、计算机服务和软件业与农林牧渔业平均工资之比由 2015 年的 3.5 扩大至 2019 年的 4.1。

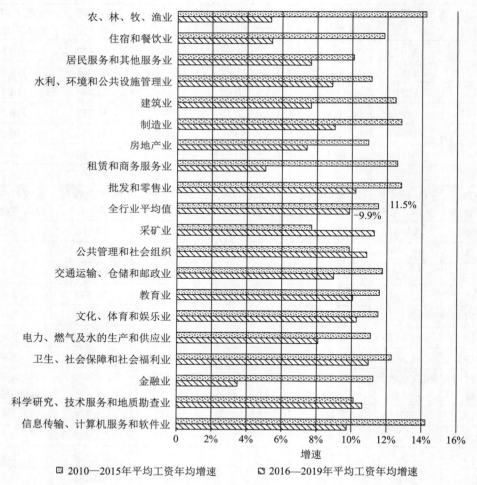

图 3-22-8　分行业工资年均增速

资料来源：国家统计局。

研究表明，我国城乡居民收入差距除了城乡二元体制造成的制度性原因外，还有很大一部分是由于劳动力禀赋差异，而受教育水平差异是禀赋差异中最重要的因素[①]。从图 3-22-9 中也可以看出，行业就业人员的平均受教育年限越高，平均工资水平也越高。

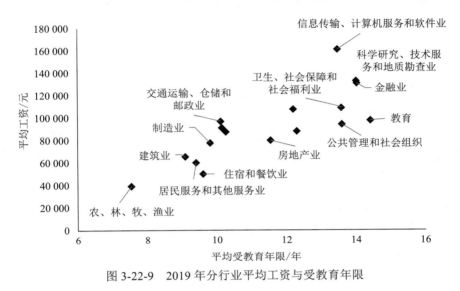

图 3-22-9　2019 年分行业平均工资与受教育年限

资料来源：国家统计局。

目前我国基尼系数仍高于 0.4 的警戒水平。2020 年"两会"期间，我国仍有 6 亿人月均收入仅 1000 元的消息引发了社会的广泛关注。随着我国农村剩余劳动力转移接近尾声，农民工收入"补涨"对收入分配的改善作用将进一步减弱。党的十九届四中全会提出，要扩大中等收入群体，形成橄榄型的收入分配结构，这就需要进一步扩大中等收入阶层的比重。2017 年我国中等收入群体已达到 4 亿人，未来还需通过大幅增加中低收入人群的收入，使得更多的低收入者和中低收入者实现向上流动。而这在很大程度上取决于能否将我国近 3 亿农民工，特别是占农民工总量一半以上的新生代农民工转变为中等收入者[②]。除了财税政策要加强再分配环节的调节以外，关键还要通过加大对中低收入群体的人力资本投入，提高他们的职业技能和受教育水平，从而建立起与未来产业结构相匹配的劳动力供给结构，实现劳动力禀赋的转型升级。

[①] 　彭川 . 农民工与城镇职工的收入差距：一个简要的文献综述 [J]. 经济视角（下），2012（1）：50-51.
[②] 　根据国家统计局发布的 2019 年农民工监测调查报告，2019 年我国农民工总量为 29077 万人，40 岁及以下农民工所占比重为 50.6%.

第二十三章

经济增长中的跨境贸易投资变化

当今世界成功从欠发达状态步入发达国家行列的国家，无论是英国、美国还是日本、韩国，它们一个共同的特点就是开放型经济体。我国取得举世瞩目的经济建设成就也是始于 1978 年的对外开放。建立起与外部世界的经济联系，利用国际市场和资源，为破解一个国家在长期经济发展中面临的要素、市场制约提供了可能，能够为经济实现持续的增长提供有利的条件。从国际收支的角度，对外经济联系可以分为贸易和资本流动两个方面，前者主要是货物和服务的进出口，后者是资金的跨境流动。改革开放后的较长一段时间，我国保持了国际收支的"双顺差"格局，这里指的便是反映货物和服务贸易的经常账户顺差以及体现跨境资本流动的资本和金融账户顺差。

一、对外贸易结构的变化规律

（一）比较优势与国际产业分工

根据赫克歇尔和俄林的要素禀赋理论（也称 H-O 理论），贸易的产生是由于各国的比较优势不同，而比较优势是由这个国家或者地区的要素禀赋结构决定的。一个国家如果专门生产密集使用本国具有相对禀赋优势的生产要素的商品，并开展国际贸易，那么就可以发挥比较优势，实现生产规模的扩大和出口的增长。

一个国家或地区在进入现代经济增长早期阶段，通常是劳动力以及自然资源具有比较优势，而资本、技术稀缺，主导产业和出口都是劳动和资源密集型的产业和产品。这样一方面，可以发挥劳动力比较优势，吸收广大的农村剩余劳动力；另一方面，可以克服人均收入水平较低导致的国内需求不足问题，有利于持续扩大生产并促进资本、技术的积累。当经济发展到工业化中后期，随着资本逐渐充裕而劳动力日渐稀缺，主导产业和出口商品转变为资本密集型产业和产品。而进入工业化后期以及后工业化时期，科技创新能力的提升和人力资本的积累使得比较优势向技术密集和知识密集型产业转变，出口商品结构也进一步演变为以高附加值的高科技产品和服务为主。

联合国的统计数据显示，按照经济发展水平的由低到高，劳动和资源密集型工业品出口的占比依次降低,如图 3-23-1 所示,2017 年,低收入国家劳动和资源密集型工业品出口比重高达 45%,而高收入国家仅为 10%。中等技能和技术密集型产品的出口占比呈现相反的趋势,低收入国家该类出品出口占比仅为 15%,而高收入国家达到了 42%。值得关注的是,低收入和中等低收入国家的高技术和技术密集型产品的出口占比较高,这主要是由于产业内分工的发展,电子信息产品的组装加工环节放在低收入国家造成的,其本质上仍是利用了这些国家丰富廉价的劳动力比较优势。

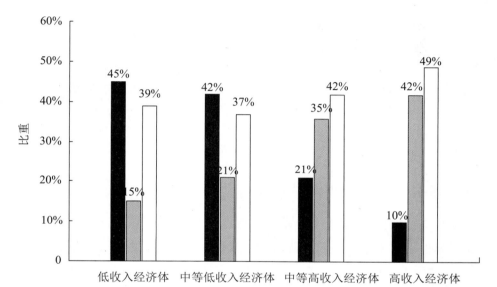

图 3-23-1 不同收入水平国家出口的要素密集度结构

资料来源:联合国。

从进口看,如图 3-23-2 所示,在经济发展初期,由于国内工业孱弱,居民生活消费的耐用消费品和发展工业生产所需的工业设备都要依靠进口,低收入国家进口以中等技能和技术密集型工业品为主。当经济发展到中等收入阶段以后,居民的消费随收入水平的提高而升级,产业结构也向更高技术和高附加值的产业转型,对高技能和技术密集型产品的需求增加,这类产品也占据了进口的绝大部分比重,中高收入国家高技能和技术密集型产品的进口占比达到 53%。对高收入国家而言,由于服务业占据了产业的主导位置,许多高技术产品的制造环节转移到中低收入国家进行,制造业出现空心化,进口的中等及高技能和技术密集型产品都比较多。

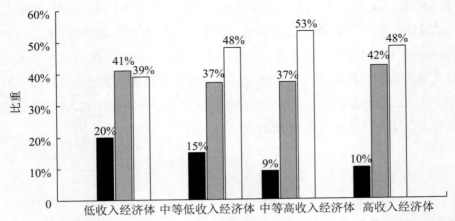

图 3-23-2　不同收入水平国家进口的要素密集度结构

资料来源：联合国。

（二）经济增长过程中的进出口变化

净出口（出口减去进口之差）是拉动经济增长的"三驾马车"之一。在内需不变的情况下，要依靠外需实现经济增长，就需要持续扩大净出口。根据联合国的数据，如图 3-23-3 所示，2010—2015 年间，全球 195 个国家和地区的人均 GDP 年增速与货物贸易的年增速基本呈正相关关系。出口增速较高的国家，经济增长也较快。

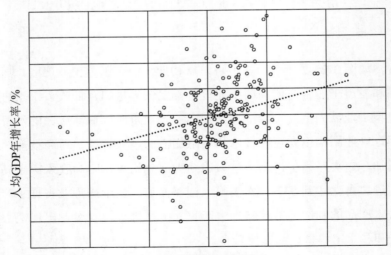

图 3-23-3　经济增长与货物贸易增长

资料来源：联合国。

当一个国家处于传统农业社会时，主要是封闭的小农经济，所以贸易占 GDP 的比重通常很低，对经济增长的影响十分有限。进入现代经济增长的初期阶段后，由于工业生产能力有限，出口的主要是农产品、矿产品等资源型产品，制成品出口很少，而发展工业所需的设备、零部件等都需要进口，而且这些进口工业品的价格一般要高于资源产品，所以进口大于出口，贸易呈赤字状态。单从 GDP 核算的角度，赤字扩大会对经济增长起负向的拉动作用，但先进工业设备的进口也有利于提升未来的出口能力。

随着工业化的推进，工业生产能力的提高，部分进口商品逐渐被国内产品替代，工业品出口相对于进口增长更快，对外贸易将从净进口转变为净出口，外需也变成拉动经济增长的重要动力。以出口导向型的东亚经济体为例，净出口转正大体出现在开启持续工业化进程的 10 ～ 20 年之后。日本贸易差额在 20 世纪 60 年代中期由赤字转为盈余，我国台湾地区在 70 年代中期实现了持续贸易顺差，韩国、新加坡贸易差额均是在 80 年代中期转正，越南则是在 2010 年以后。而且，成功晋级高收入国家的日本、韩国、新加坡净出口规模随着出口产品附加值的提升不断扩大，从而对经济增长产生持续的拉动作用，成为这些国家创造"东亚奇迹"的重要因素。

> **专栏** **"进口替代"与"出口导向"型发展战略**
>
> 在经济发展的过程中，存在着"进口替代"与"出口导向"两种典型的贸易发展战略。其中，"进口替代"战略是指采用关税、进口配额等措施限制非必需品的进口，并对国内工业化急需的资本品、中间产品进口实施低关税，鼓励国内产业部门的发展，逐步实现以国内工业品代替进口工业品，进而建立起本土化的工业化体系。而"出口导向"战略，是指利用自身自然资源、劳动力等方面的比较优势，采取减免出口关税、出口退税等措施促进面向出口的工业发展，通过扩大出口实现就业和经济的增长。
>
> 世界银行曾将全球 41 个国家和地区，按照其实施的贸易战略类型分为四种类型，对比这些国家在 1963—1985 年间的经济增长绩效发现，强烈外向型国家的表现要明显优于强烈内向型国家。但实际上，两种贸易战略并非彼此对立，出口导向型国家发展初期，也往往采取了一定的进口保护措施，只是在经济发展到一定阶段后，才转向"出口导向"型的贸易战略。
>
> "进口替代"战略起源于 20 世纪 30 年代的拉美国家。"二战"后，随着亚非拉广大发展中国家实现了民族独立，"进口替代"到 60 年代成为发展中国家和地区占主导地位的贸易发展战略。"进口替代"战略虽然能够在一定程度上提高经济发展初期的工业化程度，但作为一种内向型经济发展战略，缺乏外部竞争导致国内

产业部门的低效率，产品也缺乏国际竞争力，出口难以对经济增长起到有力拉动作用，经济增长缺乏可持续性。60 年代后，长期实行"进口替代"战略的拉美国家陷入"中等收入陷阱"，巴西、阿根廷人均 GDP 至今仍在 1 万美元附近徘徊。根据世界银行的数据，2019 年，两国人均 GDP 分别为 8717 美元和 9912 美元，低于我国的人均 GDP 水平。

而东亚地区的韩国、新加坡等国家和中国台湾地区自 20 世纪六七十年代起，开始转向"出口导向"型的贸易发展战略。以我国台湾为例，50 年代开始实行进口替代战略，重点发展纺织、食品、皮革等劳动密集型产业，这类产业不仅所需资本少，而且可以使大量劳动力就业，符合经济发展初期资本不足，但劳动力丰富的禀赋特点。与此同时，为了发展进口替代工业和节省稀缺的外汇，台湾严格控制非资本品进口，鼓励本土工业的发展来替代进口。虽然消费品进口大为减少，但机器设备和原材料仍需大量进口，20 世纪 50 年代台湾国际收支长期严重赤字，商品和劳务出口仅能融通进口商品和劳务的 60%[①]。

到 20 世纪 50 年代末 60 年代初，随着进口替代战略的实施，消费品工业有了较大的发展，岛内物资严重匮乏的局面已经大为改观，并已培养了足够的工业生产能力，为工业化的发展奠定了较为坚实的基础。但由于无限供给劳动力的限制，人均收入较低，1960 年台湾人均 GDP 仅为 163 美元，居民购买力不足，工业品的销路狭窄，国内市场很快趋向饱和。轻工业部门出现增长缓慢或停滞的现象。因此，台湾贸易政策开始转向出口导向型经济发展战略。1964 年，台湾首次实现贸易顺差，进出口 GDP 比重首次超过 50%，标志着台湾经济正在进入外向型发展的轨道[②]。

尽管中国台湾地区有"海岛型"经济的特殊性，但观察日本、韩国、新加坡这些成功追赶型经济体，其对外贸易也经历了一个从进口替代到出口转变的过程，转变的节点在于国内生产能力基本达到甚至超过国内需求，迫切需要扩大出口市场。其背后的机制在于，二元经济条件下，最终产品的生产能力能够得到快速提升，但作为最终产品需求方的消费，却因为无限供给劳动力的影响，压低了劳动收入在总收入的份额，导致了需求无法相应地可持续增长，从而产生了生产与消费的不匹配，所以如果无法有效利用国际市场，那么生产就会因生产能力过剩而停滞，农村剩余劳动力持续转移的动力也就会衰竭，从而令经济发展裹足不前。

① 张世宏. 台湾出口导向型工业化战略的选择及实施成功原因之探析 [J]. 台湾研究集刊，2004（3）：23-29，68.
② 范爱军. 略论台湾进口替代与出口导向阶段的经济政策 [J]. 亚太研究，1994（5）：19-24.

二、中国从贸易大国走向贸易强国

在改革开放初期，我国的进出口总额仅 200 亿美元左右，占世界贸易的份额不足 0.8%[①]。1978 年改革开放后，中国贸易政策从进口替代和自力更生转变为推动出口和对外开放，走出了一条外需拉动型经济增长的道路。如图 3-23-4 所示，货物进出口规模从 1978 年的 355 亿元增加到 2020 年的 32.2 万亿元，成为拉动我国经济增长的重要引擎。2013 年，我国超越美国成为全球货物贸易第一大国，此后除 2016 年外，我国一直保持这一地位。2020 年，我国货物进出口占全球份额升至 12% 以上。

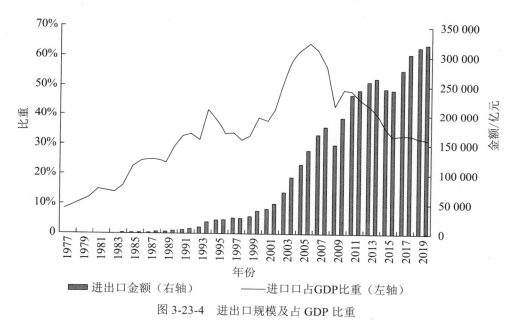

图 3-23-4　进出口规模及占 GDP 比重

资料来源：国家统计局、海关总署。

（一）改革开放以来我国对外贸易发展的阶段特点

改革开放以来，我国的对外贸易可以划分为四个阶段：

1978—1991 年，国门初步敞开，对外贸易按下加速键。改革开放初期，我国的贸易方式以一般贸易为主，出口商品基本上以农副土特、原材料等初级产品为主。这一时期我国的外贸改革首先是从外贸管理体制入手，放宽外贸经营权，同时实行包括外贸承包责任制、出口退税、鼓励加工贸易等一系列鼓励出口的措施，刺激出口增长。改革开放后，我国工业制成品占出口总额的比例持续快速增长，而初级产品所占出口比例则不断

[①]　1978 年我国货物进出口总额为 206 亿美元，全球占比为 0.78%。

下降。1981 年，初级产品出口比例首次降到 50% 以下。1986 年，初级产品所占份额降到 36.4%，工业制成品所占份额上升至 63.6%。出口商品结构实现了从初级产品为主向工业制成品为主的转变。这一时期，随着外资的引入，我国出口产品主要是劳动密集型产品。其中，纺织工业是我国最大的出口创汇产业，1988 年纺织品出口创汇突破 10 亿美元，占全国出口总额的 1/4。包含服装、鞋靴、家具等劳动密集型产品的杂项制品出口也占到工业品出口的 50%。

　　从进口看，国家发展进口替代促进了国外先进机器设备的引进，居民收入水平的提高也带动了电视机、录像机、音响设备及洗衣机、电冰箱等耐用消费品的进口。耐用消费品进口用汇从 1981 年的 6 亿美元增加到 1988 年的 16 亿美元。进口的快速增长导致 1984—1989 年货物进口出现连续逆差，尤其 1985 年净出口对经济增长的贡献率降至 -50%（见图 3-23-5）。

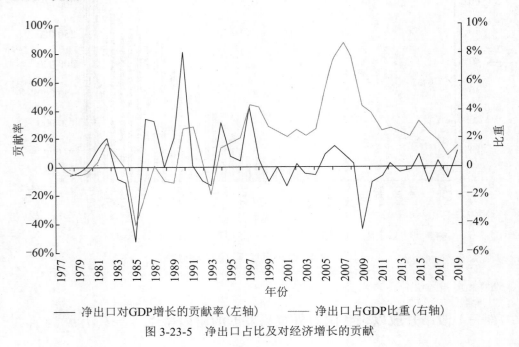

图 3-23-5　净出口占比及对经济增长的贡献

资料来源：国家统计局。

　　1992—2001 年，加入国际经济大循环，"两头在外，大进大出"贸易模式形成。1992 年后，随着改革开放的进一步深入，外商投资出现迅速增长。外商投资企业利用我国廉价劳动力比较优势，加速将劳动密集型行业或生产环节向我国转移，推动了我国进出口贸易额的大幅增长，外商投资企业进出口占全国进出口的比重也从 1991 年的 21.34% 提高到 2001 年的 50.08%。同时，"两头在外"的贸易模式使得加工贸易占比迅速提高，90 年代中后期维持在 50% 左右（见图 3-23-6）。20 世纪 90 年代全球产业垂直分工的发展带动了我国出口结构的优化升级，制成品在出口中占比超过 80%，出口商品主体由纺织品向机电化工、高新技术产品等产品转变，出口产品附加值和技术含量不断提升。比如，机械及运输设备的出口占我国出口总额的比重由 1996 年的 23.4% 上升至 2001 年的 35.7%。

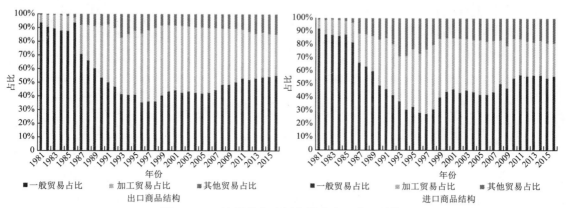

图 3-23-6　按贸易方式划分的进出口商品结构

资料来源：国家统计局。

从进口来看，由于加工贸易是以进口原料为基础，所以这一时期加工贸易进口的占比也迅速提高，进口商品占比从 35% 提高到 40% 以上。随着我国成为世界工厂，增值环节部分留在我国，所以出口大于进口，贸易顺差迅速扩大，净出口占 GDP 比重升至 4% 以上。

2001—2008 年，深度融入全球产业链，外贸依存度达到顶峰。 2001 年我国正式加入 WTO。得益于外部市场规模的扩大，我国对外贸易在这一阶段增速高位运行，从而使我国经济更深地融入国际产业分工体系和全球价值链，进一步加强了我国"世界工厂"的地位，外贸依存度（进出口占 GDP 的比重）从 2001 年的 38% 升至 2006 年的 64%，达到改革开放以来的最高水平。由于出口增速大于进口，贸易顺差规模也在不断增加，净出口占 GDP 比重在 2007 年最高升至 8.7%。

规模扩大的同时，我国对外贸易结构进一步优化。如图 3-23-7 所示，工业制成品对外贸易出口额不断增长，占比从 2001 年的 90% 提高至 2005 年后的 95% 以上。出口的工业制成品中，机械及运输设备占比从 40% 提高至 2008 年的 50%。同时，随着产业结构的重工业化，钢铁、化工等产品的出口比重有所上升，大宗商品进口大幅增长，初级产品的进口比重从 20% 上升至 30%。纺织品等传统劳动密集型产品占比下降。从贸易方式来看，加工贸易依然占据重要地位。2001—2007 年，加工贸易一直占比超过 45%。

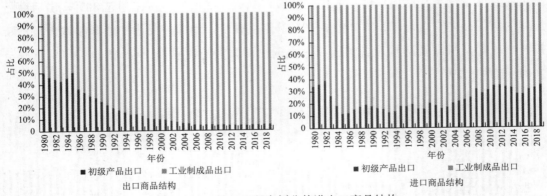

图 3-23-7　按加工程度划分的进出口商品结构

资料来源：国家统计局。

此外，外资企业在我国对外贸易中的地位进一步增强，外商投资企业出口占比从 2001 年的 20.1% 增加至 2008 年的 55.3%，成为推动我国出口贸易发展中的重要动力之一。同时，我国民营企业出口额也实现了快速增长。2006 年，民营企业出口额超越了国有企业成为第二大经营主体，2008 年民营企业出口额占比达到 26.65%。

2009—2019 年，建设贸易强国，对外贸易向优进优出转变。国际金融危机后，伴随世界及中国经济的结构调整，我国对外贸易也进入新的发展阶段。一方面，世界经济进入低速增长阶段，国际大循环动能减弱，尽管我国贸易额和净出口规模都在进一步扩大，但其占 GDP 的比重已经显著降低，进出口占 GDP 的比重在 2019—2020 年降至 32%，净出口占 GDP 比重 2018—2019 年维持在 0.1%，表明国际金融危机以来，我国经济增长更多依赖国内需求，国内市场主导国民经济循环特征日趋明显。

另一方面，随着"刘易斯拐点"已过，经济进入新常态，我国开展对外贸易的要素禀赋条件已经出现明显变化，传统的劳动密集型行业竞争优势逐步减弱，不少外资企业开始向东南亚、南亚转移，劳动力密集型行业出口占比不断下降，服装、纺织品、鞋类、家具、塑料制品、箱包和玩具等七大类劳动密集型商品出口占出口总额的比重从 2012 年的 20.4%，下降至 2019 年的 19.2%。国内企业为获得更高利润，逐步从代工生产、贴牌出口向自创品牌、自主设计、自主研发转变，一般贸易占比提高，机电产品出口占比进一步提升，2019 年占出口的比重达到 58.4%。而且，国内企业在外部竞争中不断提升自身实力，出口竞争力增强，民营企业发展成为出口的主力军。2015 年，民营企业出口占比首次超过外资企业，达到 45.2%，2020 年进一步提高至 46.6%，外商投资企业进出口占比则降至 38.7%。同时，随着国内产业转型升级以及居民消费需求更加多元化，先进设备、关键零部件以及高端消费品进口增加，大宗商品进口占比依然保持在较高的水平。总体来看，这一时期我国对外贸易结构调整加快，进出口优进优出的结构特征更为明显，正从贸易大国向贸易强国转变。

（二）未来我国的贸易发展方向

根据贸易的发展规律，进入工业化中后期以后，随着要素禀赋优势向知识和技术密集型产业倾斜，出口的竞争力优势也将转向知识和技术密集型产品或者服务。但从路径来看，存在着以美国、英国为代表的"货物贸易逆差和服务贸易顺差，商品和服务贸易逆差"的模式，以及以德国、日本、韩国为代表的"货物贸易顺差、服务贸易逆差，商品和服务贸易顺差"的模式（见图3-23-8）。

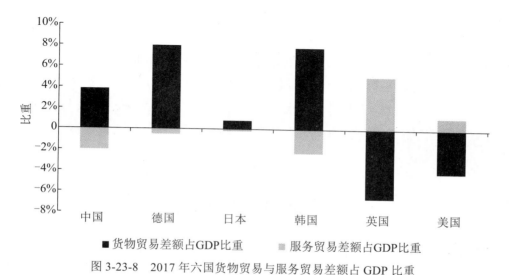

图 3-23-8　2017 年六国货物贸易与服务贸易差额占 GDP 比重

资料来源：联合国贸易和发展会议。

不同贸易模式的形成与这个国家的产业结构密切相关。虽然在工业化中后期，服务业比重上升、制造业比重下降是发达国家普遍的规律，但美国、英国服务业比重明显要高于德国、日本和韩国，美国服务业占 GDP 的比重从 20 世纪 70 年代的 60% 提高到 21 世纪初的近 80%，制造业则从同期的 20% 降至仅 10% 左右；英国服务业占 GDP 比重也达到 70%，制造业比重不到 9%。

美国经济虚拟化是经济全球化背景下，各国按照比较优势分工的结果。20 世纪 90 年代末以来，随着贸易全球化和投资自由化的推进，美国逐步占据全球价值链的两端，也就是上游研发和设计以及下游的服务延伸，而将国内的低端制造业和加工业几乎都转移到了发展中国家，这也导致了国内制造业比重的下降和空心化。由于美国处于全球产业链的顶端，导致美国输出的是技术和服务，但是需要大量的进口生活基本物资。而德国、日本和韩国的比较优势则集中于全球产业链的高端制造环节，这就使得其商品出口仍能够保持顺差。

　　根据联合国的数据，2018 年德国、日本和韩国的服务业占比分别为 69%、70%和 71%，美国和英国均为 80%。德国、日本和韩国的制造业占比分别为 23%、20% 和 29%，美国和英国分别为 11% 和 10%。这一分工模式的发展推动了 21 世纪初全球经济的一轮快速增长，但由此也造成了全球经济的失衡和不可持续，为 2008 年国际金融危机的爆发埋下了隐患。发达国家特别是美国在金融危机后开始反思经济的过度虚拟化，也开始推动制造业的回归和再工业化。

　　改革开放以来，我国的产业和出口商品结构已经历两次提升，第一次是 20 世纪 80年代至 90 年代，出口结构从原材料和初级产品为主转向以出口工业制成品为主；第二次是 21 世纪头 20 年，出口结构从劳动密集型制成品到劳动密集型制成品和资本密集型产品并重。我国目前仍处于全球价值链的中间位置，未来将向着知识和技术密集型的产业转型。在这一过程中，要汲取发达国家发展的经验和教训，重视实体经济的发展，在推进制造业的高端化转型的同时，也要通过机器换人、推进智能制造、健全产业链条等多种方式，重塑传统劳动和资本密集型制造行业的国际竞争优势，保持一定的出口竞争力。

三、跨境直接投资的变化规律

　　在开放经济条件下，一个国家的对外经济联系除了商品和服务的进出口，还有资本的跨境流入和流出。在长期经济增长的初期阶段，资本是十分稀缺的，资本不足往往是限制经济发展的主要因素。这时如果能够有效吸收外资，那么就可以突破资本匮乏的制约，实现经济的起飞，这也是钱纳里等学者"双缺口"理论[①]所强调的，所以在经济发展的初期，往往呈现出资本的净流入。而随着经济的增长，当资本积累到一定的程度时，就可以对外输出资本，跨境资本也会从净流入转变为净流出。

　　直接投资是跨境资本流动的重要组成部分，在经济发展的不同阶段，一个国家或者地区利用外资（FDI）和对外直接投资（ODI）的能力是不断发展变化的，净对外直接投资（ODI-FDI）也会呈现出不同的阶段性特征。根据邓宁（Dunning）提出的投资发展

---

① 根据总收入等于总支出的恒等式：$Y=C+I+(X-M)$，其中，Y 为总收入，C 为总消费，I 为总投资，X 和 M 分别表示出口和进口。整理上式可得（$Y-C$）$+M=I+X$，而 $Y-C=S$（国内总储蓄），于是 $S+M=I+X$，移项得到：$I-S=M-X$。式子左端表示投资与储蓄之差，如果 $I>S$，则存在"储蓄缺口"；右端表示进口与出口之差，如果 $M>X$，则存在"外汇缺口"。钱纳里认为，在经济增长初期，由于国内储蓄水平较低，不足以支持投资需求的扩大，同时，有限的外汇收入也不足以支付经济发展所需要的资本品和消费品进口，这都会阻碍经济的增长，成功地利用外资可以有效克服因储蓄和外汇不足而带来的约束。

路径理论[①]（Investment Development Path，IDP），伴随着经济发展和人均GNP水平的提高，一国的净对外直接投资的变化可以分为五个阶段（见图3-23-9）。

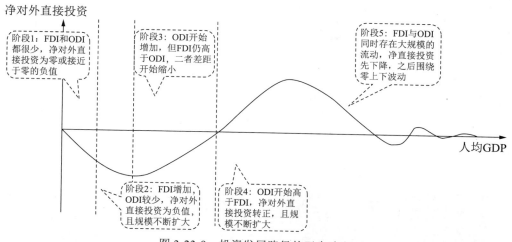

图 3-23-9　投资发展路径的五个阶段

第一阶段，利用外资和对外直接投资规模都很小。 由于经济发展处于初期阶段，人均收入水平很低，难以有效吸引外资流入，外商直接投资很少。同时，由于国内资本稀缺，对外直接投资也极为有限。对外直接投资净额为零或者接近于零的负数。

第二阶段，利用外资开始增长，对外直接投资规模依然较少。 随着经济的发展，人均收入水平提高，国内市场规模扩大，投资环境得到改善，东道国的资源、劳动力等区位优势开始吸引外资流入，进行资源和劳动力密集型产业的投资。但国内企业对外直接投资能力仍然较弱，净对外直接投资为负值，而且规模不断扩大。

第三阶段，对外直接投资开始增加，但仍小于利用外资规模。 东道国国内劳动力工资水平开始提高，原有的要素优势逐渐削弱，外商投资增速有所放缓。而且，随着国内人均收入水平的提高，高档消费增加，外商逐步加大高附加值和技术密集型行业的投资。同时，国内企业力量逐渐壮大，随着产品需求趋于饱和以及劳动力成本不断上升，对外投资开始迅速增长，其中既有投向发展中国家的市场型投资，也有流向发达国家获取其品牌、技术、管理经验、市场渠道等战略资产的投资。整体上净对外直接投资依然为负值，但规模开始缩小。

第四阶段，对外直接投资超过利用外资并不断扩大。 这一时期外商直接投资尽管整体继续流入，但开始转移在东道国已不具备竞争力的产业。同时，本国企业进一步发展

① 详见：Dunning J.H. Explaining the International Direct Investment Position of Countries：*Towards a Dynamic or Developmental Approach*[J].Review of World Economics，1981，117（1）：30-64.
Dunning J.H. *The investment development cycle revisited*[J].Review of World Economics，1986，122（4）：667-676.

壮大，对外投资进一步增加，净对外直接投资由负转正，而且规模不断扩大。

第五阶段，净对外直接投资围绕零水平上下波动。与前四个阶段相比，这时净对外直接投资受经济发展的影响程度大为减弱，同时存在大规模的直接资本流入与流出，资本流向与经济发展水平之间的关系不再明显，净直接投资呈现围绕零上下波动的特点。

联合国在《2006 年世界投资报告》中，将 135 个国家或地区的人均净对外直接投资和人均 GDP 数据做成散点图（见图 3-23-10）。从中可以看到，二者之间的关系基本符合 IDP 理论描述的变化路径，主要发达国家中，除美国已进入第五阶段，其余国家仍处在第四阶段，以"金砖国家"为代表的主要新兴经济体仍处在第一阶段或第二阶段，均为资本净流入状态。

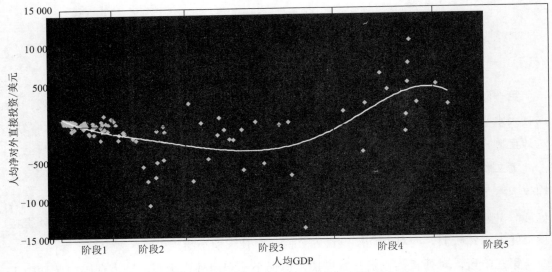

图 3-23-10　人均净对外直接投资与经济发展水平

注：第一、第二阶段的分界点为人均GDP2500美元，第二、第三阶段的分界点为人均GDP10 000美元，第三、第四阶段的分界点为人均GDP25 000美元，第四、第五阶段的分界点为人均GDP36 000美元。

资料来源：联合国，2006年世界投资报告。

四、中国直接投资从"引进来"到"走出去"

改革开放以来，我国吸收的外商直接投资和对外直接投资经历了明显的阶段性变化。根据国家外汇管理局公布的国际收支表数据[①]，如图 3-23-11 所示，在 20 世纪 80 年代，我国对外投资净额为负，但由于 FDI 和 ODI 规模都不大，所以对外投资逆差也很小。

---

① 国家外汇管理局口径与商务部公布的数据主要差异在于，国际收支统计中还包括了外商投资企业的未分配利润、已分配未汇出利润、盈余公积、股东贷款、金融机构吸收外资、非居民购买不动产等内容。

进入 90 年代，我国吸收的 FDI 显著增加，而 ODI 依然较小，所以对外投资净额也明显扩大。到了 21 世纪头 10 年，FDI 继续保持快速的增长，ODI 也出现明显增加，但由于 FDI 规模远远大于 ODI，所以对外投资净额进一步扩大。2013 年后，FDI 在达到改革开放以来的高点后有所下降，而 ODI 规模进一步扩大，对外投资净额逆差持续收窄，并在 2016 年一度转正，因此有观点认为，我国已经开启了对外净投资模式，即进入了投资发展路径的第四阶段。但从经济发展水平以及近年来跨境资本的流动情况看，我国目前仍处于国际资本流动的第三阶段，正在向第四阶段转变。

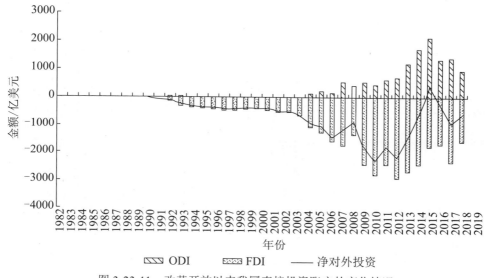

图 3-23-11　改革开放以来我国直接投资账户的变化情况

资料来源：国家外汇管理局。

（一）改革开放以来我国直接投资变化的阶段划分

具体来看，改革开放以来，我国 FDI 和 ODI 的变化可以划分为四个阶段。

1978—1991 年，利用外资以借款为主，对外投资规模很小。中华人民共和国成立之后到改革开放之前，我国基本上是在封闭的条件下进行经济建设。改革开放初期，国内积累能力有限，储蓄严重不足，而投资需求却逐年扩大，导致储蓄缺口呈逐年增大的趋势。同时，随着经济增长，进口需求迅速扩张，但由于我国出口以初级产品为主，创汇能力难以满足进口的需求，外汇缺口也逐年扩张。为解决资金匮乏的问题，我国采取了吸引外商投资的政策，1979 年 7 月，我国通过了第一部《外商投资企业法》，先后建立了深圳、珠海、厦门和汕头四个经济特区。但由于开放初期外商对我国的投资环境和政策尚不熟悉，不敢贸然进行大规模投资。整个 20 世纪 80 年代外商直接投资的规模十分有限。我国利用外资的形式以借款为主。如图 3-23-12 所示，1983—1990 年，每年对外借款几乎是同期外商直接投资的 2 倍。这一阶段的外商直接投资主要集中在旅游、娱乐设施等房地产项目以及纺织、服装、食品饮料、塑料制品、电子元器件等劳动密集型行业。在对外投资方面，1979 年 8 月，国务院提出"出国办企业"，拉开了中国企业对外直接投资的序幕，但这一阶段我国对外投资规模较小，主要是少数企业在国外设立代表处或开办企业。因此，这一时期，我国的跨境资本流动主要是"引进来"，而且是以对外借款为主，"走出去"的企业不多，资金规模很小。

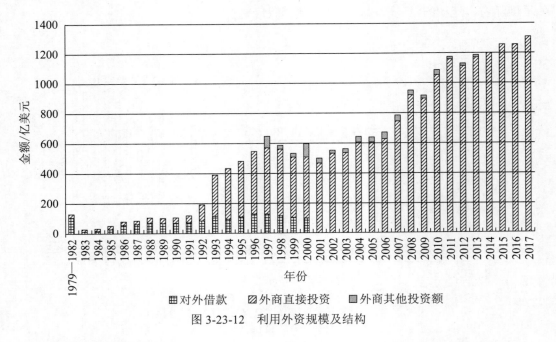

图 3-23-12　利用外资规模及结构

资料来源：国家外汇管理局。

1992—2001 年，吸收外国直接投资规模扩大，对外直接投资规模有限。1992 年，尤其是党的十九届四中全会，提出建立社会主义市场经济体制。我国吸引的外资规模迅速增长，外商投资企业利用我国丰富的廉价劳动力优势，在沿海地区投资设厂，从事劳动密集型产业的生产加工。这一时期我国利用外资方式也转变为以直接投资为主，自 1993 年起，我国实际利用外商直接投资额长期居于发展中国家居首位，在全球仅次于美国居第二位。这一阶段外商直接投资的行业不再仅是传统的劳动密集型行业，也逐步转向电子信息业等技术密集型行业的加工制造环节。同时，随着我国城镇化的快速发展，外商投资在房地产行业的直接投资也迅速增加。这一时期，外资在我国固定资产投资来源中所占的比重也达到改革开放以来的最高水平。1996 年在全社会固定资产投资中的占比接近 12%。同期由于我国企业实力仍相对较为弱小，对外投资规模依然较低。

2001—2008 年，吸收外国直接投资规模进一步扩大，对外直接投资规模开始增长。

2000 年我国加入世界贸易组织后，利用外资规模再次快速增长，但此时我国经济已经积累了较为雄厚的资本，资本和劳动力之间的丰裕度开始出现转变，产业发展进入了资本密集型的重工业化阶段，这一阶段虽然利用外资规模仍然在上升，但占全社会固定资产投资的比重持续下降。同时，伴随我国对外开放程度的提高，外资进入的行业领域也进一步拓展，逐步由劳动力的成本导向型向市场导向型转变。实际利用外商直接投资中投向制造业的比重在 2004 年高达到 71% 后开始降低，服务业中房地产业、批发零售等行业占比有不同程度的上升。2007 年，实际利用外资中制造业占比降至 55%，房地产和批发零售业占比则升至 23% 和 4%。

对外投资方面，随着我国企业的发展壮大，也开始逐步走出国门，进行全球化布局。2000 年，党的十五届五中全会审议通过的《中共中央关于制定国民经济和社会发展第十个五年计划的建议》中，首次明确提出"走出去"战略，我国对外开放进入"引进来"和"走出去"并重阶段，对外投资步伐加快。这一阶段我国的对外投资主要服务于对外贸易，大多流向租赁和商务服务业、制造业、采矿业以及批发和零售等行业。同时，随着国内重化工业的发展，为寻求稳定的资源供应，对外投资中采矿业的投资也增长迅速。

2010—2019 年，吸收外资高位企稳，对外直接投资增长迅速。2008 年国际金融危机后，国内经济进入新的发展阶段。一方面，国内居民收入水平的提高推动消费升级，对高品质的产品和服务需求增加。同时，我国人口红利逐步消退，人力资本优势开始显现，外资利用人力资本和产业配套形成的新优势，在华设立的研发机构、采购和销售中心、财务结算中心乃至区域总部等功能性机构越来越多，外资开始逐渐向制造环节两端附加值更高的研发设计、物流、营销等环节升级。信息传输、计算机服务和软件业，科学研究、技术服务和地质勘查业等知识密集型行业吸收的外资占比明显增加。截至 2019 年，制造业实际利用外资的比重已经降至 30% 以下；租赁和商务服务业，信息传输、计算机服务和软件业，科学研究、技术服务和地质勘查业三个行业占比分别上升至 16%、11% 和 8%。

这一时期，由于我国国内劳动力优势减弱，重工业产能过剩问题凸显。对外投资除了轻工、家电、纺织服装等传统的劳动密集型产业外，我国企业积极参与境外公路、铁路、桥梁和水坝等传统基建项目建设，开展国际产能合作，带动了钢铁、电解铝、水泥、平板玻璃为主的优势产能富余产业对外投资。同时，随着"一带一路"倡议的提出和落实，我国对"一带一路"沿线国家投资稳步增长。而且，伴随国内产业转型升级，我国对国外制造业、信息传输软件和信息技术服务业的投资额也明显增加，对外投资行业更为多元。其中，由于 2013—2016 年，我国对外投资存在一定的非理性对外投资倾向，导致对外投资过快增长，比如房地产业以及文化、体育和娱乐业对外直接投资在 2016 年分别达到 152 亿美元和 38.7 亿美元，是 2012 年的 7.6 倍和 19.7 倍。2017 年，国家出台《关于进一步引导和规范境外投资方向的指导意见》，限制房地产、酒店、影城、娱乐业、体育俱乐部等境外投资，非理性对外直接投资得到遏制。同时，美国加强了对我国对美投资的审查，2017—2019 年我国对美直接投资连续大幅下滑，2019 年仅 38 亿美元，不足 2016 年的 1/4。因此，2017—2019 年，我国对外直接投资较历史高点明显回落。总体来看，这一时期虽然净直接投资逆差大幅收窄，但仍处于直接投资净流入状态。

（二）未来我国跨境直接投资的发展方向

2019 年，我国人均 GDP 刚跨过 1 万美元，根据投资发展路径理论，离跨入第四阶段的门槛仍很远。未来一段时间，我国仍处于国际资本流动的第三阶段，即吸收的外商直接投资仍高于对外直接投资。近年来，我国对外开放的传统优势在弱化，加之发达经济体贸易投资保护主义势力抬头，在限制我国对其进行直接投资的同时也在推进供应链"本土化"和"分散化"，我国利用外资和开展跨境直接投资面临一定的挑战。但与此同时，我国庞大的国内市场、充裕的人力资本、完备的产业配套、更高水平的对外开放以及不断提升的企业竞争力和国际化水平正在成为利用外资和开展跨境直接投资的新优势。

一方面，随着我国人均收入水平的提高，对高档产品的需求快速增长，劳动力素质提升，人力资本优势凸显，外资企业将加大向高附加值和技术密集型领域投资。近年来，我国也加大了对外开放的力度，2019 年出台的《外商投资法》及其实施条例，在法律法规层面正式确立了外商投资实行准入前国民待遇加负面清单管理制度，进一步放宽了外商投资金融、汽车、电信等行业领域的限制。2020 年底，我国与欧盟完成中欧投资协定谈判，扩大了中欧直接投资领域的双向开放，这都将吸引外商直接投资持续流入，未来我国吸收外资将继续维持高位。

另一方面，近年来国内中低端产品市场需求趋于饱和，劳动力、土地成本不断提高，资源环境约束日益趋紧，传统行业企业投资的边际收益递减，资源、劳动密集型企业未来将继续向海外转移生产，以寻求更高的投资回报。同时，经过多年发展，除少数高新技术领域外，国内企业国际竞争力得到显著增强。在《财富》杂志公布的 2019 年世界 500 强企业中，我国企业数量首次超过美国，而且除传统的资源能源、金融地产等行业外，互联网和科技企业迅速崛起。未来不仅是传统行业企业将加快"走出去"步伐，知识和技术密集型行业的企业也将加大对外投资，以提升其在全球配置资源和布局市场的水平，对外直接投资规模将进一步上升。因此，综合来看，随着我国经济发展水平的提升，对外直接投资将逐步超过利用外资，进一步向国际直接投资的第四阶段转变。

同时，前面提到过，德国、日本、韩国都保持了对外贸易顺差，这意味着这些国家赚到的外汇收入要么以外币的形式持有，要么会通过购买国外证券、对外直接投资的形

式"花"出去。根据联合国的数据，德国、日本、韩国都是净对外直接投资大国，2019
年日本净对外直接投资超过 2100 亿美元，居全球首位，德国、韩国分别为 623 亿美元
和 250 亿美元。而美国、英国正好与之相反，由于对外贸易存在巨额逆差，需要资本
和金融账户维持净流入，才能使国际收支实现平衡。2019 年，美国净对外直接投资额
为 -1213 亿美元，英国为 -277 亿美元（见图 3-23-13）。

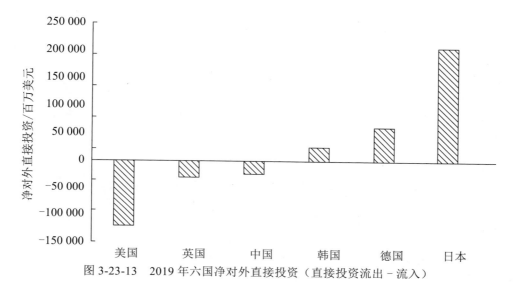

图 3-23-13   2019 年六国净对外直接投资（直接投资流出 - 流入）

资料来源：联合国。

长期以来，我国同时存在经常账户和非储备性质的金融账户"双顺差"，其中主要
是货物和服务贸易以及直接投资账户的"双顺差"。国际收支平衡主要是通过外汇储备
的扩张实现的。因此，未来如果我国沿着德国、日本以及韩国的产业分工和对外贸易模
式发展，经常账户保持顺差，那么在我国退出常态化外汇干预，外汇储备维持基本稳定，
对外证券投资仍保持一定管控的情况下，直接投资账户未来也很可能由顺差变为逆差，
即对外直接投资超过吸收的外商直接投资。

第三篇小结
2035年远景目标下的中国经济增长

▼

根据《中华人民共和国国民经济和社会发展第十四个五年规划和 2035 年远景目标纲要》，到 2035 年，我国人均国内生产总值将达到中等发达国家水平，基本实现社会主义现代化。那么，从长期经济增长的角度看，未来我国经济能否顺利实现这一目标，或者要达到这一目标，还需要做哪些方面的努力？

一、定位长期经济增长中的中国经济

改革开放后，我国经济发展驶入了"快车道"，在短短 40 多年的时间里，实现了经济发展水平的大幅跨越。结合经济增长的一般规律，我国的长期经济增长表现可以归纳如下：

经济增长围绕"一条主线"展开。在长期经济增长过程中，人均 GDP 是反映经济发展水平的核心指标。人均 GDP 的提高，从供给角度体现出劳动生产率的提升以及供给能力的增强[①]，从收入和需求角度讲则是代表了更高的收入水平，能够满足人的更高层次需求。而且，伴随人均 GDP 水平的提升，产业结构、需求结构、城乡结构、收入结构、对外经济结构等也会发生一系列规律性改变。所以人均 GDP 的变化规律是把握长期经济增长特征的主线。如图 3-J-1 所示，改革开放后，我国人均 GDP 实现了突飞猛进的增长，从 1978 年时的 384.7 元增加到 2020 年的 72 000 元，年均名义增长接近13.3%。但从二元经济向一元经济转变的过程中，人均 GDP 的增长速度并不是一成不变的。剔除掉周期性因素后，人均 GDP 增长的轨迹呈现出先加速，后减速的变化规律。改革开放初期，我国经济存在突出的二元经济特征。在随后的 30 年中，城市部门对农村剩余劳动力的持续吸纳，推动了人均 GDP 增长的不断加速。2008 年前后，由于"刘易斯拐点"的到来，我国人均 GDP 增速由此进入了一个逐渐放缓的阶段，并一直延续至今。从 2035 年远景目标的角度看，人均国内生产总值要在未来 15 年达到中等发达国家水平，仍需要保持一定的增长速度。

---

① 这里主要是指发达的工业化国家，并不包括高收入的资源型国家。

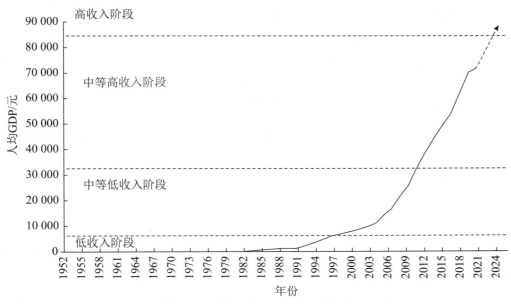

图 3-J-1　我国人均 GDP 的变化趋势

资料来源：国家统计局。

　　迈入发达经济水平需要跨越"两个关口"。 在长期经济增长的过程中，人均 GDP 水平的提高并不是自然而然的，而是需要具备一定的发展条件，至少要跨过两个关口。**第一个是从低收入迈入中等收入水平时，要走出"低收入陷阱"，也就是"马尔萨斯陷阱"。** 改革开放后，我国对内破除农村剩余劳动力的流动障碍，形成劳动力比较优势；对外扩大开放，通过引进外部资本、技术、管理经验，弥补资本、外汇、技术、管理方面的发展"缺口"，同时充分利用外部市场，加入国际大循环，发展出口导向型经济，解决无限劳动力供给下低收入造成的市场狭小困境，实现国内国外供给需求的良性循环。按照世界银行的标准，1997 年我国从低收入国家迈入中等收入国家行列，并在 2010 年成为中等高收入国家。**第二个是从中等收入迈入高收入水平时，要避免陷入"中等收入陷阱"。** 按照 2020 年的人均 GDP 换算，我国已经接近世界银行高收入国家门槛，研究显示，最早在 2023 年我国就有望成为高收入国家中的一员。即使如此，我们也不能高枕无忧，高收入国家的门槛值远低于高收入国家人均 GDP 的平均水平。越过门槛值并不意味着就跨越了"中等收入陷阱"，陷入"中等收入陷阱"的阿根廷、委内瑞拉等国家，历史上也曾进入过高收入国家的行列。当前，我国人口红利已经逐渐消退，资本数量投入带来的收益已经显著降低，经济全球化遭遇逆风，传统经济增长模式下的动能大为减弱。实现增长动力转换，推动人均 GDP 的持续较快增长，从而跨越长期经济增长中的第二个关口，将是"十四五"时期乃至 2035 年前面临的重要挑战。

"三大规律"左右经济增长路径。如同我们的一举一动都会受到万有引力定律的影响一样，长期经济增长也受一定的规律支配。**一是要素禀赋变化规律。**我国在改革开放初期，劳动力丰富，资本稀缺，技术落后，因而适合发展劳动密集的纺织服装等产业以及电子信息等高技术行业的生产组装环节；进入 21 世纪后，农村剩余劳动力被城市部门吸收殆尽，变得日益稀缺，资本和技术得到积累，更适合发展钢铁、化工、汽车等资本密集型产业。当前我国正处于工业化后期，劳动力成本上升但人力资本日渐丰富，传统行业投资收益下降但研发投入回报率较高，发展知识和技术密集型产业的要素禀赋优势正在形成。**二是消费升级规律，**改革开放以来，随着居民收入水平的提高，消费结构逐步升级，表现为用于吃、穿等生存型消费的支出占比持续下降，满足住、行、用以及教育、娱乐、医疗、旅游等发展型消费、享受型消费的比重上升，消费的热点从商品消费为主转向以服务消费为主，由此也从需求端带动了产业的升级与转型。**三是人口转型规律。**人口规模和年龄结构的变化不仅会改变长期经济增长中的劳动力、资本供给，也会对需求结构产生影响。我国在改革开放前后，受计划生育政策的影响，人口再生产较早经历了从"高出生率、低死亡率，高自然增长率"到"低出生率、低死亡率、低自然增长率"的转换。这一方面在改革开放后的一段时间内，形成了有利于经济增长的"人口红利"；另一方面也加速了当前的人口老龄化进程。根据人口转型规律，未来低生育率和低人口增长率的趋势难以逆转，由未富先老衍生出的一系列问题将日益突出。

经济增长呈现"五大结构"演变。除了总量和人均水平的变化，产业结构、需求结构、城乡结构、收入结构、对外经济结构的演变也从不同侧面反映出一个经济体在长期经济增长过程中的阶段特征。

一是产业结构。长期经济增长过程中，三次产业占比大小从"一二三"转变为"三二一"。改革开放前，在重工业优先的发展战略下，我国第二产业占比已经超过了第一产业。改革开放后，在市场经济条件的工业化路径下，我国工业先后经历了轻工业化、重新重工业化的发展，第二产业占比长期维持在 45% 上下。同期第一产业占比逐渐下降，第三产业不断上升。近年来，随着我国进入工业化后期，服务业成为经济增长的主导产业，2011 年后产业结构相应演变为以第三产业为主。

二是需求结构。改革开放前，我国经济发展存在"重积累、轻消费"的倾向。改革开放初期，消费率在农村居民消费增长的带动下一度有所回升，但随着城市改革的展开，城乡收入差距再度拉大，消费率不断下降，同时工业化和城镇化的快速推进令投资率波动上升，外向型经济的发展也令我国贸易顺差规模持续扩大。直到我国越过"刘易斯拐点"，工业化进入中后期阶段，内需对经济的拉动作用增强，消费成为推动经济增长的第一动力，投资率、消费率走向开始调转，二者差距再度拉大。

三是城乡结构。城乡结构是产业结构在人口居住地域上的反映。改革开放后，伴随着第二、三产业的发展，农村剩余劳动力从农村向城市持续转移，我国城镇化水平不断提高，人口城镇化率从改革开放时的不足 18%，提升至 2020 年的 63.9%。但由于户籍制度的影响，2020 年我国户籍人口城镇化率仅为 45.4%，仍有大量流动人口有待在城市落户。

四是收入结构。改革开放后的一段时期，尽管人均产出在不断增加，但农村剩余劳动力由于无限供给的特点工资增长缓慢，从而导致我国劳动报酬占比下降，资本报酬占比上升。直到进入 21 世纪后，流动人口工资收入开始随着"刘易斯拐点"的临近开始补偿性增长，推动劳动报酬占比触底回升。同时，前期由于流动人口收入偏低导致的个人收入差距扩大也有所改善，城乡居民收入差距逐步缩小。但单靠市场调节难以保障收入不公平程度的持续改善，个人收入之间的差距还可能再度拉大。

五是跨境贸易投资结构。改革开放后，我国打破经济发展的封闭状态，积极吸引外资，大力发展对外贸易，融入世界经济的程度日益加深，进出口和跨境直接投资流动的规模持续扩大，对外依存度不断上升，而且呈现"双顺差"格局。近年来，随着内需成为拉动经济增长的主要动力，进出口和跨境直接投资的绝对规模虽然很大，但占 GDP 的比重逐步降低，商品和资金的双向流动也更趋平衡。

从发展阶段看，我国已经越过了"刘易斯拐点"以及人均 GDP 增速的高点，由高速进入中高速增长的阶段。同时，从经济结构看，我国已经进入工业化后期，城镇化的中后期，服务业和消费成为经济增长的主要动力，收入分配更为合理，双向贸易投资更趋平衡。无论根据人均 GDP 还是经济结构，我国正在日益接近成为一个发达经济体。

二、2035 年远景目标下的中国经济增长

按照《中共中央关于制定国民经济和社会发展第十四个五年规划和 2035 年远景目标的建议》的说明，中等发达国家水平的标准是到 2035 年实现经济总量或人均收入较 2020 年翻一番。如果以人均 GDP 代表人均国民收入，按照 2020 年价格计算，这意味着到 2035 年，我国 GDP 将超过 200 万亿元或者人均 GDP 超过 14 万元。以此计算，2021—2035 年我国 GDP 或者人均 GDP 平均增速需要达到 4.73% 以上。

那么，我们能够确保在未来 15 年实现这一平均增速吗？未来我国的经济结构又将如何变化？

（一）经济增长速度的预测

经济增长速度的快慢依赖于经济的潜在增长能力。现有研究中，预测未来我国潜在经济增长率时采用较多的方法是增长核算法和国际经验类比法[①]。前者通过预测未来我

---

① 当然，还有使用其他方法进行预测的，比如结构计量模型、一般均衡模等，但使用比较少。

国劳动力、资本等生产要素增长以及技术进步的速度，将其代入根据历史数据回归得到的生产函数方程，从而计算出未来的潜在经济增长率。后者以我国当前的经济发展阶段为基准，对照发达国家在相应发展阶段的经济增长率，以此类推我国未来的潜在经济增长能力。

1. 增长核算法下的潜在经济增长率

劳动力投入持续下降。三大要素中，劳动力的变化趋势是最为清晰的。2016 年起，我国处于 15 ～ 64 岁的劳动年龄人口数量已经开始负增长，未来我国劳动人口数量将呈现加速下降的趋势。根据联合国世界人口展望（World Population Prospects，2019）预测，在中等生育率的假设情景下，到 2035 年，我国处于 15 ～ 64 岁的劳动年龄人口降速将扩大到 1%，劳动年龄人口数将降至 9.43 亿人，在总人口中的比重将降至 64.6%。同时，受劳动力受教育时间延长、收入水平提高等因素影响，劳动年龄人口就业参与率也将总体呈下降趋势。因此，劳动力投入数量将对未来我国的潜在经济增长率起到负拉动的作用。

资本积累增速不断放缓。资本变化趋势也与人口密切相关。由于投资来源于储蓄，资本形成增速与储蓄增速高度同步，而人口抚养比与储蓄率之间存在反向关系。20 世纪 90 年代以来，我国人口抚养比每提升 1 个百分点，储蓄率平均下降约 0.64 个百分点，我国人口抚养比在 2008 年后进入持续上升的阶段。根据联合国人口预测数据，如图 3-J-2 所示，2019—2035 年我国人口抚养比上升的趋势将延续下去，从 2019 年的 41.6% 提高到 2035 年的 53.5%，提高近 12 个百分点，这意味着储蓄率将下降 7.7 个百分点左右，到 2035 年降至 37% 附近。因此，未来储蓄以及资本形成增速将慢于 GDP 增速，对潜在经济增长率的贡献将不断降低。假设 2021—2035 年资本积累速度延续 2008 年以来的减速趋势，2035 年资本投入的增速将从 2017 年的 9% 左右降至 2035 年的 4% 附近。

确保实现翻番目标只有依靠全要素生产率的提高。由于劳动力和资本积累对经济增长拉动作用减弱乃至起负向的拉动作用，未来保持较高潜在经济增长率只能依靠全要素生产率的提升，否则，将有落入"中等收入陷阱"的风险。

全要素生产率测度了**技术进步**和**效率提升**对经济增长的贡献。

在经济周期篇中提过，当前正处于第五轮科技创新周期的下行阶段，新一轮科技和产业革命对全要素生产率的提升可能需要到"十四五"乃至 2030 年后才能逐步地显现出来。同时，随着我国科技水平向世界前沿靠近，通过引进吸收国外技术来实现短期内技术水平提升的空间和难度变大，未来的技术进步将更多依靠长期不懈的自主研发来实现。

近年来，西方国家加强了对我国高端制造业和高科技行业的围堵和打压，限制我国在美国、欧洲及其他发达国家和地区投资并购关键制造业领域高科技企业，禁止对我国出售或者以其他形式转让相关技术，阻碍科技人员交流和教育合作，这都将对我国提高全要素生产率产生不利的影响。

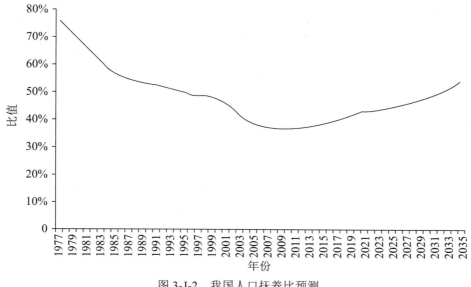

图 3-J-2　我国人口抚养比预测

资料来源：联合国。

此外，经济全球化自 2016 年后遭遇持续逆风，发达国家保护主义、孤立主义、民粹主义不断抬头，特别是新冠肺炎疫情暴发后，美国、欧盟诸国纷纷推进产业链供应链的本土化、多元化，基于成本收益的国际产业分工布局逐渐让位于安全、政治等考虑，造成全球产业分工区域化、碎片化趋势强化，不利于未来各国经济效率的提高。

除了不利的因素外，目前也有三方面的因素有利于我国全要素生产率保持较快的增长水平。

一是近年来，我国将科技创新提高到前所未有的高度。《中华人民共和国国民经济和社会发展第十五个五年规划和 2035 年远景目标纲要》提出要深入实施科教兴国战略、人才强国战略、创新驱动发展战略，把科技自立自强作为国家发展的战略支撑，这将提升技术进步对经济增长的贡献。

二是从历史数据看，除技术进步外，深化改革和扩大开放有利于激发市场活力，提高资源配置效率，提升全要素生产率。"十八大"以来，我国大力推动更深层次改革和更高水平开放，不断优化营商环境，不断完善要素市场化配置体制机制，深入推进新型城镇化建设以及区域协同发展，对外开展"一带一路"建设，签署《区域全面经济伙伴关系协定》（RCEP），完成中欧投资协定谈判，加快由商品和要素流动型开放向规则等制度型开放转变，这些都有利于提高全要素生产率。

　　三是劳动年龄人口受教育水平不断提高，有利于加快人力资本积累，研发投入以及新型基础设施投资力度加大将改善资本投入质量，提高生产效率。

　　在已经推算出 2021—2035 年间的劳动力、资本以及 GDP 增速的情况下，可以计算得到要实现 2035 年远景目标所需的最低年均全要素生产率增长水平，即如果实现经济总量翻一番，年均全要素生产率增速要在 1.6% 以上；如果实现人均 GDP 翻一番，年均全要素生产率增速要在 1.75% 以上。

　　从历史数据看，2000—2017 年，我国全要素生产率基本保持在 1.5% 以上，2011—2017 年全要素生产率年均提高 2.6%。现有的研究中（见表 3-J-1），除个别文献的 TFP 预测值设定较低外，对 2035 年前的全要素生产率的判定大多在 1.8%～3.5% 之间。综合来看，未来我国全要素生产率有较大希望保持在 2% 以上，但也面临一定困难。

表 3-J-1　部分研究[①]对 TFP 增长率的设定情况

研　究　者	时　　段	TFP 增速
中国社会科学院经济研究所课题组（2012）	2016—2020 年	2%
	2021—2030 年	2.5%
OECD（2012）	2011—2060 年	3.5%
世界银行、国务院发展研究中心课题组（2013）	2016—2030 年	2% 左右
陆旸、蔡昉（2014）	2021—2050 年	2.37%
中国银行"中国经济发展新模式研究"课题组（2016）	2015—2025 年	1.8% 左右
刘伟、范欣（2019）	2015—2035 年	0.96%
郭春丽、易信（2020）	2021—2025 年	2%
	2026—2035 年	2.5%

　　注：郭春丽、易信（2020）研究中的TFP增速设定了三种情景，此处引用的是改革和技术创新延续近年趋势情景下的设定值。

　　如果按照全要素生产率2%的增速测算，到2025年，我国经济潜在增长率将降至5.5%左右，2030年进一步放缓至4.7%，2035年降至4%附近。

① OECD. Looking to 2060：Long-term Global Growth Prospects[R]. OECD Economic Policy Papers，No. 3，2012；
中国经济增长前沿课题组，张平，刘霞辉，袁富华，陈昌兵，陆明涛. 中国经济长期增长路径、效率与潜在增长水平 [J]. 经济研究，2012，47（11）：4-17+75；
世界银行、国务院发展研究中心. 2030 年的中国：建设现代化和谐有创造力的社会 [M]. 北京：中国财政经济出版社，2013；
陆旸，蔡昉. 人口结构变化对潜在增长率的影响：中国和日本的比较 [J]. 世界经济，2014，37（1）：3-29.
中国银行"中国经济发展新模式研究"课题组，陈卫东，宗良. 中国经济潜在增长率的估算与预测——新常态新在哪儿 [J]. 金融监管研究，2016（8）：41-66；
刘伟，范欣. 中国发展仍处于重要战略机遇期——中国潜在经济增长率与增长跨越 [J]. 管理世界，2019，35（1）：13-23；
郭春丽，易信. "十四五"时期我国跨过高收入国家门槛预测及风险应对 [J]. 经济纵横，2020（1）：50-58.

2. 东亚国家和地区增长经验的启示

研究表明，各国劳动生产率存在趋同或者收敛的规律[①]。因此，预测我国未来劳动生产率的发展趋势，可以参考与我国发展路径相似的东亚国家和地区的经验。在经济迈向发达经济体的过程中，日本、韩国以及中国台湾地区劳动生产率都经历了一个阶梯性放缓的过程。2018 年我国人均 GDP 为 13102 国际元[②]，同时参考产业结构以及城镇化率等指标，目前我国发展水平大体相当于 20 世纪 60 年代末 70 年代初的日本，80 年代末 90 年代初的韩国、中国台湾地区，此时这些国家和地区的劳动生产率仍能够保持较快的增长。

如图 3-J-3 所示，日本从 20 世纪 70 年代至 90 年代初泡沫破裂前，劳动生产率平均维持在 3.8% 的增长速度，持续时间长达 20 年。1991 年劳动生产率较 1970 年提高了 2.1倍。韩国、我国台湾地区自 20 世纪 90 年代至 21 世纪初，劳动生产率平均增速均在 5.4%左右，持续了 10 年时间，2001 年劳动生产率较 1990年时提高了 1.7 倍。

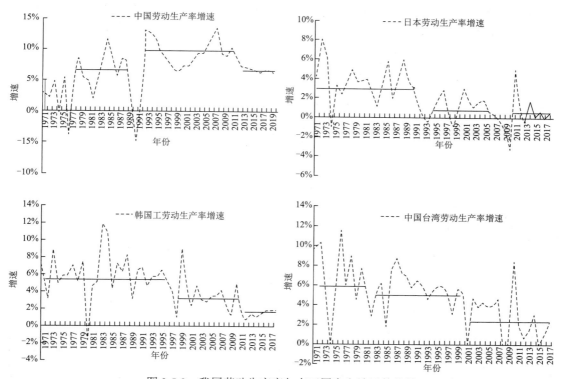

图 3-J-3　我国劳动生产率与东亚国家和地区的比较

资料来源：APO Productivity Database 2019。

---

① 白重恩，张琼 . 中国经济增长潜力预测：兼顾跨国生产率收敛与中国劳动力特征的供给侧分析 [J]. 经济学报，2017，4（4）：1-27；

Pritchett L.，Summers L H. Asia-phoria meet regression to the mean[J]. Proceedings，2013（Nov.）：1-35.

② Maddison Project Database 2020

　　我国的劳动生产率自改革开放后不断提升,1992—2007年平均增速保持在10%以上。2008年国际金融危机爆发后,我国劳动生产率增速逐步降低,但2019年时仍达到6.2%,属中高速水平。2020年,由于新冠肺炎疫情的影响,我国全员劳动生产率增速暂时性降至2.5%。但随着疫情得到有效控制,经济逐步地恢复正常,2021年我国劳动生产率增速也将恢复至正常水平附近。

　　2000年以来,我国劳动参与率呈现较快的下降态势,虽然在"十四五"规划中,我国提出要逐步延迟法定退休年龄,但未来随着人口老龄化的加深、人均收入水平的提升和受教育年限增加,劳动参与率降低的趋势仍将延续。

　　根据世界银行数据,2019年我国劳动参与率是68.2%,如果到2035年降至与日本、韩国等东亚发达经济体相近的63%[①]左右,失业率届时维持在5.5%,要实现2035年的GDP总量或人均GDP翻一番的愿景目标,未来15年我国劳动生产率的平均增速需要保持在5.2%左右,高于4.73%的保底GDP或人均GDP增速水平,这也反映出为了实现同样的经济增长目标,需要通过更快地提升劳动生产率,以抵消劳动投入下降对总产出增长的拖累。以2020年价格计算,按照翻一番的目标计算,届时我国全员劳动生产率将达到28万元以上,大约是2020年的2.1倍。参考日、韩的经验,如果能够将劳动生产率增长放缓的势头遏制在略低于近年来增速的水平上,并使劳动生产率增速进入一个15年左右的平稳期,翻番的目标有较大希望能够实现。

　　根据全球投入产出数据库(WIOD)的数据,我国各行业劳动生产率与美国、日本、德国等主要发达国家相比仍有比较大的差距。如表3-J-2所示,与美国的差距最为明显,多数行业劳动生产率相当于美国的10%～20%,基本金属制造相对较高,达到31%,而化工、医药制造、计算机、电子和光学产品制造、电气设备制造等行业劳动生产率不足美国的10%。与日本、德国相比,我国多数行业劳动生产率相当于这些国家的30%左右,只有专业、科学和技术服务业劳动生产率差距相对较小,相当于日本、韩国的64%左右。

表3-J-2　2014年我国劳动生产率相当于主要发达国家的百分比　　　　%

行　业	美　国	日　本	韩　国	德　国
农、林、牧、渔业	5	23	23	13
采掘业	5	14	17	29
食品、饮料和烟草制品制造业	18	25	50	41
纺织品、服装和皮革制品制造业	12	32	15	12
木材加工及木、竹、藤、棕、草制品业	14	20	25	17
造纸及纸制品业	8	16	15	13
印刷业和记录媒介的复制	16	20	38	20
焦炭和精炼石油产品制造	8	5	16	31

---

① 根据世界银行数据,2019年美国劳动参与率为62.6%,日本、韩国劳动参与率分别为62.4%和63.3%。

续表

行　业	美　国	日　本	韩　国	德　国
化学品和化工产品的制造	6	29	13	18
医药制造业	6	11	23	12
橡塑制品制造	11	17	13	12
其他非金属矿物制品业	17	26	19	22
基本金属制造	31	36	18	43
金属制品业	13	22	12	16
计算机、电子和光学产品制造	8	26	12	15
电气设备制造	9	18	15	12
机械设备制造	13	21	22	16
汽车制造	20	30	29	20
其他运输设备制造	18	38	41	24
家具制造业	11	25	32	15
电力、燃气及水的生产和供应业	21	34	38	36
建筑业	11	15	24	15
批发和零售业	11	17	32	19
交通运输、仓储和邮政业	20	30	57	25
住宿和餐饮业	24	27	44	31
信息传输、计算机服务和软件业	17	21	32	19
金融业	18	28	38	30
房地产业	5	8	21	6
专业、科学和技术服务	20	64	63	33
公共管理和社会组织	12	9	22	14
教育	14	10	16	11
卫生、社会保障和社会福利业	11	19	22	15
其他	5	7	13	7

资料来源：WIOD database。

　　差距便是潜力和空间，我国劳动和资金密集型行业与发达国家差距相对较小，而知识和技术密集型行业劳动生产率差距较大。要实现 2035 年发展目标，实现劳动生产率的持续提升，未来我国不仅需要继续推进传统制造业行业的升级改造，使这些产业向价值链中高端延伸，提升产品附加值，更要重点加大对医药制造业、计算机、电子和光学产品制造、电气设备制造、机械设备制造等领域的投入，将知识和技术密集型行业做大做强。

　　因此，综合来看，无论是生产函数法还是国际比较法计算潜在经济增长水平，在现有的发展趋势下，2035 年 GDP 或人均收入翻一番的远景目标就像"奋力一跳可以摘到的树上的桃子"[①]，但仍"必须奋力一跳"才能摘到果实。

---

① 何立峰."十四五"规划纲要草案指标就像"奋力一跳可以摘到的树上的桃子"[N]. 新华社，2021-03-05.

（二）经济结构怎样变化

未来我国经济增长的过程也必然伴随着经济结构的进一步转变。在能够顺利实现翻番目标的情况下，我国经济结构也将不断向发达经济体的结构特征靠拢。结合现有研究、国际经验及模型测算结果，未来我国的经济结构将呈现以下变化。

1. 服务业占比继续上升，制造业保持相对稳定

根据产业结构演变的一般规律，在迈向发达国家的过程中，大的产业结构发展趋势是服务业占比上升，第一、二产业占比下降。因此，未来随着我国居民消费结构进一步从商品消费向服务消费转变，服务业占比有望继续提高。按照产业结构标准值，进入后工业化阶段，服务业占比超过 50%。根据联合国的数据（见表 3-J-3），发达国家以及 OECD 国家服务业占 GDP 的比重在 75%～76%，而人均在 2 万美元附近的葡萄牙、希腊等南欧国家服务业均在 75%～78%，独联体立陶宛、爱沙尼亚在 70% 左右，而工业化水平较高的捷克、斯洛伐克服务业占比在 60%～63%。过去 15 年，我国服务业占比从 2005 年的 41.3% 上升至 2020 年的 54.5%，以不变价计算是从 41% 提高到 53%。未来 15 年，如果我国服务业占比延续这一上升趋势，到 2035 年将达到 65% 以上，这意味着如果实现 GDP 总量翻一番的目标，未来 15 年以不变价计算，服务业增加值实际年均增速至少需要达到近 6%。

表 3-J-3　经济结构的国际比较　　　　　　　　　%

	农业占比	工业占比	制造业占比	服务业占比	最终消费支出占比	家庭消费支出占比	固定资本形成占比
中国	7.5	40.8	29.1	51.7	53.4	38.7	44.1
世界	4.1	28.4	17.1	67.5	72.8	56.5	26.1
发达经济体	1.3	22.7	13.9	76.0	78.1	60.6	21.6
OECD	1.4	23.5	14.6	75.0	77.5	60.2	22.1
美国	0.8	19.0	11.5	80.1	82.1	68.0	20.9
日本	1.1	28.5	20.4	70.3	75.3	55.6	24.4
德国	0.9	30.5	22.7	68.7	72.0	52.1	21.8
韩国	2.0	37.3	29.2	60.7	64.1	48.0	31.3
捷克	2.2	35.8	25.6	62.0	67.4	47.5	26.2
斯洛伐克	2.6	33.6	21.9	63.8	74.5	55.9	23.4
希腊	4.3	17.5	11.0	78.2	87.1	68.0	13.1
葡萄牙	2.4	22.2	14.1	75.5	81.8	64.8	18.1
爱沙尼亚	3.1	27.7	15.2	69.2	69.3	49.7	26.2
立陶宛	3.2	28.4	18.4	68.4	78.3	61.8	19.8

资料来源：联合国，数据为2018年或2019年数据。

　　近年来，虽然我国服务业增速有所放缓，但除了 2020 年外，基本保持在 7% 以上，2019 年为 7.2%。目前我国服务业中，高端服务业占比较低，房地产与金融业比重偏高。比如，金融业占 GDP 比重 2020 年达到 8.3%，高于金融业强国美国的 8.2%、英国的 6.4%[①]，是日本、德国的两倍。因此，未来我国服务业发展应该以研发设计、信息服务、商务服务、培训等高端的生产性服务业以及教育、医疗、文化娱乐等服务于高品质生活需求的生活服务业为方向。从行业大类上主要是信息传输、计算机服务和软件业，租赁和商务服务业，科学研究、技术服务和地质勘查业，教育，卫生、社会保障和社会福利业，文化、体育和娱乐业等。

　　同时，从制造业情况看，我国制造业虽然在规模上位居全球首位，但表现出"大而不强"的特征，而且，在我国尚未走完工业化进程的情况下，近年来我国制造业占比出现过快下滑的现象，面临过早"去工业化"的风险。根据联合国的数据，2019 年我国制造业占比降至 29%，虽然高于美国的 11% 以及发达国家的 14%，但已经与韩国相近。而且，发达国家自 2008 年国际金融危机后一直在推进"再工业化"，力图重振实体经济。比如，德国《国家工业战略 2030》提出，到 2030 年德国制造业增加值占 GDP 的比重要提高至 25%，2019 年该比值为 22.7%。全球另一个制造业强国日本，2019 年制造业占 GDP 比重为 20%。捷克、斯洛伐克制造业增加值占比也在 20% 以上。

　　因此，未来我国经济增长也要重视发展以制造业为主的实体经济，避免重走发达国家过度"虚拟化"的老路，做强做大制造业。《中华人民共和国国民经济和社会发展第十五个五年规划和 2035 年远景目标纲要》提出"深入实施制造强国战略"，强调要"保持制造业比重基本稳定"。如果到 2035 年制造业实际增加值占比维持在 2019 年的水平，意味着未来 15 年制造业增加值的实际年均增速应基本与 GDP 增速保持同步，即保持在 4.7% 左右。

　　近年来，我国制造业增加值增速总体呈放缓的态势，2019 年增速为 4.6%，2020 年进一步降至 2.3%，但代表知识和技术密集型的高技术制造业和装备制造业[②]仍保持了较快的增长，即便在受新冠肺炎疫情影响严重的 2020 年，高技术制造业增加值仍增长了 7.1%，占规模以上工业增加值的比重上升至 15.1%；装备制造业增加值增长 6.6%，占规模以上工业增加值的比重达到 33.7%。考虑到我国将进入工业化后期阶段，随着劳动力成本上升、资源环境约束增强，纺织服装、钢铁石化等传统的劳动密集型制造业和资本密集型制造业竞争优势将进一步弱化，未来难以维持较高的增长速度。

---

① 此处为 2019 年数据。
② 按照国家统计局的统计口径，高技术制造业包括医药制造业，航空、航天器及设备制造业，电子及通信设备制造业，计算机及办公设备制造业，医疗仪器设备及仪器仪表制造业，信息化学品制造业。装备制造业包括金属制品业，通用设备制造业，专用设备制造业，汽车制造业，铁路、船舶、航空航天和其他运输设备制造业，电气机械和器材制造业，计算机、通信和其他电子设备制造业，仪器仪表制造业。

要稳定制造业比重，仍然要依靠高技术制造业和装备制造业的发展，因此，从行业大类上，要加快医药制造业，通用设备制造业，专用设备制造业，汽车制造业，铁路、船舶、航空航天和其他运输设备制造业，电气机械和器材制造业，计算机、通信和其他电子设备制造业，仪器仪表制造业等行业发展，提高其在制造业增加值中的占比。同时，传统劳动和资金密集型行业也是吸纳就业，夯实我国实体经济基础以及构成我国完备产业链供应链优势的重要组成部分，未来需要进一步推动这些行业的转型升级，提升产业附加值和产品竞争力。

2. 农村劳动力继续向城市转移，城镇化进入后期阶段

对农业而言，我国农业占 GDP 的比重已经降至 10% 以下，但相比发达国家的水平仍然偏高，OECD 国家平均在 1.4% 左右，即便农业增加值占比较高的日本也仅为 4.2%。近年来我国第一产业增加值增速基本保持在 3% ～ 4%，粮食生产也维持基本平稳的状态，在 13 亿公斤以上，而且农产品单产能力在全球也处于较高水平。比如，根据联合国粮农组织数据，2019 年我国谷物单产为每公顷 6278.3 公斤，虽然低于美国，但已经与日本、韩国基本相近，而且远高于全球每公顷 4113 公斤的平均水平。因此，农业增加值增速提高的空间有限，农业增加值占 GDP 的比重仍会继续下降。而且，随着我国居民收入水平的不断提高，农产品消费将更加多元化，肉蛋奶和水产品消费比重上升，农产品加工业以及农业生产性服务业将成为拉动农业增长的主要力量。

当前我国农业面临的突出问题是农业生产效率过低，相比发达国家，农业生产占用了过多的劳动力。2019 年我国农业就业人口达到 1.9 亿人，占就业人口的比重高达 25%，远高于农业增加值占 GDP 的比重。2019 年日本农业就业占比在 3% 左右，与农业增加值占比相差不大。未来我国农业生产的关键是要加快推进农业生产的现代化，进一步提高农业劳动生产率，因此，需要加快推动"三农"问题解决，释放农业劳动力，提高土地集约化、规模化利用水平，促进劳动力、土地资源在城乡之间的优化配置。

根据《中国农村发展报告 2020》的预测，到 2025 年，我国农业就业人员比重将下降到 20% 左右，新增农村转移人口在 8000 万人以上。如果按照这一趋势，到 2035 年，我国农业就业人口占比能够降至 10% 左右，第一产业生产所需的劳动力大约在 7000 万～ 8000 万人。届时我国常住人口城镇化率将达到 70% 以上，接近 10 亿左右人口完成城镇化，这也标志着我国城镇化进入后期阶段。剩余的劳动力转移至城镇，不仅能够为我国产业发展提供劳动力补充，缓解人口老龄化造成的劳动力下降问题，而且还能够有效扩大内需，刺激消费以及投资需求。农业劳动生产率的提升也有助于提高农业的抗风险能力，保障我国的粮食安全。

3. 收入提高带动消费率上升，人口转型助推中等收入群体扩大

从需求端看，虽然消费已经成为拉动我国经济增长的主要动力，但其占 GDP 的水平相比发达国家而言依然偏低，发达国家最终消费支出占 GDP 的比重在 65% 以上。如果到 2035 年我国消费率要达到 65% 的水平，意味着未来 15 年最终消费支出的年均实际增速也要达到 5.9%，高于同期 GDP 增速。

近年来，我国最终消费支出的实际增速虽然高于 GDP 增速，但二者的差距在缩小。2019 年，我国最终消费支出实际增长 6.4%，仅比 GDP 增速高 0.4 个百分点。居民消费增长放缓是主要原因，2019 年我国居民消费实际增速仅为 5.98%。之所以居民部门消费增长放缓，除了经济减速带来的收入增长放缓外，也与房价上涨、居民加大杠杆买房导致居民部门负债和杠杆率攀升，挤占了消费支出有关。此外，居民部门的收入分配差距依然较大，也不利于扩大居民消费。

根据生命周期理论，未来随着我国老年人口占比的上升，全社会的储蓄倾向将会降低，人口老龄化的发展将带来消费率的上升和储蓄率的下降。同时，消费依赖于收入的增长，由于目前居民部门杠杆率已经处于较高水平，未来在保持杠杆率相对稳定的情况下，要保障消费增速快于 GDP 增速，意味着居民收入要快于经济增长的速度，居民收入在初次收入分配中的比重要进一步上升。而这有赖于人口转型的成功与否。如果能够顺利实现人口红利向人才红利转变，高素质劳动力的增加将带动中等收入群体扩大，从而提高劳动报酬在国民经济分配中所占的比重，进而提高消费率。根据现有研究[①]，到2035 年，我国有望形成橄榄型收入分配格局，有一半以上的人口，即大约 8 亿人进入中产阶层的行列，中等收入群体规模居世界之首。影响消费率提升的另一个关键因素是农村人口的市民化。前面提到，如果能够有效提高农村劳动生产率，不仅从农村中转移到城镇的人口会增加消费，而且留在农村人口也会随着农业现代化水平的提高，城乡收入的缩小，扩大消费支出，这都将有利于我国居民消费率的提升。

4. 储蓄率下降继续拉低投资率，跨境贸易投资双向流动更趋均衡

从固定资本形成看，我国相比其他发达国家投资率偏高，发达国家中除韩国在 30% 附近外，其余多在 20% 上下。由于投资率变化与储蓄率变化密切相关，未来随着人口老龄化的发展以及社会保障制度的完善，储蓄率将进一步降低，由此带动我国投资率也将进一步走低。根据联合国对我国未来人口总抚养比的预测以及投资率、储蓄率和总抚养比三者之间的关系，到 2035 年，我国投资率将下降至 33% 左右，仍高于发达国家的水平。保持适度的投资规模有利于增强我国经济的长期发展潜力以及政府对宏观经济的逆周期调节能力。未来投资需要维持一定增速的同时，重点优化投资结构，提高资本回报率。

---

① 李稻葵. 未来 15 年我国中等收入群体将从 4 亿增至 8 亿 [EB/OL]. http://finance.sina.com.cn/hy/hyjz/2019-09-22/doc-iicezueu7540672.shtml，2019-09-22；
林毅夫. 中国 2035 年中等收入人群或达 8 亿，巨大市场将成所有国家机遇 [EB/OL]. http://www.chinanews.com/cj/2021/05-07/9472276.shtml，2021-05-07.

从进出口看，目前虽然我国是全球贸易大国，但由于贸易呈现大出大进的特点，近年来净出口占 GDP 的比重已经降至 2% 以下。德国等出口导向型发达国家的净出口占比在 4%～7%。未来我国虽然劳动力、资本密集型产品的出口竞争优势将随着劳动力成本上升，资源环境约束强化而进一步减弱，但知识和技术密集型产品或者服务的竞争力将随着高端制造业和现代服务业的发展得到加强，对外出口增速将保持相对平稳，进一步优化出口结构。

同时，随着国内循环更为畅通，中高端产业产品供应能力增强，能源资源利用效率得到提升，对外部大宗商品以及半导体等进口过度依赖性的状况得到改善，但人均收入水平的提高也将带动国外消费品进口、出境旅游等需求的增长，未来我国货物贸易顺差、服务贸易逆差，总的商品和服务贸易保持顺差的格局有望延续下去，净出口占比维持在1% 左右。此外，按照投资发展路径理论，伴随人均收入水平的提高，我国企业"走出去"步伐进一步加快，对外直接投资超过利用外资并不断扩大。

三、如何保障翻番目标的实现

如前所述，保障翻番目标实现的关键是要推动全要素生产率或者劳动生产率的持续较快提升，而这需要在促进科技创新，改善要素投入质量，提高资源配置效率三个方面持续用力。

主攻一个方向——提升科技进步对经济增长的贡献。在传统经济增长理论中，技术进步被认为是决定长期产出增长的唯一源泉。尽管当前至 2030 年前后，全球仍将处于第五轮科技创新周期的下行阶段，但越接近下行周期尾声，往往也是新技术、新发明不断涌现并开启商业化应用的阶段。推进实现 2035 年远景目标的这一时期，也正值全球新一轮科技革命和产业变革从前夜走向黎明的阶段，人工智能、大数据、云计算、物联网、太空技术、生物技术、新能源技术为代表的新一轮科技革命正在孕育兴起，我国需要顺应新一轮科技革命和产业变革趋势，加大对前沿科技、"卡脖子"技术的研发投入力度，在强化国家战略科技力量的同时，激发企业创新活力，推进产学研深度融合，加速科研成果的转化和应用，升级改造传统产业，以知识和技术密集型的高端制造业和服务业为重点，培育壮大新兴产业，提前布局未来产业。

夯实两大支撑——提高劳动和资本要素投入的质量。要素质量的提升将改善我国的要素禀赋条件，形成有利于知识和技术密集型产业发展的新比较优势。同时，也可以提高人均收入和资本回报水平，有利于中等收入群体的扩大，促进资本与产业间的良性循环。

一是要加速人力资本积累。尽管 2035 年前我国的劳动力数量呈下降的趋势，但从绝对规模看仍然在全球居于前列，2035 年，我国劳动年龄人口仍将保持在 8 亿左右，远超过发达国家。"十年树木，百年树人"，目前我国劳动年龄人口平均受教育年限与 OECD 国家相比还有一定差距。美国 NBER 对 146 个国家 1950—2010 年的相关数据分析发现，人均受教育年限每增加 1 年，由此带动的经济总量至少增加 2%；世界银行的研究也表明，劳动力人均受教育时间每增加 1 年，国内生产总值就会增加 9%。提高劳动年龄人口平均受教育年限将对提升劳动生产率以及促进经济增长起到积极的作用。

除了加大对人力资本的整体投入外，还要注重对人才供给结构的及时调整。随着生产自动化、数字化及智能化技术的发展，我国产业加速向中高端迈进，"机器换人"的步伐进一步加快，将引发未来就业岗位结构发生深刻变化。目前我国的自动化程度还远低于发达经济体。根据国际机器人联合会（IFR）数据，2019 年每 1 万名中国工人中有 187 台机器人，而美国、日本分别是 228 台和 364 台，韩国更是高达 855 台。中国制造业仍有相当大的进一步自动化的空间。麦肯锡全球研究院预测，到 2030 年，体力和人工操作技能的岗位需求可能会下降 18%，而高技术技能的岗位需求可能会上升 51%，多达 2.2 亿中国劳动者可能需要更换职业，约占劳动力总数的 30%。未来要统筹考虑智能化、无人化发展趋势对就业的替代作用以及新技术、新模式、新业态发展的就业创造作用，超前进行劳动力供给结构的调整和布局，以适应并促进新一轮科技和产业变革的到来。

二是要优化投资结构。 除了引导社会和民间资本加大对知识和技术密集型产业、新能源行业的投资，鼓励企业加快技术改造和设备升级外，政府优化投资结构的重点依然要集中于基础设施和公共服务等领域。"要想富，先修路"。随着经济向数字化转型，以 5G 网络、工业互联网、物联网、数据中心等为代表的新型基础设施，将成为未来中国经济实现向数字化、智能化转型的必备条件。优化政府投资结构，需要加大对新型基础设施的投资力度，提升传统基础设施智能化水平，为我国经济的数智化转型发展铺好路。

同时，在传统基建领域，从人均资本存量看，目前我国基础设施人均资本存量只有发达国家的20%～30%。西部省份和贫困地区交通、通信、水利等重大基础设施仍很薄弱，铁路、公路路网密度仍远低于美国、德国、法国等发达国家的水平。农村基础设施建设与城市相比仍然存在不少差距。优化政府投资结构，需要加快补齐城乡间、区域间基础设施短板。

此外，我国教育、医疗、养老等诸多领域公共服务供给与人民群众期待还有较大差距，基层医疗卫生、教育、公共文化等领域专业技术人才匮乏，上学难、看病难、住房难、养老难等问题依然是我国民生领域的突出短板，优化政府投资结构，需要加大教育、医疗、养老、育幼等社会性基础设施的投资。

畅通四大循环——优化要素资源配置的效率。 国民经济运行是一个循环系统，循环"通则不痛，痛则不通"，针对当前我国经济运行中存在的问题，需要用进一步深化改革和扩大开放的方法，打通循环中的堵点断点，提高资源配置和经济运行的效率。

一是从要素投入角度，要畅通土地、劳动力、资本、技术、数据要素市场的循环。 这需要继续深入推进要素市场化改革，破除阻碍要素自由流动的体制机制障碍，更加充分地发挥市场在资源配置中的决定性作用，提升生产要素的供给潜力和使用效率。

比如在土地市场，城乡土地二元分割特征依然突出，需要进一步推进国有土地和农村集体土地同地同权的制度建设，特别是要加速农村的"三块地"改革，促进农村土地的流转和增值。劳动力市场需要进一步深化户籍制度改革，实现城市常住人口在劳动就业、医疗保险、子女教育等方面享有基本公平的福利待遇，便利流动人口在城镇的就业、落户。

我国金融体系仍是以间接融资为主，融资成本偏高。未来需要继续大力发展直接融资，特别是要为小微企业、民营企业直接融资创造更好条件。畅通资金信息和流通渠道，降低融资成本。当然，也要完善市场化约束机制和违约风险承担机制，有效防范金融风险。

技术市场要推进全国技术要素市场交易网络的互联互通，加快科研成果的转化，提升科技研发与产业链、金融、市场营销等专业化服务的对接水平，打通技术到市场的"最后一公里"。

数据要素作为新兴的生产要素，首要的是探索搭建数据要素市场的"四梁八柱"，建立数据资源产权、隐私保护、交易流通、跨境传输和安全等基础制度和标准规范，夯实我国数据要素市场发展的基础。基于此，推动政府部门、企业等逐步打破数据孤岛，培育数据交易市场，促进数据要素资源安全有序地流通。

二是从经济系统循环的角度，要畅通国民经济生产、分配、流通、消费间的循环。 我国目前生产环节存在着低端供给相对过剩、中高端供给相对不足的结构性矛盾。产业基础能力和产业技术水平还有待提高，生产环节还存在许多"卡脖子"和瓶颈问题，比如芯片、高端机床、工业机器人、关键材料等方面的生产能力和水平还远不能满足国内的需求，2020 年仅芯片的进口额就将近 3800 亿美元，约占国内进口总额的 18%。同时，国内终端消费品和服务供给还难以满足消费升级需要，疫情前我国居民年境外消费约2000 亿美元。这需要在生产环节实现核心领域技术的突破，提升国产产品的品牌和质量，扩大有效和中高端供给。

在分配环节，与发达国家相比，我国中等收入群体的比例仍然偏低。未来需要进一步优化收入分配格局，在初次收入分配环节，增加居民通过土地、资本、技术等要素获取收入的途径，提高财产性收入、经营性收入在居民总收入中的比重。在再分配环节，要加大政府再分配调节力度，加强对高收入群体的税收征管和收入调节，扩大以高校毕业生、技能型劳动者、农民工为主力人群的中等收入群体比重和规模。此外，还要提高低收入群体的社会保障水平，巩固脱贫成果，减少相对贫困人群。

流通环节上，成本高、效率低是国内流通领域的一大顽疾。2019 年，我国社会物流总费用达到 14.6 万亿元，与 GDP 的比率为 14.7%，明显高于发达国家平均 8% ～ 9% 的水平。《人民日报》做过的一项调查[①]显示，我国物流的保管费用是发达国家的 2 倍，管理费用是其 3 ～ 4 倍。我国物流成本占产品成本的比例在 30% ～ 40% 左右，而发达国家一般为 10% ～ 15%。流通提质增效对促进消费具有可观的促进作用。根据测算，社会物流总费用占 GDP 的比重下降 1 个百分点，就可以节约 7500 亿元。如果让利给消费者，将带来明显的拉动效应。所以未来需要加快现代物流体系的建设，统一行业运输规范、标准，完善交通基础设施和物流基础设施，尤其以运输费、保管费为重点，降低物流成本。

从消费环节看，我国当前储蓄率偏高、消费率过低。解决这一问题，除了要进一步调整分配结构、增加居民可支配收入，让居民收入的增长跑赢经济的增长外，还要继续完善住房、医疗、教育和养老等社会保障制度，解除居民消费的后顾之忧，才能更有效地释放消费潜力。比如在住房问题上，长期以来，房价过高、房租上涨过快等对居民消费产生了一定的挤出效应，继续坚持"房住不炒"的定位，稳定房价，有助于提升居民的消费能力。同时，还要引导居民合理消费、理性消费，避免铺张浪费、过度超前消费。

三是从地理空间角度，要畅通城乡、区域间的循环。这需要完善全国统一的大市场建设，打破城乡、区域间的市场壁垒，落实乡村振兴和区域协调发展战略，鼓励发挥各地区比较优势，开展跨区域产业合作。

长期以来，我国农村资金、土地、人力资源等单向流入城市，而城市优质的发展资源却很少流向农村。尽管这一状况近年来有所改观，但阻碍城乡间经济循环畅通的障碍依然存在。比如，农村土地等权益资产流转机制仍不完善，导致农村资源无法得到有效盘活，不仅影响农业转移人口市民化，也影响了社会资本、城市人口入乡的积极性。同时，城乡产业互动融合不足，供给消费对接不畅的问题也较为突出，比如农村绿色优质农产品的生产能力无法很好地满足城镇居民的品质化消费需求，乡村生态旅游、农家乐等服务业精细化程度不高，对城市居民下乡消费的吸引力有限。而城市部门对适合乡村消费的工业品和服务开发不足，难以满足农村居民消费升级需求等。所以，在促进城乡要素双向流动的同时，还要进一步提高城乡经济的融合对接，形成城乡供需间的良性互动。

在区域发展上，近年来，我国区域经济发展格局在原有的东西差距基础上，又出现了经济增速南快北慢的变化，区域经济增长分化的现象较为突出。这背后反映了不同地区在体制机制创新程度与产业转型升级速度上的差距。根据北京大学与武汉大学联合发布的《中国省份营商环境研究报告 2020》，各地区营商环境分化明显，华东地区营商环

---

① 杜海涛，王珂，林丽鹂，等 . 我们的流通成本为啥高？——对流通"肠梗阻"的最新调查（上）[J]. 中国经济周刊，2017，24（No.092）：49-52.

境得分遥遥领先，而华中、东北和西北地区则低于全国平均值。同时，南方省份电子信息、新能源等新兴产业发展迅速，北方则仍是以传统行业为主，在我国新旧动能转换的大背景下，产业发展的落差带来了经济增长差距的扩大。

所以，促进区域协同发展和畅通区域经济循环，需要加快全国统一市场的建设，尤其要推动落后地区体制机制改革，优化营商环境，创造良好的创新创业氛围。在产业发展上，需要因地制宜，发挥各地区的比较优势，大力发展特色产业的同时，也要加快北方地区传统产业的转型升级，新旧动能转换；引导中西部地区承接东部地区的产业转移，促进跨区域的产业链联动。

四是从国际国内角度，要畅通内外经济循环。 2008 年国际金融危机后，西方国家受产业空心化、失业率上升等因素影响，在政策上更加内视和封闭，以民粹主义、孤立主义、贸易保护主义为代表的"逆全球化"思潮进一步高涨。尤其是 2020 年暴发的新冠肺炎疫情，暴露了经济全球化下跨国供应链的内在脆弱性，主要发达经济体内部调整、重组供应链的呼声越来越高，开始加速推动产业回流本国或是产业链的多元化，因此，未来我国对外贸易投资将面临更多的风险挑战。

不过，基于我国改革开放的历史经验以及全球经济发展的趋势，顺应并融入全球化仍是大势所趋，畅通内外经济循环，依然需要进一步推进我国的对外开放，特别是推动由过去的商品和要素流动型开放，向规则、标准等制度型开放转变，从而充分发挥我国在国际产业分工中的人力资本、基础设施、产业链配套等比较优势，提升我国产业在国际价值链中的位势，实现国内外经济更高水平和更高层次的互动。同时，当前主要经济体都在商谈大型的自贸协定，我国也要积极推进各类双边、诸边以及多边的贸易投资协定谈判，开拓国际市场，降低关税和非关税壁垒，积极参与国际经贸规则的制定，为我国企业对外发展营造良好的外部环境。还要鼓励企业"走出去"，增强我国企业对全球产业链布局、战略资源的掌控能力，提高保障国内经济和产业稳定运行的能力。

后　记

如同做题有解题套路、练武有武术套路一样，宏观经济分析也是有套路可循的。实际上，自宏观经济学创立以来，已经建立了一套比较完备的理论分析框架，为我们分析短期经济波动以及中长期经济增长问题提供了有力的理论工具。

那么，如何将这套分析框架和理论系统地应用于中国经济的分析预测？可以看到，有关宏观经济的教材、专著比比皆是，分析中国经济的热门图书也是汗牛充栋，前辈学者的研究成果为依照宏观经济分析框架全面梳理中国经济提供了可能，但本土化、应用化研究需求依然迫切。

一方面，宏观经济学教材理论框架虽然完备，但是以理论介绍和模型推导为主，与中国经济的实际情况结合并不紧密，尤其是当下经典的经济学教材，基本都是西方经济学家写著，书中的例子也是以美欧西方发达国家为主，这就导致在对中国经济进行分析时，容易造成理论与实际的脱节。

另一方面，国内关于中国经济的书，一部分是专著性质的，往往过于学术化，而且研究多聚焦于专门领域；一部分紧跟最新形势的变化，更多侧重于对热点问题的分析和研究；还有一部分畅销类经济书籍，讲故事居多，讲应用较少。

我最初写下本书前面的章节，是对日常工作的积累，也是弥补自己的知识短板。因为工作后最大的感触是学校所学与工作所需有很大的差距，而当时又没有找到一本能够契合工作需要的图书。所以，我以"干中学"的心态，开始按照宏观经济分析的框架，梳理常用的经济指标及其反映出的中国经济运行情况；根据主要的经济周期分类，梳理中国经济周期的表现；根据长期经济增长的规律，梳理中国经济增长以及经济结构的变化趋势。

本书的写作是我不断摸索和学习的过程，除了研究人员，希望本书也能够对了解、关心中国经济的读者有所帮助。写作过程中我尽量做到通俗易懂，所谓"文不如表，表不如图"，书中多引用图表，使呈现方式更为直观。在经济学理论的介绍中尽量少用公式和数学推导，只把其中的逻辑和原理介绍给大家。同时，在第二、三篇的分析中，基本按照先介绍经济规律或理论，然后以国际经验进行佐证，最后再落脚到中国经济的顺序来写作。

　　写作过程中感谢同事们为我答疑解惑；感谢清华大学出版社的大力支持，特别是刘志彬主任的宝贵建议，以及顾强编辑的细致校阅；感谢家人的支持与鼓励。由于时间和水平所限，难免存在谬误和不足之处，文中的观点也仅是个人的一些看法和研究心得，不代表所在机构观点，偏颇之处还请大家见谅，希望读者朋友们多多批评指正。

　　　　　　　　　　　　　　　　　　　　　　　　　　　　　　　赵硕刚

　　　　　　　　　　　　　　　　　　　　　　　　　　　　　　　2021 年 6 月